アフリカ系はアメリカ人か

植民地時代から現代まで

杉渕忠基 著

大学教育出版

はしがき

　現在アメリカで 12〜13％を占めるアフリカ系アメリカ人（黒人）は、アメリカの少数民族(マイノリティ)の中でもやや特異な歴史をこれまで歩んできた。この特異性をアメリカの植民地時代から現在までの歴史の中に位置づけるのが本書の目的である。本書では、アメリカ史に奴隷として登場した黒人が、本来アメリカ人として持っている権利を追求していく過程を考察している。しかし、現在、黒人が都心部で貧困層を形成しているという問題もある。また、少数民族を優遇する措置が、少数民族以外を逆に差別することになることから訴訟が起きることもある。

　本書では序章で大まかに黒人の歴史を俯瞰する。それに続く章は次のように 3 部構成になっている。

　第Ⅰ部（第 1 章〜第 3 章）では、奴隷制の始まりから奴隷制廃止に至る過程をまとめてある。

　第Ⅱ部（第 4 章〜第 6 章）では、南北戦後奴隷から解放された黒人が一時的に、社会的権利を確保する。しかし、その後、人種隔離や投票権剥奪の時代が続いた。そして、そのような状況を変革しようとして起こった公民権運動を扱っている。

　第Ⅲ部（第 7 章、第 8 章）では、北部諸都市の黒人問題を前世紀の変わり目から現代に至るまで歴史的に解明している。また今日議論されている強制バス通学とアファーマティブ・アクションの問題も取り上げてある。

　終章では、8 章にわたって検討したものを総括し、「アフリカ系はアメリカ人か」という自問に自ら答えようと試みている。終章から読んで頂いてもよいかと思う。

最後に、本書は、勤務先の亜細亜大学から平成15年度の特別研究奨励制度を適用され1年という研究期間を与えられて執筆したものである。なお、アフリカ系アメリカ人を1冊の書物としてアメリカ史に位置づけるという目的から、研究期間前後に執筆したものも含んでいる。

2005年5月7日

　　　　　　　　　　　　　　　　　　　　　　　　　　　杉　渕　忠　基

アフリカ系はアメリカ人か
―植民地時代から現代まで―

目　次

はしがき……………………………………………………………………… i

序章 アフリカ系アメリカ人―その史的概観―……………………… 1
　はじめに　*1*
　1 肌の色と奴隷　*2*
　2 独立戦争と自由の問題　*2*
　3 南北戦争前後と奴隷制の問題　*3*
　4 奴隷制よりもひどい時代　*6*
　5 黒人の北部移住とスラム化の問題　*8*
　6 フリーダム・サマー　*10*
　7 ブラック・パワー　*13*
　おわりに　*15*

第Ⅰ部　人種による階層社会の誕生・発展

第1章　奴隷制社会への胎動―ヴァージニア植民地―…………… 20
　はじめに　*20*
　1 イギリスの国内事情　*20*
　2 ロアノーク島　*21*
　3 ジェームズタウン　*23*
　4 年季奉公人　*25*
　5 幻の共存共栄　*26*
　6 階級対立　*29*
　7 内乱　*31*
　8 奴隷制社会へ　*32*
　おわりに　*34*

第2章　国造りの光と陰―奴隷制の定着―…………………………… 40
　はじめに　*40*
　1 大西洋奴隷貿易の始まり　*40*

2　チェサピーク地方と低地帯(ロー・カントリー)における奴隷の需要　*42*

　　3　ルイジアナ地方をめぐる衝突　*42*

　　4　ニューヨークの黒人法　*45*

　　5　イギリスの政治的自由を求めたアメリカ人　*47*

　　6　ボストン虐殺事件　*48*

　　7　独立革命戦争勃発　*50*

　　8　独立宣言とアメリカ合衆国憲法　*51*

　　9　独立革命戦争が黒人奴隷に与えた影響　*52*

　　　⑴　北部の場合　*53*

　　　⑵　高南部(アッパー・サウス)の場合　*54*

　　　⑶　低南部(ロウアー・サウス)の場合　*55*

　　　⑷　ミシシッピ川下流域の場合　*57*

　　10　奴隷の供給地アフリカ　*59*

　　おわりに　*60*

第 3 章　広がるアメリカ、深まる亀裂―奴隷制による国家分裂― ……… *67*

　　はじめに　*67*

　　1　自由の渇望　*68*

　　　⑴　暴力に訴えても　*68*

　　　⑵　マルーンと第 1 次セミノール戦争　*68*

　　2　西部への領土拡大　*69*

　　　⑴　ルイジアナ購入　*69*

　　　⑵　奴隷制の拡大　*70*

　　　⑶　ミズーリ妥協　*71*

　　3　奴隷制廃止論とアメリカ植民協会　*72*

　　　デイヴィッド・ウォーカー　*72*

　　4　奴隷の反乱　*78*

　　　⑴　ナット・ターナーの反乱以前　*78*

　　　⑵　ナット・ターナーの反乱　*83*

5 メキシコ領への領土拡大　*91*
　⑴ テキサス共和国とメキシコとの戦争　*91*
　⑵ 1850年、1852年、1854年　*92*
6 ドレッド・スコット裁判　*98*
　⑴ ドレッド・スコットとは　*99*
　⑵ ミズーリ州巡回裁判所　*99*
　⑶ ミズーリ州最高裁の判決　*100*
　⑷ 合衆国巡回裁判所への提訴　*101*
　⑸ 合衆国最高裁判所へ　*101*
7 カンザス準州からハーパーズ・フェリーへ　*104*
　⑴ 奴隷制を支持する議会と自由州をめざす政党　*105*
　⑵ ポタワトミー川のジョン・ブラウン　*106*
　⑶ 聖者になった殺戮者　*108*
8 リンカーンの大統領当選と南部の連邦離脱　*111*
おわりに　*112*

第Ⅱ部　奴隷から解放されても

第4章　未完の解放―再建時代における土地と労働力の政治経済―　*122*
はじめに　*122*
1 連邦維持から奴隷解放へ　*123*
2 北と南の徴兵法　*124*
3 ジョンソン大統領による南部再建時代　*125*
　⑴ ジョンソン大統領の変節　*125*
　⑵ 黒人法　*126*
　⑶ 経済重視の北部　*127*
4 共和党急進派による南部再建時代　*128*
　⑴ 修正第14条をめぐる攻防　*128*
　⑵ 発動された拒否権を覆す　*129*
　⑶ 黒人成年男子の参政権獲得　*130*

5　黒人の社会進出　*130*

6　物納小作人(シェアクロッパー)の綿花栽培　*132*

7　鉄道会社への財政援助がもたらした波紋　*134*

　⑴　汚職の温床　*134*

　⑵　南部での汚職　*134*

　⑶　北部での汚職　*135*

8　修正第15条の功罪　*136*

　⑴　阻止される黒人投票　*136*

　⑵　政治課題の外へ　*137*

　⑶　クー・クラックス・クラン法　*137*

9　恐慌・暴力・民主党　*138*

　⑴　1873年恐慌　*138*

　⑵　1875年のミシシッピ州選挙　*139*

10　コンビー川沿いの米作地帯のストライキに見る旧勢力の復活　*140*

　⑴　黒人が交渉できた時期　*140*

　⑵　黒人有力議員の仲裁　*141*

　⑶　政治情勢の変化により可能になったストライキ弾圧　*142*

11　戻る歯車　*144*

おわりに　*146*

第5章　和解による疎外―ブッカー・T・ワシントンとその時代―………*153*

はじめに　*153*

1　どれが本当のワシントン像か　*154*

2　『奴隷から身を起こして』の世界　*156*

3　残虐なリンチによる報復　*158*

4　ジム・クロー制度定着の素地　*162*

　⑴　北部自由主義の後退　*163*

　⑵　南部保守主義の後退　*164*

　⑶　南部急進主義の衰退　*164*

5 アトランタの演説　*165*

6 1890年代以降の投票権剥奪と人種隔離　*167*

　⑴ 投票権剥奪　*167*

　⑵ 人種隔離　*168*

7 『クランズマン』─否定的な黒人像─　*169*

8 ブッカー・T・ワシントンとその批判者たち　*171*

おわりに　*174*

第6章　人間として─公民権運動をめぐる地域・州と連邦の衝突─……… *179*

はじめに　*179*

1 「分離すれども平等」から「分離すれば不平等」へ　*181*

　⑴ プレッシー対ファーガソン事件　*181*

　⑵ ブラウン対教育委員会事件　*183*

2 モントゴメリーのバス乗車拒否運動　*188*

　⑴ 発端と背景　*188*

　⑵ 乗車拒否運動の計画・実行　*190*

　⑶ 乗車拒否運動の妨害　*191*

　⑷ 州の法廷・連邦の法廷　*193*

　⑸ カープールと法的勝利とその後　*195*

3 教育機関の人種統合をめぐる州政府と連邦政府の衝突　*197*

　⑴ リトルロックのセントラル高校　*197*

　⑵ オックスフォードのミシシッピ大学　*199*

　⑶ タスカルーサのアラバマ大学　*203*

4 非暴力主義による犠牲と成果　*209*

　⑴ ガンジー　*209*

　⑵ 座り込み運動　*214*

　⑶ フリーダム・ライド　*218*

　⑷ バーミングハム　*221*

　⑸ フリーダム・サマー計画の妨害　*234*

⑹「セルマの血の日曜日」　*238*

　5　巨大なX　*244*

　　⑴　メレディス行進の継続と黒人運動の分裂　*244*

　　⑵　メンフィスのキング牧師　*246*

　おわりに　*251*

第Ⅲ部　古くて新しい課題

第7章　負の遺産の行方─北部都市の人種境界線をめぐって─……………*262*

　はじめに　*262*

　1　シカゴ　*263*

　　⑴　両人種共存の時代　*263*

　　⑵　シカゴへの黒人流入　*264*

　　⑶　シカゴの人種暴動　*264*

　　⑷　人種境界線を引き直す代償　*268*

　　⑸　制限的不動産約款の効力をめぐって　*268*

　　⑹　ブラックベルト再拡張の促進要因と約款の有名無実化　*269*

　2　デトロイト　*270*

　　⑴　黒人の大量移動で生ずる居住区の問題　*270*

　　⑵　過密が引き起こしたデトロイトの人種暴動　*272*

　3　避けられない暴動　*272*

　4　貧困との戦い　*275*

　　⑴　黒人間の階層分化　*275*

　　⑵　シカゴの黒人救済計画　*275*

　　⑶　雇用なき貧困　*276*

　おわりに　*277*

第8章　見えざる手が正義と平等を実現できないとき─強制バス通学とアファーマティブ・アクション─……………………………………*283*

　はじめに　*283*

　1　第6編の強制　*284*

2　強制バス通学　*286*
　　⑴　救済方法　*286*
　　⑵　グリーン判決：人種別教育廃止のための積極的義務を課す　*287*
　　⑶　スワン判決：人種割合の均衡をめざした強制バス通学　*288*
　　⑷　キーズ判決：北部諸都市の訴訟を刺激　*289*
　　⑸　ミリケン判決：人種別教育廃止の救済策を制限　*290*
　3　ボストンのバス通学　*291*
　　⑴　モーガン判決：強制バス通学を命令　*291*
　　⑵　実施された強制バス通学　*293*
　　⑶　METCO：もう1つのバス通学　*295*
　4　アファーマティブ・アクション　*296*
　　⑴　規範を変えた現実　*296*
　　⑵　人種考慮：定着から逆差別へ　*301*
　おわりに　*312*

終章　アフリカ系はアメリカ人か　*319*
　はじめに　*319*
　1　奪われた自由　*319*
　2　だれのための自由か　*320*
　3　国家を二分した奴隷制　*321*
　4　再建時代の危うさ　*323*
　5　語られない真実　*325*
　6　人間として　*326*
　7　取り残された者たち　*328*
　8　平等の強制　*329*
　おわりに　*330*

あとがき　*332*

索　引　*334*

アフリカ系はアメリカ人か
――植民地時代から現代まで――

序章　アフリカ系アメリカ人
―その史的概観―

はじめに

　アメリカに労働力として強制的に連れて来られた黒人奴隷は、アメリカの歴史の中で傍流を歩まされてきた。200年以上続いた人種による奴隷制は、アメリカ合衆国憲法修正第13条により、1865年に廃止された。制度的に廃止されても、実質的には、奴隷制時代のように、黒人（アフリカ系アメリカ人）を白人よりも劣ると見なす社会が維持された。そのような社会を改善するための運動が、1950～60年代の公民権運動である。その運動原理である非暴力主義は一定の成果を収めた。

　公民権運動やその後の差別撤廃運動のおかげで、黒人は現在、様々な形で政治に関与している。黒人が、人種差別を笠に着て個人的な利益追求を戒める黒人運動理論家さえ90年代にはいる。人種差別の問題を誇張することなく、貧困や賃金格差という問題を解決すべきだという黒人の意見もある。その一方で、人種差別に根差した黒人への暴力もまれとはいえ、完全にはなくなっていない。

　現在では黒人を、1つの集団として捉えることよりも、黒人内で形成されている階層に注目する必要も生じている。今後黒人大衆が、黒人としての誇りと尊厳を保ちながら、アメリカ人として生きることのできる社会をつくりあげていくことが望まれる。

　本章の目的は、アメリカ史において黒人がどのようにして登場し、いつ頃から人種差別を受けるようになり現代に至っているかを概観することである。

1　肌の色と奴隷

　17世紀初頭に植民が始まったジェームズタウンでは、植民開始期の苦難を経てタバコ栽培に成功していた。[1] それに伴って労働力が必要となった。必要な労働力確保のために、植民者は本国から家族を呼び寄せるか、年季奉公人を雇い入れた。本国から来た年季奉公人は、期間を限り、雇い主に労働力を提供した。契約期間は平均4年から7年であった。その期間は、労働力と引き換えに、賄い、住まい、衣服を提供された。残酷な扱いを受けることもあったが、生きて奉公期間を終えれば、自由が約束されたので、奴隷のように生涯にわたり労働を強いられることはなかった。

　奴隷売買の開始とされるのは1619年である。この年、スペイン船から奪ったアフリカ人を乗せたオランダの軍艦が、ジェームズタウンに投錨した。食糧と交換されたこれらのアフリカ人たちの扱いは、年季奉公人と同じであった。あったのは所有者と奉公人という違いだけで、肌の色によって抑圧されることはなかった。

　しかし、17世紀半ばになると、アフリカ人を一生奴隷として搾取することに、経済的意義が見いだされた。さらに、劣悪な生活をしている白人たちには、自分たちよりも劣悪な生活を強いられている黒人のいる状況が保証された。

　イギリスの北米における植民地では、マサチューセッツ植民地を皮切りに、17世紀半ばに奴隷制が合法化されていった。また、ヴァージニアでは、手に負えない奴隷が処罰されて死んでも罪を問われないようになった。すでに17世紀後半から18世紀初めには、植民地経済の将来は、アフリカ人の売買・維持にかかっていた。18世紀中頃から、北米植民地の本国に対する自由の問題が浮上してきた。

2　独立戦争と自由の問題

　植民地の自治に対して本国イギリスが介入しようとして1775年に始まった

アメリカ独立革命は、自由の問題をはらんでいる。[2] この時期は、植民地支配から自由になろうという時代の精神を反映して、北部諸州で奴隷制が緩和されるか、廃止されていった。

しかし、独立革命当初、大陸軍の総司令官ジョージ・ワシントン (George Washington) は、黒人を大陸軍に入れることには反対した。武器を携えて戦う奴隷を見ることになる奴隷所有者への配慮からだ。さらに、命を懸けて戦う奴隷に対して、戦後に自由を拒むことができるかどうかという問題もあった。

一方、イギリス国王任命のヴァージニア植民地総督ダンモア (Dunmore) 伯は、イギリス側について戦う黒人には自由を約束した。これは、奴隷労働によって成り立つ南部経済の基盤を揺るがすものであった。大陸軍も後には、黒人を徴兵せざるをえなくなった。イギリス側はチャールズ・コーンウォリス (Charles Cornwallis) の活躍で、ヴァージニア邦知事のトーマス・ジェファソン (Thomas Jefferson) の屋敷を焼き払ったりしたが、そのコーンウォリスはヨークタウンの戦いで敗れ、ジョージ・ワシントンに降伏し、正式には1783年のパリ条約でアメリカは独立を認められた。

戦後の交渉において、アメリカ側は、破壊された地域の再建のために奴隷が必要だとして、イギリス側に立って戦った奴隷の返還を求めたが、イギリス側は応じなかった。イギリス国王のために戦った奴隷に対する借りを、イギリス政府が無視することは到底できないというのが理由であった。

独立革命が終わるまでには10万人の奴隷が自由の身になった。時代の潮流は反奴隷制になり、北部の州では奴隷制を廃止する州が出てきた。しかし、ヴァージニア州を初めとする南部諸州は経済活動上の理由で奴隷制を廃止することはなかった。

3　南北戦争前後と奴隷制の問題

奴隷制は南北戦争を経て初めてなくなった。[3] 61万7,000人にのぼる犠牲者を出した[4] この内戦に至る国の分裂は、独立宣言の起草原稿の中にあった反奴隷制に関する一節を削除しなければならなかった経緯に象徴的に示されている。

独立宣言から南北戦争勃発に至るまでの85年間に、南北諸州がそれぞれ異なった経済発展をした結果生じた亀裂を再び回復するためには、大規模な戦いを避けることができなかったのである。

　奴隷州の数は、西部に領土が広がるにつれて増えた。1803年にはフランスからルイジアナ地方を購入し、領土は2倍になり、そこには13の州ができた。綿花栽培に適した土地には発明されたばかりの綿繰機の導入もあり、奴隷制が広範囲に広がった。

　そういう中でヴァージニア州では1831年に奴隷のナット・ターナーを首謀者とする最大の奴隷反乱が起こった。[5] 首を切り落としたりする残酷な殺害方法で約60人の白人が犠牲になった。反乱後、罪のない黒人に対する白人の報復で、少なくとも120人が命を落としたとされる。ヴァージニア州では、今後奴隷の反乱が起こらないように、奴隷制廃止案もあったが、近隣の州からの同意が得られず、結局、取り締まりを厳しくして反乱を未然に防ぐことにした。

　奴隷制が強化される中、虐待される奴隷を、旅して直接見て歩いた自由黒人デイヴッド・ウォーカー（David Walker）は、奴隷制に抵抗する手段として暴力を肯定し、それを勧めた。そういうウォーカーに対して1,000ドルの懸賞金がかけられたという噂に、彼は屈しなかった。しかしウォーカーは突然、命を落とすことになるが、毒殺によるものとする見方もある。

　1850年にカリフォルニアは州に昇格し、自由州として連邦に入った。しかしその際、自由州にするか奴隷州にするかで北部と南部で激しい対立があった。自由州にする条件の1つに、1793年に制定されていた逃亡奴隷法をより厳しくするということがあった。これは南部の連邦脱退を防ぐ妥協案として連邦議会に提案されたものである。

　1850年の逃亡奴隷法は、逃亡奴隷を所有者のもとに戻すための制度を強化したものである。この法律では、場合によっては、逃亡奴隷の嫌疑をかけられると、陪審裁判によらず、人身保護法に守られることもなく、自ら証言する機会も奪われ、所有者の名乗りをあげた者のもとに、帰還を命じられることがある。そのため北部における黒人たちは身の安全に不安を抱くようになった。[6] 1850年の逃亡奴隷法によって黒人の不安が増したことを、法学者ランダル・ケ

ネディ (Randall Kennedy) は、1851年4月24日付けのビラで示している。

　ボストンのすべての黒人の皆さん、ここに謹んで注意を促し、助言させて頂きます。ボストンの夜回りや警官との会話は避けて下さい。彼らは奴隷を誘拐し、捕らえ、監禁することを仕事にしています。ですから、自分の自由と、身近にいる逃亡奴隷の幸福を尊ぶならば、あらゆる仕方で彼らを避けて下さい。人間狩りが、黒人の通る道にたくさんいて、大きな不幸をもたらしますから。[7]

このような危険を伴う状況が生じたため、1850年から1860年の間に、2万人の黒人が北部諸州からカナダへ移住したと推定されている。[8]
　一方、奴隷制反対の動きも激しくなる。1859年、白人の奴隷制廃止論者ジョン・ブラウンを首謀者とする22人が、ヴァージニア州のハーパーズ・フェリーにある連邦の兵器庫を襲撃した。ブラウンは、襲撃を機に奴隷が蜂起すると予期していたが、それは起こらず、襲撃は鎮圧され、ブラウンは反逆罪で絞首刑にされた。ナット・ターナーの反乱と異なるのは、首謀者が白人という点である。白人がこれほど深く奴隷制に関わる時代になってきていた。それはそのまま北部と南部の緊張を示していた。南北の緊張は、リンカーン大統領の就任5週間後の1861年3月4日、ついに戦争に発展した。
　南北戦争の戦中・戦後を生きた奴隷たちの声が録音されて、現在残っている。[9] アメリカでは1930年代に、国の失業対策の一環として創設された雇用促進局が、筆記者をアメリカ中に派遣して、当時生きていた元奴隷の生の声の記録を残すことにした。以下に奴隷の口から語られた経験のいくつかを列挙する。
　ある奴隷は、鞭を振るう奴隷監督から逃れたくて、野生の豚を狩るために森に出された際に、北極星を頼りに北部に向かった。途中、北軍の兵士に出会う。頭が吹き飛んでいる死体や体に大きな穴のあいた死体を目の当たりにして、農園から逃亡したことを後悔した。[10]
　戦争が始まったとき14歳であった奴隷は、同じ農園にいた他の奴隷と一緒に北軍に入隊したが、年少のため後方での作業をしていた。実際の戦闘を見た

のは、戦争が始まってから2年目であった。その奴隷は2年5か月北軍にいた。[11]

　ある奴隷の父親は、母親に会いに来るたびに、奴隷監督によって、血が流れるまで鞭打たれた。その父親は、他の11人の奴隷を引き連れて、カンザス・シティーまで行き、北軍に入隊した。[12]

　戦後、北軍の兵士が南部の農園にやって来て食糧を略奪することがあった。燻製所からハムを持ち出したり、貯蔵庫からブランデーの樽を運び出したりした。奴隷と北軍兵士が一緒に料理を作り食べることもあった。[13]

　また、奴隷を集めて、奴隷が解放されたことを告げる所有者もいた。しかし、解放直後に木からぶら下がっている多数の黒人を目撃したという証言もある。リンチにあって首を括られ、木に吊るされている黒人の姿だ。[14] これがいわゆる「奇妙な果実」である。南北戦争が終わってしばらくしても黒人へのリンチはなくならなかった。ビリー・ホリデー(Billie Holiday)が歌って有名になった「奇妙な果実」("Strange Fruit")という歌がある。

4　奴隷制よりもひどい時代

　1939年初めニューヨークのナイトクラブ「カフェ・ソサイアティー」でビリー・ホリデーが初めて歌った[15]「奇妙な果実」の訳詩は次のとおりである。

　　南部の木々には奇妙な実がなる
　　葉にも血がつき、根にも血がついている
　　南部のそよ風に黒人の体が揺れている
　　ポプラの木からは奇妙な果実がたれ下がる

　　華やかな南部ののどかな風景を背に
　　ぎょろりとした目玉に歪んだ口元
　　モクレンの甘くみずみずしい香りが漂う中に
　　人の肉を焼く臭いが突然してくる

カラスのついばむ果実がほらここに
雨に打たれて、風にさらされ
日差しで腐り、木から落ちる
奇妙で苦い果実がほらここに[16]

　この歌によって、全米黒人向上協会(NAACP)は「すばらしいプロパガンダソング」を持つことになった、と1939年に*Time*誌が報じた。[17] 約60年後、*Time*誌はこの歌を20世紀の「ベストソング」に選び、こう評した。「南部のリンチを歌った、悲しく気味の悪い、この歌の中で、歴史上最も偉大なジャズシンガーが歴史を甘受している」。[18]
　この20世紀のベストソングはその歌詞ゆえに、必ずしも当時歓迎されていたわけではない。ある時、ホリデーがこの歌を歌ったあとに、ある女性が化粧室までついてきて、「奇妙な果実」を2度と歌うな、と涙を浮かべてわめき立て、ホリデーの着ていたドレスを引き裂いた。「カフェ・ソサイアティー」は楽しむべきところなのに、「人の肉を焼く」という歌詞で、幼いころ南部で見たリンチの有り様を、その女性は思い出していたのである。車の後部フェンダーに首をつながれ、道を引きずり回され、その後、吊るし上げられ、焼かれた黒人の様子だ。忘れていたと思っていた光景を、ホリデーの歌が思い出させたのであった。[19]
　しかし、公開のリンチを楽しむ雰囲気が南部になかったとは言えない。デイヴィッド・M・オシンスキー(David M. Oshinsky)の『「奴隷制よりひどい」──パーチマン農場と黒人裁判の試練』("*Worse than Slavery*": *Parchman Farm and the Ordeal of Jim Crow Justice*)で、リンチ見物用に特別列車まで仕立てられたことを伝えている。[20] 1902年ミシシッピ州で白人女性を殺害したかどで火あぶりにされる黒人を5,000人の見物人が取り巻いたという。また、1904年には同じミシシッピ州で、殺人容疑をかけられた黒人夫妻が、腕や脚や胴体をコルク抜きで突き刺された。コルク抜きを引き抜くたびに、ぴくぴく動く生の肉がコルク抜きの螺旋についてくるのを、ピクニック気分で1,000人以上の見物人が見ていた、という報道もある。[21]

南部では、奴隷解放後も、かつての奴隷の労働力を合法的に利用し、2級市民として扱うために「黒人法」が制定され、それは1960年代まで生き続けた。浮浪法を施行して、奴隷解放後に行き場を失った黒人を逮捕し、州刑務所に投獄した。囚人賃貸制度を定め、ミシシッピ州では州刑務所内のパーチマン農場で、威嚇と恐怖により、逮捕した黒人たちから搾取した。

逮捕されない黒人も、シェアクロッピング制度という小作制度のなかで自作農として独立する道は閉ざされていた。のち、黒人が他の産業へ移る道が開かれたのは、第1次世界大戦の軍需により、北部の産業資本が労働力を必要としたからである。

5　黒人の北部移住とスラム化の問題

第2次世界大戦以前、南部の農業が機械化される前には、黒人の労働力を北部と南部で奪い合った。しかし、1944年に綿摘み機が登場し、速度・費用ともに人手で摘むより効率がよくなったので、南部では多数の黒人の労働に頼る必要がなくなった。

また1950年代には除草剤の開発によって、小作人が雑草を取り除く作業が不要になった。時代がさらに下って1967年、連邦政府が農場労働者の最低賃金を定めた。そのため、南部の農場主たちは、日に3ドル支払っていたところを、最低賃金の取り決めによって、時給1ドル15セント支払わなくてはいけなくなった。その結果、解雇される黒人が多数出た。職を失った黒人は都市に職を求めて移住した。シカゴやニューヨークなどでは黒人が増えて密集し、スラム化していった。[22]

1950〜60年代にアラバマ州のモントゴメリー、バーミングハム、セルマで公民権運動に実を結ばせたマーティン・ルーサー・キング2世 (Martin Luther King, Jr.) 牧師は、後にシカゴを北部都市における黒人差別撤廃運動の拠点にするが、南部におけるときと同様、北部の都市においても、制度的な差別が根づいていた。[23]

北部に移住していった黒人に対しては、人種により居住地区が限定されるという制度があるために、シカゴのように、多数の黒人が特定の地域に密集させ

られた結果、ニューヨークもスラム化していった。制度の改変がない限り、スラムの住民の生活状況は改善されない。「1960年代のハーレムの問題は1920年代のそれとあまり変わらない」という指摘もある。[24]

　ニューヨークでは1878年から1881年、および1890年代末の土地投機が崩壊して、投機家や住宅金融会社に金融機関が金を貸さなくなり、抵当物が流された。そのような時期、黒人の不動産業者フィリップ・A・ペイトン (Phillip A. Payton) は、増え続ける黒人が住宅を必要としていることに目を付けた。ペイトンは白人の不動産所有者に、毎年一定の収入を約束し、市場の10%増しの賃貸料を取り、利益をあげた。しかし後に人口過密のため衛生状態も悪くなり、かつては高級住宅街であったハーレムは、1920年代にはスラム化していく。ハーレム・ルネサンスという黒人文化が花咲いた1920年代のハーレムでは同時にスラム化が進行していたということになる。1920年代のジャズとダンスの盛んな夜の街としてハーレムは、夜にはスラム街としての姿を隠した。[25]

　マイケル・ハリングトン (Michael Harrington) は1962年に『もうひとつのアメリカ－アメリカにおける貧困』(*The Other America: Poverty in the United States*) の中でかつての移民とスラム街の黒人を比べている。

　　ある集団の内部に活気や意志の力、つまり、将来への志があれば、朽ちた住宅に住んで、食べる食糧が乏しく、貧しくても、貧困にあえいでいるとはいわない。それで、移民の少数民族が、アメリカの夢を実現するというドラマティックな役割を果たすことになったのは、あのスラム街においてだ。…しかし現在の貧困によって、将来への志は踏みにじられているのである。[26]

　スラム街においては、人間としての自尊心や誇りを持つことが難しい。無気力や自暴自棄に陥りがちだ。ハーレム住民の心理を研究したケネス・クラーク (Kenneth Clark) は、まず住宅状況を改善することによって自尊心を回復することが、まず必要だと言う。そして、ハーレム出身のクラークは、犯罪に走る人々に関し、その活力を個人的にも、社会的にも建設的な方向に向けることが大切だ、と1965年に述べている。[27] そのためには、黒人が地域社会の意思決定

に関わる必要があろう。

　ハリングトンによれば、アメリカの黒人の3分の1は北部の都市に住み、南部の都市には3分の1が住み、残りの3分の1が南部の農村部に住んでいるという。[28] 1960年代に、学生非暴力調整委員会（SNCC）が中心になり、白人学生の有志とともに、当時アメリカで最も貧しい州の1つミシシッピ州で黒人に選挙登録をさせる運動が展開された。

6　フリーダム・サマー

　「アメリカの救援・福祉対策は均一ではない。貧しい人々にとっては、モントゴメリー郡よりニューヨーク市の方がずっとよいし、ほとんどどの地域もミシシッピ州よりはよい」とハリングトンは書いている。[29] 1960年には、ミシシッピ州における非白人の家族所得は全米で最下位である。[30] 白人の家族所得も下から3番目になっている。高校までの12年間の教育を終える者は、白人の42％に対して黒人は7％である。

　また、1964年には、児童1人当たりに州から出る教育費は、白人に対しては81ドル86セントなのに対して、黒人に対しては21ドル77セントとなっている。こういうことが可能なのは、教育において人種分離が行われていたからである。

　『アメリカの息子』（Native Son）の中で、強姦殺人の嫌疑をかけられ逮捕された黒人青年ビッガー・トーマスを報じたミシシッピ州ジャクソンの新聞の記事を、リチャード・ライト（Richard Wright）が作品の中で創作している。その一部にはこうある。「人種別の学校が維持されるならば、市や郡や州の議会を通じてカネの配分を調節することによって、黒人の教育を限定することは非常に容易であろう」。[31] この作品は1940年のものである。

　現実のジャクソンでは、1964年に黒人の差別撤廃の運動のために入ってくる学生運動家たちに対して、アレン・トンプソン市長が人口14万4,422人の州都を守るために、警察力を強化した。「390人から450人の屈強な若者で機動隊を固め、2頭の馬と6匹の犬を集めた」。前年、アラバマ州バーミングハムで

警察がデモ隊にけしかけた犬は当時、記憶に新しかったろう。さらに、「警察は200丁の散弾銃を用意し、催涙ガスを備蓄し、ガスマスクを配布した」。[32]

　北部の著名大学の学生ら約1,000人が、オハイオ州のオックスフォードにあるウェスタン女子大学でSNCCから訓練を受けたあと、危険なミシシッピ州へ行き、6月初めから8月末まで3か月弱の間、「1964年のミシシッピ州フリーダム・サマー運動」（当時は単に「サマー・プロジェクト」として知られていた）を展開した。[33] この時期にはすでに、アラバマ州ではキング牧師がモントゴメリーでバスボイコット運動を指導し、人種差別撤廃に成果をあげ、座り込み運動が功を奏し、簡易食堂（ランチ・カウンター）や公共の施設での人種隔離が廃止されていったが、ミシシッピ州ではそういう運動をするのは危険なことだと考えられていた。[34]

　公民権法が連邦議会で可決される見込みや、サマー・プロジェクトの実施は、ミシシッピ州で奴隷制廃止以降、再建時代を通じ、白人が築き上げてきた白人優位の社会を崩すことである。南部社会の伝統を維持しようとしてミシシッピ州では、1964年2月に白い騎士団（ホワイト・ナイツ）が結成された。クー・クラックス・クランの再結成である。白い騎士団は7月4日に次のような印刷物を発行した。

　　われわれ騎士団は、当地ミシシッピ州の法と秩序を維持するために、それらが維持される唯一の仕方で、日夜活動している。すなわち、人種を厳格に分離し、キリスト教を信ずるアングロサクソンの白人――この世の中で安定した政府を作り、維持できる唯一の人種――が社会を統制することによってである。われわれはこのことを、きわめて真剣に考えている。わが州・わが国家・わが文明の敵に対し、まだ何ら行動は取ってはいないが、われわれの権利とわれわれの繁栄する権利が奪い取られるのを…手をこまねいて、だまって見ているわけにはいかない。[35]

　この時点ですでに、北部から来ていた学生ボランティアに犠牲者が出ていた。サマー・プロジェクトが始まって10日目には、黒人1人を含む3人の運動家がネショーバ郡にあるフィラデルフィアという町で、警察官に率いられた人種差別主義者たちによって、誘拐、殴打され殺害されていた。行方不明となって

いた黒人ジェームズ・チェイニー (James Chaney)、アンドルー・グッドマン (Andrew Goodman)、マイケル・シュワーナー (Michael Schwerner) の捜索には、ジョンソン大統領が、数十人の連邦捜査局 (FBI) の捜査官と 400 人の海軍兵員を捜索に協力させた。そして多くの報道関係者がミシシッピ州に入った。

　捜索のためミシシッピ川の川さらいをしているとき、切断され腐敗した 2 人の黒人の遺体が発見された。この 2 人は、捜索していた行方不明者ではなかった。黒人の行方不明者が出てもニュースにはならないのがミシシッピ州である。水から上げられた 2 人の黒人チャールズ・ムーア (Charles Moore) とヘンリー・ディー (Henry Dee) は人知れず殺害され、ミシシッピ川に捨てられていたのだ。3 人のボランティアの捜査が大々的に行われたのは、北部の白人大学生が含まれていたからということは明らかであった。

　サマー・プロジェクトにおける活動は 3 種あった。

　第 1 に、黒人の選挙登録活動。第 2 に、フリーダム・スクールの活動。これは通常の学校での補習、黒人の歴史と時事に焦点を当てた。第 3 に、コミュニティー・センターの活動。これは芸術、娯楽、図書館、大人のための読み書きの授業などの施設を備えていた。この中でも、政治的に重要なのは、黒人に選挙登録させることであった。しかし、その手続きは容易ではなかった。

　フリーダム・サマーに参加したサリー・ベルフラージ ((Sally Belfrage) は、1965 年に『フリーダム・サマー』(*Freedom Summer*) で選挙登録の方法についてこう述べている。

　　ミシシッピ州の選挙登録用紙は 4 ページで 20 の質問と誓約から出来ている。申請者は郡の登録官が選んだミシシッピ州憲法の 1 節を書き写し、書き写したその 1 節の「理にかなった解釈（意味）」を書き、「市民の義務と責任」定義しなければいけない。これらは登録官が満足するように記入されなければいけない。[36]

　ベルフラージは、1963 年の 7 月 5 日の『米国議会クォーターリー』をもとに、自らが活動しているレフローア郡の黒人は、登録可能者の 1.9% しか登録

していないと書いている。黒人の政治参加は、暴力や威嚇で長年阻害されていた。それに切り込もうとしてSNCCはミシシッピ州自由民主党(Mississippi Freedom Democratic Party, MFDP)を1964年4月26日に結成した。[37]

ミシシッピ州でこれまで公式の民主党と認められていた組織に対して、SNCCはMFDPこそが、公式の民主党だという挑戦をし、それを、1964年8月にニュージャージー州のアトランティックシティーで行われた全米の民主党大会で認めてもらおうとしたのであった。米国議会において力を持っている南部の上院・下院議員をMFDPの党員と代わらせることによって、彼らから権力を奪う第一歩としたかったが、それは認められなかった。

7　ブラック・パワー

サマー・プロジェクトの黒人のSNCCのメンバーとボランティアの白人学生との間には緊張があった。参加した白人女性サリー・ベルフラージはこう述べている。「彼らにとって闘いは一生のもので、それは黒い色素の中にはめ込まれているが、私たちの闘いは、彼らと同一視したいと望む限りにおいての闘いである」。[38]

第2次世界大戦後のアメリカ社会の経済的な豊かさは、若者に自信を与え、楽観的な思考で発想する傾向を生み出していた。[39]「国のために何ができるかを考えよ」というケネディ大統領の演説に表れている理想主義もあった。[40] ボランティアたちは、そのような時代の雰囲気を吸っていた。自分たちの手で、南部で苦境に陥っている黒人たちを救おうと思ったが、黒人運動家にとっては、父親的な温情主義や無神経さによる人種間の緊張が運動家たちの間で高まっていた。

サマー・プロジェクトの犠牲者と損害は次のとおりである。死者4人、瀕死の重傷4人、殴られた者80人、逮捕者1,000人、爆破されるか焼けた教会37件、爆破されるか焼けた黒人の家と店30件。[41] ミシシッピでの運動は成果をあげることができなかった。SNCCの中から、これまでの非暴力主義を捨て、武器で自衛するという考えも出てくる。今後は、黒人だけが団結し、黒人のため

の運動を展開するようになる。それを端的に示すのがブラック・パワーという言葉である。

　SNCCのメンバーであったストークリー・カーマイケル(Stokeley Carmichael)はチャールズ・M・ハミルトン (Charles M. Hamilton)と共に『ブラック・パワー——アメリカにおける解放の政治学』という本を1967年に出版する。その中でブラック・パワーという言葉が繰り返し定義されている。

　　ブラック・パワーが意味しているのは…アラバマ州ローンデス郡で黒人の保安官が警察の残忍な行為をやめさせるということだ。…ブラック・パワーが意味しているのは、適切な代表を送ることと力を分かち合うことだ。…黒人が自主的に決定できることを目標にしたり、黒人が黒人らしくすることを目標にしたりすること——つまりブラック・パワー——とは、黒人の生活に影響を与える意思決定過程への十分な参加を意味する。…ブラック・パワーを唱える者はかつての公民権運動時代の、古いスローガンや意味のないレトリックを認めない。次のような昔の言葉は不適切だ。非暴力、人種統合、白人の反発への恐怖、連携。…ブラック・パワーは、依存というやり方を改めようとする。その依存を除こうとし、黒人の地域社会がその必要を満たすために機能できるような、現実的な、心理的・政治的・社会的基盤を確立しようとすることである。[42]

　『ブラック・パワー』の「はしがき」で、2人の著者は、1961年にフランツ・ファノンが著し、1963年に英訳された『地に呪われた者』(*The Wretched of the Earth*)から引用している。アルジェリアをはじめ、植民地支配から脱しようとするアフリカ諸国が直面している様々な政治的な問題を扱っているファノンの著作から引用されている箇所は、ヨーロッパの真似をするのではなく、第3世界が独自の道を進むべきだという主旨の一節である。ブラック・パワーと通じるところは、他民族に抑圧され、支配されてきた民族が、自分たちの運命は自分たちで、切り開いていきたいという意志である。

　『地に呪われた者』では、植民地支配から逃れる方法として暴力が肯定される。

この著作に『ブラック・パワー』の著者たちは共感するところが多かったであろう。たとえば、「ヨーロッパのこの贅沢な暮らしは、文字どおり、スキャンダラスだ。それは奴隷制の上に築かれてきたし、奴隷の血で栄養を与えられてきたからだ」[43] という箇所は、アメリカで奴隷として酷使された黒人の立場を代弁しているようでもある。

しかし、著者の1人チャールズ・V・ハミルトンが、1992年にコロンビア大学教授という肩書きで『ブラック・パワー』に書き足した「あとがき」では、初版から25年経過して、黒人の置かれている状況が改善されたことを認めている。

おわりに

植民地時代のはじめにおいては、肌の色が抑圧の対象にはならなかったが、17世紀後半から18世紀初めの植民地経済はアフリカ人の売買・維持にかかっていた。しかし、独立戦争前後から、北米植民地の本国イギリスに対する自由の問題は黒人奴隷の問題への対処を迫った。その結果、北部諸州では奴隷制が次第に廃止されていったが、南部は経済的理由で奴隷制が存続した。南北戦争後、奴隷制は制度としては廃止されたが、それまで奴隷制を維持してきた社会においては黒人を劣等市民とする制度が続いた。そのような社会制度を打ち破ろうとして公民権運動が展開され、その成果は公民権法などに結実した。しかし、公民権運動の末期には、黒人運動が分裂し、白人との協調路線は崩れ、ブラック・パワーが主張され始めたのである。

注

[1] 植民地時代と奴隷に関しては、Charles Johnson, Patricia Smith, and WGBH Series Research Team, *Africans in America: America's Journey through Slavery* (New York: Harcourt Brace, 1998), 1-49 を参照した。

[2] アメリカ独立革命と奴隷制に関しては、*ibid.*, 129-144, 152-170, 177-204 を参照した。

[3] 南北戦争前後と奴隷制に関しては、*ibid.*, 267-279, 286-312, 335-373, 383-389, 397-403,

411-415 を参照した。

[4] この犠牲者数は、両世界大戦、朝鮮戦争、ベトナム戦争を合わせた犠牲者の数より多い (*Ibid.*, 439)。

[5] ナット・ターナーの反乱に関しては、Stephen Oates, *The Fires of Jubilee: Nat Turner's Fierce Rebellion*, 1975 (New York: HarperPerennial, 1990) を参照。

[6] Randall Kennedy, *Race, Crime, and the Law* (New York: Pantheon Books, 1997), 83-84.

[7] *Ibid.*, 84.

[8] Charles Johnson et al., 397.

[9] Ira Berlin, Marc Farreau, and Steven F. Miller, *Remembering Slavery: African Americans Talk about their Personal Experiences of Slavery and Freedom*, (New York: New Press, 1998).

[10] *Ibid.*, 220-227.

[11] *Ibid.*, 245-246.

[12] *Ibid.*, 246-248.

[13] *Ibid.*, 233-225.

[14] *Ibid.*, 270.

[15] ビリー・ホリデーと彼女の歌う「奇妙な果実」に関しては、David Margolic, *Strange Fruit: Billie Holiday, Café Society, and an Early Cry for Civil Rights* (Philadelphia: Running Press, 2000) を参照。

[16] アーベル・ミーロポルがルイス・アレンという名で作詞した。ミーロポルは、スパイ容疑で死刑になったローゼンバーグ夫妻の遺児となった息子たちを養子にしたことで有名だ。"Strange Fruit"は原語では次のとおり。 Southern trees bear a strange fruit, / Blood on the leaves and blood at the root, / Black body swinging in the Southern breeze, / Strange fruit hanging from the poplar trees.

Pastoral scene of the gallant South, / The bulging eyes and the twisted mouth, / Scent of magnolia sweet and fresh, / And the sudden smell of burning flesh!

Here is a fruit for the crows to pluck, / For the rain to gather, for the wind to suck, For the sun to rot, for the tree to drop / Here is a strange and bitter crop.

[17] Margolic, *Strange Fruit* の 96-97 頁間の写真となっている記事を参照した。

[18] *Time*, 31 December 1999, 139.

[19] Margolic, 89.

[20] David M. Oshinsky, *"Worse than Slavery": Parchman Farm and the Ordeal of Jim Crow*

Justice (New York: The Free Press, 1996), 101.
[21] *Ibid.*,102. また、リンチに関しては、第5章の注20参照。
[22] 南部黒人のシカゴ移住およびシカゴのスラム化に関しては、Nicholas Lemann, *The Promised Land: The Great Migration and How it Changed America*, 1991, (New York: Vintage Books, 1992) を参照。
[23] キング牧師に関しては、次の伝記を参照。Stephen Oates, *Let the Trumpet Sound: A Life of Martin Luther King, Jr.*, 1982. (New York: HarperPerennial, 1994).
[24] Kwane Ture and Charles V. Hamilton, 155.
[25] ニューヨークのスラム化に関しては、Gilbert Osofsky, *Harlem: The Making of a Ghetto, 1890-1930*, 1963, (Chicago: Ivan R. Dee, 1996) を参照。
[26] Michael Harrington, *The Other America: Poverty in the United States*, 1962, (New York: Simon & Shuster. 1997), 10.
[27] ハーレム住民の心理に関しては、Kenneth B. Clark, *Dark Ghetto: Dilemmas of Social Power*, 1965, (Hanover: Wesleyan University Press, 1989) を参照。
[28] Harrington, 73.
[29] *Ibid.*, 111.
[30] 「サマー・プロジェクト」の時代背景・概要に関しては、Doug McAdam, *Freedom Summer*, 1988, (New York: Oxford University Press, 1990), 3-34 を参照。また、サマー・プロジェクト参加者による経験に関しては、Sally Belfrage, *Freedom Summer*, 1965, (Charlottesville: University Press of Virginia, 1999) を参照。
[31] Richard Wright, *Native Son*, 1940, (New York: Harperperennial, 1989), 261.
[32] *Newsweek*, 24 February 1964, quoted in McAdam, 27-28.
[33] McAdam は *Freedom Summer* で、サマー・プロジェクトに参加した学生たちのその後を調査して、ミシシッピでのボランティア活動が参加者自身に与えた影響の大きいことを実証している。たとえば、カリフォルニア大学のバークレー校の「フリー・スピーチ運動」で大学紛争の指導的な役割を果たした Mario Savio もミシシッピでのサマー・プロジェクトの参加者だ。参加者は総じてミシシッピでの運動以降、社会運動に関心を持ち続けているが、60年代に共通に持った政治的信念で結びついていた人間関係が絶たれる場合もある。60年代という時代のうねりの中に入り込んでいった若者たちが、のち、どのような人生を歩いたかが緻密に研究されている。
[34] McAdam, 36.
[35] Belfrage, 105.
[36] *Ibid.*, 84. その後1965年8月に投票権法が可決されてからは、こうなった。「連邦の『試験官』つまり登録官が郡にやって来た。黒人は、読み書きテスト、憲法に関する馬鹿げたほ

ど難しい問題、"t"の棒の引き方が悪いとか、"i"の点の打ち方が悪いからといって拒否するような戦法に直面することはなくなった」(Kwane Ture and Charles V. Hamilton, 104)。
[37] MFDPに関しては、主に、Kwane Ture and Charles V. Hamilton, 86-97を参照した。
[38] Belfrage, 80.
[39] McAdam, 20.
[40] *Ibid.*, 46, 48.
[41] *Ibid.*, 96.
[42] Kwane Ture and Charles V. Hamilton, 46, 47, 50, 81.
[43] Frants Fanon, *The Wretched of the Earth*. Trans. Constance Farrington (New York: Grove Press, 1963), 96.

参考文献

Berlin, Ira, Marc Farreau, and Steven F. Miller. *Remembering Slavery: African Americans Talk about their Personal Experiences of Slavery and Freedom*. New York: New Press, 1998.

Johnson, Charles, Patricia Smith, and WGBH Series Research Team. *Africans in America: America's Journey through Slavery*. New York: Harcourt Brace, 1998.

Fanon, Frants. *The Wretched of the Earth*. Trans. Constance Farrington. New York: Grove Press, 1963.

Kennedy, Randall. *Race, Crime, and the Law*. New York: Pantheon Books, 1997.

Lemann, Nicholas. *The Promised Land: The Great Migration and How it Changed America*. New York: Vintage Books, 1992.

Margolic, David. *Strange Fruit: Billie Holiday, Café Society, and an Early Cry for Civil Rights*. Philadelphia: Running Press, 2000.

McAdam, Doug. *Freedom Summer*. New York: Oxford University Press, 1990.

Oates, Stephen. *The Fires of Jubilee: Nat Turner's Fierce Rebellion*. 1975. New York: HarperPerennial, 1990.

———. *Let the Trumpet Sound: A Life of Martin Luther King, Jr.*. 1982. New York: HarperPerennial, 1994.

Oshinsky, David M. *"Worse than Slavery": Parchman Farm and the Ordeal of Jim Crow Justice*. New York: The Free Press, 1996.

Osofsky, Gilbert. *Harlem: The Making of a Ghetto, 1890-1930*. 1963. Chicago: Ivan R. Dee, 1996.

Time, 31 December 1999.

第Ⅰ部

人種による階層社会の誕生・発展

第1章　奴隷制社会への胎動
―ヴァージニア植民地―

はじめに

　イギリスでは人口増加に伴う雇用不足解消を目的の1つにして、アメリカ植民が始められた。労働力の中心は、入植した白人p年季奉公人であった。年季奉公人は、年季契約書に明示された一定期間ののち、食糧などを支給され独立することができた。が、当初高かった入植者の死亡率が低くなり、自らの土地を求める年季奉公者が増えてくると、土地投機が起こった。その結果、人為的な土地不足が生じ、土地の入手が困難になる時代がきた。新たな土地の入手が困難になれば、かつての年季奉公人とかつての主人の競合回避が可能になる。その一方で、持てる者と持たざる者との階級対立が表面化し、ヴァージニアでは反乱が起こった。しかし、この階級対立は奴隷制の広がりにより人種対立に移行した。[1] 本章の目的は、まずイギリスが北米植民に乗り出す内外の事情を明らかにし、植民先の住民との不可避な衝突を繰り返しながら、結局、黒人奴隷制をもとにした階級社会に移行していく過程を探ることにある。

1　イギリスの国内事情

　大西洋を横断する人口移動を理解するためには、その出発地である国内での移動状況を理解しなければならない、とバーナード・ベイリン（Bernard Bailyn）は考える。初期の近代ヨーロッパ社会では、移動はよく見られた。また、仕事を求めての国内移動と、アメリカへの移民が連動していた。[2]
　16世紀の初めに急激に増加し始めたイギリスの人口は17世紀の中頃まで増

加し続けた。ところが人口増加に仕事の数が追いつかなかった。アメリカ植民はそれへの対処であり、また犯罪者更生のための機会でもあった。国際的には、スペインとの覇権争いもあり、それが植民政策決定の要因の1つになった。植民を推進する立場の帝国主義者リチャード・ハックルート (Richard Hakluyt) はこう確信していた。自由をもたらすイギリスの統治が、スペインの圧制に代わらなければならない、と。このような内外の状況で、アメリカにおけるイギリス最初の植民地がロアノーク島に決定された。[3]

2　ロアノーク島

　ロアノーク島は現在のノースカロライナ州沖にある島だが、当時はヴァージニアの一部であった。ロアノーク島植民の特許状を女王からもらったのは、サー・ウォールター・ローリー (Sir Walter Raleigh) である。この島の南には、スペイン支配のフロリダがある。1584年4月、フィリップ・アマダス (Philip Amadas) とアーサー・バーロー (Arthur Barlowe) という若者の指揮のもと、2隻の小型船がプリマスを出航した。南ルートをとり、7月にはフロリダの東海岸を北上していた。ロアノーク島に滞在した期間は不明だが、9月の中頃には、2人のインディアンと一袋の真珠を持ってイギリスに帰国した。偵察がおもな目的であった。[4]

　翌年の1585年4月、サー・リチャード・グレンヴィル (Sir Richard Grenville) が7隻の船を率いて、7月にアメリカ沿岸に到着した。しかし、グレンヴィルは8月の末には、107人の入植者をラルフ・レイン (Ralph Lane) の指揮下に残して、ロアノーク島を出発したと見られている。一方、私掠船長サー・フランシス・ドレーク (Sir Francis Drake) は、スペインの植民地サント・ドミンゴを焼き討ちにし、奴隷を解放した。フロリダのサン・オーガスティンでは、スペイン人の砦を襲い、地元のインディアンが町を焼き払った。カリブ海でのドレークの活動は、スペインの圧制のもとにある犠牲者の解放を示唆する[5]との見方も可能である。

　食糧自給は、ロアノーク島の入植者の念頭にはなかった。となると、日々の

糧はロアノーク・インディアンに頼ることになる。しかし、ロアノーク・インディアンが栽培するトウモロコシは、次の収穫期までもつだけの量を栽培するのみであった。トウモロコシが切れれば、植物の地下茎やベリーを食べたり、狩猟や漁労で食糧を確保した。植民者が要求し続ける食糧を生産するためには、土地をさらに開墾するか、他のインディアンから種となるトウモロコシを盗む必要があった。そのような事情があり、植民者とインディアンの関係はうまくいってはいなかった。[6]

ロアノーク・インディアンの王ウィンギナ (Wingina) が、本土のインディアンと陰謀を企て、ロアノーク島のイギリス人を皆殺しにしようとしていた。ウィンギナは友好を装っていた。が、レインは、ウィンギナの共謀者メナトノン (Menatonon) からウィンギナの策略を知ることになる。レインは、陰謀が起こる前に、本土インディアンの大酋長メナトノンを拘束して、そのことを聞き出していたのであった。ロアノークに無事戻ったレインにウィンギナは驚き、次のことに同意した。イギリス人が翌年食べるだけのトウモロコシを栽培し、魚を捕るためのやなを作り、土地をいくらか植民者に与える、という内容であった。[7]

しかし、トウモロコシの冬の蓄えが減ってくると、ウィンギナの部族はトウモロコシの供給を拒んだ。さらに、ウィンギナはロアノーク島を出て本土に移った。ウィンギナが、1つにはレインの度重なる食糧要求から逃れるため、また1つにはイギリス人を追い払う陰謀をめぐらしていたためであった。メナトノンの息子スキーコ (Skiko) ——レインによって捕虜にされていた——からその計略についてはレインの耳に入っていた。そこでレインは、1586年6月1日、ウィンギナの本土の本拠地を奇襲し、ウィンギナと主要な補佐役を殺害した。トウモロコシ収穫の6週間前のことであった。[8]

6月8日にフランシス・ドレークが、スペイン人から解放させたインディアンと黒人を乗せて、ロアノーク島に着いた。そのドレークから、レインは船と食糧を提供されたが、13日に嵐にあい、難破した。ドレークは別の船の提供を申し出たが、浅瀬を渡ることができない大型船であったのでレインは断った。イギリスからロアノーク島に向かっていた船を待たずに、ドレークの艦隊に

乗ってレインは帰途についた[9]。

　レインが去った数週間後、グレンヴィルが7〜8隻の船に300〜400人の部下を乗せてロアノーク島に来たが、イギリス人はいなかった。グレンヴィルらは砦を守るために、15〜18人を残して南太平洋に向かった。南太平洋に向かったのはスペインからの略奪が目的であった。1587年7月、ジョン・ホワイト（John White）が、110人の植民者とロアノークに到着したとき、ロアノーク島に残っているはずの15〜18人の人影はなかった。ホワイトは、1587年8月、娘と娘に生まれたばかりの子を残して帰国した。1590年にホワイトがロアノーク島に戻ってきたときには人影はなかった。[10] グレンヴィルの部下もホワイトの娘と孫も、恐らく、インディアンの襲撃から身を守ることができなかったか、あるいは飢えのためであろう。ロアノーク植民地は消えていったが、これから述べるジェームズタウンは永続的な植民地として成功した。

3　ジェームズタウン

　ジェームズタウンは1617年に本国にタバコを輸出するまでに成功はしたが、植民当初、入植者は辛酸をなめた。1606年12月にイギリスを発った3隻の船は、通常そうするように、貿易風を受けてカナリア諸島へ向かった。そこから西インド諸島に到達し、その後、メキシコ湾流に乗ってヴァージニアに到着した。1607年4月26日のことである。[11]

　上陸は5月14日まで遅れた。最初に降り立った20人〜30人が、インディアンによって、乗ってきた船まで追い返されたからである。植民者たちは、ポーハタン川——のち、ジェームズ川という名に変更——を60マイル溯ったところに場所を定め、イギリス国王に因んでジェームズタウンと名づけた。内陸に入った所に場所を定めたのは、海からのスペイン侵攻に備えてのことであった。[12]

　ジェームズタウン植民は、キリスト教を広めるという宗教的な目的もあったが、同時に重要な冒険的事業でもあった。ジェームズ1世は、ヴァージニア会社に特許状を与えるにあたり、「まだ暗黒の中に生きていて、真実の知識も神を

崇拝することも知らずにいるみじめな人たちに、キリスト教を広める」[13]ことを求めた。ロンドンの投資家が運営するヴァージニア会社は国王の特許状による「独占的権利を獲得した営利会社」であり、「新大陸植民地の建設・経営は、当時、本国において毛織物工業、鉱山業、等によって蓄積された貨幣資本が、植民事業に向けられたものであった[14]」。

　植民最初の3年間で、900人の入植者のうち、1610年の春に生きていたのはわずか60人であった。[15] ジェームズタウンは広大な沼沢地と隣り合わせであった。スペインやインディアンの襲撃からの防御にはよかったが、入植者の健康にはよくなかった。湿気の多い暑い夏には、大量の蚊がマラリアを感染させた。また、浅い井戸は、塩分のある水によって汚染された。さらに、夏と秋の初めには、川の水が減少し、入植者の出す排泄物やゴミがたまり、赤痢や腸チフスの原因になった。そのため多くの人が死亡した。死亡しなくとも衰弱して仕事ができなくなった結果、夏に十分なトウモロコシを栽培できなくなり、冬から春にかけて飢える入植者が出てきた。健康なときでさえも、勤労意欲があるとは言えない入植者が、作物生産を怠り、食糧不足に陥ることに不思議はない。[16] この時期植民地を運営していたジョン・スミス (John Smith) の次の記述は、その悲惨さを物語っている。

　　実を言うと、われわれが殺して埋めたインディアンを、掘り起こして食べる貧しい者が出るほど飢えはひどかった。…また、ある男は、妻を殺し、塩をまぶして保存し、体の一部を食べたところでそれが発覚し、当然のことながら処刑された。今となっては、よく焼かれたか、煮られたか、細かい切れ目をつけて焼かれたか知る由もないが、妻に塩をまぶすなど、とんでもないことであった。[17]

　この事件は、1609年から1610年にかけての冬に起こった。エドマンド・モーガン (Edmund Morgan) は、この冬を「餓死と人食いの冬」と呼んでいる。冬に入るときには500人いた入植者のうち、春に残っていたのはわずか60人であった。ヴァージニア会社は入植者の生命や食糧不足には無頓着であった。[18]

植民開始から10年たってジェームズタウンは、タバコを本国に輸出できるまで発展した。当初、タバコ栽培はうまくいかなかったが、ジョン・ロルフ (John Rolfe) が1616年に試した西インド諸島の品種の栽培が功を奏したのであった。タバコは初め、病気に効く薬として用いられたが、後に嗜好品になって値が上がった。[19]

4 年季奉公人

年季奉公人[20]は、平均4〜7年働き、生きて年季契約を全うすれば、自由の身になり、1ブッシェルのトウモロコシ、服、土地を与えられた。[21] 年季奉公人への賃金は、アメリカへの渡航費用として前払いであった。その分、労働させようとして雇い主は、年季奉公人を虐待することがあった。虐待は広く行われていた。[22] しかも、それは、法による裁きとして行われることもあった。

モーガンによると、ヴァージニア総督デ・ラ・ウォー卿 (Lord De la Warr) と副総督サー・トーマス・ゲイツ (Sir Thomas Gates) の制定した法律では、強姦、姦通、窃盗、虚偽、神聖冒涜、あるいは聖書をあざけるようなことを言ったり、したりした場合、死刑が定められている。家畜数を増やすために、飼っている動物は鶏までも、殺せば死刑であった。菜園の雑草を抜いているときに、トウモロコシやブドウの房をもぐのも死刑であった。法は厳格に執行された。たとえば、わずかのオートミールを盗んだだけで、針で舌を刺し抜かれ、餓死するまで鎖につながれた年季奉公人がいた。[23] ゲイツとデ・ラ・ウォーは「餓死と人食いの冬」が終わった年に、ジェームズタウンに着任し、入植者たちを厳しく統治しようとして法律を制定したが、1618年には廃止された。[24] どうして廃止されたのであろうか。

廃止の前年に、ヴァージニアは、本国にタバコを輸出するまでになっていた。死亡率の高い植民地では、前の年と同じだけの収穫をあげるために必要な労働力を確保するためだけでも、新たに入植する年季奉公人が必要であった。広大な土地への作付面積を増やせるかどうかは、労働力の確保にかかっていた。厳格過ぎる法律で年季奉公人を縛れば、渡航意欲を削ぐとの判断が厳格な法律を

廃止に至らせた、と考えてよいだろう。しかし、この法律が廃止された後も、年季奉公人は、契約の期間内に本人の同意なしに、売られることがあり[25]、法律廃止によって、虐待がなくなったと見ることはできないであろう。

　1620年代、ヴァージニアで収穫されたタバコがイギリスでは、生産費の5倍から10倍の値で売れた。それでヴァージニアはタバコブームとなった。このブームによってヴァージニアへの人口流入が増えた。1616年には350人であったヴァージニアの人口が、1650年には1万3,000人になっていた。[26] この間、タバコの価格は、1640年代と1650年代には、1620年代の高値にはならなかったが、オランダの貿易商が多くいたので、非常に安定した価格を維持した。[27] ヴァージニア社会は、ポルトガル人、スペイン人、フランス人、トルコ人、オランダ人、黒人を少数民族に含む社会であった。ヴァージニアの少数民族では黒人が目立ったが、その数は1650年にはわずか500人ほどであった。1660年以前には黒人が他の年季奉公人よりも厳しい懲罰を受けたという証拠はない。[28] つまり、植民初期においては、組織的に黒人を差別する社会がまだ成立していないと言っていいだろう。

5　幻の共存共栄

　ヴァージニア会社が管理運営する「会社植民地」であるヴァージニアでは、会社がインディアンの教化を進めようとした。この計画が出たのは、約30の部族で構成される9,000人のインディアンを率いていたポーハタン (Powhatan) が1618年に死んで、その弟オペチャンカノー (Opechancanough) が後を継いだ時期である。総督ジョージ・ヤードリー (George Yeardley) は、オペチャンカノーに住宅提供の話をもちかけた。イギリスの入植地でオペチャンカノーの家族全員に生活させるためである。その案にオペチャンカノーは同意した。ヴァージニア会社は、また、インディアンの若者がキリスト教になじみ、礼儀正しさを身につけるための学校を設立しようともしていた。一方、入植者たちは、土地がインディアンに帰属するということには構うことなく、有望な土地と見るや、それを所有していった。[29] 同化政策と土地略取が併行して行われて

いたということになる。

　このような危うい状況で、元議員で総督補佐機関の一員であったジョージ・ソープ (George Thorpe) は両人種による入植地を作ろうとしていた。また、ヴァージニア会社経営陣は3つの派閥に分裂していたが、その1つを代表する、サー・エドウィン・サンズ (Sir Edwin Sandys) は、インディアンとの共同体を作るべくしてイギリスから貧しい者たちをヴァージニアに送った。うまくいけば、両人種から成る、善意を持った共同体が誕生することになっていた。が、1622年3月22日、悲劇が起こった。[30]

　広い範囲に散らばっている入植者たちには警告が間に合わず、男、女、子供合わせて347人の入植者が、オペチャンカノーが指揮するインディアンの奇襲で命を落とした。その中には、ジョージ・ソープも入っていた。[31] ジェームズ川沿いのベネット・プランテーションでは52人の入植者が命を落とした。命拾いをした5人の中に、黒人アンソニー・ジョンソン (Anthony Johnson) がいた。[32]

　ジョンソンは、虐殺事件の前年、アンゴラから船で連れて来られて奴隷として売られた。ジョンソンはメアリー (Mary) という黒人女性と間もなく結婚した。2人は自由を買い取り、4人の子供を育てた。1650年には、ジョンソン家はタバコを栽培するために250エーカーの土地を所有していた。この土地は人頭権制 (headright system) によって得たものである。[33] 人頭権制とは移民1人に対し50エーカーの土地を無償で付与する制度である[34]。アンソニーは5人分の土地を要求したことになる。[35] 貧困を強いられる年季奉公人や年季奉公を終えた白人がいる中で、アンソニーは十分な成功を成し遂げたことになる。「この夫婦はアメリカの夢の17世紀版を生きていたのである[36]」。

　1653年、ジョンソンのプランテーションが火災に見舞われた。ジョンソン夫妻が救済を申し立てると、裁判所は、妻メアリーと2人の娘から、生涯、ノーサンプトン郡の税金を免除することを認めた。ジョンソン家が30年以上にわたってヴァージニアに住み、堅実に働き尊敬を受けてきたからであった。[37]

　アンソニーはジョン・カーサー (John Casor) という黒人奴隷を所有していた。この奴隷は不法に奴隷にされているとして、近隣の白人農園主(プランター)ロバート・パーカー (Robert Parker) と弟ジョージ・パーカー (George Parker) に訴えた。ロ

バートは奴隷の身柄を 1654 年に確保したが、裁判を経て、アンソニーは、1655 年に補償金とともに奴隷を取り戻した。この事件でアンソニーは裁判所で証言ができたし、先に述べたように、火災の折には、裁判所はアンソニーに対し寛大な措置をとった。黒人であるということが、これらの判断に影響を与えてはいない。[38] そういうことからすると、17 世紀の半ばのヴァージニアでは、奴隷はいるが、人種による奴隷制社会は成立してはいないと言える。が、アンソニー自身の身にその後起きることは、人種による階級社会出現の兆しのように思われる。

　1657 年に白人農園主マシュー・リッペン (Matthew Rippen) が、アンソニーが所有する土地の 100 エーカーは、自分のものだと主張した。アンソニーは、そのことについては争わなかった。ジョンソン家は、200 エーカーをモーリス・マシュー (Morris Mathew) とジョン・ロールズ (John Rowles) という名の 2 人の農園主に掛けで売却した。そして、より肥沃なメリーランドのサマーセット郡に移住した。その 2 年後、有力者エドモンド・スカバー (Edmund Scarburgh) が、アンソニーの土地代金として 1,334 ポンドのタバコ[39]をサマーセット郡の保安官に届けた。翌月、スカバーは偽の借用書を用意した。アンソニーがスカバローに借金しているという書類を偽造したのである。アンソニーは読み書きができないにもかかわらず、ヴァージニアの郡裁判所はその借用書が本物であると認定した。スカバーは、ジョンソンの屋敷の価値は、先に保安官に収めたタバコの額に相当するということを裁判所に認めさせ、自らが一旦納めたタバコの所有を主張した。[40]

　アンソニーはメリーランドで 300 エーカーの土地に住んでいたが、1670 年に亡くなった。アンソニーの死後、妻メアリーは 99 年間の借地権を求めたが、白人だけから成る陪審は、アンソニーは「黒人であり、それにより外国人ということだから」ヴァージニアに所有していたもともとの土地は国が没収することができるとした。その結果、200 エーカーは白人ジョン・ロールズに与えられ、アンソニーが息子リチャードに与えた残りの 50 エーカーは、近隣の裕福な白人農園主ジョージ・パーカーの手に渡った。[41] これは人種間搾取である。17 世紀後半には、人種間搾取と次に述べるような白人同士の階級対立が併存した。

6　階級対立

　年季奉公人は一定の期間働けば自由になり、自らの土地を持つことが可能であった。17世紀の中頃までは死亡率が非常に高く、年季奉公を終えて家庭を構えて、かつての主人と競合するということはまれであった。そのため独立した年季奉公人を組織的に搾取する必要はなかった。[42] 寿命が延びると、年季契約期間を終えた年季奉公人の数が増えた。そこで、ヴァージニアの有力者たちは、年季奉公を終えた小規模農家の独立を妨げ、脅かすような社会にしようとした。それによって年季奉公人の境遇は悪化した。[43]

　年季契約書(インデンチャー)を持たずに植民地に来た年季奉公人は、1642年に植民地議会が定めた法律では、ヴァージニア到着時において、20歳を超えていれば4年間、12～20歳までは5年間、12歳より下の場合は7年間と、年季奉公の期間を定めていた。1658年から1666年の間に、年季奉公人の主人が大半を占める植民地議会では、自分たちと他の主人たちが、より長く、年季奉公人を働かせることができるように、1642年の法律を改正した。新法では、到着時において、19歳かそれ以上の場合は5年間、19歳より下の場合は24歳になるまで年季奉公をすることが定められた。これによって年季契約書を持っていない渡航者は、今までよりだいたい3年余分に年季奉公しなければならなくなった。[44]

　年季奉公の期間を延ばすもう1つの方法は、逃亡した年季奉公人により重い罰を科すことであった。すでにあった法律では、逃亡した期間の2倍の期間が科せられた。1669年と1670年の新法では、逃亡した年季奉公人を捕まえた者に対し報償が支払われる。また逃亡した年季奉公人は、これまでのように、逃亡した期間の2倍働くことに加えて、捕まえた者への報償は、タバコ200ポンドにつき4か月の割合で年季奉公の期間が増えた。[45]

　年季奉公の期間を延ばそうとして法律に手を加えても、入植者の寿命が延びるにつれて、土地所有への期待が膨らみ、土地の値が上がった。それを見越して、土地投機が起こった。土地投機についてバーナード・ベイリンが次のよう

に述べている。

　だれもかれもが土地投機を行い、皆がその影響を受けた。アメリカでの暮らしの根底にある2つの事実に対する当然で合理的な反応であるからだ。つまり、耕作可能な土地に対して、人の比率がとてつもなく少ないということ。また、その比率は、人口が増えるにつれて急速にしかも極端に変化する可能性が強いということである。…アメリカ史の中では、土地投機が野心的な人々の心を大きく占めていなかった時代はなかったのである。[46]

　ヴァージニアでは土地投機にあたっては、人頭権(ヘッドライト)が利用された。
　人頭権の起源は、イギリスで貧困に陥っている労働者を入植地に引きつけるために、ヴァージニア会社のエドウィン・サンズが、年季奉公に代わるものとして考えたものであった。会社の費用で渡航した者は、会社と直接つながっている代理業者のもと、割り当てられた土地で小作人として働き、7年間、会社に儲けの半分を納め、その後、50エーカーの土地が自分のものになるというものであった。[47]
　17世紀前半のヴァージニアでは、土地に投資する価値はなかった。取得が容易で、価格の上昇はきわめて遅かったからである。入植者輸送の証拠を提示さえすれば、公有地の入手が可能であった。1人分の人頭権で50エーカーの土地を取得する権利が生じた。死亡率が下がり人口が増えると、資本のある人は、人頭権を集め、植民地に残っている最高の土地を、公有地譲渡証書によって得た。使われた人頭権が最高に達したのが1664年で、その数は3,243であった。面積にすると16万2,150エーカーになる。このような土地投機のため、1660年以降に自由の身となった年季奉公人には、所有が主張されていない土地で耕作することが難しかった。独立しようとしていた年季奉公人は、土地を借りるか、辺境地帯に移住しなければならなかった。が、辺境地帯に移住すればインディアンと衝突した。人為的な土地不足のせいで、年季奉公を終えた人々が独立できないときには、他人の土地で働かざるをえなかった。[48]

7　内　乱

　貧しい入植者の不満を、怒りや憎しみに変えてインディアンに向けようとしたのがナサニエル・ベーコン (Nathaniel Bacon) である。ニューイングランドでは、植民地連合軍とインディアンの連合軍が激戦を交えた。インディアン連合軍を指揮したのがメタカム（英語ではフィリップ王と呼ばれる）であった。このフィリップ王戦争 (1675～76年) の時期に、ヴァージニアのポトマック川では、植民地人とインディアンとの小競合いがあり、大きな戦争になろうとしていた。ウィリアム・バークレー (William Berkeley) 総督が目論んでいたのは友好関係にあるヴァージニアのインディアンを、敵対する部族に対するスパイとして活用することであった。そうすることによってそのインディアンが敵側につくのを防止しようとしていた。また、インディアン征伐のためにベーコンが率いる不満分子の潜在的な危険に気がついてもいた。そのため、バークレー総督は、ベーコンに、インディアン征伐の命令を与えなかった。ところが、ベーコンは総督からの命令なしに事を進めようとしていた。[49]

　オカニーチ族によって捕らえられたサスケハナ族を殺害したあと、ベーコンは、これまで友好関係にあったオカニーチ族に銃口を向け、殺害するに至った。その行動の背後にあったのは、部族によらず、インディアンであれば皆殺しにするという決意である。[50]

　バークレー総督は、凱旋したベーコンに恭順を促し、罪を問わないことを示唆したが、ベーコンはそれに従わなかったため、謀反人とされた。この反逆罪は死をもって罰せられるのがふつうであった。[51]

　しかし、48名ほどのヴァージニア議会の議員のうち40名がベーコンに同情的であるいうのが、バークレーの判断であった。そこで総督は、ベーコンを赦免し、総督補佐機関に復帰させたばかりか、インディアン掃討の許可を出した。ベーコンに従った者の大半は、年季奉公を終えて自由になった男たちであった。かつて年季奉公人であった人々が、貧困を強いられ、総督に対して敵意を抱いていたのである。[52]

総督は、そういう人々を正規軍としてインディアンと戦わせることが、彼らの不平のはけ口になると考えた。歩兵には 1,500 ポンド、騎馬兵には 2,250 ポンドのタバコが支払われた。それ以外に、略奪品として、インディアンを奴隷にすることが軍隊には許され、また軍隊は、毛皮・銃・トウモロコシといったインディアンの所持品を略奪品として手に入れることができた。[53]

ベーコンの軍隊が次第に膨れ上がり、バークレー総督につく軍隊の数を上回るようになると、ベーコンは、1676 年 9 月 19 日、ジェームズタウンを焼き払い、総督が船でジェームズタウンを離れるという事態になった。しかし、ベーコンが赤痢にかかり、10 月 26 日に死亡すると、反乱の勢いはなくなった。ベーコンに従った者の大半は、バークレーに帰順した。降伏を拒んだのは 80 人の奴隷とイギリス出身の 20 人の年季奉公人であった。[54] 黒人奴隷と白人がともに反乱に加わった事実は注目すべきである。この時期には、人種による奴隷制をもとにした階級社会がまだ、はっきりとは成立していないことの表れである。

しかし、17 世紀後半は奴隷制社会への過渡期である。ベーコンの反乱後 4 年たったヴァージニア植民地会議では次の決定をした。反乱時に略奪行為をした白人の年季奉公人に科された刑罰だけが無効にされ、黒人の年季奉公人へはその赦免はなかった。1691 年にはヴァージニアの植民地議会は、ヴァージニア以外への奴隷を移動させる費用を負担しなければ、奴隷の解放を禁じた。[55] 奴隷でない黒人を植民地内に置きたくないという意図が見える。

8 奴隷制社会へ

ヴァージニアが奴隷制社会の形成に至ったのは複数の要因が絡み合っている。確かに、ベーコンの反乱に白人と共に加わった黒人奴隷がいたことは、人種による奴隷制がヴァージニアの社会体制にはなっていないことの証である。しかし、先に見たようにアンソニー・ジョンソンが、人種ゆえに一度は手にした財産を失っていくのは 1650 年代以降である。ヴァージニアで奴隷の輸入が急増したのは 1660 年代である。[56] そして、労働力が奴隷労働に劇的に移行する

のは17世紀の末からである。[57] どうして17世紀末からなのか。

奴隷労働に依存することが経済的に見合うようになり、奴隷の確保が保証されるようになったからである。奴隷を利用することが利益につながらなかったのは、17世紀の中頃まで死亡率が高かったためである。死亡率が低下して、奴隷が年季奉公人よりも有利な投資になるという状況は1660年までにはできあがっていた。そのような判断が可能なのは、その年に、ヴァージニア植民地議会が、黒人を運んでくるオランダ船への関税を免除したからである。[58] できるだけ多くの奴隷をできるだけ安く植民地に供給しようとする意図が見える。

ところが、同年王政復古ののち、本国の議会で可決された航海法によって、植民地からオランダへのタバコの輸出が阻止され、同時に植民地とオランダとの貿易を阻まれた。そのためヴァージニアでは奴隷制社会への移行が遅れた。本国では、オランダに代って奴隷貿易をする会社——王立アフリカ会社(ロイヤル・アフリカン・カンパニー)(前進は王立冒険投資家団(ロイヤル・アドベンチャラーズ))——を1672年にイギリス国王が特許状で起こした。この会社は1698年まで、植民地へのアフリカ奴隷の供給を独占した。この会社による独占が解かれ、奴隷貿易が開放されたとき、購入できる奴隷の数が急増した。[59]

チェサピーク湾植民地(ヴァージニアとメリーランド)において、黒人奴隷の占める割合が増加し続けたのは、農園主が白人よりも黒人を好んだからではなく、また農民無産階級による公然とした反乱を恐れたためでもなく、イギリスから年季奉公人がやって来なくなったためだ、とバーナード・ベイリンは述べている。[60] 白人農民無産階級の白人有力者に対する反乱を恐れているからではないというベイリンの見方と、ベーコンの反乱やそれ以降の植民地経営において白人同士の階級衝突を避けるために、その階級衝突を人種間衝突にすりかえたというモーガンの見方は矛盾しない。ベイリンは白人に対する黒人の比率が増えた理由について述べているのであり、モーガンは黒人の占める比率が増した社会の運営方法について述べているからだ。

ヴァージニア植民地議会は年季奉公人と奴隷を区別しようとした。議会は、年季奉公人の財産は守ったが、奴隷の財産は没収した。1705年のヴァージニアの法律では次のように奴隷の殺害が罪に問われなかった。「いかなる奴隷で

も、主人に反抗する奴隷を矯正しようとして、奴隷が死ぬようなことがあっても主人は罪を免れる[61]」。同じ1705年に、植民地議会は年季奉公人の主人たちが、契約を終えた年季奉公人に与えることを求めたのは、30シリング相当の10ブッシェルのトウモロコシと、20シリング相当のマスケット銃であった。また英国の強い主張で、自由になった年季奉公人は、渡航費を払っていなくても50エーカーの土地を所有する権利を持つようになった。[62] これは17世紀後半に大地主が、年季契約を終えた年季奉公人が自営農家になるのを妨げた時期と比べると大きな変化である。

　ヴァージニアは独立当時13州の中では面積も人口も影響力も奴隷の数も最大であった。新国家誕生のとき、奴隷の40％以上がヴァージニアにいた。他者の意思にほとんど全面的に従わなければならない奴隷を目にしていたヴァージニア人は、専制君主のなすがままになるとはどういうことかを知っていた。自由がかけがえのないものだということをヴァージニア人がよく知っていた、とモーガンは考える。自由がないとはどういうことであるかを、毎日見ていたからである。[63] このことが奴隷制と自由追求とが併存した矛盾を解く鍵になるだろう。

おわりに

　イギリスから北アメリカへの人口移動による植民は、イギリス国内の人口増加と連動していた。最初の植民地ロアノーク島は覇権を争っていたスペインとの対抗の意味もあった。しかしインディアンの土地へ侵入することで成り立つ植民は、インディアンとの抗争を不可避にした。消滅したロアノーク島植民地とは異なり、永続的な植民地として成功を収めたジェームズタウンでは植民地の発展に伴い、階級対立が生まれた。土地投機のあおりで、自営農民となることを阻まれた年季契約期間を終えた年季奉公人が、ベーコンの反乱ではその中心勢力であった。イギリスからやって来る年季奉公人の減少によって不足した労働力は、黒人奴隷が補った。黒人奴隷の数が増えるにつれて、かつてベーコンの反乱に加わった、自由になった年季奉公人と黒人奴隷とを明確に区別する

ことが行われた。劣る人種として区別される黒人がいる一方で、白人は貧富の差があっても、白人という帰属意識(アイデンティティ)で結束する社会体制が17世紀末から整っていったのである。

注

[1] 人種を対立させることによって階級対立を抑制するという見方は、Edmund Morgan, *American Slavery, American Freedom*, 1975 (New York: W.W. Norton & Company, 1995) による。Ronald Takaki, *A Different Mirror* (Boston: Little, Brown and Company, 1993) では、*American Slavery, American Freedom* を「初期ヴァージニアにおける階級と人種の関係についての最も重要な研究」(p. 439) と位置づけている。また、Alan Taylor, *American Colonies* (New York: Viking Penguin, 2001) においても、Edmund Morgan の論点を的確だとして次のように述べている。植民地時代のヴァージニアでは、「エリート統治、大衆政治、白人優越主義が相互に依存していた」(p. 140)。

[2] Bernard Bailyn, *The Peopling of British North America*, 1986 (New York: Vintage Books, 1988), 20.

[3] Morgan, 16-31; R. C. Simmons, *The American Colonies*, 1976 (New York: W.W. Norton & Company 1981), 7.

[4] Morgan, 25-34.

[5] Morgan, 34-36; Simmons, 10.

[6] Morgan, 40.

[7] Ibid.

[8] Ibid., 41.

[9] Ibid., 41-42.

[10] Ibid., 42.

[11] Taylor, 130

[12] Morgan, 71.

[13] Charles Johnson, Patricia Smith, and WGBH Series Research Team, *Africans in America: America's Journey through Slavery* (New York: Harcourt Brace & Company, 1998), 31.

[14] 鈴木圭介編『アメリカ経済史Ⅰ』(東京大学出版会, 1972年) 中西弘次, 11。

[15] Charles Johnson et al., 33.「1607年から1622年までの間に、ヴァージニア会社は、約1万人の入植者を輸送したが、1622年に生きていたのはわずか20%にすぎなかった。イギリスでは、遅まきながら、『ヴァージニアは、プランテーションではなく、間もなく、屠殺場という異名をとることになろう』という批判があった」(Taylor, 130)。「1607年以降15年

間にわたり、ヴァージニアに輸送された 1 万 5,000 人のうち、2,000 人しか生きていなかった」(Charles Johnson et al., 36)。入植者数は、著者たちの間で必ずしも一致していないが、1622 年の存命者数の少なさは数において一致している。初期ヴァージニア植民地が「屠殺場」であるという暗喩は的を射ていると言えよう。

[16] Taylor, 130-131.
[17] John Smith, *General History of Virginia, New England, and the Summer Isle*, quoted in Charles Johnson et al., 32-33.
[18] Morgan, 73; 86-87.
[19] Morgan, 90; Taylor, 134.
[20] 「年季奉公人には次の 2 種類があった。一つは『自発的』年季奉公人でである。これは、新大陸への渡航費（通常 7 ～ 10 ポンド）を持たない貧しい人びとが、渡航費を船主やブローカーにたてかえてもらい、その代りに現地で一定期間（4 ～ 7 年間）労役に服する義務を持つものである。他は、『強制的』年季奉公人である。前者が自由意志による年季奉公人であるに対して、これは誘拐されたものまたは囚人移民であり、『強制的な』年季奉公人であった（囚人の場合年季は 7 ～ 14 年間に及んだ）」(鈴木圭介編, 宮野啓二, 47)。したがって、ここでは宮野の言う「自発的」年季奉公人について述べている。
[21] Charles Johnson et al., 34.
[22] Morgan, 126-127.
[23] *Ibid.*, 80.
[24] Morgan, 79-80.
[25] *Ibid.*, 128.
[26] Tailor, 134.
[27] Morgan, 47.
[28] *Ibid.*, 154-155.
[29] Morgan, 97-99.
[30] *Ibid.*
[31] *Ibid.* この虐殺事件のあと、1624 年にイギリス国王はヴァージニア会社を解散させ、ヴァージニアを自らの統治下に置いた (Morgan, 101)。インディアンによる入植者襲撃をロンドンで知ったジョン・スミスは喜んだ。インディアンを壊滅させる正当な大義になるからだ。ヴァージニアの入植者たちは、インディアンのトウモロコシ収穫直前に、インディアンの村を襲い作物を破壊することにした。そうすれば、インディアンは、冬から春にかけて、飢えると考えたのである。インディアンの飢えが最もひどくなっていた 1623 年 5 月、イギリス人は、和睦するふりをし、交渉が終わると、イギリス人たちは、250 人のインディアンを乾杯に招いた。インディアンの飲み物には毒が入れられていた。毒の回ったインディアンた

ちに、イギリス人たちはとどめを刺した。その場にいなかったオペチャンカノーは抵抗し続けたが、1632年に、イギリス人は真の和睦をインディアンと結び、広大な土地を脅し取った。そこで、オペチャンカノーは1644年4月18日、2回目の奇襲攻撃をし、400人の入植者を殺害した。その頃、イギリス人は1万人に増えていた。インディアンを数で優るイギリス人は反撃に出て、ジェームズ川沿いのインディアンの部落を破壊した。推定100歳のオペチャンカノーは1646年に捕らえられ、戦勝記念物としてジェームズタウンで見世物にされていたが、怒った兵士に射殺された (Taylor, 135)。

32 Charles Johnson et al., 37.
33 *Ibid.*, 39.
34 鈴木圭介編、宮野啓二、46。
35 「この土地付与方法［つまり人頭権制］は、ヴァージニアでは17世紀に一般的であったとともに、南部植民地全体で広く採用された。この制度は自由移民のみならず、その家族・召使・年季奉公人、さらには奴隷にまで適用されたため、土地集積を促進する槓杆となった。すなわち、船主・商人などはこの土地取得方法を不正手段（ごまかしなど）により乱用し、土地集積を促進したのである。そのためヴァージニアでは、乱用の防止策がとられ（ニグロへの人頭権禁止など）、18世紀に入ると別の方法がとられた。しかしこの制度の下で南部全体は多少とも土地集積＝大土地所有者の基礎が形成された」（鈴木圭介編、宮野啓二、46）。
36 Charles Johnson et al., 39.
37 *Ibid.*, 43.
38 *Ibid.*
39 植民地時代のヴァージニアとメリーランドではタバコが通貨であった。
40 Charles Johnson et al., 43-44.
41 *Ibid.*, 44-45.
42 Morgan, 215.
43 *Ibid.*, 215-216
44 *Ibid.*, 216.
45 *Ibid.*, 216-217.
46 Bailyn, 66.
47 *Morgan*, 94.
48 *Ibid.*, 171; 218-220; 223.
49 *Ibid.*, 250-258.
50 *Ibid.*, 258.
51 *Ibid.*, 260.
52 *Ibid.*, 261-262

53 *Ibid.*, 262-265
54 *Ibid.*, 268-269.
55 Takaki, 67.
56 原因は、タバコ栽培の労働力となる年季奉公人の大西洋を渡る数が減ったからである。減った理由は、イギリスの人口増加の停滞、腺ペストの流行と大火により、ロンドンでは労働力への需要が高まり、賃金が上がったからである (Bailyn, 28)。
57 Bailyn, 101.
58 Morgan, 299.
59 *Ibid.*, 299; Bailyn, 101. ヴァージニアの白人と黒人の比率は次のように推定されている。

年	人口総数	黒人 (%)	白人 (%)
1680	43,596	6.88	93.12
1700	58,560	27.99	72.01
1720	87,757	30.30	69.70
1740	180,440	33.25	66.75

（Simmons, 87 より）

60 Bailyn, 101.
61 William W. Hening, *The Statutes at Large: Being a Collection of All the Laws of Virginia, from the First Session of the Legislature in the Year 1619* (Charlottesville: Published for the Jamestown Foundation of the Commonwealth of Virginia by the University Press of Virginia, 1969), quoted in *Africans in America* by Charles Johnson et al., 48.
62 Morgan, 344.
63 *Ibid.*, 5; 376.

参考文献

Bailyn, Bernard. *The Peopling of British North America*. 1986. New York: Vintage Books, 1988.

Johnson, Charles, Patricia Smith, and WGBH Series Research Team. *Africans in America: America's Journey through Slavery*. New York: Harcourt Brace & Company, 1998.

Morgan, Edmund. *American Slavery, American Freedom*. 1975. New York: W.W. Norton & Company, 1995.

Simmons, R. C. *The American Colonies*. 1976. New York: W.W. Norton & Company, 1981.
鈴木圭介編『アメリカ経済史Ⅰ』東京大学出版会、1972年。
Takaki, Ronald. *A Different Mirror*. Boston: Little, Brown and Company, 1993.
Taylor, Alan. *American Colonies*. New York: Viking Penguin, 2001.

第 2 章　国造りの光と陰
―奴隷制の定着―

はじめに

　国際的な覇権争いと国内の人口増加による人の移動が絡み合って始まったイギリスの北アメリカ植民は、その発展過程で、植民当初にはなかった、人種による階級社会が形成されていった。人口増加と経済力安定に伴い、本国の干渉から自由になろうとする植民地と、植民地に自治を認めようとしない本国との間で武力衝突が起こった。

　独立革命期 (1763 〜 89 年)[1] に、アメリカでは奴隷解放に向かった地方がある一方で、逆に、経済的な事情によって奴隷制が拡大した地方もあった。この時期、奴隷制の拡大は、国内の余剰奴隷の移動とアフリカからの輸入奴隷による奴隷数増加によって進行した。

　奴隷制存続は、自由を獲得した新国家に当たった「光」が作った「陰」である。独立革命の大義とは相容れない奴隷制の全面的廃止が速やかに実施されなかったのは、連邦制のもとで新国家を運営していくための妥協が必要であったからである。[2] 本章の目的は、自由・平等という国家理念のもとで国造りの進むアメリカに大量の奴隷がアフリカから輸入され、アメリカ独立革命期に南部において奴隷制の定着・拡大を可能にしたのは、供給地アフリカが、アメリカの需要に応ずることができたからであるということを明らかにすることにある。

1　大西洋奴隷貿易の始まり

　アメリカ独立革命期にアフリカから大量の奴隷をアメリカが輸入できたの

は、そのときには、奴隷の輸出・輸送体制が長年の蓄積によって、すでに整っていたからである。アフリカで最初に奴隷貿易に関わるのはポルトガルである。

　ポルトガル人は15世紀前半にアフリカ沿岸に初めて到着した。ポルトガル人によるヨーロッパへの最初の奴隷輸送は1444年である。ポルトガルの奴隷貿易は1450～60年代には、1年間に約800人というゆっくりとしたペースで始まり、1470～80年代は年間1,500人近くに増え、1480～90年代は年に2,000人を超えるようになった。その約3分の1は、金（きん）と交換されアフリカ人に売られていった。[3]

　ヨーロッパに輸出された奴隷は、家庭内での召使いにされた。ポルトガル人が奴隷を農業労働者として捉えるようになるのは、砂糖生産が大西洋の島々で開始されてからである。ギニア湾にあるサントメ島は、マデイラ諸島、カナリア諸島（スペインの植民地）とともに、重要な砂糖生産地になった。地中海の砂糖生産の技術をこれらの島々に伝えたのはイタリア商人である。マデイラ諸島は15世紀の末にヨーロッパ最大の砂糖生産地になるが、16世紀の前半には衰退していった。大西洋の島々の中で最も奴隷労働に依存していたのがサントメ島である。そこでは1550年には5,000～6,000人の奴隷が年間2,000tの砂糖を生産した。しかしのちにアメリカとの競争、オランダの侵入、奴隷の反乱で砂糖産業は壊滅した。が、サントメ島自体は、その後も、奴隷貿易の中継ぎ港として重要な役割を担った。[4]

　ポルトガルが1580年にスペイン帝国に併合されると、すでにスペインからの独立運動を展開していたオランダは、直接ポルトガルと衝突するようになった。オランダは1602年に東インド会社を設立し、アジアにおける香辛料貿易の支配権をポルトガル人から奪った。1621年には、西インド会社を設立し、南大西洋に戦艦を派遣するなどして、ポルトガル人が貿易基地として1482年に城塞を建設したエルミナ（現ガーナ）を結局、オランダ人が1637年に占領した。[5] 18世紀全般にわたって、奴隷の積出し港であるエルミナの人口は1万2,000人～1万6,000人であり、その数は、独立革命の頃、北米最大の奴隷輸入港であったサウスカロライナのチャールズタウン（のちチャールストン）よりも多かった。[6]

2 チェサピーク地方と低地帯(ロー・カントリー)における奴隷の需要

ヴァージニア植民地では労働力の担い手が、年季奉公人から次第に黒人奴隷に移行した。チェサピーク湾植民地(メリーランドとヴァージニア)では、1730年代には平均して年間2,000人の奴隷がアフリカから輸入され、大小の農園(プランテーション)で年季奉公人に取って代わっていった。それが1770年代になると、ヴァージニアに5,000人いた奴隷に加えられたのは、アフリカから輸入される年500人の奴隷のみとなった。[7] 独立革命期に入ったヴァージニアでは、それまで輸入した奴隷が次第に充足数に達しつつあったということになろう。

低地帯(ロー・カントリー)(両カロライナ、ジョージアの海岸低地)一帯の主要作物は米である。ジョージアでは、18世紀中頃まで奴隷がいなかった。イギリス当局によって奴隷制が禁じられていたからである。奴隷制が解禁されるとジョージアでは奴隷を大量に輸入するようになった。[8]

低地帯では、急速に拡大する米栽培の必要に応じられるほどのインディアンを奴隷にすることができなかったので、農園主(プランター)たちは、アフリカから奴隷を輸入するようになった。サウスカロライナのチャールズタウンが、低地帯での奴隷輸入の中心になり、本土における、大西洋奴隷貿易の最大の市場になった。1710年以前は、輸入奴隷数は年間300人を超えることはまれであったが、1720年代になると、その数は年間2,000人を上回るようになった。1740年代に輸入は一旦落ち込むが、その反動で、1770年代には、年間およそ4,000人のアフリカ奴隷が低地帯に到着していた。低地帯において米以外の有望な作物は染料にする藍(インディゴ)であった。アメリカが独立を成し遂げる頃には、サウスカロライナでは輸出の4分の1をインディゴが占めるようになっていた。[9]

3 ルイジアナ地方をめぐる衝突

アメリカが19世紀はじめにフランスから購入したルイジアナ地方は、のちにそこから13の州ができるほどの広大な地域である。

フランス本土当局はルイジアナを軍事戦略の前衛地としか考えていなかった。そのため、ルイジアナ植民者のたび重なる、大規模な奴隷輸入の請願を本土当局は拒み続けた。1717 年から 1721 年の間に、仏・独の植民者 7,000 人がルイジアナに到着した。その多くは、犯罪歴、放浪癖、軍隊逃亡歴のある元年季奉公人であり、農業への関心はなく、まとまった労働力にはなりえなかった。そこで、農園経営をめざしていた者が、ルイジアナ植民地を放棄する構えでフランス当局に迫ると、1719 年にはアフリカ奴隷の輸入許可が出た。これまで行われていたインディアンの奴隷制をフランス人総督が 1728 年に廃止した結果、ミシシッピ川下流域では、黒人奴隷の労働力に占める割合がさらに上がった。1720 年代にはアフリカ人奴隷が着実に増加したとはいえ、農園では多くの白人とインディアンが労働に従事していた。1720 年代に奴隷制が広がるにつれて、黒人逃亡奴隷の集団が、チェサピーク地方の山岳地帯からサウスカロライナの低地帯を越えて広がった。マルーンの食糧は農園の食糧置き場から仲間の奴隷が運び込んだり、インディアンが支援したりした。マルーンの村では、異人種間の結婚が行われ、インディアンとアフリカ人のつながりを強固なものにした。1720 年代のミシシッピ川下流域では、農園主によるインディアンの土地強奪、アフリカ人奴隷の輸入、労働規律の厳格化によって、マルーンが増加し、反乱を発生させる下地が整いつつあった。[10]

　1729 年 11 月、農園の拡大によって片隅に追いやられ、奴隷化を恐れていたナッチズ・インディアンは、新たにアフリカから到着した奴隷（おもにバンバラ族）と共に、200 人のフランス人入植者を虐殺した。これはルイジアナ地方におけるヨーロッパ人の人口の 1 割に当たる。反乱は当初、成功し、何百人という奴隷が解放され、ナッチズ族に増援隊も加わった。それに対し、ルイジアナ総督は、ニューオーリンズから、信頼のおける黒人奴隷部隊を送り、ニューオーリンズの少数インディアン部族に先制攻撃を仕掛けた。それが功を奏したので、総督は、今度、同じ黒人奴隷部隊とチョクトー・インディアンに、何百人ものナッチズ族を殺害させ、反乱当初逃げた奴隷の多くを取り戻した。1731 年、ルイジアナ総督はナッチズ族との降伏交渉をする前提条件として、元奴隷全員の返還を求めた。ナッチズ族がフランス当局に返還した黒人奴隷は、

すぐにチョクトー族に引き渡され、チョクトー族はそれらの黒人奴隷を棒に縛って火刑にした。[11]

ナッチズ・インディアンの反乱の数か月後、アフリカのバンバラ族出身、サンバ・バンバラ (Samba Bambara) に率いられた黒人奴隷は、インディアンと黒人の同盟再編を目論だ。しかしフランス人による残忍な虐殺は、首謀者バンバラの八つ裂きにまで至り、陰謀はつぶされた。[12]

フランス国王の特許状を持って奴隷貿易などの植民地経営をしていたのは、西インド諸島会社であった。しかし、ナッチズ・インディアンの反乱とサンバ・バンバラの陰謀のあと、フランス国王は西インド諸島会社からルイジアナ統治権を剥奪した。そのためアフリカとミシシッピ川下流域とのつながりが突然、途絶えた。1731年以降、のちに7年戦争が終結し、パリ条約でスペインがルイジアナ地方を得て1770年代に奴隷貿易を再開するまで、ルイジアナに到着した奴隷船は1隻にすぎなかった。奴隷供給がなくなったので、農園主は奴隷への待遇を改善した。たとえば、奴隷が家庭を持つことが農園主によって奨励された。そのため、1730年代には結婚する奴隷の数が増加し、奴隷の数が自然増加した。ルイジアナ地方が1763年にスペインに譲渡されたときには、奴隷の数は6,000人を下回っていたが、そのほとんどが、ルイジアナ地方生まれであった。また奴隷の仕事量については、特に妊婦が出産にまで至ることができるように、軽減された。[13]

ルイジアナ地方では、1740年代後半から1750年代にかけてインディゴの生産がブームになった。一番の輸出品であったインディゴは、好景気のときでも、グアテマラやサウスカロライナのインディゴと競争を強いられていた。さらに1756年に勃発した7年戦争によって貿易が中断し、ルイジアナ地方のインディゴブームは崩壊に至った。[14]

7年戦争の結果、フランス人に代わってルイジアナ地方を統治することになったスペイン人は、黒人を労働力としていただけでなく、植民地における安全保障上の友好的集団として捉える傾向があった。植民地拡大に伴うヨーロッパ諸国の衝突は、のちに英領植民地になるニューネーデルランドでも起こった。

4　ニューヨークの黒人法

　第2次蘭英戦争(1765～67年)に勝利したイギリスは、ブレダ条約によって、戦争中に占領した北アメリカのオランダ領ニューネーデルランドの領有を認められた。のちに、このニューネーデルランドからは、ニューヨーク、ニュージャージー、ペンシルベニアのイギリス領植民地ができた。イギリスが、ニューネーデルランドからオランダ人を駆逐したのは1644年10月である。[15]

　この年から20年間ニューヨークでは奴隷を規制する法律はなかったが、1684年10月22日、ニューヨーク植民地議会は初めて「奴隷」という言葉を含む法律を通過させた。また「使用人(サーヴァンツ)」として分類されていた黒人が別の範疇にされたのは1702年である。この年、ニューヨークで最初の重要な黒人法があらわれた。これはニューヨーク植民地の都市部に住む黒人を対象とした。黒人奴隷であれば、3人を超えて集まることを禁ずるものであった。違反した場合の罰則は、「むき出しの背中に40回の鞭打ち」である。また、「男性の奴隷を雇ったり、かくまったり、隠したり、もてなしたりすること」は、奴隷所有者による文書か口頭の許可がなければできなくなった。これは両人種による窃盗団対策でもあった。というのは、たとえば、黒人が盗んだ銀のろうそく立てを溶かして売るのは、白人の泥棒仲間だからである。オランダ統治時代には奴隷が裁判で証人となることが認められていたが、イギリス領では1702年の法律によってそれが認められなくなった。[16]

　ニューヨークの奴隷規制は1712年に起こった反乱によって新たな局面を迎えた。1712年以前は奴隷が、公共の安全にとって脅威であるとは捉えられていなかった。1712年の暴動は短期間の暴動であったが、その影響は大きかった。[17]

　1712年4月7日夜半過ぎ、ピーター・ヴァン・ティルバーグの屋敷への放火が暴動の合図になった。火の手が広がり、茫然として出て来た眠たげな白人市民を待ち構えていたのは、火器、剣、ナイフ、まさかりで武装した黒人であった。黒人たちの射撃で亡くなった白人は9人。5、6人が負傷した。暴動を起こ

して森に逃げた黒人を、ロバート・ハンター総督は、民兵に包囲させた。捕らえられる前に自殺した6人を除いて、黒人たちは捕まった。裁判の結果、27人が有罪の判決を受け、21人が処刑された。死刑を宣告された黒人のうち、妊娠していた女性は刑の執行を免れた。逮捕されたそれ以外の黒人は釈放された。見せしめ効果を狙って、処刑方法は、火刑、絞首刑、車裂き、町中で生きたまま吊るす、という方法がとられた。[18]

1712年4月7日の暴動を機に、ニューヨークでは「黒人とそれ以外の奴隷の陰謀・暴動防止、鎮圧、処罰に関する法律」が同年12月10日に可決された。奴隷を規制するための従来の法律に新しい条項が加えられた。新しく加えられたものの1つとして次の条項があった。いかなる黒人もインディアンも混血(ムラート)も、ニューヨーク植民地においては、1712年12月10日以降は、住宅、土地、永続的財産、相続財産の所有、保持、獲得はできないものとされた。また、黒人やインディアンが所有している財産は、植民地へ返還させられた。さらに、奴隷を解放しようとする所有者は、年に20ポンドずつ、解放した奴隷に支払われるように200ポンドの自由債務証書(フリーダム・ボンド)を用意しなければいけないことになった。自由黒人は怠慢な者が多く、生活保護者になることがよくあるというのが理由にされた。これでは、奴隷を解放しようと思っている所有者も簡単には解放できない。忠実で勤勉に義務を果たせば自由を与えられる、と約束されていた多くの奴隷が失望した。[19]

約30年後の1741年、ニューヨークではある噂が広がった。火事が相次ぎ、黒人と貧しい白人が法と秩序を乱してニューヨークを乗っ取ろうとしているという噂である。約30年前の暴動を上回るだろうとも言われた。陰謀を企てている者の逮捕するために、多額の報奨金が出され、ほぼ200人の白人と黒人が逮捕、起訴された。少なくとも100人の黒人が有罪になり、うち18人が絞首刑にされ、13人が生きたまま火刑にされ、70人が追放された。女性2人を含む4人の白人が絞首刑にされた。植民地時代のニューヨークで最悪の騒ぎであった。[20] しかしその後、独立革命の頃になると、ニューヨークでは奴隷制に対する意識が変わりつつあった。

5　イギリスの政治的自由を求めたアメリカ人

　アメリカ独立革命の根本にあった大義は、イギリス人として本来持っている自由を、その侵害から守るということである。イギリス人は自由をどのように考えていたのか。

　社会的・政治的勢力を限られた領域にはっきりと特定・限定することによって、政治的均衡を保とうとしたのがイギリスの政体であった。つまり、国王と貴族それに平民が、政治上、定められた立場に留まり続け、定められた政治的務めを果たすならば、イギリスとその領土において、自由は確保されると考えられた。イギリスの自由の概念は政治勢力の均衡・維持と密接につながっていた。[21] それでは、国王、貴族、平民の間では、どのようにして均衡を保つことが可能なのであろうか。

　国王は神聖さと大権を有して、秩序と権威を表し、国家を象徴しつつ統一している。平民は、その数と生産性を力とし、個人を体現し、自由を促進する。貴族は、相続財産と地位によって保証された確固たる独立性を持ち、上下の衝突の調停役として機能する。平民が社会を放縦な集団に変えようとしたり、国王が専制的になろうとしたりするのを、貴族が阻止することになる。[22]

　このような政体における均衡が、国王の専制によって崩れ、政治的自由が侵害されていると認識されたとき、アメリカの植民者は、イギリス人として与えられている政治的自由を確保するために、政治的宣伝を繰り広げ、結果的に独立革命戦争に至ったのである。

　7年戦争(1756 〜 63年)後、アメリカの植民地人を憤慨させた最初の大きな出来事は、イギリス議会が1765年に植民地に課した印紙法である。戦費のかさんでいたイギリスは、必要な歳入を国内ではなく植民地に求めた。イギリスは7年戦争を世界各地で戦うほかに、その数年前からアメリカ植民地ではフレンチ・アンド・インディアン戦争を戦い、またアイルランド、スコットランド、カリブ海、そしてインドにおいても駐留軍の維持費を税収で賄う必要があった。[23]

　一方、アメリカ植民地では、印紙法による植民地へ課税に関する表向きの理

由の陰に、植民地人の自由に対する陰謀を見ていた。1776年以前に発行された小冊子(パンフレット)で最も影響力があったものとしてバーナード・ベイリンが挙げているのは、ジョン・ディキンソン (John Dickinson) が書いた次のパンフレットである。

　本国で一番で欲しがっているものは先例である。暗黙のうちに植民地が屈すれば、先例が力を持つようになる。…もし、本国議会の試みが功を奏すれば、印紙法でなくとも別の法律によって関税を課されることになろう。…このように、議会は、その意向以外には制限となるものはなく、奪いたいと思うだけの金額のカネを我々に課税することになろう。[24]

植民地の抵抗で1766年に印紙法は撤回された[25]が、1760年代のボストンでは反英感情が渦巻いていた。そのような状況で、マサチューセッツ植民地のフランシス・バーナード総督の軍隊派遣要請に基づいて、1768年10月1日、イギリス艦隊がボストン湾に投錨し、4,000人のイギリス兵が上陸した。ボストン市民は、兵士たちに住居、食糧、娯楽の提供を求められた。憤ったボストン市民の中には、イギリスの軍事力誇示に対し武力で応ずるべきだという声も上がった。駐留軍は、自由政体を崩すための一段階だとも捉えられた。[26] イギリス正規軍の駐留にボストンは緊迫していた。駐留するイギリス軍と一般市民との衝突が、次に述べるボストン虐殺事件である。

6　ボストン虐殺事件

1770年のボストンは張りつめていた。マサチューセッツ湾植民地の副総督トーマス・ハッチンソン (Thomas Hutchinson) は「悲劇的なことが起これば、植民地全体が炎の海に包まれ、たぶん、それはさらに広がるだろう」と1770年1月29日の手紙に書いている。印紙法反対の暴徒たちによって1765年8月26日に邸宅を襲われ、命からがら逃れたことのあるハッチンソンは、イギリス兵とボストン市民との衝突の危険を感じ取っていた。[27] そのような緊迫した

状況でボストン虐殺事件が起こった。

1770年3月5日、イギリスの正規軍に5人のボストン市民が虐殺された。その5人の中にはクリスパス・アタックス(Chrispas Attucks)という黒人が含まれていた。逃亡奴隷のアタックスは当時47歳の船乗りであった。ボストンに住まう前はマサチューセッツ北東部のフラミングハムにいた。そこから逃亡して以来20年にわたって、ボストン湾から出航する船で仕事をしていた。3月5日の夜、デモ隊に加わったアタックスは税関の入っている建物の前でマスケット銃を持ったイギリス兵と対峙した。イギリス兵の撃ったマスケット銃の弾は、デモ隊の最前列にいたアタックスの胸に命中し、アタックスは即死した。黒人アタックスは、このボストン虐殺事件で殺された5人のうち最初の犠牲者であった。[28] 命を差し出してまでイギリスに抵抗する逃亡奴隷がいたことに、黒人史家ジョン・ホープ・フランクリン(John Hope Franklin)は注意を喚起する。[29]

ボストンにいる軍隊が、常備軍と等しく、その目的は、人民を脅かして専制君主の意志に人民を従わせることだということに、この事件後、疑いを差しはさむ余地はなくなった。[30]

ところが事件直後には、ボストンからのイギリス軍撤退（1770年3月）[31]や茶税を除くタウンゼント諸税の廃止（1770年4月）[32]のため、緊張緩和の時期があった。[33] しかし、1773年に制定された茶法における本国の課税権に対する不満により、同年12月、ボストン茶会事件が起こった。インディアンに扮した植民地人の急進派が、東インド会社所有の茶箱342個を海に投棄した事件である。この事件後、1774年に、本国政府は植民地に対し懲罰諸法で応じた。懲罰諸法の1つとして3月には、ボストン港法が可決された。この法律は、ボストンが茶会事件で東インド会社に与えた損害を弁償するまでボストン港を閉鎖するというものである。しかし植民地では、この法律は、ボストンの経済的活気を奪うためのものだと考えられた。また、6月に可決された軍隊宿営法では、ボストンなどのように近くに兵舎があっても、総督の命令があれば、占有されていない建物を軍が使用できるというものであった。こういう懲罰諸法に植民地人が見たのは、自由侵害である。[34] このようにして、イギリスとその植民地ア

メリカ[35]との軍事的衝突は避けられなくなっていった。

7　独立革命戦争勃発

　最初の武力衝突は、1775年4月19日の夜明けにマサチューセッツ湾植民地で起こった。イギリス兵700人が、ボストンからその北西にあるコンコードに向かった。そこに蓄えられている武器・弾薬の没収が目的であった。イギリス軍の動きは、銀細工師ポール・リヴィア（Paul Revere）などの斥候民兵によりいち早く察知され、革命の指導者ジョン・ハンコック（John Hancock）とサムエル・アダムズ（Samuel Adams）に逃亡の急を告げた。レキシントンに向かうイギリス兵に対し、植民地民兵70人が立ちはだかった。反撃したイギリス軍は民兵8人を射殺した。ボストンに戻るまでに、愛国派(パトリオット)の民兵によるイギリス軍の縦隊へのたび重なる攻撃により、イギリス軍は死者73人、負傷者174人、行方不明26人にのぼった。軍事行動の決定は、イギリス政府によって、すでにこの年の初めには決められていたのだった。[36]

　レキシントン・コンコード間の衝突から2か月たった1775年6月17日、ボストンを見下ろすバンカーヒルの崖にある要塞を突破しようとして、ウィリアム・ハウ（William Howe）将軍指揮下のイギリス兵がアメリカ人の陣地に正面攻撃を連続的に仕掛けてきた。イギリス軍の軍事行動は成功したが、1,054名が命を落とした。のちに「バンカーヒルの戦い」と名づけられたこの衝突が、アメリカとイギリスの最初の本格的な戦闘であった。この戦いで英雄になった黒人奴隷がいた。名をピーター・セイラム（Peter Salem）という。セイラムは、イギリスのピットカーン少佐を射殺した。そのときセイラムは、砦の土塁にのぼって「勝利はわれわれのものだ」と言ったとされている。[37]

　北アメリカ大陸のイギリス領13植民地の代表が集まる第2回大陸会議[38]が1775年5月10日に開催された。この大陸会議は6月に大陸軍を編成し、ジョージ・ワシントン（George Washington）を総司令官に任命した。[39]今後イギリス軍との戦争指導や外交にあたっていくのが大陸会議である。

　黒人は、コンコード・レキシントンの戦いにも加わっていたが、ワシントン

は 1775 年 11 月 12 日に、新兵募集係に命令を発して、武器を携えることのできない黒人・少年、あるいは戦闘の疲労に堪えることのできない老人を召集しないようにした。黒人は、自由・奴隷の身分に関わりなくワシントン指揮下では独立革命戦争に参加できなくなった。[40] しかし、のちに大陸軍は要員不足から黒人を徴兵せざるをえなくなる。

　一方、イギリス国王任命のヴァージニア総督ダンモア伯 (4th Earl of Dunmore) は、1775 年 11 月 7 日に発した布告で、イギリス側について戦う黒人に自由を約束した。農園を守る奴隷がいなくなれば、いなくなった奴隷の代わりに、農園主は戦列を離れて農園に戻らなければならなかった。ダンモアが狙ったのはそれであった。銃を手にした奴隷を見るのは農園主たちには恐怖であった。そのためこれまで、独立革命に関わってこなかった農園主たちは愛国派側(パトリオッツ)つまり独立しようする側に立つようになった。ダンモアの布告は大西洋岸に瞬く間に広がった。イギリスが奴隷に約束した自由は、奴隷労働によって成り立つ南部経済の基盤を揺るがすものであった。それゆえ、ダンモアの布告は、イギリス議会が発したいかなる法律よりも、ヴァージニア人を独立に駆り立てたのであった。しかし天然痘でダンモア軍は 800 人を失った。そのため黒人はダンモア軍に入隊するのをためらった。疫病、度重なる敗退、植民者からの執拗な攻撃があいまって、ダンモア軍は 300 人の黒人と共に 1776 年 8 月 6 日、船で敗走した。[41] このとき、すでに大陸会議は独立宣言を発していた。

8　独立宣言とアメリカ合衆国憲法

　「次に述べる真理を我々は自明なものと見なす。すべての人間は平等に造られ、創造主によって譲り渡すことのできない権利を与えられている。その権利の中には、生命、自由、幸福の追求が含まれている」。これが「独立宣言」の中で最も有名な箇所である。トーマス・ジェファソン (Thomas Jefferson) は、独立宣言草案の中で、黒人奴隷をアフリカから強制的に植民地に連れてくる奴隷貿易を批判した。しかし、アメリカの諸植民地側の意思に反して黒人奴隷を売りつけているという論理は、18 世紀後半に奴隷供給が過剰になっていた

ヴァージニアでは通用しても、黒人奴隷への需要が高い新興開拓地として、米やインディゴを栽培している低南部のサウスカロライナやジョージアには当てはまらない。[42] イギリス国王を奴隷貿易で非難するのは、史実に、正確に立脚しているとは言えない。カール・ベッカー (Carl Becker) は、ジェファソンが奴隷貿易に関してジョージ3世を非難した部分を、「事実と表現との隔たりは、きわめて明瞭だ」と言っている。が、また「独立宣言というものに、科学論文の客観性と厳密さを備えた歴史的事件の記述を期待する人はいない」とも述べている。[43]

大陸会議で削除された部分でジェファソンは、奴隷貿易を非難してはいるが、奴隷制の廃止を求めているわけではない。[44] しかし、ジェファソンが個人的に奴隷制に積極的に賛成していたとは言いがたい。とはいえ、1788年、奴隷貿易禁止を訴える団体への加入を勧められたジェファソンは、アメリカの公僕としてフランスに滞在しているという理由で、それを断っている。その丁重な辞退の中で、ジェファソンはこう述べている。[45]「奴隷貿易のみならず奴隷制の廃止を私ほど強く願っている者は他にいないことを、貴方はご存じのはずであります」。[46]

このような信念を持っているジェファソンはなぜ、1787年の憲法会議で、奴隷需要の多いサウスカロライナとジョージアに配慮したのか。憲法では連邦議会が1808年以前には奴隷の輸入を禁ずる法律を作ることができないものとした。[47] そのため海外からの奴隷輸入は、憲法が批准された1788年から20年間、合法的に行われた。独立宣言で自由・平等を謳ったジェファソンの「崇高な政治理念と実践の間に否定できない矛盾が存在[48]」したのはどうしてか。奴隷貿易禁止も奴隷制廃止も、それを実施することによって生ずる問題を早急に処理する現実的な方法がなかったからである。[49] それでは、「崇高な政治理念」で対応できないアメリカの現実はどのようになっていたのであろうか。

9　独立革命戦争が黒人奴隷に与えた影響

独立革命戦争によって奴隷制はアメリカのどの地域においても一時的に揺

らいだ。しかし18世紀末から19世紀にかけて、奴隷制は急速に拡大し、奴隷数も増加した。奴隷の数は、独立革命期の初めよりも終わりの方が多くなっていた。奴隷数増加の主な原因は大西洋奴隷貿易の再開である。[50] 独立革命戦争期およびそれ以降を、アイラ・バーリン (Ira Berlin) の『だれもいなくなった──北アメリカにおける奴隷制の200年』に従って、北部、高南部(アッパー・サウス)、低南部(ロウア・サウス)、ミシシッピ川下流域という4つの地方に分けて述べてみたい。

(1) 北部の場合

　独立革命戦争勃発から19世紀初期までの間に、北部諸州ではいずれも、奴隷解放の立法を行った。北部での自由黒人は1770年代には数百人台であったのが、1810年には、ほぼ5万人になっていた。北部植民地は独立後、奴隷制を敷かない自由州になっていった。しかし北部全体で見ると、独立直後に奴隷制が廃止されたわけではなかった。その過程は遅々としたものであった。[51]

　奴隷の多くないニューイングランド北部のバーモントは憲法を修正して奴隷を解放したが、マサチューセッツとニューハンプシャーでは、歴史家が奴隷制廃止の時期を確定できないほどあいまいな法的手続きによって、奴隷を解放していった。しかし、奴隷数がより多いニューイングランド南部と中部大西洋沿岸諸州（ニューヨーク、ペンシルベニア、ニュージャージー、デラウェア、メリーランド）では、奴隷所有者が奴隷制廃止に反対したため、奴隷法の強制と厳格な規制を課して奴隷財産の保護をめざした。[52]

　ペンシルベニアでは、1780年3月1日まで奴隷を解放せず、その日以降に生まれた場合は、28歳まで奴隷でいることが法律で定められた。1799年7月4日発効のニューヨークの法律では、その日以降に生まれた奴隷は、男性の場合は28歳まで、女性の場合は25歳まで、母親の所有者のもとで奴隷でいなければならなかった。1799年以前に生まれていた奴隷は、さらにほぼ20年間解放はされなかった。ニュージャージーでも同様の方式を採ったため実質的な奴隷解放が遅れた。[53]

　奴隷解放が引き延ばされると、先に解放された黒人と、最後の解放まで奴隷でいる黒人との間に亀裂が生じた。解放された奴隷職人の職探しは難しかった。

白人が黒人を職人として雇うのを拒んだからである。白人が黒人にあてがおうとしたのは賃金の安い単純労働であった。解放された黒人は、料理人、洗濯女、裁縫師、御者、庭師、召使いなどになった。しかし、のちにアイルランド移民が入ってくると競合し、黒人は新たな職を求めなければならなかった。[54]

(2) 高南部(アッパー・サウス)の場合

　高南部では、奴隷の自由獲得と奴隷制の延長が同時に行われた。次に述べるようにこれは矛盾することではなかった。

　チャールズ・コーンウォリス(Charles Cornwallis)卿の率いるイギリス軍は、1780年夏にサウスカロライナのアメリカ軍を破ったあと、ノースカロライナ、そしてヴァージニアに北上する。ダンモア軍が敗退したヴァージニアには、今度、コーンウォリス軍が入ってきたことになる。1781年春、大陸軍総司令官ジョージ・ワシントンの屋敷が敵の手に落ちた。トーマス・ジェファソンは、ワシントンに軍隊派遣を求めたが、間に合わず逃亡した。ジェファソンが所有するプランテーションは破壊され、家畜はイギリス軍に食糧として奪われた。ジェファソンのプランテーションにいた奴隷30人が逃亡した。[55]植民地軍の勝利を決めたヨークタウンの戦いが始まる1781年秋には、コーンウォリス軍には、4,000千人から5,000人の黒人がいた。[56]

　独立革命戦争中の高南部で重要なのは、自然増により奴隷数が増えたことである。チェサピーク地方では、北部に次ぎ、奴隷の輸入を禁じた。必要な労働力以上に奴隷の数が増えたチェサピーク地方は、余剰奴隷を輸出するようになった。そのためチェサピーク地方の農園主は、大西洋奴隷貿易に反対した。[57]余剰奴隷を抱えるチェサピーク地方の農園主は、国内の奴隷売買で利益をあげようとしていたのである。

　高南部では北部と同様、奴隷解放が、奴隷制を終わらせる手段であると同時に、それを引き延ばす手段でもあった。私的な奴隷解放(マニュミッション)と奴隷制延長は矛盾しない。というのは、奴隷が自由を獲得できるか否かは、奴隷の振舞い次第だったからである。しかも、それは奴隷制の衰退期においては、とりわけ、所有する奴隷の扱いとして都合のいいものであった。このような私的な奴隷解放は奴

隷制度廃止を少なくとも1世紀は遅らせたと見られている。[58]

とはいえ、独立革命期の前後で、高南部では自由黒人の数が増えた。1755年から1790年まででメリーランドの自由黒人の数は300%増加して、8,000人になった。それに続く10年でその数は2倍以上に増加した。メリーランドでは1810年に自由黒人の数は3万4,000人となり、その数が国内で最も多くなった。高南部全体では1810年には10万8,000人以上が自由黒人であった。これはこの地方の黒人数の10%を超える割合である。[59]

黒人が自由であるということは、白人と同じ法的権利を持っていることを意味しない。法的権利という点では、自由黒人は奴隷と同じである。自由黒人には、投票権、陪審になること、裁判で証言すること、民兵になるといった権利はない。禁止事項の多くは以前からあったものである。自由は平等を意味してはいない。ただ、北部経済において、黒人は周辺に追いやられていくが、高南部では、黒人は、自由身分、奴隷身分を問わず、重要性を増していく。高南部の自由黒人は、北部の自由黒人よりも熟練の必要な職に就きやすかった。また、床屋、靴職人、荷馬車運搬など高南部の自由黒人が就ける職業は北部の場合と同様であったが、その数は北部よりもはるかに多かった。[60]

(3) 低南部(ロウアー・サウス)の場合

低南部でもこれまで述べたように、独立革命戦争によって奴隷制は混乱したが、愛国派(パトリオット)の勝利は農園主階級と武器を持って戦った奴隷所有者の力を定着させた。農園主はアフリカとの直接貿易再開によって奴隷制拡大を図ろうとした。[61] 低南部では、独立革命戦争後も奴隷制廃止の動きはなく、逆に奴隷制の強化・拡大という進展を示した。それは次のような経過をたどった。

チャールストン湾にあるサリバン島でイギリスの保護のもと、数百人の逃亡奴隷が1775年12月、沿岸の農園を襲撃し始めた。年を越して行われたこの襲撃を制圧したのは、愛国派の正規軍であった。しかし、イギリス軍が必ずしも奴隷に与したというわけではない。逃亡奴隷の殺到でイギリス側が恐れたのは、イギリスが奴隷と友好関係にあることで、国王派(ロイヤリスト)の奴隷所有者が愛国派になることであった。その結果、イギリス軍の司令官たちの奴隷に対する方針には一

貫性がなかった。チャールストンでは奴隷返還を容易にするためにイギリス司令部は、月ごとに逃亡奴隷のリストを発行した。サヴァンナでは、イギリス当局は到着した逃亡奴隷を投獄し、機会のあり次第、国王派の所有者に返した。[62]

高南部では独立戦争のために農園生活が混乱し、所有者と奴隷との間で、労働条件の再交渉もあったが、低南部では根本的なところで変化が起こった。奴隷の規律は崩れ、所有者が奴隷の要求に屈した結果、奴隷は自らの菜園を拡張し、自らと家族を養うための作物を栽培した。また、イギリス軍による海上封鎖のため、低南部の主要産物の輸出ができなくなった。大陸会議がインディゴの輸出を禁止し、インディゴの生産はほとんど止まった。しかし、衣類不足のため、家庭で綿花を紡ぐことが多くなり、国内消費用の綿花生産が増えた。[63]

イギリス陸軍・海軍とともに高南部からは多くの奴隷が逃亡した。退却するイギリス軍がサヴァンナやチャールストンから2万人程度の奴隷を輸送したと見られている。が、イギリスの艦船が必ずしも安全というわけではなかった。イギリス軍の司令官の中には、所有者の要求に応じて奴隷を返す者がいたからだ。また、士官の中には西インド諸島、西フロリダ、ルイジアナ地方の農園に戦利品として奴隷を売るものもいた。しかし、奴隷の大半は、イギリス兵の支援を得たり、黙認されたりして、再奴隷化から逃れることができた。[64]

このように、逃亡や戦争死で、低南部における奴隷数は急激に減少した。1775年から1783年の間に、ジョージアの奴隷数は、1万5,000人から5,000人に減少した。サウスカロライナでは2万5,000人が失われたが、それは戦前の奴隷人口のほぼ4分1だとされている。1787年の憲法制定会議では低地帯からの代表団が、高南部の代表団が主張する奴隷の国際貿易の禁止に反対したのに対し、サウスカロライナとジョージアは、奴隷制がなければやっていけないと述べたのはそのためである。[65]

1790年から1800年にかけてサウスカロライナでは、綿花の輸出が年間1万ポンド以下から600万ポンドに跳ね上がった。綿花の輸出量の増大は、綿花栽培に従事する奴隷の需要が飛躍的に増加したことを意味する。奴隷解放が進行していた北部諸州からの奴隷が低南部に入った。解放するよりは売って利益をあげようとする北部の奴隷所有者が多くいたからである。低南部へ奴隷が流入

したのは北部だけからではなかった。高南部からも奴隷が低南部へ流入したのは、チェサピーク地方でタバコから小麦へ作物転換をした農園主が、それで生じた余剰奴隷を低南部に売ったからである。チャールストンやサヴァンナの港にはアフリカ奴隷が入った。しかしサウスカロライナはアフリカ奴隷の輸入を1787年に取り止めた。ジョージアが取りやめたのは、その10年後であった。ところが、サウスカロライナは大西洋奴隷貿易を1803年に再開し、それ以降1808年に連邦法によって国際的な奴隷貿易が禁止されるまで、3万5,000人を超える奴隷がサウスカロライナに入り、戦時中に失った分の奴隷は十分に回復された。サウスカロライナの低地帯(ロー・カントリー)では、1810年には住民の5人に4人が奴隷であった。[66]

独立革命のイデオロギーが奴隷解放に寄与した北部と異なり、低南部の奴隷解放は、所有者が温情的、選別的に行った。私的に解放された奴隷は有力農園主とのつながりを維持した。そうすることが解放奴隷自身の身を守ることになったからである。[67]

(4) ミシシッピ川下流域の場合

大西洋岸の市場で競争力を発揮できる主要産物が、1790年代のミシシッピ川下流域では砂糖と綿花であった。富獲得に向けて奴隷貿易が再開されミシシッピ川下流域は1790年代に奴隷制社会に変貌していく。[68] この地方は独立革命期にはアメリカの領土にはなっていない。

財産としての奴隷を守るために、サウスカロライナやジョージアの国王派農園主は、ミシシッピ川沿いの安全なナッチズに、所有する奴隷を送ることがあった。独立革命戦争中には逃亡奴隷(マルーン)の集団村落も増えた。1804年にフランスからルイジアナ地方が購入された後は、奴隷の私的解放や奴隷が自らの自由を買い求めることがなくなっていった。半世紀前のナッチズの反乱に鑑み規律ある奴隷労働が確立されようとしていた。その一環として、1782年から1784年の間（この時期、スペイン領）、総督は戦時に増えたマルーン制圧に乗り出した。マルーンの指導者ファン・マロ (Juan Malo) に対して征伐につぐ征伐で1784年にマロを捕らえてニューオーリンズで公開の絞首刑に処した。男は40

人以上、女は 20 人以上が裁判にかけられたが、絞首刑になった一部を除いて、処刑は免れた。労働力・財産として価値があったからである。[69]

　タバコとインディゴに代わり 1790 年代になると砂糖と綿花が農園で栽培される主要作物になった。カリブ海にあるヒスパニョラ島の西側 3 分の 1 を占めるサンドマング（フランス領）で 1791 年に奴隷の反乱が起こると、植民地有数の砂糖生産地サンドマングは、砂糖の国際市場から撤退を余儀なくされた。反乱を逃れてきた有力者たちの資本がミシシッピ川下流域にあるルイジアナの農園主に注がれた。世界で最も経験の積んだ砂糖栽培者からの助けを得て、農園主たちは、タバコとインディゴの代わりにサトウキビを畑に植え始めたのであった。1803 年にはルイジアナの砂糖生産量は 450 万ポンドにもなっていた。ミシシッピ川下流域では綿花栽培は長い間、小規模でしか行われなかった。綿花の種子と繊維の分離が農園主を悩ませてきたからである。しかし、綿繰機（コットン・ジン）が発明され、1796 年には、ナッチズで最初の共同綿繰機が導入され、翌年には馬力で動く綿繰機によって 1 日に 500 ポンドの綿花を処理することができるようになった。1796 年に 3 千梱（このとき 1 梱約 250 ポンド）であったナッチズ地区の綿花生産は、1796 年には 1 万梱（このとき 1 梱は約 300 ポンド）にまで増加した。[70]

　ナッチズ・インディアンの反乱を鎮圧するにあたってフランスは、すでに述べたように、ルイジアナ防衛隊に黒人を組み込んだ。それ以降、インディアンの連合軍やヨーロッパの競合国によって脅かされたとき[71]には、奴隷か自由かの身分にかかわりなく黒人を召集した。スペイン統治に代わると、フランス人農園主、ミシシッピ川上流域にいるイギリス系アメリカ人植民者、ウェストフロリダにいるイギリス人のそれぞれがインディアンとの同盟関係を結んでおり、スペイン当局は周囲を敵に囲まれているという状況であった。そういう中で、アフリカ系の自由身分の黒人ほどスペイン国王への忠誠を示す者はいなかった。スペイン法では、裁判所に申請するだけで奴隷の解放が可能であった。スペイン当局が実質的な統治権をルイジアナ地方に確立した最初の 10 年間（1769〜79 年）に、ニューオーリンズでは奴隷所有者が、320 件の奴隷解放の証文を登記した。所有者が奴隷の自由売買に反対しても、総督裁判所が所有者に売買を

命ずることができた。[72] このようにスペイン当局の奴隷に対する対応は厳格ではなかった。

しかし、逃亡奴隷の数が増加し、逃亡奴隷の村落が再出現するようになると、逃亡奴隷たちは農園の奴隷たちと酒場で公然と交流するようになり、盗品を銃・弾薬と交換するようになった。スペインの総督はサンデレットもクライボルネも、サンドマングの二の舞になるのを恐れた。すでにアメリカの領土になって3年経過した1806年には農園主が議会の多数を占めるようになり、自由黒人の増加を抑制し、私的奴隷解放と奴隷が求める権利を厳しく制限した。[73]

10 奴隷の供給地アフリカ

これまでも触れてきたように、アメリカにおける奴隷制の拡大にはアフリカ奴隷の輸入が必要であった。大西洋奴隷貿易の最盛期は1780年代である。この時期には年間、約8万人のアフリカ人がアメリカに輸送された。[74] 大量の奴隷需要に応ずるために、アフリカでは奴隷確保の方法に変化が生じた。戦争で生ずる捕虜を奴隷にする散発的方法では、高まる需要に応じ切れなくなり、農業地帯襲撃による大量かつ持続的な奴隷確保が必要となった。しかし、アメリカでの奴隷の需要に応ずることによってアフリカの農業地帯は衰退していった。[75]

17世紀末までは供給が需要を上回っていたため奴隷は安値で取引された。その後、アフリカでの1700年の奴隷取引価格を基準にすると、1760年代には2倍になり、1790年代の末には4倍に、1800年代初期には5倍になっていた。このような価格上昇は2つのことを示している。1つはアメリカでの需要がアフリカからの供給を上回っていたこと。もう1つはアフリカ市場におけるヨーロッパ製品の供給過剰により輸入品の価格が下がったこと。つまり、奴隷と交換されるのは、ヨーロッパ人が持ち込んだ品物であるが、その品物があふれて価格が下がっていたのである。[76]

奴隷船の装備で最も費用がかかったのは、積荷である。この積荷が総費用の55～65%を占めた。アフリカの消費者市場に応じるため、ポルトガル、フランス、イギリスは、奴隷と交換するための物資を海外から輸入し補う必要さえ生

じた。その中で最も需要の多かったのが、東インド産の布地である。人気の理由は、アフリカの炎暑で洗濯を繰り返しても色落ちせず、しかも生地に耐久性があったためだとされる。[77]

奴隷貿易でよく知られた輸入品にスウェーデン産の鉄の棒がある。これをアフリカ人のかじ屋は加工して農機具を作った。やぶを切り開いたり作物を植えたりするときにその農機具を使った。また、この鉄の棒は、様々な調度品、道具、武器にも加工された。[78]

アフリカで1回に取引される奴隷の数は多くない。そのため、奴隷船のアフリカ沿岸での停泊は長期に及んだ。オランダ船の場合、平均停泊日数は、1730年から1803年にかけては平均200日である。必要な数の奴隷を集めるために奴隷船は、半年を超える日数をアフリカ沖で費やしたのである。[79]

1回の取引数の少なさは、奴隷としてアメリカに輸送された奴隷の総数が少ないということではない。推定では、1500年から1900年に大体1,800万人の奴隷がアフリカから輸出され、その内、1,100万人が大西洋奴隷貿易で輸送され、残りはインド洋へ入るか、あるいはサハラ砂漠を横断して、東方の奴隷市場に輸送された。[80]

国際的な奴隷貿易が衰退すると奴隷の値が下がり、今度はアフリカ内における奴隷が増加した。1850年にはアメリカでよりもアフリカで奴隷の数が多くなった。そしてアフリカでは奴隷の生産するヤシ油やゴムが世界市場に輸出されるようになったのである。[81]

おわりに

7年戦争以降の本国の植民地に対する課税政策は、政治的自由が侵害されているとの認識を植民地人に抱かせた。独立革命戦争中、奴隷に自由を約束しイギリス軍に入隊させようとしたのが国王任命のヴァージニア総督ダンモア伯であった。ダンモア伯が狙ったのは南部経済の基盤を揺るがすことであった。のちに大陸軍へも黒人の入隊が認められるようになった。

独立革命の思想が最も影響を与えたのは北部である。しかし、北部では、奴

隷所有者の財産保護のために奴隷は即時解放されず、漸次解放という過程を経た。独立革命期、高南部では自由黒人が増えたが、法的権利の観点からは奴隷と同じであった。この時期、低南部では、奴隷数は急減した。逃亡や戦争死が原因である。綿花栽培に従事させる奴隷が不足していたサウスカロライナとジョージアは、チェサピーク地方やアフリカから奴隷を輸入した。18世紀末のミシシッピ川下流域の主要作物は砂糖と綿花である。この流域でサトウキビを栽培するようになったのはサンドマングでの奴隷の反乱を逃れてきた砂糖栽培者の資本注入があったからである。また、綿繰機が発明され、綿花生産が著しく増加した。

　アメリカ南部での奴隷制維持に必要な奴隷は、国内での売買とアフリカからの輸入で賄った。国内での売買は余剰奴隷の移動ということになる。つまり、奴隷の余っている地域から奴隷を必要としている地域へ奴隷が売られていったのである。国際的な奴隷貿易がアメリカで禁止され、奴隷貿易が衰退すると今度は、アフリカ内における奴隷数が増えた。そして奴隷労働により、ヤシ油やゴムがアフリカから世界市場に出回った。アメリカへの奴隷の流入が法的に禁じられることが、アフリカでの奴隷数減少につながったとは言えないのである。

注

[1] フレンチ・アンド・インディアン戦争の終結した1763年からジョージ・ワシントン政権が成立した1789年までを広く、独立革命期と見なすことができる（松村赳・富田虎男編『英米史辞典』(研究社)、20）。

[2] 奴隷制を許容したのは建国者たちに責任があるかどうかに関して、バーナード・ベイリンは次のように述べている。「奴隷制に依存する共和国を造った人々を非難することは、建国者らは、生きていた時代の制約を完全に越えてしまわなければならなかった、と期待するようなものである。18世紀は野蛮な時代であった。…革命指導者のほとんどは奴隷制を嫌い、だれ一人として公に奴隷制をたたえるものはいなかったが、奴隷制よりも連邦の維持を重んじたのである (Bernard Bailyn, *Faces of Revolution: Personalities and Themes in the Struggle for American Independence*. 1990 [New York: Vintage Books, 1992], 221, 223)。

[3] Herbert S. Klein, *The Atlantic Slave Trade* (Cambridge: Cambridge University Press, 1999), 10.

[4] *Ibid.*, 10, 13-14. 16世紀の中頃には、ヨーロッパとアメリカ向けに、平均約5,000〜6,000

人の奴隷が檻に入れられていたと推定されている (*Ibid.*, 14)。

[5] *Ibid.*, 28.「(エルミナは) 1872 年にはイギリス人に譲渡されたが、この間奴隷の積出し港であった。現在は静かな漁港で、(最初にポルトガル人が築いた) 城塞はガーナ警察の本部として利用されている」(『日本大百科辞典』(小学館) の「エルミナ」の項)。

[6] Ira Berlin, *Many Thousands Gone: The First Two Centuries of Slavery in North America* (Cambridge, Massachusetts: The Belknap Press, 1998), 22.

[7] *Ibid.*, 110-111, 127.

[8] *Ibid.*, 142, 144.

[9] *Ibid.*, 144, 148.

[10] *Ibid.*, 80-81, 82, 86-88.

[11] *Ibid.*, 88-89.

[12] *Ibid.*, 89.

[13] *Ibid.*, 96-98.

[14] *Ibid.*, 199.

[15] Oscar R. Williams, *African Americans and Colonial Legislation in the Middle Colonies* (New York: Garland Publishing Inc., 1998), 20, 25.

[16] Williams, 46-47.

[17] *Ibid.*, 55.

[18] *Ibid.*, 55-56.

[19] *Ibid.*, 56-58.

[20] John Hope Franklin and Alfred A. Moss, Jr., *From Slavery to Freedom: A History of African Americans*, 8th ed. (New York: Alfred A. Knopf, 2002), 73.

[21] Bernard Bailyn, *The Ideological Origin of American Revolution* (Cambridge, Massachusetts: The Belknap Press, 1992), 76-77.

[22] *Ibid.*, 274.

[23] Charles Johnson, Patricia Smith, and WGBH Series Research Team. *Africans in America: America's Journey through Slavery* (New York: Harcourt Brace & Company, 1998), 155.

[24] John Dickinson, quoted in Bailyn, 101.

[25]「[イギリスにおける] 印紙法撤回論は、本国から相当数の軍隊を派遣して植民地人を威圧するのでなければ印紙法の実施は不可能であるから、この際はむしろ同法を撤回して事態を収拾するほうが現実的で得策であるという判断に基づいていた」(有賀貞、『アメリカ革命』(東京：東京大学出版会, 1988 年), 55-56)。

[26] Johnson, et al, 158; Bailyn, 114.

[27] Bailyn, *The Ordeal of Thomas Hutchinson* (Cambridge, Massachusetts: The Belknap

Press, 1974), 157.
[28] Johnson, et al, 158-160.
[29] Franklin, 82.
[30] Bailyn, *The Ideological Origin of American Revolution*, 116.
[31] Bailyn, *The Ordeal of Thomas Hutchinson*, 162.
[32] イギリスのタウンゼント諸税の撤回に対し、植民地では、イギリスからの物資の通商停止を解いた。そのため本国と植民地の関係は改善した。が、撤回されなかった茶税に対して、植民地の茶の通商停止は続いた (Gorton Carruth, *The Encyclopedia of American Facts and Dates*. 9th ed. [New York: Harper Collins Publishers, 1993], 80)。
[33] 「1770年の末には、ボストンの虐殺のトラウマは薄れはじめており、『人々の感情には驚くべき変化があるように見えた』(トーマス・ハッチンソン)」 (Bailyn, *The Ordeal of Thomas Hutchinson*, 169)。
[34] Bailyn, *The Ideological Origin of American Revolution*, 118-120; 有賀, 64-65.
[35] 「『アメリカ』とういう呼称が植民地人の間で使われはじめるのはジョージ王戦争中の1740年代であり、1770年頃には植民地の主要な新聞で『イギリス領植民地』よりも『アメリカ』の呼称が多用されるようになったという。つまり、植民地戦争が多発した結果、18世紀半ばになると、植民地人の間で13植民地の壁を超えて、『アメリカ人』としての共通意識が芽生えるようになっていったのであった (有賀夏紀・油井大三郎編,『アメリカの歴史』[東京:有斐閣, 2003年], 油井大三郎, 291)。
[36] Johnson et al., 161; Gordon S. Wood *The American Revolution*, (New York: The Modern Library, 2002), 52.
[37] Johnson et al., 162; Franklin, 84.
[38] 1774年9月開催の第1回大陸会議で決議されていたのは、イギリス議会が可決した懲罰諸法を、もし武力で執行するようなことがあれば、マサチューセッツ湾植民地の住民を「アメリカ全土」が支援するということである (Pauline Maier, *American Scripture: Making the Declaration of Independence*, 1997 [New York: Vintage Books, 1998, 9)。
[39] Johnson et al., 162.
[40] Franklin, 86.
[41] Johnson et al., 163-167; Maier, 26.
[42] 斎藤眞,『アメリカ革命史研究』(東京大学出版会, 2001年), 214。
[43] Becker, 213.
[44] 斎藤, 214; Maier, 122.
[45] 明石紀雄,『トマス・ジェファソンと「自由の帝国」の理念』(東京:ミネルヴァ書房, 1999年), 97-98。
[46] To Brissot de Warville, Feb. 11, 1788 (Julian P. Boyd, *The Papers of Thomas Jefferson*,

XXII, 578-578). 明石, 98 頁から訳文引用。
47 アメリカ合衆国憲法 第 1 条 第 9 節 (1)。
48 明石, 83。
49 明石は次のように述べている。「ジェファソンが黒人奴隷の解放を強く願う一人であったことは間違いない。また、彼が真剣に奴隷制の内包する矛盾を考え、その廃止のもたらすであろう現実的な問題の処理に苦慮していたことも否定できない。しかし、その実現がきわめて困難であることも痛感していた。奴隷制が廃止されるならば白人優位の原則は大きく修正されなければならなかったので、それへの強い抵抗が現れることは十分に想像された。とはいえ、奴隷制を廃止し、人種関係をいかに改善していくかは、社会の多数派であった白人側がより大きなイニシアティブをもって取り組まなければいけない課題であった。…ジェファソンがこの後、公的にも私的にも奴隷制の問題について極力沈黙を守る場合がしばしば起こる」(明石, 98)。
50 Berlin, 223. 18 世紀の末にアメリカにいた奴隷は 90 万人である (Johnson et al., 248)。
51 Berlin, 228.
52 *Ibid.*, 228-229.
53 *Ibid.*, 234.
54 *Ibid.*, 239-246.
55 Johnson et al., 184.
56 Berlin, 260.
57 *Ibid.*, 264-265.
58 *Ibid.*, 279.
59 *Ibid.*, 283-284.
60 *Ibid.*, 285-287.
61 *Ibid.*, 290.
62 *Ibid.*, 293-297.
63 *Ibid.*, 301-302.
64 *Ibid.*, 303.
65 *Ibid.*, 304.
66 *Ibid.*, 307-308.
67 *Ibid.*, 321.
68 *Ibid.*, 325.
69 *Ibid.*, 326-339.
70 *Ibid.*, 341-343.
71 具体的には、1730 年代の対チクソ―族戦争、1740 年代の対チクトー族戦争、1750 年代の

イギリス侵攻の脅威である (*Ibid.*, 211)。
[72] *Ibid.*, 211-213.
[73] *Ibid.*, 352-356.
[74] アフリカからアメリカへの奴隷の輸出推定数の推移 (1662 〜 1809 年)。

時　　　期	合　　　計	年間の輸出数
1662-1670	82,684	9,187
1671-1680	89,316	8,932
1681-1690	157,677	15,768
1691-1700	176,473	17,647
1701-1709	359,940	35,994
1710-1719	402,870	40,287
1720-1729	516,650	51,665
1730-1739	599,510	59,951
1740-1749	551,060	55,106
1750-1759	581,890	58,189
1760-1769	783,200	78,320
1770-1779	717,820	71,782
1780-1789	793,860	79,386
1790-1799	759,240	75,924
1800-1809	605,770	60,577

（出所：Klein, 208 の表をもとにして作成）

[75] Klein, 71-72.
[76] *Ibid.*, 110.
[77] *Ibid.*, 86-87.
[78] *Ibid.*, 106; 124.
[79] Klein が触れている 57 隻のオランダの奴隷船のうち、最もよい効率で奴隷を集めた船は 60 日間で 478 人の奴隷を積み込んだ。平均すると 1 日約 8 人になる。一方、最悪の効率では、377 日で、127 人の奴隷を積み込んだ船もあった。3 日に 1 人程度の奴隷しか購入できなかったということになる。停泊の最長記録は 508 日で、その間にわずか 276 人の奴隷を積み込んだだけであった。ただ、1687 年から 1734 年の間、オランダの西インド会社がエルミナ要塞で取引をしたときの平均停泊日数は 100 日である。しかし 1 日の平均取引数は 5 人に満たない (Klein, 122)。
[80] *Ibid.*, 129.

[81] *Ibid.*

参考文献

明石紀雄『トマス・ジェファソンと「自由の帝国」の理念』ミネルヴァ書房、1999年。
有賀貞『アメリカ革命』東京大学出版会、1988年。
有賀夏紀・油井大三郎編『アメリカの歴史』有斐閣、2003年。
Bailyn, Bernard. *The Ideological Origin of American Revolution.* Cambridge, Massachusetts: The Belknap Press, 1992.
———. *The Ordeal of Thomas Hutchinson.* Cambridge, Massachusetts: The Belknap Press, 1974.
———. *Faces of Revolution.* New York: Vintage Books, 1992.
Becker, Carl. *The Declaration of Independence.* New York: Vintage Books, 1970.
Berlin, Ira. *Many Thousands Gone: The First Two Centuries of Slavery in North America.* Cambridge, Massachusetts: The Belknap Press, 1998.
Carruth, Gorton. *The Encyclopedia of American Facts and Dates.* 9th ed. New York: Harper Collins Publishers. 1993.
Franklin, John Hope and Alfred A. Moss, Jr., *From Slavery to Freedom: A History of African Americans.* 8th ed. New York: Alfred A. Knopf, 2002.
Johnson, Charles, Patricia Smith, and WGBH Series Research Team. *Africans in America: America's Journey through Slavery.* New York: Harcourt Brace & Company, 1998.
Klein, Herbert S. *The Atlantic Slave Trade.* Cambridge: Cambridge University Press, 1999.
Maier Pauline. *American Scripture: Making the Declaration of Independence.* New York: Vintage Books, 1998.
松村赳・富田虎男編『英米史辞典』研究社、2000年。
斎藤眞『アメリカ革命史研究』東京大学出版会、2001年。
Williams, Oscar R. *African Americans and Colonial Legislation in the Middle Colonies.* New York: Garland Publishing Inc., 1998.
Wood, Gordon S. *The American Revolution.* New York: The Modern Library, 2002.

第3章　広がるアメリカ、深まる亀裂
―奴隷制による国家分裂―

　はじめに

　独立戦争後に漸次、奴隷制が廃止されていった北部とは異なり南部では奴隷労働が続いた。抵抗や逃亡によって奴隷は自由を求め、ときには反乱も起こした。確かに奴隷反乱に対する恐怖は、後に反乱の噂となってパニックを引き起こすこともあったが、奴隷制衰退にはつながらなかった。むしろ、領土拡大に伴い、奴隷労働による綿花栽培も西進し、奴隷制が拡大・強化されていった。

　一方、北部では奴隷制の即時廃止を求める運動が起こり、奴隷制の問題で南北がイデオロギー的に対立するようになる。そのような対立は、アメリカが国土を西に広げていくにつれて必然的に激しくなった。新たな領土に奴隷制が認められるかどうかは避けて通れない問題だからである。

　奴隷制は道徳的観点から非難することができるが、同時に、奴隷は財産であることから財産保護の問題が出てくる。また作物栽培などに従事する奴隷は、経済問題とも切り離して考えることはできない。異なった経済発展をしてきた南部と北部では、奴隷制をめぐる問題に関して歴史的に見解を異にしてきた。それが南北戦争で軍事的に奴隷制の問題が一応解決され、初めてアメリカは、奴隷制への統一した立場をとることができるようになったのである。

　本章の目的は、奴隷制の拡大・発展に伴い南北に亀裂が生じ、それがアメリカを二分する内戦に至った過程を、奴隷制自体が持つ問題点、奴隷制をめぐる地域紛争、また奴隷制に関わる立法を通じて、明らかにすることにある。

1　自由の渇望

　奴隷制を擁護する者は、ほとんどの奴隷は労役に満足していると考える。さらに、奴隷は親切に扱われ、責任がないので大抵は快活で従順であると主張する。しかし奴隷が、自由ということを考えていなかったということはできない。[1] 次に示すような事件がそのことを雄弁に物語っている。

(1)　暴力に訴えても

　南北戦争前の時代を通じて南部では、奴隷が団結して逃亡を企てることが時折あった。1739 年にはサウスカロライナのストーノで、奴隷の一団が兵器庫を略奪し、フロリダにあったスペインの要塞に向かった。そこには逃亡奴隷の共同体があり、黒人民兵団が守っていた。途中、黒人たちは 20 〜 30 人の白人を殺したが、黒人たちのほとんどが殺されるか、捕らわれの身になった。[2]

　1767 年、ヴァージニア州アレクサンドリア付近で数人の奴隷監督が謎の死を遂げると、容疑をかけられた 4 人の奴隷は、斬首され首は煙突の上に見せしめとして置かれた。[3] 1799 年には、ヴァージニア州サウサンプトン郡を移送されている黒人たちの集団が、2 人の白人を殺害し逃亡した。1826 年にはミシシッピ川の蒸気船で 77 人の奴隷が暴動を起こし、船上の 5 人の白人を殺し、インディアナ州に逃れた。[4]

(2)　マルーンと第 1 次セミノール戦争

　大農園主たちの脅威になったのは黒人逃亡奴隷の集団であった。自由を手にしたマルーンは、自由を奪い返そうとする白人に対してはいかなる手段をも行使して縦横機敏に戦った。最も大きく半永久的なマルーンの村落は、境界をめぐって国際的な敵対関係があるところに生じた。スペイン領のフロリダはアメリカ南部と境界を接している。セミノール族がフロリダに移動していくと、インディアンと黒人との関係は緊密になった。セミノール族の所有する黒人奴隷は、自由黒人と大差なく、黒人は軽労働をし、財産を所有し、所有者たちと

姻戚関係を結んだ。これらの黒人に加わったのが、スペイン人からの誘いに応じて、サウスカロライナ州やジョージア州からスペイン領に逃亡してきた奴隷たちであった。[5]

　フロリダにおけるジョージア、アラバマ両州の境界付近では、インディアンとの戦争やスペイン、イギリスの陰謀により、多数の奴隷が逃亡してマルーンに加わっていた。1812 年の米英戦争のとき、イギリス軍は、自軍の味方になった黒人とインディアンの同盟軍用にアパラチコーラ川の東側に要塞を築いたが、1816 年に銃と大砲を残して撤退したため、残された武器が第 1 次セミノール戦争を誘発した。300 人の逃亡奴隷が要塞を乗っ取ったのである。逃亡奴隷たちは 7 月にアメリカの小型砲艦の水兵の一団を襲い、水兵のほとんどが頭皮を剥ぎ取られた。砲撃の応酬の末、小型砲艦は要塞の弾薬庫を爆破し、黒人の大部分を殺害した。生きながらえた黒人は捕らえられ所有者に戻された。[6]

　死んだ仲間の復讐のためインディアンと黒人は教練を積んだ。1817 年と 1818 年には、400 人から 600 人の逃亡奴隷が加わり、ジョージア州のプランテーションを襲撃し、白人を殺害し、奴隷をさらっていった。1818 年 4 月 16 日アンドルー・ジャクソン（Andrew Jackson）がセミノール領の 1 つを攻略した。インディアンとセミノール族は必死で戦ったが多数の死者を出し、生存者は沼沢地へ逃げた。戦いはそれで終わった。道のない沼沢地を追撃できず、ジャクソンが一方的に戦争を止めたのである。その後、セミノール族は、奴隷主に逃亡奴隷を返すことを拒み続けたので、1819 年にフロリダがアメリカ領になるとすぐに、インディアンを西部に移住させようとする計画が始まった。[7] それではインディアンを移住させようとした西部の地をアメリカはどのようにして獲得していったのであろうか。

2　西部への領土拡大

(1)　ルイジアナ購入

　独立に際してアメリカ合衆国は北アメリカ大陸東部の 13 州に加えて、イギリスから割譲されたミシシッピ川以東を自国の領土にした。1789 年に新連邦

国家アメリカ合衆国が誕生した時点で、ミシシッピ川以西ならびにジョージア州以南はスペイン領であった。北にはイギリス領カナダがあった。東方13州にとっては、西方の領土は防衛上必要である。連邦形成時に各州が、連邦政府に西方の広大な領土の軍事的・領土的な管理を委譲したのは、東方13州の防衛に役立つと考えられたからである。そして、連邦政府管理下の西方領土はいずれ、東方13州のように州に昇格させるという了解があった。[8]

　もともとフランス領であったルイジアナと呼ばれた広大な地方がスペイン領から再びフランス領になることが、1800年10月のサン・イルデフォンソ条約で秘密裏に決められた。ルイジアナ地方とは、南はニューオーリンズから北はイギリス領カナダまで、東はミシシッピ川から西はスペイン領との境界までを含む地方である。建国の指導者たちが考えたのは、広い領土を持つことによってヨーロッパからの干渉を避けるということであった。そのために、西部を、東部13州と同じ社会に変えていくということが必要であったが、ルイジアナ地方がフランス領になることによって、連邦維持が危機に瀕すると考えられた。しかしこの時期、ナポレオン1世のフランスとイギリスとの関係悪化により、アメリカにとっての交易・交通の要衝の地ニューオーリンズをフランスが手放すという期待をトーマス・ジェファソン (Thomas Jefferson) 大統領は抱いていた。米仏の交渉の結果、ジェファソン政権にとっては幸運なことに、1803年にフランスはニューオーリンズだけでなく、ルイジアナ地方全域を1,500万ドルでアメリカに売却することがパリで合意されたのである。ルイジアナ購入によって、アメリカはそれまでの領土が2倍の広さになった。[9] そして新領土を奴隷制が侵食していく。さらに奴隷制の拡大には新品種の導入や技術革新も寄与していた。

(2) 奴隷制の拡大

　イギリスの産業革命が飛躍的発展を遂げる19世紀初頭からアメリカの綿花に対する需要が急増した。国内では、ニューイングランド地方を中心に木綿工業が発達し始めており、綿花を必要としていた。この頃には従来の長繊維の綿花に代わって、短繊維の綿花が導入されるようになった。短繊維の綿花から綿

と種子を分離する綿繰機は、29歳の学校教師であったイーライ・ホイットニー (Eli Whitney) によって1793年に特許が申請されていた。短繊維の品種は長繊維の品種と比べて、栽培技術の容易さにおいても、単位面積当たりの生産量においても利点が多かった。さらに栽培適地の範囲が広く、綿花栽培は、東はサウスカロライナ州から、西はメキシコ領であるテキサスまでの一帯で可能になった。[10]

1808年にジェファソン大統領の署名によって成立した奴隷の国際貿易を禁ずる法律は、国内の奴隷取引を禁ずるのものではなかったので、余剰奴隷の多いメリーランドやヴァージニアから、綿花栽培が広がっていったアラバマ、ミシシッピ、ルイジアナ、テキサスに売買される奴隷数が増加した。とりわけヴァージニアではタバコ栽培によって土地が不毛になり、農業が衰退し、必要とする労働力が減少していたのである。綿繰機が発明された時期から1860年までに、80万人以上の奴隷が、綿花を栽培する西部の州に売買されていった。[11] 奴隷制は綿花栽培とともに西に広がっていった。1819年のミズーリ準州の州昇格問題も、ルイジアナ購入で拡大した領土への奴隷制の侵食という歴史的文脈の中で起こった事態である。

(3) ミズーリ妥協

1819年2月、ミズーリ準州が州昇格を連邦議会に申請した。当時のアメリカは22の州で成り立っており、奴隷州と自由州の数がいずれも11であった。もしミズーリ州を奴隷州にすると、各州から2名ずつ代表を送る連邦上院では、奴隷州議員が多数派を占め、奴隷州と自由州からの議員数の均衡が破られることになる。また、オハイオ川の北部に位置するミズーリ準州を奴隷州にすれば、従来の北部と南部の分割線から外れることになる。[12] 下院では奴隷州選出議員は少数派であるが、もし、ミズーリ準州が自由州になれば、上下両院で奴隷州選出議員が少数派になってしまう、というのが南部の見方であった。[13]

そこで、1820年3月2日に、連邦議会では次のような妥協案が決まった。マサチューセッツ州の一部をメイン州として分離し自由州とし、ミズーリ州を奴隷州にすることになった。それと同時に、ミズーリ州の南の州境である北緯36

度 30 分より北にある準州が州に昇格する場合は、奴隷制を認めないということが連邦議会で可決された。このミズーリ妥協によって当面は、地域対立が沈静化したが、奴隷制の根本的な解決は先送りされたに過ぎなかった。[14]

3　奴隷制廃止論とアメリカ植民協会

1812 年の米英戦争直後に、北部では製造業が盛んになるが、南部では依然として農業中心であったため、両地域で利害が対立するようになっていた。北部では工業発展によって人々の接触する機会が多くなり、協力して差し迫った問題を解決しようとしたが、プランテーション制度のある南部では、独立志向が強かった。北部では 1815 年頃から聖職者や編集者など世論を作り上げていく人々の奴隷制反対の声が次第に高まっていった。そのような反奴隷制の動きのなかで、1829 年にはデイヴィッド・ウォーカー (David Walker) が『世界の黒人への訴え』を出版した。[15]

デイヴィッド・ウォーカー
1）　ウィルミントンとボストン

ウォーカーは 1796 年頃にノースカロライナ州ウィルミントンで自由黒人として生まれた。1800 年にはウィルミントンの住人の 3 分の 2 に相当する 1,134 人が黒人であり、19 人を除けばすべてが奴隷であった。ウィルミントンは奴隷労働によって、木造船の建造・保守に用いたテレピン油などの海軍軍需品、木材、米ではアメリカ有数の生産地になっていた。ウィルミントンの奴隷はノースカロライナ沿岸一帯では、建築設計者、大工、石工、左官ときには土建業者としても有名であった。潮の動きや川の障害物に通じていることでも知られていた。このようにウィルミントンの活気は黒人に負ってはいたが、奴隷として厳しい扱いを受けることの矛盾に、ウォーカーは気づいていた。[16]

ウォーカーは南部や西部を旅して奴隷制の実態を見て歩き、黒人が最も惨めな生活をしていることを確信していた。ウォーカーは、遅くても 1825 年にはボストンに定住しており、小規模な古着商になった。古着商を始める地元の黒

人は 1820 年代後半に増えてきていた。1826 年にはボストンの女性イライザ・バトラー (Eliza Butler) と結婚していたと見られている。2 年というわずかの間にウォーカーは地域の活動家になっていた。また『フリーダム・ジャーナル』というアメリカで最初の黒人新聞のボストンでの販売代理人であった。黒人に対して犯された不正を正すという熱意と雄弁によってウォーカーはボストンで目立つ存在であった。そのため 1829 年にはウォーカーはボストンの黒人の代弁者として認められるようになっていた。そしてその年 9 月にウォーカーはで序文と 4 つの論文から成る『世界の黒人への訴え』をボストンで出版したのである。[17]

2) 『世界の黒人への訴え』

ウォーカーは『世界の黒人への訴え』でトーマス・ジェファソンの黒人観に反論し、自由黒人をアフリカに送還しようとするアメリカ植民協会を攻撃し、黒人奴隷の惨状を訴えて暴力を肯定した。

① トーマス・ジェファソンへの反論

「この世の白人の中で偉大な人物の一人」であるジェファソンの黒人に関する議論に反論しなければ、その議論を定着させるだけとして、「これまでわれわれに向けられたどんなものよりも、われわれの解放にとっての障害となっている」ジェファソンが『ヴァージニア覚書』(1787) に記した黒人に関する「極めて辛らつな見解」にウォーカーは反駁する。[18]

ジェファソンはローマ時代の奴隷とアメリカの奴隷を比較している。グラスを割ったために魚の餌として引き渡される奴隷がローマ時代にいたこと。奴隷主が殺害されたときにはその家にいる奴隷と声が聞こえる範囲にいた奴隷がローマ時代にはみな死刑判決を下されたが、アメリカでは罪のある者だけが、正確な証拠をもとに罰せられる。[19] この記述に続く部分をウォーカーは『世界の黒人への訴え』で引用している。

　　しかし、ローマ人の間では、ここに示されたあるいは示されていないよう

な思わしくない状況があるにもかかわらず、奴隷は本当に類まれな芸術家であった。奴隷が、奴隷主の子供の家庭教師として雇われるのがあたりまえであるほど、ローマの奴隷は科学においても秀でていた。エピクテトス、テレンティウス、パイドロスは奴隷ではあるが、白人種であった。卓越性を生んだのは、周りの状況ではなく、天性なのである。[20]

ローマでは自由を獲得した奴隷が、高い地位にまでのぼり詰めることができるのに、アメリカでは黒人は公職に就けない、とウォーカーは主張する。そして黒人の置かれている状況がローマの奴隷ほどひどいものではない、とジェファソンが言っていることにウォーカーは憤る。ウォーカーによれば、24州となったアメリカのほとんどの州には奴隷がおり、奴隷は鎖や手かせを着けて鉱山や農場で働かされ、白人の富を増やしており、少し肌の色が黒いからといって、一群の獣のように、白人の財産になるべく創造主に造られている、と多くの白人が固く信じているとしている。黒人は人間だということを訴え、ウォーカーはこう述べる。[21]

　イエス・キリストを除いて他にわれわれは、主(マスター)を持っているというのか。白人も黒人も同じ主を持っているのではないか。それならばどんな権利があって、われわれは、イエス以外の他の主の言うことを聞いて、主と呼ばなければいけないのか。われわれのように善良なのかどうか分からない男たちの一群に、どうしてわれわれが従順になることができるのか、私には理解できない。[22]

アメリカの富を無報酬で築いてきた黒人が自由を買い戻したときに、黒人をアフリカに戻すという意図で作られたアメリカ植民協会(アメリカン・コロニゼーション・ソサイアティ)にウォーカーが反発するのは当然である。アメリカ植民協会創設のきっかけを作ったとされるポール・カフィー(Paul Cuffee)とは次のような人物である。

② 自由黒人のアフリカ送還反対

　独立革命後の時代に黒人の経済的自立と黒人全体の自尊心を求めていた黒人の中にポール・カフィーがいた。カフィーは1780年に造船業を起こし、貿易も始めた。利益をあげ、持ち船を増やし、相当の住宅や土地を所有するに至った。カフィーはフレンド教会に入り、他のクエーカー教徒とともに黒人の福祉に深い関心を持つようになった。1811年には自らの船で西アフリカのシエラレオネに向かい、自由黒人をアフリカに連れて行く可能性を調べた。1812年の米英戦争による延期で1815年になったが、カフィーは3,000ドルから4,000ドルの自己資金で38人の黒人をアフリカに連れて行った。このことが自由黒人をアフリカに移送するという思いつきにつながったとされている。[23]

　カフィーの航海から2年足らずの1817年に、自由黒人のアフリカ送還を目的としてアメリカ植民協会が設立された。連邦最高裁判事であるブシュロッド・ワシントン (Bushrod Washington) を会長に、連邦下院議長を務めるヘンリー・クレー (Henry Clay) や連邦下院議員であるロアノークのジョン・ランドルフ (John Randolf) などがその構成員であった。[24] クレーの書いたものに対しウォーカーは『世界の黒人への訴え』で反駁している。

　クレーの考えは概ね、次のようなものである。自由黒人は自由民のようには免責がなく、また奴隷のように無能であるわけでもない。肌の色という克服できない偏見によって、この国に自由民と融合することはできない。だから「この国の住民の残りかすは排出する」のが望ましい。[25] アフリカ・メソジスト・聖公会(エピスコパル)の黒人主教であるリチャード・アレン (Richard Allen) が、自由黒人のアフリカ送還に反対している一節をウォーカーは引用している。

　　われわれを死なせるために、かなたの国へ送るのはどうしてか。何千人もの外国人が毎年、アメリカに移民してくる。もし移民が耕す十分な土地があり、移民が食べるパンがあるならば、どうして白人はこの土地を最初に耕作した者たちを送り出そうとするのか。アフリカ人は何千人もの人々のために財産を築いてきたが、まだアフリカ人を労働から解放したがらない、それで自由黒人を送り出し、この国に残るものは奴隷でなくてはならない。…わ

れわれの涙と血を流したこの土地が、今われわれの母国であり、知恵にあふれ福音が惜しみなく与えられている所に留まることに満足しているのである。[26]

19世紀前半のアメリカ生まれの黒人にとって母国はアメリカだ。アレンのように、アメリカが自分たちの国だと言うウォーカーは続けて、「われわれが、アメリカをわれわれの血と涙で豊かにしてきた」と主張している。[27] 次に述べるように、アレンやウォーカーの言う「血」や「涙」は単なる修辞にはとどまらないのである。

③ 黒人奴隷の惨状と暴力肯定

人間の感情を持ち、同胞に同情できる人ならば、アメリカの南部や西部に行けば、「心から血が流れる」出来事にたくさん出くわす、とウォーカーは書いている。たとえば「暴君」の命令で、母親を裸にし、鞭打ち、道端で死なせてしまう息子。あるいは「無慈悲な悪党」のために、足元に「命を失ったかたまり」を落とすまで妊娠中の妻を殴る夫。[28]

ウォーカーは『コロンビア・センティナル』という新聞から1829年8月22日の記事を引用している。次のような内容である。ケンタッキー州で起きた事件である。ゴードン(Gordon)という黒人奴隷監督はメリーランド州で約60人の奴隷を買い、アレン(Allen)という名の仲間と荷物を運ぶ荷馬車の御者ペティット(Petit)の助けを借りて、奴隷を連れていた。奴隷たちは手かせを着けられ、いっしょに鎖につながれていた。女と子供には手かせや鎖は着けられていなかった。奴隷は、気づかれないように、手を縛っていた鉄をやすりで切り離していた。2人の奴隷が手かせを外し、喧嘩し始めると、御者のペティットが喧嘩を止めさせるために飛んできた。この瞬間、どの奴隷も手かせと鎖を外していた。奴隷の1人が棍棒で、ペティットの頭を殴った。ペティットに手を貸そうとしてきたアレンも頭を棍棒で殴られた。押さえられたゴードンには、2発の銃弾が発射されたが、頭をかすっただけで当たらなかったので、棍棒で打たれて放置された。奴隷たちはゴードンのトランクを斧でこじ開け、2,400

ドルを奪った。ゴードンは、その間に、1人の奴隷の女の助けを借りて馬にまたがり逃げた。1人の奴隷が銃を持って馬に乗ってゴードンを追って銃撃したが、ゴードンは命からがら、あるプランテーションに到着した。それを見て奴隷は、向きを変え、退却していった。すぐに集まってきた近隣住民による激しい追跡の結果、奴隷全部が捕らえられ、金のかなりの部分が回収された。殺人に関わったとされる7人の男の奴隷と女の奴隷1人が裁判にかけられることになった。[29]

このような事件でウォーカーが非難しているのは、ゴードンが馬に乗るのを助けた女の奴隷である。その行動を「この黒人女の無知で人をあざむく行動」だとウォーカーは見なす。「悪名高い恥知らず」とも言っている。ウォーカーにとっては、3人の男たちは殺されて当然であった。2人は死に、死んだふりをした1人を助けた奴隷の女をウォーカーは許すことができない。「そのような卑劣漢を救う人はだれでも、神と戦っているのだから、神から報いを受けるのである」。殺すか殺されるかだとした上で、ウォーカーは次のように問いかけ、暴力の必要性を説く。[30]

　暴君の奴隷になるよりは殺されたほうがいいと思いませんか。暴君は、あなたの母や妻やかわいい子供たちの命を奪うのです。…これを信じてください。喉が渇いているときに水を飲むように、あなたを殺そうとしている人を殺すのは、あなたにとってはさしつかえないのです。それどころか、じっと立っていて殺されるのは信心のない者より劣るということであり、同情されるべきではないのです。[31]

このようなウォーカーの暴力肯定の思想を実行に移したかのように思われているのがナット・ターナーである。しかし、ウォーカーの『世界の黒人への訴え』とナット・ターナーの反乱の関係は証明されていない。また、奴隷の反乱はナット・ターナーの反乱が最初ではなかった。

4　奴隷の反乱

(1)　ナット・ターナーの反乱以前

17世紀末から奴隷制社会が整っていったヴァージニア[32]では、18世紀になると謀議や反乱がより深刻になった。池本幸三によると、独立戦争末期の1781年から1799年までの19年間にヴァージニアでは反乱または反乱未遂あるいは奴隷反乱の危険が11件ある[33]が、アメリカ南部での奴隷の反乱を扱う前に、サンドマングでの奴隷反乱に触れる。アメリカへの影響が大きいからである。フランス革命に端を発したフランス領サンドマングの黒人蜂起の規模と破壊の凄まじさは、フレデリック・ダグラス (Frederick Douglass) が自伝で言うように、奴隷制が「破壊的で、人間性を奪う結果」[34]をもたらすということを思い起こさせる。

1)　サンドマングからハイチへ

サンドマングとはカリブ海にあるヒスパニョラ島の西側3分の1を占めるフランス領であった。フランスでは1789年7月にバスティーユ監獄が攻略され、8月に人権宣言が国民議会で採択された。フランス人が国内で求めた自由を、植民地サンドマングで奴隷たちも求めていた。1791年7月末までには、ル・カップ市とその周辺では蜂起の準備ができ、機会を窺っていた。ル・カップ市の奴隷は1万2,000人あまりで、うち男性は6,000人いた。8月22日の夜10時、ル・カップ市とその周辺の奴隷がプランテーションに火を放つのを合図に、奴隷が白人を虐殺することになっていた。この夜の黒人蜂起に関し、国民議会が最初に情報を得たのは10月27日午前であった。そのとき植民地全体議会がサンドマング南部のレ・ケーユ市当局に宛てた8月25日付の手紙が朗読された。その手紙を浜忠雄が紹介している。[35]

> 数日来、相当数の黒人が蝟集しております。彼らは至る所で火を放ち、白人を片端から惨殺しているのです。…情勢からして、この陰謀が植民地全域

第 3 章　広がるアメリカ、深まる亀裂　79

に広がること必至と察せられます。すでにル・カップの愛国的第一線部隊を出動させました。最新の情報によると、一度の攻撃で百人の黒人が殺され、逃げた者も目下追跡中とのことです。…[36]

　8月22日の夜に蜂起した黒人奴隷の数は少なく見積もっても5万人以上にのぼるとされる。[37] この数は、後に触れるアメリカ南部での未遂も含めた奴隷の反乱の規模からすれば、桁違いに大規模なものである。
　蜂起発生から2日後の24日に援助要請をしたのは、スペイン領サント・ドミンゴ、イギリス領ジャマイカ、アメリカ合衆国に対してであったが、フランス本国への公文書作成までに10日を要しているという。このような遅延や敵国イギリスにも援助を求めるという利敵行為から、のちに総督と植民地議会が処断される。また、奴隷蜂起鎮圧のために有色自由人の側から白人との提携が提案された。北部の黒人蜂起が西部にも波及しつつある緊迫した状況のなかで、1791年9月11日に、西部州のポルトープランスにおいて白人と有色自由人との間で協定が結ばれた。1792年3月24日法令は、4月3日に国王の批准を経て発効し、すべての有色自由人に参政権が認められた。浜によれば、「有色自由人は、彼らの年来の要求を、黒人奴隷蜂起の機に乗じて、かつ黒人奴隷と敵対することを通して実現したのである」。1792年3月26日、6,000人から成る国民軍が、ようやくフランスからサンドマングに到着した。黒人蜂起から1年以上も経過していた。[38]
　1794年2月4日、国民公会は、次のような黒人奴隷制度廃止を決議した。

　　国民公会は、すべての植民地における黒人奴隷制度が廃止されることを、宣言する。したがって国民公会は、植民地に居住する人はすべて、肌の色の区別なしに、フランス市民であり、憲法が保障するすべての権利を享受するものであることを、宣言する。[39]

　しかしこの宣言から半年足らずで起こったクーデターによって、革命は保守的方向に向かい、次第に黒人貿易と黒人奴隷制の復活に至る。1799年11月9

日のクーデター後にナポレオン・ボナパルトが実権を掌握した。ナポレオンは1801年12月22日の立法院での発言で、サンドマングでは奴隷制を廃止するが、インド洋上のフランス島やレユニオン島では、奴隷制を維持する旨、発言した。1802年5月20日には、黒人奴隷貿易が再開される。のちにナポレオンは、立法院での発言とは裏腹にサンドマングでの奴隷制を復活させようとしていたのである。[40]

奴隷制復活のためナポレオンは、ルクレール (LeClerc) 将軍の指揮のもとにサンドマングに軍隊を派遣した。黒人勢力の指導者トゥサン・ルヴェルチュール (Toussaint-Louverture) は捕らえられ、ナポレオンの計略により1803年4月7日に獄中で死亡した。しかしトゥサン将軍の支持者による根強い抵抗や黄熱病のためナポレオンの派遣した軍隊は敗退した。[41] C・L・R・ジェームズによると、ルクレールが亡くなる頃にはサンドマングに上陸したフランス人兵士3万4,000人のうち、2万4,000人が死亡し、8,000人が入院中であり、残りの2,000人は疲労困憊していたという。ルクレールの後継者ロシャンボーは、結局、1803年11月28日にイギリス軍に降伏した。[42]

13年間続いたサンドマングの反乱は、10万人の犠牲を出した末、1804年に黒人初の共和国ハイチが樹立された。ナポレオンはサンドマングを北米植民地の緩衝地として使うことができなくなったために、ルイジアナ地方をアメリカに売却し、ヨーロッパ大陸に集中することになったのである。[43]

サンドマングで反乱が起きている最中の1800年にヴァージニア州ではゲーブリエル (Gabriel) の反乱が発覚した。

2) ゲーブリエルの反乱計画

ゲーブリエルの反乱が計画されていたのはヴァージニア州ヘンリコ郡である。そこはタバコ単作地帯ではなく、混合農業地帯であった。比較的熟練を要する混合農業では、タバコ栽培地よりも監督が厳しくなかった。州都リッチモンドの北6マイルのところに、ゲーブリエルの所有者トーマス・H・プロッサー (Thomas H. Prosser) のプランテーションがあった。プランターたちはリッチモンドに邸を持っていたので、奴隷たちも主人のお供として町に出かけること

があった。ゲーブリエルらの蜂起に必要な刀剣の調達や同志の勧誘が、農村地帯とリッチモンド市街両方で行われたり、農村から反乱を始め、市街の奴隷と合流する計画を立てたりしたのも、都市と農村間で奴隷の行き来があったからである。[44]

　反乱発覚の前年、このような事件があった。ヘンリコ郡に A・ジョンソン (A. Johnson) という元奴隷監督が、借地によるプランテーションに乗り出していた。ジョンソンはそれまでタバコ栽培の中心地帯で 20 年余り奴隷監督を務めていたので、彼のプランテーションでも厳格に奴隷を扱ったと見られている。そのジョンソンのところでジュピターという奴隷が豚泥棒として捕らえられると、ゲーブリエルの弟ソロモンがジュピターに加勢し、ソロモンはジョンソンに対し放火をすると脅した。その結果、ゲーブリエルとジョンソンの喧嘩になり、ゲーブリエルはジョンソンの目をえぐり、左耳の大部分を噛み切るという事件が起こった。[45]

　ジョンソンがヘンリコ郡裁判所に告訴した結果、ゲーブリエルには死刑判決が出た。しかし「聖職者の特権」が適用され、恩赦されるが、手に烙印を押された。ジュピターは鞭打ち 39 回の刑を受け、ソロモンは訴訟を棄却され放免された。しかしこの 3 人は皆、翌年に反乱を企てるのである。[46]

　反乱計画では、1800 年 8 月 30 日、リッチモンドに通じるブルック川の茂みに集合し、100 人はブルック橋に待機し、ゲーブリエル率いる 100 人はある宿屋に行って武器を奪う。そのときにはゲーブリエルの所有者プロッサーや付近の奴隷主を血祭りにあげ、リッチモンドに向けて進撃する。リッチモンドの攻撃目標は、州政庁、兵器庫、刑務所、知事とその家族などであった。奴隷貿易と奴隷制に反対していたクエーカー教徒とメソジスト教徒ならびに、反乱計画に参画していたと見られているフランス人以外の白人は皆、殺害の対象になっていた。しかし、決行日当日、ヴァージニア州知事ジェームズ・モンロー (James Monroe) 知事のもとに黒人蜂起計画の知らせが届いたのであった。[47] 密告があったのである。

　どれくらいの黒人が参加したのであろうか。反乱軍における自己の地位が

その人数に比例するので、反乱組織者は、組織した兵力を誇張する傾向があった。しかし実際の兵力は、200人程度だったと見られている。[48] 裁判の結果処刑された者は27人だとされる。ゲーブリエルの所有者をはじめ、処刑された奴隷主たちには州政府から、処刑された奴隷に対する補償金を受けた。[49]

3) デンマーク・ヴィージーの反乱計画

サンドマングの反乱やゲーブリエルの反乱計画は白人に恐怖を植え付けた。1820年代にはヴァージニア州や両カロライナ州、とりわけ奴隷の数が白人の数よりも多いサウスカロライナ州の低地帯では奴隷反乱勃発の可能性が白人を不安に陥れていた。サウスカロライナ州では1822年に、ゲーブリエルの反乱計画以来の大規模な奴隷の反乱計画がチャールストン当局によって暴かれた。首謀者はデンマーク・ヴィージー (Denmark Vesey) であった。[50]

複婚をしている元奴隷であったデンマーク・ヴィージーの所有者は、元奴隷船の船長ジョーゼフ・ヴィージー (Joseph Vesey) であった。デンマーク・ヴィージーはサウスカロライナで奴隷を上陸させ、チャールストンの奴隷の檻に奴隷を移動させられたこともあった。ヴィージーは自由を買い戻したが少なくとも1人の妻の子供たちは奴隷のままであった。[51]

貪欲な読書家とされるヴィージーが読んでいたもの中に1820年のミズーリ妥協に関する議会の議論があった。その議論はミズーリが奴隷州になるか否かについてだけでなく、奴隷制そのものにも触れられていた。ヴィージーが黒人たちに独立宣言の話をするときには、奴隷制は聖書に反するものだとした。そして、白人の侮辱に甘んじたり、白人が歩道を通れるように泥の道に足を踏み入れたりするのを非難した。[52]

ヴィージーの周りには間もなく、信頼の置ける仲間たちが集まるようになった。そのほとんどは、チャールストンのアフリカ教会に所属する家内奴隷(ハウス・サーヴァント)や黒人の職人であった。ヴィージーの部下の中の主要人物としてアンゴラ出身の魔術師ガラー・ジャック (Gullah Jack) がいた。反乱当日身につけておくようにとジャックは反乱参加予定者にカニの爪を与えた。アフリカの神々が具現した

ものとされたその爪はジャックによれば、弾丸から身を守る御利益があるということであった。[53]

　チャールストンの奇襲計画は農村部と都心部の奴隷の協力で実行される予定であった。開始は夜中の12時。6つの戦闘部隊に分かれ、衛兵所と兵器庫を攻略し、主要な道路を押さえて、抵抗するために邸宅の外に出てきた奴隷主を斧でたたき切るか銃で射殺することになっていた。しかし家内奴隷による密告があり、5つの歩兵部隊が黒人の貧民街に押し寄せた。サンドマングの暴動での強姦や殺人の亡霊に怯えながらプランターは、町の邸宅でその夜を過ごした。結局は、ほとんどの反乱者は逮捕され、ヴィージーと34人の共犯者とされた者が絞首刑にされた。[54]

　死刑は7月の暑い日に執行された。全員が絞首刑の判決を受けていた。しかし処刑台が低すぎて、そこから足を踏み外しても、死にきれず、苦しみもがき始めたので、刑務所の看守長が馬で乗り付け、一人ひとり、頭を撃って射殺していったという。[55]

　ゲーブリエルの反乱もヴィージーの反乱も未遂に終わったが、とうとう実際に奴隷が反乱を起こし、白人が惨殺される事件がヴァージニア州で発生した。1831年のナット・ターナー（Nat Turner）の反乱である。蜂起した75人の奴隷が、48時間の間に約60人の白人を殺害するという南部の歴史において最も規模の大きい奴隷の反乱であった。

⑵　ナット・ターナーの反乱
1)　ナット・ターナーの生い立ち
　ナット・ターナーは1800年10月2日にヴァージニア州サウサンプトン郡で奴隷として生まれた。幼いとき父は家族を捨てて逃亡し、奴隷主ベンジャミン・ターナー（Benjamin Turner）のところに母ナンシー（Nancy）と残された。1809年、ナットが9歳のとき、奴隷主の長男サミュエル・ターナー（Samuel Turner）の土地購入に伴い、綿花畑で働かせる奴隷8人を、父ベンジャミンは息子に貸し出した。その中にナットとナットの母親が入っていた。ベンジャミ

ンが 1810 年に腸チフスで死ぬと、ナットと母親、それに祖母が、サミュエルの法的所有物になった。サミュエルは信仰心の厚い、正直な 20 代半ばの若者であった。[56]

12 歳になると奴隷は労働を強いられる。少年ナットの聡明さに気づかず、12 歳になったナットをサミュエルは綿花畑で他の奴隷たちといっしょに働かせた。12 歳という年齢は、子供たちにとっては運命の分かれ目であった。白人の子供は学校へ行き、奴隷の子供は畑へ行くことになるのであった。奴隷の気分をほぐすために、ヴァージニア州では、奴隷の休日としてクリスマスには 4 日間、収穫後の 1 週間、復活祭と独立記念日は 1 日が取られ、奴隷たちの多くは浮かれ騒いだが、ナットは酒も飲まず、祈るか知識増強に時間を費やした。[57]

1819 年アメリカはひどい不況に見舞われ、農作物の価格は 4 年間にわたって下落し続けた。恐慌の影響はサミュエル・ターナーにも及んだが奴隷を売ることはせずに、より効率的な経営をめざして奴隷監督を雇った。1821 年末に仕事に就いた監督は、ナットを鞭打ったことがあったと見られている。監督が到着して間もなく、ナットが逃亡したからである。しかし 21 歳のナットは 30 日後に、自分の意志で戻ってきた。その頃、サミュエルの奴隷の 1 人であったチェリー (Cherry) とナットが結婚したことから、戻ってきた理由がチェリーにあったのではないかと推測されている。[58]

1822 年、サミュエルはすでにエリザベス・ウィリアムズソン (Elizabeth Williamson) と結婚していたが、32 歳の若さで病死した。エリザベスのもとに残ることになった奴隷は、3 人の家内奴隷のみでその中には、ナットの母親が含まれていた。しかしナットとチェリーを含む残りの 20 人の奴隷は売られることになった。ナットはトーマス・ムーア (Thomas Moore) に、チェリーはジャイルズ・リース (Giles Reese) に売られていった。いずれも、サウサンプトン郡内で、ターナーの家から数マイル以内の所であった。ナットとチェリーの間には、娘 1 人と 1 人あるいは 2 人の息子が生まれていたが、ナットは子供から離れて暮らすことになった。[59]

トーマス・ムーアが 1828 年に亡くなるとナットは、あとに残された 9 歳の息子パットナムの財産になった。ほぼ 1 年後、トーマスの妻だったサリー

(Sally) は、1829 年 10 月、馬車大工のジョーゼフ・トラヴィス (Joseph Travis) と再婚した。その結果、ナットの主人は実質的にトラヴィスになった。ふつうは主人が代わると、奴隷の姓も新しい主人の名字に変わったが、トラヴィスは寛大で、ナットに元の姓であるターナーの姓を名乗ることを許した。[60]

2) 神秘主義者ナットの反乱

ナットが安息日に説教をすることもトラヴィスは許した。しかし依然として畑に出て仕事をさせられた。畑仕事を続けるナットは心の底で、神から授かった任務を始めるしるしを神が示してくれるものと思っていた。1831 年 2 月の日食は、ナットが待ち望んでいた天からの知らせであった。ナットがベリーの果汁で描いたサウサンプトン郡の地図を見ながら、ナットらは反乱計画を練った。7 月 4 日を反乱決行の日としたが、ナットと腹心との間で細部に関する意見の相違があり、7 月 4 日には実行できなかった。同年 8 月 13 日に別のしるしがあった。大気の状態が乱れて、太陽が、巨大な銀色の磨いたボールのように見えた。それが、ナットには、神がナットに示したにしるし思えた。[61]

1831 年 8 月 21 日（日）の昼、ナットの腹心 4 人がキャビン・ポンドというところに集まり、豚の丸焼きを食べながらブランデーを飲んでいた。ナットと共に反乱を始めようとしていたのは、ナットが最も信頼を置いているハーク・トラヴィス (Hark Travis)、ネルソン・ウィリアムズ (Nelson Williams)、ヘンリー・ポーター (Henry Porter)、サム・フランシス (Sam Francis) の 4 人、それに新たに加わることになったジャック・リース (Jack Reese) とウィル・フランシス (Will Francis) であった。総勢 7 人でその夜、反乱を始めようとしていたのである。8 月というのは農作物の最後の作業が終わり、農作物の貯蔵が済んでいるので、奴隷の作業は比較的少ない。また、日曜の夜は、白人は日中出かけたり、酒を飲んだりして、夜は疲れている。奴隷の方は森で騒ぐことが多い。そのため 8 月の日曜の夜は、反乱に気づかれるのは遅くなるという判断があった。[62]

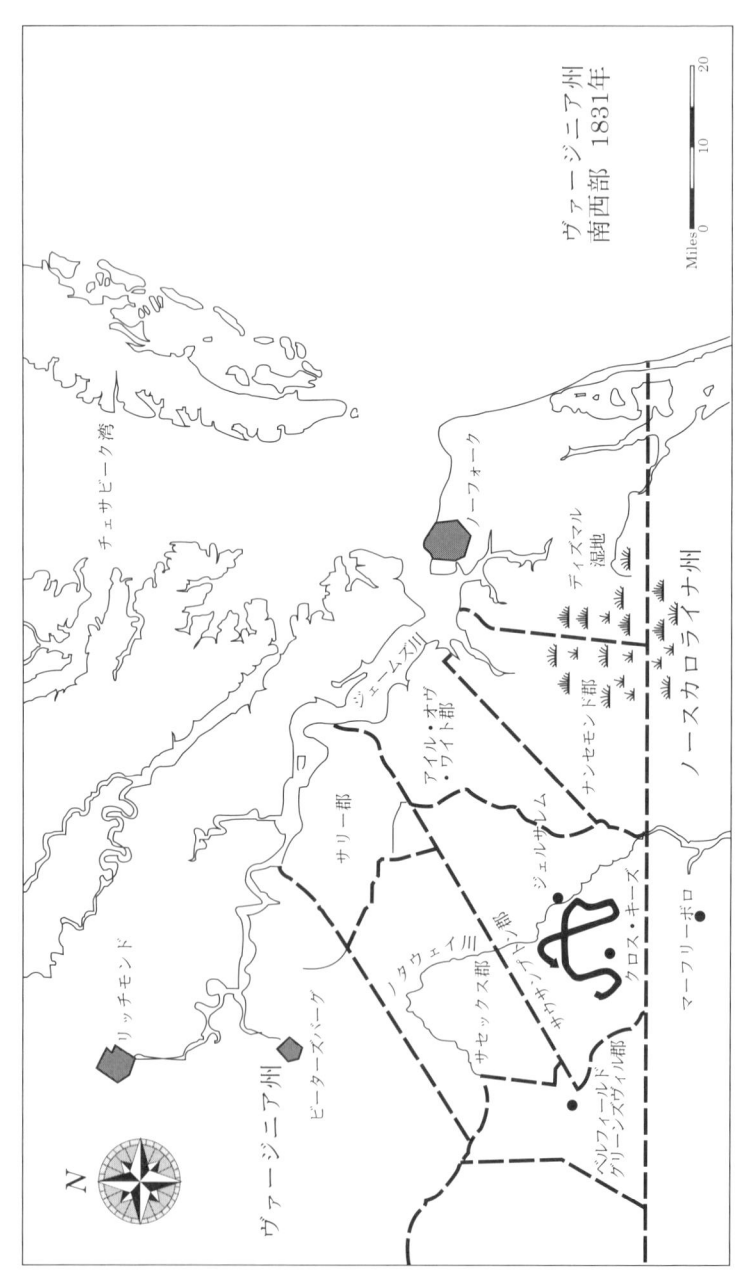

86　第Ⅰ部　人種による階層社会の誕生・発展

ヴァージニア州 南西部　1831年

チェサピーク湾
ノーフォーク
ディズマル湿地
ジェームズ川
アイル・オブ・ワイト郡
ナンセモンド郡
サリー郡
ジェルサレム
ノタウェイ川
サセックス部
サウサンプトン郡
クロス・キーズ
ベルフィールド
グリーンズヴィル郡
マーフリーボロ
ノースカロライナ州

リッチモンド
ピーターズバーグ
ヴァージニア州

Kenneth S. Greenberg, ed, *The Confessions of Nat Turner and Related Documents* (Boston: Bedford Books of St. Martin's Press, 1996), 4をもとに作成。

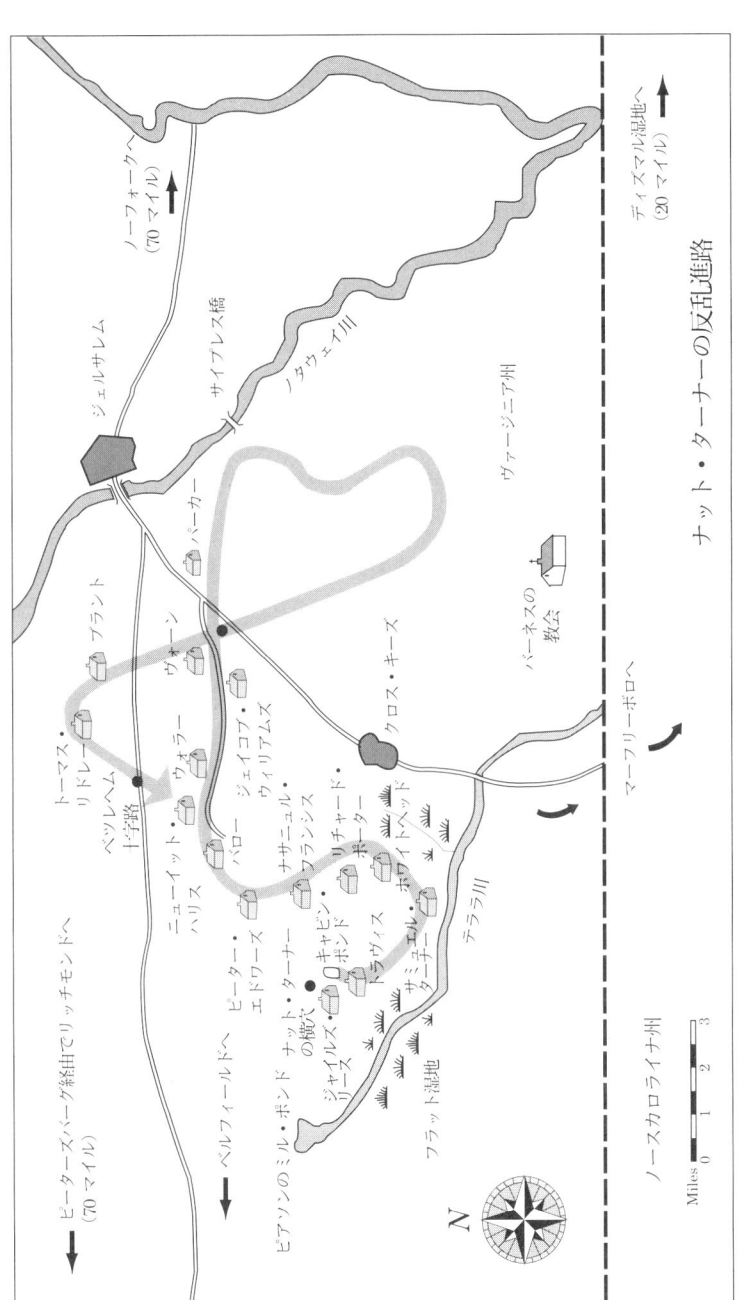

第3章 広がるアメリカ、深まる亀裂 87

ナット・ターナーの反乱進路

Kenneth S. Greenberg, ed., *The Confessions of Nat Turner and Related Documents* (Boston: Bedford Books of St. Martin's Press, 1996), 5をもとに作成。

夜中の12時を過ぎた頃、ナットら7人は松明をかざしてトラヴィスの農場へ向かう。寝室ではジョーゼフとサリーが寝ていた。ナットが斧でジョーゼフの頭を狙ったが外れたので、ウィルという仲間の奴隷が斧を何度も振り下ろしジョーゼフとサリーをずたずたに切り裂いた。数分の間に、ジョーゼフ、サリー、ジョーゼフのところに弟子入りしていた当時14歳の少年、それにサリーの連れ子パットナムも殺害された。次の目的地サル・フランシス (Sal Francis) の家に行く途中、トラヴィス家の赤ん坊のことを思い出し、戻り、揺りかごの幼子を殺したのはウィルとヘンリーであった。[63]

サル・フランシスは、ウィルとサムが殺した。次に、パイアティ・リース (Piety Reese) と彼女の息子ウィリアム (William) を殺した。大きな音を出さないように、反乱奴隷たちは、刺し殺したり、首を切り落としたりした。そして馬、武器、ブランデーは奪ったが強姦はなかった。夜が明けてくる頃、反乱奴隷たちはエリザベス・ターナーの農場に向かった。そこではまず奴隷監督を撃ち殺し、エリザベスと近所のニューサム夫人を斧で殺した。すでに8月22日（月）になっている。[64]

太陽が東の空に姿を現す頃には、反乱奴隷は15人に増えていた。無理やり仲間に入れられた奴隷もいた。反乱奴隷は二手に分かれ、ナットとウィルは馬の乗っている者たちを率いて、キャサリン・ホワイトヘッド (Catherine Whitehead) 未亡人の農場に向かった。マーガレット (Margaret) とハリエット (Harriet) という娘が2人おり、息子リチャード (Richard) はメソジスト派の牧師であった。リチャードは綿花畑に出て奴隷に指示を与えていた。リチャードはナットに命乞いをしたが、ナットは、ウィルに、リチャードを殺すよう命じた。ハッバード (Hubbard) という奴隷は、ハリエットをベッドとマットレスの間に隠れさせていたが、いないと嘘をついた。マーガレットは隠れていたが、ナットに発見され、逃げる。8月の暑い日差しの中、追いついたナットは剣で切りつけるが、マーガレットはなかなか死なず、ついには柵の棒を抜いてマーガレットを殴り殺した。これがナットの唯一の殺人であった。徒歩で回っていたハークらはヘンリー・ブライアント (Henry Bryant) とその家族を殺したことをナットに報告した。[65]

第3章 広がるアメリカ、深まる亀裂　*89*

　その後、リチャード・ポーターの小規模プランテーションに向かったが、ポーター家の人々はすでに逃れていた。奴隷反乱の知らせが伝わっていたのである。反乱奴隷は次にナサニエル・フランシス (Nathaniel Francis) のところに向かった。ナサニエルの母は、ジョーゼフ・トラヴィスと結婚していたサリーの母でもあった。そのためナサニエルと母はトラヴィス家の方に向かっていた。一方、ウィルとサムはフランシスのところで彼の3歳になる甥の首を斬った。その様子を見ていて叫び声を上げたもう1人の甥も斬り殺された。次がジョン・バロー (John Barrow) の農場であった。バローは1812年戦争の退役軍人であった。反乱奴隷たちが近づいて来たとき、バローは鍬で、綿花畑を掘り起こしていた。バローが反乱奴隷と素手で戦っている間に、バローの妻は逃れることができたが、バローは反乱奴隷たちに圧倒され喉を掻き切られた。[66]

　8月22日（月）の午前9時頃までには教会の鐘が鳴り、重大な事態が起こったことを知らせていた。ジェルサレム市民はノタウェイ川にかかる橋にバリケードを築いた。一方、月曜の昼頃、反乱奴隷はジェルサレムに至る大きな道に着いた。この時までに、約60人の白人を殺害。反乱奴隷は60〜70人に膨れ上がっていた。その中には、奴隷でない黒人も入っていた。警告を告げる教会の鐘が反乱奴隷たちには遠くから聞こえてくる。ナットはジェルサレムまで進んでそこで武器と弾薬を手に入れるつもりである。が、行く手を阻まれ、ノットウェイ川に沿って反乱奴隷は退却した。ジェルサレムに入るために、ナットはノタウェイ川に架かるもう1つの橋であるサイプレス橋を渡ろうとしたが、武装した白人が下草に潜んでいるのを見つけ、結局、反乱奴隷は森で野営することにした。[67]

　8月23日（火）、サウサンプトン郡の裁判所からの公式発表が火曜午前3時頃、州都リッチモンドに届いた。ヴァージニア州のジョン・フロイド (John Floyd) 知事に事態が伝わったのは夜明け頃であった。知事は、民兵を待機させた。続々入ってくる報告は、反乱の拡大を示唆していた。ヴァージニア州そして南部全体が火に包まれるだろうと思われたので、軍隊が導入された。一方、ナットは月曜の晩、ほとんど眠りにつけないでいた。夜明けまでには、残っていた反乱奴隷は20人に過ぎなかった。ナットは、木曜の夜に、畑の中で柵が積

みあがられていたところの下に穴を掘ってそこで隠れることになった。反乱後に犯人追跡の集中的な捜索が行われ、反乱奴隷以外の黒人に対する白人の報復があり、罪のない黒人が少なくとも 120 人は殺されたと言われている。ナットを見つけたのは、ベンジャミン・フィップス (Benjamin Phipps) という貧しい農民である。10 月 30 日、フップスが木の下で休んでいると、ナットが地面にひょっこり出てきたのである。ナットの裁判は 11 月 5 日に行われた。牢獄から裁判所まで護送された。11 月 11 日、絞首刑が執行される。裁判官はナットに 375 ドルの値をつけた。ヴァージニア州政府が、補償金としてその金額をナットの所有者に支払った。[68]

3) 反乱パニックと反乱対策

ナット・ターナーの反乱間もない時期には、奴隷反乱に対する恐れが、根拠のない噂を生じさせ、人々がそれによって動かされた。ターナーの反乱後数週間、ヴァージニア州からミシシッピ州に至る南部では、また反乱が起きるという風説が流れた。たとえばノースカロライナ州のダップリン郡とサンプソン郡では 9 月半ばに、反乱奴隷が 17 人の白人を虐殺し、隣接する郡を襲撃しているということを急使が伝えた。根も葉もない報告に、パニック状態の白人が踊り、民兵の司令官らが知事に誇張した報告をした。ウィルミントンでは、ダップリン郡とサンプソン郡から反乱奴隷がやってくるという噂が流れ、教会の鐘が鳴り響き、戒厳令が敷かれた。反乱奴隷が 1 人もやってこないことに業を煮やした白人は、罪のない地元の黒人にサンプソン郡からやってくる反乱奴隷と落ち合うことになっていたと無理やり告白させた。裁判所はその 5 人に有罪判決を下した。その 5 人が射殺され。さらに、裁判所は 6 人の黒人を絞首刑にし、暴徒が別の 4 人をリンチするという事態になった。[69]

1831 年から 1832 年にかけて、ヴァージニア州では奴隷の私的解放について公に議論された。当時ヴァージニア州にいた 47 万人の奴隷を解放し、州の予算ですべての黒人を別のところに移住させることによって、将来起こるかもしれない反乱を防止しようとする考えもあった。ナット・ターナーの反乱が、奴隷制に反対する好機だと考えたヴァージニア州のフロイド知事は、サウスカロ

ライナ州のジェームズ・ハミルトン (James Hamilton) 知事に、漸進的な奴隷解放と奴隷を植民させることに賛成している旨手紙を書いたりもした。しかしサウスカロライナ州やジョージア州といった近隣諸州も奴隷を多く抱えており、奴隷解放には反対だった。1831年から1832年にかけての南部では、奴隷の漸次解放は時期尚早であった。結局、ヴァージニア州では、民兵とパトロールを強化し、自由黒人から人権を剥奪し、奴隷の学校、奴隷の宗教的な集会、奴隷の説教師をほとんどなくすようになっていった。字を読めるナット・ターナーが反乱の首謀者になったので、奴隷への教育を妨げようとしたのである。[70]

独立13州を形成したアメリカ東方では、南部で奴隷の反乱や奴隷制強化が行われていた間、アメリカは西に向かっての膨張を継続していたのである。

5 メキシコ領への領土拡大

(1) テキサス共和国とメキシコとの戦争

1820年代にはアメリカ人はテキサスと呼ばれていたメキシコ領に定住し始めていた。その多くは南部の奴隷所所有者で綿花栽培の土地を求めてきた移住者であった。1826年にジョン・クインジー・アダムズ (John Quincy Adams) 大統領は1826年にテキサスを100万ドルで購入しようとしたがメキシコが応じなかった。アメリカ人の流入は途絶えることなく続いたので、1830年にメキシコ政府は奴隷制を違法とし、さらにアメリカ人がテキサスに移住することを禁じた。外国人としてテキサスにいるアメリカ人の多くは奴隷所有者であった、彼らは奴隷制を禁ずる法律を公然と破った。1835年には、2万人のアメリカ人がテキサスにおり、数では4,000人のメキシコ人を上回った。[71]

そのような状況で1836年にメキシコ当局に対し武装アメリカ人が反乱を起こした。反乱者たちはサンアントニオの伝道布教所を砦に変え、アラモ砦とし、独立しようとした。それをメキシコ政府は法に背くとして軍隊を派遣し、アラモ砦はメキシコ軍に包囲された。サンタ・アンナ (Santa Anna) 将軍が指揮するメキシコ軍に急襲され、デイヴィ・クロケット (Davy Crockett) を含む反乱者たちのほとんどが殺された。その中にはメキシコ人もいた。サンタ・アンナ

の軍隊は、ゴリアッドの町を攻め落とし、400人のアメリカ人捕虜を処刑した。それに対し、サム・ヒューストン (Sam Houston) が逆襲し、サンジャシントにいたサンタ・アンナ軍の兵士たち630人を殺害したとされる。ヒューストンはサンタ・アンナにテキサス割譲を強要した。メキシコは拒んだが、ヒューストンは共和国として独立を宣言した。[72]

1845年にアメリカがテキサスを併合すると、メキシコはアメリカとの外交関係を断った。両国の緊張は国境線の問題に発展した。アメリカの主張ではテキサスの南端はリオグランデ川だとするが、メキシコは150マイル北を流れるニュエセス川だとした。ジェームズ・K・ポーク (James K. Polk) 大統領は、係争地にザカリー・テイラー (Zachary Taylor) 将軍の率いる軍隊を派遣した。5月11日に両軍の小競り合いをきっかけとし、全面戦争になった。その際のアメリカ軍の「神を泣かせる」残虐行為をウィンフィールド・スコット (Winfield Scott) 将軍が認めている。[73]

1848年のグアダルーペ・イダルゴ条約によって、テキサス州との境界をリオグランデ川にすることを認められた。また、南西部の領土を1,500万ドルでアメリカに譲渡することになった。その領土の中には、今日のカリフォルニア、ニューメキシコ、ネヴァダの各州、および、コロラド、アリゾナ、ユタの各州の一部を含む。[74]

1836年にアーカンソー州が奴隷州として連邦に入っていた。また1845年には、テキサス州の他にはフロリダ州が奴隷州として連邦に入った。そして、メキシコとの戦争によってアメリカの領土になったカリフォルニアが州に昇格するにあたり、奴隷州にするか自由州にするかで南北の争いが再燃した。

(2) 1850年、1852年、1854年

1) 1850年妥協

グアダルーペ・イダルゴ条約締結の1か月前、カリフォルニアに起きたことが人々を各地から引き寄せた。サンフランシスコの東にあるサクラメント渓谷で金が発見されたからである。カリフォルニアは人口が急増し、州昇格の動きが始まった。移住してくる人々の間で奴隷制反対の気運が高まったのは、奴隷

を連れてくる奴隷主とこの地で競争することを多くの新住民が嫌ったからである。しかし連邦議会では2つの考え方があった。1つは、メキシコからの割譲地では奴隷制を一切禁止するという考え。もう1つは、議会は、準州における奴隷制を禁止する権限をまったく持たないといする考えであった。[75]

カリフォルニア準州は1850年に自由州に昇格した。昇格する際にはこれまでミズーリ妥協のように南北の妥協が図られたように、この度も1850年妥協と言われる政策がとられた。カリフォルニアの自由州昇格を認める見返りに南部が求めたのは、1793年に制定された逃亡奴隷法より厳しい逃亡奴隷法を制定することであった。[76]

1850年の逃亡奴隷法によって、逃亡奴隷だと告訴されている者の逮捕に必要な令状を執行するための代理人を任命する法的な権限を与えられる受命裁判官(コミッショナー)組織ができた。その受命裁判官とその代理人には、逃亡奴隷法を強制するための捜索隊の協力を得る権限が付与された。申し立てられている奴隷に対する権利が奴隷主にない場合には受命裁判官に5ドル支払われ、その権利が奴隷主にある場合は、10ドル支払われるということになった。義務を促すために、委員会によって発行された令状の執行を拒否するかあるいは無視した場合には、執行官に1,000ドルの罰金が科されることが定められていた。また、逮捕後に奴隷が逃亡した場合は、その奴隷の完全な対価を奴隷主に対し負うことがありうるとされた。そして、告訴されている者の身元の「満足のいく証明」があれば陪審裁判などがなくとも、告訴されている者を所有者の管理に戻すことを略式に審理し決定することを委員会に命じている。[77] このように1850年の逃亡奴隷法は、奴隷主にとっては有利であり、逃亡奴隷にとっては身の安全を脅かすものであったので、1850年から1860年の間に、2万人の黒人が北部諸州からカナダへ移住したと推定されている。[78]

2)『アンクル・トムの小屋』

ハリエット・ビーチャー・ストウ (Harriet Beecher Stowe) が1852年に出版される『アンクル・トムの小屋』を書くきっかけになったのは、1850年の逃亡奴隷法であった。それまでストウは奴隷制に関するものを読んだり、奴隷

制に触れたりすることはなかった。いったん逃亡した奴隷を再び奴隷として引き戻すことが義務として勧められているということを聞いたストウは、それは奴隷制というものが分からないからだと思った。そこで、「実際の劇的な現実」を描いて見せようと思ったのである。[79] こういうことにストウは自著の「あとがき」で触れている。

　ニューヨークのセントラル・パークの設計で有名なフレデリック・ロー・オルムステッド (Frederick Law Olmsted) は、南部の奴隷制に関する見聞録である『綿花王国』を残している。この中に、『アンクル・トムの小屋』が何回か出てくる。その1つが、ニューオーリンズからミシシッピ川を溯ってその支流であるレッド・リバーに行く船上で話題になっている。数日出航が遅れていた蒸気船セント・チャールズ号のデッキは人でいっぱいになる。その中に本の行商人がいた。何人かいた行商人は『アンクル・トムの小屋』のパンフレットになった廉価版を売っていた。それを求める客がいるからだと行商人はオルムステッドに言う。聖書に基づいた奴隷制擁護に関する本を売っている行商人も船上にいた。[80]

　『アンクル・トムの小屋』が他の乗客と話題になるのは船に乗ってから3日目、船がレッド・リバーに入っていたときである。夕食の鐘が鳴ってほとんどの乗客が船室に戻るとき、オルムステッドが船尾で腰掛けていると、身なりのきちんとした紳士が言葉をかけてきた。オルムステッドが読んでいるものが『アンクル・トムの小屋』か、と声をかけたのであった。そうではなかったが、『アンクル・トムの小屋』の内容を聞いてくる紳士に、オルムステッドはその小説に出てくるレッド・リバーの場面を話した。[81] こういう場面である。[82]

　トムはもともと南部と北部の境界に位置するケンタッキー州で奴隷であったが、深南部のミシシッピ川支流であるレッド・リバー流域のプランテーションまで売られてきたのである。ニューオーリンズから船でレッド・リバーを溯る最初の章をストウは「中間航路(ミドル・パッセージ)」としている。アフリカから奴隷が積荷としてアメリカ大陸まで連れて来られる三角貿易の最も悲惨な三角の一辺である「中間航路」と同じにしたのである。サイモン・レグリー (Simon Legree) というプランターに買われてトムは、彼のプランテーションで綿花を摘むことにな

る。そのプランテーションの中にきゃしゃな体つきの女の奴隷ルーシー(Lucy)がいた。綿花摘みの最中に疲労で気を失うルーシーに奴隷監督は彼女の頭にピンを刺して回復させ、綿花摘みを再開させる。見かねたトムは、その日の摘まなければいけない綿花の量に達するように自らが摘んだ綿花をルーシーの袋に入れてやる。それを知ったレグリーは、ルーシーの綿花は定められて重量に達していながら達していないとルーシーに言う。そこでキャシー(Cassy)という名の女の奴隷がレグリーに剣幕で何かを喋るがフランス語なので、回りの者たちは何も分からない。そのキャシーをレグリーは、トムに鞭打たせようとする。それに従おうとしないトムをレグリーがひどく鞭打つ。

キャシーは、レグリーの誘惑を退けている。のちにキャシーとエメリン(Emmeline)という奴隷が逃亡するが、その計画について口を割らないトムにレグリーは暴力を振るう。それがもとでトムは死ぬことになる。

これがオルムステッドの言うレッド・リバーの場面の概要である。

こういうことがありうるかと船上で尋ねたオルムステッド対し乗客はこう答える。「ありうるが、極めてまれです。私の郡ではそういうことをする男はだれ一人として知らない。が、——にはそんなひどいことをする男が2人いると思うけれども、その話はありそうもない。まず第1に、白人の男が誘惑しようとすれば、黒人の女は抵抗することはないでしょう」。話を続けるうちに、その紳士はこういうプランターがいることを話した。そのプランターにはお気に入りの奴隷の女の子がいた。その奴隷は別の少年の奴隷に親切すぎることに嫉妬し、その少年の奴隷の手か足を切断したというのである。そのプランターは有罪だと思われていたが、有罪判決を下す十分な証言がなかったという。このプランターの話は、『アンクル・トムの小屋』を裏付ける話だと言ったオルムステッドにその紳士はこう答えた。「しかし、黒んぼを残酷に扱う男は、尊敬されてはいません」。[83]

出版の年に30万部以上が売れた小説にある真実性を、南部の指導者たちは、否定するのに躍起になった。[84] 1850年に奴隷制をめぐる問題は、一応は妥協されたかのように見えたが、1850年の逃亡奴隷法の施行にあたってストウが感じた不条理さは、ストウ一人のものでなかった。次の事件がそれを物語っている。

3) 1850年奴隷法の強制に伴う問題

　1851年9月のことであった。エドワード・ゴーサッチ (Edward Gorsuch) というメリーランド州の奴隷の所有者が、逃亡した4人の奴隷がかくまわれているところを突き止めて、捕まえるためにペンシルヴェニア州のクリスティーナという所まで来た。奴隷所有者は連邦の裁判所職員といっしょに奴隷がかくまわれているウィリアム・パーカー (William Parker) の家まで行ったが、パーカーと町の人々は、黒人も白人も立ちはだかって、奴隷を引き渡そうとしない。その間に、武器を持った地元住民が集まってきて、奴隷主は騒ぎの中で射殺されてしまった。この事件で31人の黒人と5人の白人が逮捕された。その中で白人が1人裁判にかけられたが、証拠不十分で無罪になった。[85]

　1854年5月24日、ヴァージニア州から逃亡奴隷を探してボストンまで来た3人の男たちがアンソニー・バーンズ (Anthony Burns) を見つけた。この3人は逃亡奴隷のバーンズを逮捕することは法的にはできない。しかし3人は、エイサ・O・バットマン (Asa O. Butman) という執行官代理を伴っていた。バットマンは近くの酒場に入り助力を得て、バーンズをボストン裁判所まで連れて行き、連邦裁判所の陪審員室に入れた。そこで所有者であるサトラー (Suttler) 大佐によってバーンズの身元が確認された。ボストンでは逃亡奴隷法の強制を阻もうして結成されていた委員会が始動した。その中には、ボストンで最もよく知られていたユニタリアン派の44歳の牧師セオドア・パーカー (Theodore Parker)、聾唖者教育で世界的に知られていた53歳のサミュエル・グリッドレー・ハウ (Samuel Gridley Howe) 医師、ウィリアム・ロイド・ギャリソン (William Lloyd Garrison) を支持する扇動者である42歳のウェンデル・フィリップス (Wendell Philips)、それにトーマス・ウェントワース・ヒギンソン (Thomas Wentworth Higginson) がいた。30歳のヒギンソンはウスターにある教会の牧師であり、この委員会の組織者であった。[86]

　5月26日の夕方に予定されていたファニエル・ホールでの抗議集会では、集会に集まった人々を扇動して裁判所まで群衆を導くというのがヒギンソンの計画であった。実際の集会では、セオドア・パーカーが、翌日の再集合を群集に呼びかけると、翌日ではなく「今だ」という声が出て、さらにそれに賛同する

声も上がったが、だれも動かなかった。そこで戸口の所にいた男が、黒人の群集がバーンズを助けるために裁判所広場(コート・スクウェア)に来ていると叫んだ。その声で、群集が戸口から裁判所に向かって動き出した。ヒギンソンの両脇には、ウスターからその晩到着していたマーティン・ストーウェル (Martin Stowell) と屈強な黒人ルイス・ヘイデン (Lewis Hayden) がついていた。ヘイデンは、暴力的なやり方で逃亡奴隷を救ったことがあった。このときストーウェルもヘイデンも銃を隠し持っていた。裁判所の戸口は斧で壊され、ヒギンソン、ストーウェル、ヘイデンらが裁判所に入り込むと、棍棒と短剣(カトラス)を持っていた50人の警備員と遭遇した。ヒギンソンが顎を切られると、一発の銃声が響いた。侵入者たちが裁判所の外に押し返されると、ジェームズ・バッチェルダー (James Batchelder) という警備員が倒れた。バッチェルダーは腹部に致命傷を負っていたのである。警察が到着し逮捕し始めると、群衆は夜陰に消えていった。[87]

5月29日にはヒギンソンに率いられた約900人がボストン裁判所の外でデモ行進をした。逃亡奴隷バーンズと奴隷主サトラー大佐が、受命裁判官エドワード・G・ローリング (Edward G. Loring) の前に出頭していた。このたびは、裁判所の警備は厳重で強引に中に入り込むことは考えられなかった。[88]

6月2日に出た判決は、バーンズのヴァージニア州帰還を命ずるものであった。南部へ連れ戻す船にバーンズが護衛されて連れて行かれるときには、通りの窓には黒い幕が垂らされ、通りに置かれた棺桶には「自由の葬儀」(ザ・フューネラル・オヴ・リバティ)と書かれていた。1か月後、ヴァージニアに戻っていたバーンズの自由を買い戻す市民たちがいた。そしてその市民たちは、彼をオーバリン大学に入れ、のちにバーンズはバプティスト派の牧師になった。[89]

このように南部から北部に逃れた逃亡奴隷の引渡しをめぐって、奴隷主が殺害されたり、裁判所内での死亡者が出るなど、1850年に南部と北部の妥協によって制定された逃亡奴隷法は、その強制にあたり、かえって奴隷制を推進する力とそれを阻止する力の衝突を誘発する結果になった。アンソニー・バーンズの事件はアメリカ東岸マサチューセッツ州で1854年に起きたが、同じ年に、はるか西方、これから準州に組織されようとしているロッキー山脈の東側においても奴隷制をめぐる問題が噴出することになる。

4) カンザス・ネブラスカ法

イリノイ州選出の上院議員スティーヴン・A・ダグラス (Steven A. Douglas) は、シカゴを通りカリフォルニアまで延びる大陸横断鉄道建設のために、大草原(グレートプレーンズ)を2分しカンザスとネブラスカという準州に組織する法案を議会に提出した。その法案では、それぞれの準州が州に昇格するときには、自由州になるか奴隷州になるかは住民が決めるという条項があった。これを「住民主権」という。1854年に可決されたカンザス・ネブラスカ法は、北緯36度30分以北は自由州にするということを決めた1820年のミズーリ妥協を実質的に無効にするものであった。[90]

かなり北方に位置するネブラスカ準州は奴隷制を許さない自由土地(フリー・ソイル)になるのは間違いなかったが、奴隷州であるミズーリ州と境を接しているネブラスカ準州の場合は不確定であった。そのため、奴隷制を推進する集団とそれを阻止しようとする集団が暴力的衝突を起こし、ネブラスカ準州では内乱の様相を呈した（後述）。[91]

1820年に奴隷州にしてはいけないとされた地域に奴隷制が敷かれる可能性が1854年に生じた。このような時代の流れのなかで、1857年には奴隷をアメリカ市民ではないとし、またミズーリ妥協線以北で連邦議会が奴隷制を禁ずることは憲法違反であるとする判断を、合衆国最高裁判所がドレッド・スコット (Dred Scott) 裁判で下した。

6 ドレッド・スコット裁判

ミズーリ州の奴隷ドレッド・スコットをめぐる訴訟はもともと、ドレッドとその妻ハリエット (Harriet) ならびに彼らの2人の子供たちが自由を求めて起こした訴訟である。合衆国最高裁判所の判決まで11年にもわたって続いた訴訟によってドレッド家の人々は自由にはならなかったが、アメリカ史上に永遠に名を残すことになった。1846年から始まるこの訴訟は、奴隷制をめぐる問題で南北の亀裂が深まっていくなかで裁判が継続され、1857年に最高裁が判決を下すことになる。

(1) ドレッド・スコットとは

ドレッド・スコットは1800年頃ヴァージニア州に生まれた。小規模奴隷主ピーター・ブロー (Peter Blow) の財産であった。1832年6月23日にブローが死亡すると、スコットはセントルイスのジョン・エマソン (John Emerson) 医師に売られた。エマソン医師は1834年にアメリカ陸軍から軍医補佐の将校任命辞令を受け、イリノイ州アームストロング駐屯地に配属された。スコットはエマソン医師の私的な使用人として付き添った。1836年には、当時ウィスコンシン準州であったミシシッピ川流域のスネリング駐屯地に転属させられた。ここはルイジアナ購入地の一部で1820年のミズーリ協定によって奴隷制が禁じられていた。スネリング駐屯地でスコットは、近くのインディアン機関に勤める連邦政府の諜報員が所有する奴隷であるハリエット・ロビンソン (Harriet Robinson) と結婚した。エマソン医師はハリエット、そしてのちに、子供2人の所有者にもなった。[92]

1837年、エマソン医師はルイジアナ州のジェサップ駐屯地に転属した。その時期にセントルイスのイライザ・アイリーン・サンフォード (Eliza Irene Sanford) と結婚した。のちスネリング駐屯地に戻り、妻と奴隷たちをセントルイスに残し、フロリダでの任務に赴くが、病気のため1842年に名誉除隊する。そしてセントルイスの家族のもとで民間人としての生活に戻るが、1843年12月29日に亡くなる。スコットの家族はエマソン医師の妻に残されることになった。[93]

(2) ミズーリ州巡回裁判所

1846年4月6日、ドレッド・スコットとハリエット・スコットはセントルイスにあるミズーリ州巡回裁判所の判事に自由を求めて請願した。奴隷制が禁じられている州や準州に長年住んでいたからである。請願が認められるとスコット夫婦は、奴隷として所有したことと、暴行でエマソン夫人を訴えた。所有者が奴隷を連れて自由州や自由準州に長期間滞在した場合、ミズーリ州の裁判所は過去において奴隷に自由を与えていたから難しい訴訟ではないように思

われた。この裁判は、当初、奴隷が自由を求めるために起こした裁判であって、政治的重要性はなかった。[94] しかし後に合衆国最高裁判所までいって初めて決着される訴訟になるのである。

　エマソン夫人が無罪答弁を11月までしなかったので、裁判開始は1847年6月30日になった。裁判ではスコットがエマソン夫人に属するという証言に通常考えられない欠陥があり、陪審は被告エマソン夫人に有利な評決を下した。12月2日にスコットの再審請求が認められると、エマソン夫人の弁護士は異議趣意書を提出した。誤審令状に基づいて訴訟は自動的にミズーリ州最高裁判所までいったが、誤審令状をミズーリ州最高裁は棄却し、巡回裁判所での再審開始が1850年1月12日になった。エマソン夫人はマサチューセッツ州スプリングフィールドで姉妹と生活するために移り住んでいたので、兄弟のジョン・サンフォード (John Sanford) が引き継いだ。今回の判決はドレッド・スコットに有利な判決であった。被告側は州最高裁に上訴した。[95]

　1850年3月までに弁護士らは訴訟事件摘要を裁判所に提出したが、裁判所は判決を2年間延期した。この間に1850年妥協をめぐって南北の緊張は高まり、ミズーリ州の奴隷所有者は北部からの奴隷制反対に憤るようになる。また、1851年にはストラーダー対グラハム事件 (*Strader v. Graham*) で、合衆国最高裁判所は、短期間オハイオ州に滞在したケンタッキー州の奴隷に自由を与えなかったオハイオ州の裁判所が下した判決の審理を拒んだ。ロジャー・トーニー (Roger Taney) 連邦最高裁首席判事は、ケンタッキーに戻った場合、オハイオ州の法ではなくケンタッキー州の法が奴隷の地位を決めるべきであると明言していた。[96]

(3) ミズーリ州最高裁の判決

　ミズーリ州最高裁は1852年3月22日にドレッド・スコット対エマソン事件 (*Dred Scot v. Emerson*) の判決を下した。奴隷制を強く支持する民主党員であるウィリアム・スコット (William Scott) 判事が裁判所の意見を述べた。それに同意したのがジョン・F・ライランド (John F. Ryland) 判事であった。判決は、巡回裁判所の判決を覆し、ドレッド・スコットはミズーリ州の法では奴隷であ

るという判断がなされた。保守的なホイッグ党員ハミルトン・R・ギャンブル (Hamilton R. Gamble) 判事は、ミズーリ州の過去の判例はドレッド・スコットの自由に与するものである主張した。そして訴訟に政治が入り込んでいることを非難した。しかし、結局、ミズーリ州でのドレッド・スコット対エマソン事件では、自由を求めての6年にわたる闘いはスコットの敗訴で終わった。[97] が、ドレッド・スコットの自由をめぐる新たな訴訟がそのあと5年続くことになる。

(4) 合衆国巡回裁判所への提訴

エマソン夫人はマサチューセッツ州の共和党員カルビン・C・チェイフィー (Calvin C. Chaffee) と再婚し、エマソン夫人の男のきょうだいでニューヨーク在住のジョン・F・A・サンフォード (John F. A. Sanford) がドレッド・スコットに関して責任を負うことになった。バーモント州出身で奴隷制に強く反対しているロズウェル・M・フィールド (Roswell M. Field) がこの新しい状況に見たのは、連邦裁判所でスコットの自由のための訴訟を起こすことができるということであった。つまり合衆国の司法権は、異なった州に住む市民の訴訟に及ぶということが憲法第3条第2節に定められているのでフィールドは、1853年11月2日、合衆国ミズーリ地区巡回裁判所に侵害訴訟を起こした。ミズーリ市民なのにスコットが不法に奴隷として所有されたという訴えに対し、被告側は訴却下抗弁でスコットは黒人ゆえにミズーリ州の住人でないので裁判所は裁判権がないと主張した。しかし、ロバート・W・ウェルズ (Robert W. Wells) 判事は、スコットがミズーリ州の住民であることを認めて、1854年5月15日に裁判が始まったが、裁判の結果は、先に下されたミズーリ州最高裁判所の判決のように、ミズーリ州の法ではスコットは依然として奴隷であるということであった。[98]

(5) 合衆国最高裁判所へ
1) ドレッド・スコット対サンドフォード事件として

フィールドはワシントンの弁護士に手紙を書いた。奴隷の使用を認めない自由土地主義の共和党員モントゴメリー・ブレアー (Montgomery Blair) への

依頼であった。ブレアーは報酬なしでスコットの弁護士を務めることに同意した。一方、サンフォードは奴隷制支持者の有力な弁護士を2人つけていた。ミズーリ州のヘンリー・S・ガイアー（Henry S. Geyer）上院議員と元ホイッグ党の上院議員かつ司法長官であったレヴァーディ・ジョンソン（Reverdy Johnson）である。[99]

　1854年12月30日連邦最高裁は、ドレッド・スコット対サンドフォード事件（*Dred Scott v. Sandford*）の正式裁判記録を受け取る（「サンフォード」が「サンドフォード」に間違えられていたが最後まで訂正されることはなかった）。裁判所で弁論が始まるのは1856年2月11日である。9人の連邦最高裁判事のうち5人が南部出身の民主党員、2人が北部出身の民主党員、1人が北部出身のホイッグ党員であった。このような判事の構成では、スコット側の勝訴の公算は少ない。しかも首席判事は、1851年にはストラーダー対グラハム事件（*Strader v. Graham*）で、奴隷に自由を与えるのを拒んだロジャー・トーニー判事である。さらに1854年のカンザス・ネブラスカ法成立で政治的に極めて敏感になっている時期であり、また奴隷制反対を旗印にして共和党が登場してきていた時期でもある。裁判中には1856年の大統領選挙があり、カンザスにおいて奴隷制支持派と奴隷制反対派との間で内乱が起こった（後述）。[100]

2) 裁判権の問題

　連邦最高裁では口頭弁論で裁判が始まった。被告側の主張は、黒人であるスコットは市民ではないので最高裁には裁判権がないというものであった。裁判権の問題で判事たちの意見が分かれ、10月から始まる次の開廷期での審議継続が決定されたのが、1856年5月12日である。このようにして判決は1856年の大統領選挙以降に持ち越されることになった。12月15日に再開した口頭弁論は19日まで続いた。この口頭弁論では、スコット裁判がはらむ政治的意味合いが明らかにされることになった。被告側の訴却下抗弁で問題にされたスコットの市民権と訴訟を起こす権利に関してブレアーは、巡回裁判所で解決済みであるとした。そしてスコットは「準市民」として訴訟を起こす権利を含む市民権を持っていると主張した。巡回裁判所の判断が誤っているかどうかを判

断する際には、裁判権の問題も再検討されるべきである、と被告側は主張した。さらにガイアーは、スコットはミズーリ市民でもなく、またアメリカ市民でもないので、奴隷解放証書があってもスコットは市民にはなりえないとした。下級裁判所の決定は覆されるべきであり、この訴訟は裁判権を欠いていることを理由に却下されるべきだ、とガイアーは主張したのである。ガイアーの最も効果的であった弁論は、スコットがミズーリ州に戻ってきたときには、イリノイ州の法によってではなくミズーリ州の法でスコットの地位は定められるべきであり、ミズーリ州はイリノイ州の法を強制するよう拘束されてはいないとした点であった。[101]

合衆国憲法第4条第2項には「議会は、合衆国の直属する領地あるいはその他の財産を処分し、これに関し必要なすべての規定および規則を制定する権利を有する」とある。70年間にわたり州と連邦との関係を規定してきた憲法解釈では、奴隷制を禁ずる権限を連邦議会が持っているということであった。それに対し、被告側が公然と挑んだ。連邦議会の権限は公有地の譲渡に限られ、これらの土地に住む人々の財産を無制限に管理する権限は憲法によって与えられていないとしたのである。そして連邦議会は準州において臨時政府を確立できるが、その中には奴隷制に反対する法律を立法することは含まないという立場をとった。北緯36度30分以北は自由州にすることを定めたミズーリ妥協のような制限は、南部人にとっては侮辱であったのである。南部人が奴隷財産を準州に運び込む権利を奪い取ってしまうからであった。[102]

3) トーニー首席判事

1857年3月6日、ドレッド・スコット対ジョン・F・A・サンドフォード事件に関する裁判所の意見を出したのは、間もなく80歳になるトーニー首席判事であった。トーニーの意見では、黒人は憲法で言う市民には含まれないということであった。またトーニーは、独立宣言が認めている「あらゆる人間」の「譲り渡すことのできない権利」は奴隷として輸入された人々の子孫には当てはめることができないとした。トーニーの結論は、ドレッド・スコットはアメリカ合衆国憲法の意味する範囲ではミズーリ州の市民ではないので、裁判所に訴

訟を起こす権利はない。従って、巡回裁判所はこの件に関し、裁判権を持ってはいない。つまり、巡回裁判所は、裁判権がないので訴訟を却下し、いずれの当事者にも有利であるような判決を下すべきではなかったとしたのである。[103]

連邦政府は、奴隷も他の財産と同様に保護する義務があるとトーニーは見なす。ミズーリ妥協線以北で奴隷制を禁ずることは憲法違反であるから無効になるとした。従って、ドレッド・スコットやその家族がそのような領域に連れて行かれても、そのことによって自由にはならないとしたのである。[104]

ドレッド・スコットがイリノイ州に所有者と2年間住んだことにより、自由の身になったかどうかについて、トーニーはこう考えた。ミズーリ州に戻って来た時点で、自由の身か奴隷かというスコットの身分は、イリノイ州の法ではなく、ミズーリ州の法によって定められるべきである。従って、スコットの所有者である被告に有利な巡回裁判所の判断は破棄されるべきであり、裁判権がないので訴訟は却下されなければならない。トーニーの意見は9人の判事のうち7人の同意を得て、7対2で判決が確定した。[105] 11年の歳月を費やした裁判はこのようにして終わった。

4) 1年余りの自由

1857年5月、かつてドレッド・スコットを所有していたセントルイスのピーター・ブロー (Peter Blow) の家族の1人テイラー・ブロー (Taylor Blow) は、スコットと彼の家族の権利証書を手に入れ、解放し自由にした。スコットはしばし自由の身にはなったが、1858年9月17日に亡くなった。[106] 60年前後の生涯のうち自由であったのは約1年4か月であった。

ドレッド・スコットの裁判が11年間も続いていた間に、奴隷制を推進する力と阻止しようとする力は、カンザス準州においては内乱にまで発展した。

7 カンザス準州からハーパーズ・フェリーへ

1854年に準州になったカンザスほど地域抗争が激しかった領土はない。カンザス準州は、南部と南部への敵対勢力との戦いの場になっていたのであ

る。[107]

(1) 奴隷制を支持する議会と自由州をめざす政党

　南部からの移住者の大半は高南部(アッパー・サウス)からの奴隷を所有しない人々であったが、その中には奴隷制を支持する人々もいた。1857年にカンザスにいた奴隷は数百人に過ぎず、自由州からの移住者が大部分を占めていた。その年の春と夏には北部から大量の移住者がやって来ることになっていたので、カンザスは自由州になるものを見られていたが、カンザス準州を治めていたのは奴隷制を支持する議会であった。カンザス準州とミズーリ川を挟んで隣接するミズーリ州で麻やタバコを栽培している郡から違法にカンザス準州にやって来たミズーリ州民による何千もの票によって、奴隷制を支持する議会が成立していたのである。[108]

　自由州をめざす政党の主要な指導者たちは次の3人であった。マサチューセッツ州出身のチャールズ・ロビンソン (Charles Robinson) 医師とサミュエル・C・ポメロイ (Samuel C. Pomeroy) である。2人ともニューイングランド移住者援助会社の代理人であった。もう1人はインディアナ州出身の元民主党の政治家であったジェームズ・H・レイン (James H. Lane) である。この3人が1855年にトピカで開催された会議で自由州憲法を立案し、州の公職に就く候補者を指名した。自由州政党は12月に、1,731票対46票で、憲法を承認した。そして1856年のはじめにはロビンソンを知事に選んだ。[109]

　このような組織だった手ごわい反対勢力が立ちはだかったため、準州議会の奴隷制支持派はレヴンワースで大会を開き、法と秩序(ロー・アンド・オーダー)党を結成した。準州の民兵をも組織した。この民兵組織を支援していたのは、議会と裁判官、当時のフランクリン・ピアス (Franklin Pierce) 政権、連邦軍、元上院議員デイヴィッド・アチソン (David Atchison) のミズーリ州の不正規軍であった。そして自由州支持者の逮捕令状を発行した。5月には内乱が起こり、奴隷制支持勢力がローレンスという町で『自由の使者』(ヘラルド・オブ・フリーダム)の事務所と印刷機を破壊し、フリー・ステート・ホテルとロビンソン「知事」官邸を焼き払った。略奪も行われた。このような奴隷制支持派の暴力に対し数日後に報復したのがジョン・ブラウン

(John Brown) である。[110] 次に述べるように残虐きわまりない殺人であった。

(2) ポタワトミー川のジョン・ブラウン

　ジョン・ブラウン率いる7人の集団の中には4人の息子がいた。31歳のオーウェン (Owen)、25歳のフレデリック (Frederick)、19歳のサーモン (Salmon)、17歳のオリバー (Oliver) である。義理の息子ヘンリー・トンプソン (Henry Thompson) もいた。それに、移動に使う馬車を持っていた36歳のジェームズ・タウンズリー (James Townsley)、36歳の店主セオドア・ウィーナー (Theodore Wiener) が加わった。この7人にはそれまで犯罪歴はなかった。[111]

　7人がポタワトミー川(クリーク)に向かったのは1856年5月23日（金）である。日没ごろにポタワトミー川に向かう一行に出会ったジェームズ・ブラッド (James Blood) が聞いたのは、一発の銃弾も発せずにローレンスを明け渡したとして、自由州支持の指導者たちを「臆病者」として非難するブラウンの声であった。ブラウンは、「秘密の任務」を担っている一行に出会ったことをブラッドが他言しないよう求めた。その夜、一行は野営し、翌土曜日の日中は、日暮れを待って寝そべっていた。[112] ブラウンらの犠牲(にえ)になるのはカンザスへの移住者たちであった。

　移住者たちが眠りについているとき、しかも月明かりが夜陰を破る前にブラウンらは殺戮を終える計画であった。月が昇るのはその夜は11時58分である。星を見て10時と判断したブラウンが起き上がると、他の者たちもブラウンと共に、軍刀(サーベル)を握りしめて立ち上がった。一行は、モスキート川(クリーク)の浅瀬を渡ると、最初の目的地としていたドイル (Doyle) 家に向かった。到着した一行に、2匹のブルドッグが飛び出してきた。2人の男が1匹を軍刀で切りつけて死なせると、もう1匹は逃げていった。逃げていく犬の鳴き声でドイル一家が目を覚ました。大きな音でノックされて戸を開けて出たのが主(あるじ)のジェームズ・ドイル (James Doyle) である。家には妻マハーラ (Mahala) と22歳のウィリアム (William)、20歳のドゥルーリー (Drury)、14歳のジョン (John) という3人の子供たちがいた。5人の家族のうち、妻と末子を除く3人が殺害されるのである。[113]

ジェームズの額に銃口を当てたブラウンは、事もなげにリボルバーの引き金を引き、銃を発射した。それからウィリアムが顔を刺され、頭を切りつけられ、わき腹を撃たれた。暗闇の中に逃げていったドゥルーリーは追いつかれ、振り下ろされる軍刀を避けようとして両腕をかざすと、指、それから両腕が切り落とされた。さらに頭を割られ、胸を刺された。[114]

　次のウィルキンソンの家(キャビン)では、夫婦が住んでいた。ドアを開けさせ押し入り、夫のアレン・ウィルキンソン（Allen Wilkinson）を外に出して、喉を掻き切り、わき腹を刺した。[115]

　急いで向かった3軒目は、ジェームズ・ハリス（James Harris）の家(キャビン)であった。ハリスの家にはその晩、3人の男の客がいた。牛を1頭買いに来ていたジョン・S・ワイトマン（John S. Wightman）とジェローム・グランヴィル（Jerome Glanville）である。もう1人は、ダッチ・ヘンリー（Dutch Henry）のきょうだいダッチ・ビル（Dutch Bill）と呼ばれていたウィリアム（William）であった。貧しい移住者の中で、ダッチ・ヘンリーは家畜で潤った暮らしをしている。ハリスはダッチ・ヘンリーのもとで働いていた。ブラウン一行は施錠されていない戸から難なくジェームズ・ハリスの家の中に入った。ワイトマンとグランヴィルは北部人であり、政治的にはブラウン一行には殺害の必要はなかった。ダッチ・ヘンリーのもとで働いている理由を聞かれてハリスは、牧場経営者のダッチ・ヘンリーは他のところより高い賃金を出すからだと答えて、殺害は免れた。一行が殺害しようとしたのはダッチ・ヘンリーであったが、彼は群れから行方不明になっている牛を求めて広大な大草原(プレーリー)で野営していて命拾いした。一行は、部屋の見えるところに置いてあった2丁のライフルと1本のさや付き猟刀(ボーウイ・ナイフ)を奪った。それから馬勒(ばろく)と鞍を要求した。馬勒はなかったが、ダッチ・ヘンリーの鞍が1つあった。一行はハリスを、馬小屋に行かせダッチ・ヘンリーの灰色の馬に鞍を載せさせた。家に戻ると、ジョン・ブラウンは、ダッチ・ビルに外に出るように手招きした。それが殺害のためだとはダッチ・ビルには分からなかった。身を守るために上げた左手は、軍刀の一振りで、ほぼ切断された。頭は2か所で割られ、ダッチ・ビルはポタワトミー川の浅瀬に倒れた。しばらくして川の冷たい流れが脳みその一部を少しずつ押し流していった。[116]

このようにして1856年5月24日夜、ブラウン一行はカンザス準州において5人の移住者の命をむごたらしく奪ったのである。この翌年のワシントンに目を転ずると、合衆国最高裁判所は、奴隷のドレッド・スコットは裁判所に訴える権利がないという判断を示している。最高裁が奴隷制推進の一翼を担うようになっていたのである。その一方で、1850年の逃亡奴隷法を北部で強制する際には、北部の抵抗を避けるのは難しかった。このようなアメリカ国内における南北の対立、つまり奴隷制の推進勢力と阻止勢力がカンザス準州のポタワトミー川沿いでブラウンらの凶行を誘発したのである。

(3) 聖者になった殺戮者

　1859年1月末、ブラウンは部下を率いてカンザス平原中で奴隷たちを解放して回った。その後、2月5日にアイオワ州テイバーを皮切りにデモイン、グリネル、クリーヴランドなどを経て5月初旬にはボストンにいた。ブラウンが起こそうとしている行動を起こすにあたって金を集めて回るのが目的であった。ボストンは、逃亡奴隷アンソニー・バーンズの引渡しをめぐって地元民が大きな抵抗を示した地である。バーンズを救い出そうとしたヒギンソン、ハウ、それに結核を患っていたパーカーらは、ブラウンを必ずしも歓迎したわけではなかった。しかし、コンコードではブラウンの聴衆にラルフ・ウォルドー・エマソン (Ralph Waldo Emerson)、ヘンリー・デイヴィッド・ソロー (Henry David Thoreau) らの文人やエベネーザー・ホア (Ebeneazor Hoar) 判事がおり、寄付金を集めた。エマソンは当時、年収4,000ドルに達するニューイングランドで一流の知識人であった。ニューイングランドからブラウンは、コネティカット州コリンズヴィルに立ち寄った。ニューイングランドではブラウンは7月4日に行動を起こす旨伝えていたが、8月半ばを過ぎても何事も起こらなかった。その行動というのは、ヴァージニア州ハーパーズ・フェリーにある連邦の兵器庫を襲撃するということであった。その兵器庫は、ポトマック川とシェナンドア川の合流地点にあり、首都ワシントンからは57マイル、またボルティモアからは鉄道で80マイルに位置していた。兵器庫では約3,500人が働いており、多くは北部出身者であった。ハーパーズ・フェリーの人口は約5,000人であっ

た。そのような町にある兵器庫を襲撃する計画をフレデリック・ダグラスにブラウンが話したのは、ペンシルヴェニア州チャンバーズバーグの古い採石場であった。その計画にダグラスは即座に反対した。ブラウンの計画に加わるつもりもまったくなかった。しかし、ダグラスの使用人で元逃亡奴隷であったシールズ・グリーン (Shields Green) はブラウンの襲撃に加わることになった。襲撃に加わるのはブラウンならびに白人16名、黒人5名の総勢、22名であった。[117]

襲撃の日は1859年10月16日(日)である。数週間アジトにしていた農家からブラウンらは夕方ハーパーズ・フェリーに向かった。馬車には槍とライフルが詰まっていた。途中、ある校舎に寄って馬車の荷を軽くした。ブラウンの考えでは、蜂起した奴隷たちを校舎に集めて武装させるつもりであった。ブラウンらは難なくハーパーズ・フェリーに入った。通りを歩いていた通行人や、兵器庫にいたる門の所にいた警備員、また住民の邸を襲い人質にした。ブラウンらの襲撃のニュースが伝われば、何千人という奴隷が逃亡して駆けつけるだろうと見込んでいたのである。[118]

午前1時、ボルティモアからの急行列車が止まった。兵器庫に至る橋の向こう側にあるウェイジャー・ホテルという駅とホテルが合体した施設で客を昇降させるためであった。しかし線路が塞がれているのを見た車掌と運転手が列車から降りてくるが、銃声で戻された。それでも出てきた手荷物係長ヘイワード・シェパード (Hayward Shepherd) は撃たれて致命傷を負った。ヘイワードは自由黒人であった。夜明け近くには兵器庫の中で銃声が聞こえたが、トーマス・ボーリー (Thomas Boerly) というハーパーズ・フェリーの住民が殺された。午前7時には、兵器庫の回りには多数の人々が集まって来ており、襲撃者たちに向けて発砲するようになっていた。ブラウンの止めた列車が運行を再開してモナカシーに到着すると、ヴァージニア州知事や連邦政府に事件が伝えられた。ブラウンは、一向に奴隷が現れてこないことに当惑していた。午前11時には、志願兵や民兵が兵器庫を取り囲み、激しい銃撃を加えていた。その約12時間後、午後11時には、ブキャナン (Buchanan) 大統領とフロイド (Floyd) 戦争相に派遣されたロバート・E・リー (Robert E. Lee) 大佐とJ・E・B・スチュアー

ト (J.E.B. Stuart) 中尉がハーパーズ・フェリーに到着した。兵器庫の中の人数を確認するためにリーは、攻撃開始を夜明けまで待つことにした。また一斉攻撃で人質が負傷しないように突撃の際には銃剣を使うことにした。海兵隊が突入した際に負傷しなかったのはブラウン一味のなかでは2名だけであった。結局、ブラウン側は17名が死亡し、その中にはブラウンの2人の息子が含まれていた。ブラウンらによって殺害されたのは5名であった。その中には、ハーパーズ・フェリー市長フォンテイン・ベッカム (Fontaine Beckham) と若い海兵隊員や人質が含まれていた。[119] ブラウンは逮捕され裁判にかけられることになる。

ブラウンの弁護団は、ブラウンの心神喪失を主張し、寛大な裁きを受けるよう示唆したが、ブラウンはそれを受け入れなかった。ブラウンの支持者たちもそれは望んでいない。陪審員はブラウンを有罪とした。1859年11月2日、ブラウンは判決を受けるために裁判官の所に戻ったとき、裁判官に言うべきことがあるかと聞かれてブラウンは新約聖書に言及し、こう答えた。[120]

　神を信ずる、さげすまれた貧しき者たちのために、私がしてきたように介入することは、間違ったことではなく、正しいことだ。さて、正義という目的を促進させ、邪悪で残酷で不当な法によって権利を無視されているこの奴隷の国で、何百万人もの血に私の血を混ぜるべき必要があると言うのなら、そのようにするがよい。

ブラウンの絞首刑の執行は1859年12月2日であった。執行までの1か月間は、北部においてはブラウンの英雄化がさらに進んだ。ボストンではエマソンが、絞首刑前のブラウンを、「ブラウンの殉教によって、絞首門を十字架のように、栄光で満たすであろう」と講演した。刑の執行は、午前11時であった。絞首台の階段を上るとすぐにブラウンに目隠しがかけられたのは、絞首台での演説防止のためであった。北部が聖人にまで祭り上げる人物を処刑するということを南部は知っていた。ブラウンの棺は、列車でフィラデルフィアまで運ばれた。そこでは悲しみに沈む大群衆によって迎えられた。そこから棺はニューヨークまで船で運ばれ、死体に防腐保蔵処置がなされ、通夜と葬儀が行

われた。[121]

8 リンカーンの大統領当選と南部の連邦離脱

　1854年のカンザス・ネブラスカ法以降、反奴隷制の政治勢力が結合して各地で共和党が結成され、1855年には全国政党としての形態を整えていた。イリノイ州では1856年にホイッグ党を離れて共和党に参加した一地方政治家エイブラハム・リンカーン（Abraham Lincoln）が、2年後には共和党連邦上院議員に指名された。その選挙戦でリンカーンは民主党の有力政治家スティーヴン・A・ダグラスと6回にわたって「リンカーン・ダグラス論争」を繰り広げた。[122]

　カンザス・ネブラスカ法を議会に提出したダグラスは、自由の本質は地域の自決権にあるとし、奴隷を所有する権利はアメリカ人の自由にとって必要不可欠だという立場をとった。リンカーンの主張は、アメリカが合衆国憲法を持つために奴隷制を認めるという妥協が必要であったのであり、南部の考え方はアメリカの伝統とは相容れないという立場であった。リンカーンの立場は、西部の土地を所有するということは経済的自律行為であり、それが自由だとした。しかし奴隷制を西部にもたらそうとする南部人や南部人と同盟を結ぶ北部人はアメリカの目的を拒み、自由な制度の敵に与するものであるとしたのである。[123] ただし、リンカーンや共和党が問題にしているのは、準州になっている地域への奴隷制拡大であって、すでに奴隷制が敷かれている州ではなかった。[124]

　1858年のイリノイ州の選挙でリンカーンはダグラスに敗れるが、1860年の大統領選では大統領に当選した。民主党が大統領候補者を一本化できなかったのがリンカーン当選に寄与した。一方南部では、南部の支持をまったく得られない大統領を連邦政府の長とするよりも、南部のみで奴隷制を敷く国家を建設しようとして、サウスカロライナが最初に連邦離脱宣言をした。大統領選挙が終わって1か月後の1860年12月であった。サウスカロライナに続いたのは、ジョージア、アラバマ、ミシシッピ、ルイジアナ、テキサス、フロリダの6州であった。1861年には、離脱した7州が独立国家として宣言した。臨時大統領

に選ばれたのはジェファソン・デイヴィス（Jefferson Davis）であった。[125]

　1861年4月12日、つまりリンカーンが大統領の職に就いて5週間後、サウスカロライナにある連邦軍のサムター要塞への南部連合国軍の砲撃で南北戦争が始まった。5月までには、ヴァージニア、ノースカロライナ、テネシー、アーカンソーが連邦を離脱し、南部連合国は11州によって構成されるようになった。連邦に残った23州の中には、南北の中間に位置するミズーリ、ケンタッキー、デラウェア、メリーランドの4州ならびに南北戦争中にヴァージニアから分離したウェストヴァージニアがあった。[126] 内戦の火蓋が切られた直後に、われわれは「奴隷制を征服するか、されるかだ」[127] と、オルムステッドが自著の序章とした「現在の危機」で書いた。戦争の結果、確かに「奴隷制は制服され」たが、最終的な死者は61万7,000人にのぼった。これは第1次世界大戦、第2次世界大戦、朝鮮戦争、ベトナム戦争での死者を合わせた数より多い。[128] このような犠牲を払ってはじめてアメリカでは、1865年に憲法修正第13条が確定し、奴隷制がなくなったのである。

おわりに

　アメリカ大陸東部で18世紀に13州が連邦国家アメリカ合衆国を築き、それが19世紀半ばには、太平洋岸に達するところまで領土を拡大していった。アメリカ合衆国の西方への拡大は、東方にある13州の安全保障という目的があった。フランスから購入したルイジアナ地方、またメキシコとの戦争で割譲させた北米大陸の南西部、それに先立ち併合したテキサス共和国などアメリカの領土拡大は、確かに東方13州の安全確保には寄与したが、建国当初から続いていた奴隷制の問題は、拡大した領土でも引き継がれるどころか、国を2分する問題にまで発展したのである。

　奴隷が自由になりたいという欲求は奴隷制が敷かれた当初からあった。奴隷という境遇に奴隷自身が満足しているという主張は奴隷制支持者の方便に過ぎない。自由を渇望する奴隷は、輸送の途中でも機会さえあれば、拘束する者の命を奪ってでさえも、自らの自由を求めた。またインディアンと黒人は機会

さえあれば同盟を結び、自由を確保しようとした。自らの土地を追われるインディアンと奴隷労働を強制される黒人には利害の一致があったからである。

しかしアメリカ大陸において歴史を作っていくのは、新参者である白人であった。その白人に対し、人種ゆえに奴隷にされている黒人は抵抗してきた。自由黒人デイヴィッド・ウォーカーは、暴力を肯定した。また、ナット・ターナーは、実際に反乱を起こした。アメリカの目と鼻の先にある仏領サンドマングでは大規模な奴隷反乱が起き、それは黒人の共和国樹立に至る大規模なものであった。これは奴隷制自体が問題をはらんでいるという証である。しかしアメリカにおいてはサンドマングのような何万人もの奴隷が起こす反乱は起こらなかった。ましてや 10 年以上という長期間にわたる奴隷の抵抗はなかった。アメリカにおける奴隷統治システムがより強力に働いていたということだろう。

しかしアメリカでは奴隷制を支持する地域と奴隷制に反対する地域に分裂していた。新領土での奴隷制をめぐる争いの多くは、アメリカの南部と北部との対立に還元することができる。つまり、奴隷制による作物栽培で経済が成り立っている南部と工業化の進んだ北部との間での対立となるのである。この対立は、連邦議会で北部と南部の対立が妥協されても、地域を舞台に、その妥協の意味がまったくなくなることがある。それどころか、地域においては、その妥協が対立の火種になるのであった。たとえば、1850 年妥協の産物である同年の逃亡奴隷法の強制においても、ボストンやフィラデルフィアという北部の都市においては、死傷者を出すほど、奴隷主に有利な法律は、北部においては反発を招いたのである。

連邦議会においては 1854 年に、カンザス・ネブラスカ法が成立し、1820 年に妥協された奴隷州の北限として定められた北緯 36 度 30 分が無効とされた。奴隷州にするか自由州にするかは住民の自治に委ねられたのである。また連邦最高裁判所においては、1857 年のドレッド・スコット裁判判決に見られるように、奴隷は裁判を受ける権利を否定された。また、奴隷制を認めるか認めないかの権限を連邦議会が有するということさえ、連邦最高裁は認めないという時代になっていったのである。さらに、連邦行政府の長である大統領は、1853 年に就任したフランクリン・ピアスも、1857 年に就任したジェームズ・ブキャ

ナンも奴隷制を阻止する勢力ではなかった。

　一方で、北部では19世紀前半から強まってきた奴隷制廃止運動は、次第に政党組織に影響を与え、奴隷制反対勢力が結集した共和党が躍進し、全国的な組織を整え、1860年の大統領選ではエイブラハム・リンカーンを大統領に当選させた。共和党のリンカーンは、準州に奴隷制を拡大することに反対はしたが、すでに奴隷制が敷かれている州の奴隷制廃止を訴えて大統領に当選したわけではなかった。しかし南部では、南部の支持を得ない大統領を連邦政府の長として迎えるよりも、奴隷制を認める州だけで国家を形成しようとする動きが強まり、連邦から離脱する州が現れた。同じ考えを持つ南部11州が南部連合国を樹立し、独自に大統領まで選んだ。南部諸州の連邦離脱を阻止しようとする連邦との間で南北戦争が勃発した。合衆国憲法制定当時から妥協によって奴隷制を認めてきたアメリカは、内戦による多大な犠牲者を出すという代価を払って1865年に初めて、奴隷制を認めない国家になったのである。

注

[1] Kenneth M. Stampp, *The Peculiar Institution: Slavery in the Ante-Bellum South* (New York: Vintage Books, 1989), 86-87.

[2] John W. Blassingame, *The Slave Community: Plantation Life in the Antebellum South* (New York: Oxford University, 1979), 206-207.

[3] Steven Oates, *The Fires of Jubilee: Nat Turner's Fierce Rebellion* (New York: Harper-Perennial, 1990), 15.

[4] Blassingame, 206-207.

[5] *Ibid.*, 210-211.

[6] *Ibid.*, 211-212.

[7] *Ibid.*, 212.

[8] 紀平英作・亀井俊介、『アメリカ合衆国の膨張』＜世界の歴史23＞（中央公論社, 1998)、26-36。

[9] 同書、26-36。

[10] 本田創造,『アメリカ黒人の歴史』（岩波新書, 1997), 63-63; Charles Johnson, Patricia Smith, and WGBH Series Research Team. *Africans in America: America's Journey through Slavery* (New York: Harcourt Brace, 1998), 267-269.

[11] *Ibid.*, 269-271, 306.

12 紀平・亀井、106; Charles Johnson, et al., 306.

13 Thomas L. Purvis, *A Dictionary of American History* (Cambridge, Massachusetts: Blackwell Reference, 1995), 260.

14 紀平・亀井、107; Charles Johnson, et al., 306.

15 John Hope Franklin and Alfred A. Moss, Jr., *From Slavery to Freedom: A History of African Americans*. 8th ed. (New York: Alfred A. Knopf, 2002), 193.

16 "Introduction" to David Walker, *Appeal to the Colored Citizen of the World* ed. Peter P. Hinks (University Park, Pennsylvania: The Pennsylvania State University Press, 2000), xv-xvii.

17 *Ibid.*, xxii-xxv

18 David Walker, *Appeal to the Colored Citizen of the World* ed. Peter P. Hinks. (University Park, Pennsylvania: The Pennsylvania State University Press, 2000), 16-18, 29.

19 Thomas Jefferson, *Notes on the State of Virginia in Thomas Jefferson* (New York: The Library of America, 1984), 268.

20 *Ibid.*; Walker, 17.

21 Walker, 18.

22 Walker, 18-19.

23 Franklin, 111, 188.

24 *Ibid.*, 188.

25 Walker, 47-48.

26 *Ibid.*, 60.

27 *Ibid.*, 67.

28 *Ibid.*, 23-24.

29 *Ibid.*, 25-26.

30 *Ibid.*, 26-28. 奴隷制に暴力で抵抗する考えを持っていたのはヘンリー・ハイランド・ガーネット (Henry Highland Garnet) である。元逃亡奴隷であったがニューヨークのプレスビテリアン派の牧師になっていたガーネットは、黒人市民の全米大会という会合で1843年に「アメリカ合衆国の奴隷に向けて」という演説をした。聴衆に向かってガーネットはこう述べた。「奴隷として生きて、みじめな状態を子孫に伝えるよりは、死んだ方がはるかにいいのです、今すぐにです。…血を流さずに救われる望みはあまりありません。血を流さなければならないのなら、今すぐ始めようではありませんか。奴隷として生きるよりは、自由な人間として死んでください」(Johnson, 383)。

31 *Ibid.*, 28.

116　第Ⅰ部　人種による階層社会の誕生・発展

32 本書第2章参照。
33 池本幸三、『近代奴隷制社会の史的展開－チェサピーク湾ヴァジニア植民地を中心として』（ミネルヴァ書房, 1999）、377。
34 Frederick Douglass, *Narrative of Frederick Douglass in Frederick Douglass* (New York: The Library of America, 1994), 36.
35 C・L・R・ジェームズ、『ブラック・ジャコバン―トゥサン・ルヴェルチュールとハイチ革命』（大村書店, 2002）、93; 浜忠雄、『ハイチ革命とフランス革命』（北海道大学図書刊行会, 1998）、111。
36 浜、111。
37 同書、15-116。
38 同書、113-114, 120-121。
39 同書、126。
40 同書、134-135, 137-138。
41 Franklin, 101-102.
42 ジェームズ、349, 362。
43 Johnson, 266.
44 池本、378-380。
45 同書、383-387。
46 同書、385-386。
47 同書、387, 388-389。
48 同書、394。
49 Johnson, 216.
50 Steven Oates, *The Fires of Jubilee: Nat Turner's Fierce Rebellion* (New York: HarperPerennial, 1990), 42.
51 Johnson, 286-287.
52 Oates, 42.
53 *Ibid.*
54 *Ibid.*, 43.
55 Johnson, 289.
56 Oates, 13.
57 *Ibid.*, 20, 23-24.
58 *Ibid.*, 27-28.
59 *Ibid.*, 29-30.
60 *Ibid.*, 51-52.

61 *Ibid.*, 52-54.
62 *Ibid.*, 66-68.
63 *Ibid.*, 69-70.
64 *Ibid.*, 70-71, 74.
65 *Ibid.*, 71, 74-76.
66 *Ibid.*, 76-80.
67 *Ibid.*, 83, 88-90.
68 *Ibid.*, 91-94, 96, 100, 116-117, 120, 124.
69 *Ibid.*, 105-107.
70 *Ibid.*, 135-140.
71 Ronald Takaki, *A Different Mirror: A History of Multicultural America.* (New York: Little, Brown and Company, 1993), 173.
72 *Ibid.*, 174.
73 *Ibid.*, 175.
74 *Ibid.*, 176.
75 紀平・亀井、127-130。
76 Johnson, 338.
77 Randall Kennedy, *Race, Crime, and the Law* (New York: Pantheon Books, 1997), 83-84.
78 Johnson, 379.
79 Harriet Beecher Stowe, *Uncle Tom's Cabin* ed. Ann Douglas, 1852 (New York: Penguin Books, 1981), 623-624.
80 Frederick Law Olmsted, *The Cotton Kingdom: A Traveller's Observations on Cotton and Slavery in the American Slave States, 1853-1861* ed. Arthur M. Schlesinger (New York: Da Capo Press, 1996), 271-272.
81 *Ibid.*, 276-277.
82 Stowe, 480-617 を参照。
83 Olmsted, 277-278.
84 Franklin, 215.
85 Johnson, 397-398.
86 Otto Scott, *The Secret Six: John Brown and the Abolitionist Movement* (Murphys, California: Uncommon Books, 1993), 9-10.
87 *Ibid.*, 10-12.
88 *Ibid.*, 13.
89 *Ibid.*, 13, 15. Johnson, 402.

[90] Johnson, 411.
[91] *Ibid.*, 412.
[92] Kenneth Stampp, *America in 1857: A Nation on the Brink* (New York: Oxford University Press, 1990), 83.
[93] *Ibid.*
[94] *Ibid.*, 83-84.
[95] *Ibid.*, 84.
[96] *Ibid.*
[97] *Ibid.*, 85.
[98] *Ibid.*
[99] *Ibid.*, 86.
[100] *Ibid.*, 86-87.
[101] *Ibid.*, 88.
[102] *Ibid.*, 89.
[103] *Ibid.*, 93-95.
[104] *Ibid.*, 96.
[105] *Ibid.*
[106] *Ibid.*, 100.
[107] *Ibid.*, 144.
[108] *Ibid.*, 145.
[109] *Ibid.*, 145-146.
[110] *Ibid.*, 146.
[111] Scott, 9.
[112] *Ibid.*, 5.
[113] *Ibid.*, 6.
[114] *Ibid.*
[115] *Ibid.* 6-7.
[116] *Ibid.* 7-8.
[117] *Ibid.*, 277-284, 286.
[118] *Ibid.*, 286-288.
[119] *Ibid.*, 288-291, 293.
[120] *Ibid.*, 298.
[121] *Ibid.*, 302-304, 310.
[122] 紀平・亀井、152-154。

[123] Eric Foner, *The Story of American Freedom* (New York: W. W. Norton, 1999), 90-92.
[124] 紀平・亀井、155-156。
[125] 同書、158-161。
[126] 同書、161, Johnson, 438。
[127] Olmsted, 5.
[128] Johnson, 439.

参考文献

Blassingame, John W. *The Slave Community: Plantation Life in the Antebellum South*. New York: Oxford University, 1979.

Douglass, Frederick. *Narrative of Frederick Douglass in Frederick Douglass*. New York: The Library of America, 1994.

Foner, Eric. *The Story of American Freedom*. New York: W. W. Norton, 1999.

Franklin, John Hope and Alfred A. Moss, Jr. *From Slavery to Freedom: A History of African Americans*. 8th ed. New York: Alfred A. Knopf, 2002.

浜忠雄『ハイチ革命とフランス革命』北海道大学図書刊行会、1998。

本田創造『アメリカ黒人の歴史』岩波新書、1997。

池本幸三『近代奴隷制社会の史的展開－チェサピーク湾ヴァジニア植民地を中心として』ミネルヴァ書房、1999。

Johnson, Charles, Patricia Smith, and WGBH Series Research Team. *Africans in America: America's Journey through Slavery*. New York: Harcourt Brace, 1998.

Jefferson, Thomas. *Notes on the State of Virginia in Thomas Jefferson*. New York: The Library of America, 1984.

C・L・R・ジェームズ『ブラック・ジャコバン－トゥサン・ルヴェルチュールとハイチ革命』大村書店、2002。

Kennedy, Randall. *Race, Crime, and the Law*. New York: Pantheon Books, 1997.

紀平英作・亀井俊介『アメリカ合衆国の膨張』<世界の歴史23>中央公論社、1998。

Oates, Steven. *The Fires of Jubilee: Nat Turner's Fierce Rebellion*. New York: HarperPerennial, 1990.

Olmsted, Frederick Law. *The Cotton Kingdom: A Traveller's Observations on Cotton and Slavery in the American Slave States, 1853-1861*. Ed. Arthur M. Schlesinger. New York: Da Capo Press, 1996.

Purvis, Thomas L. *A Dictionary of American History*. Cambridge, Massachusetts:

Blackwell Reference, 1995.

Stampp, Kenneth M. *The Peculiar Institution: Slavery in the Ante-Bellum South.* New York: Vintage Books, 1989.

——. *America in 1857: A Nation on the Brink.* New York: Oxford University Press, 1990.

Scott, Otto. *The Secret Six: John Brown and the Abolitionist Movement.* Murphys, California: Uncommon Books, 1979.

Stowe, Harriet Beecher. *Uncle Tom's Cabin.* Ed. Ann Douglas. 1852. New York: Penguin Books, 1981.

Takaki, Ronald. *A Different Mirror: A History of Multicultural America.* New York: Little, Brown and Company, 1993.

Walker, David. *Appeal to the Colored Citizen of the World.* Ed. Peter P. Hinks. University Park, Pennsylvania: The Pennsylvania State University Press, 2000.

第Ⅱ部

奴隷から解放されても

第4章　未完の解放
―再建時代における土地と労働力の政治経済―

はじめに

　南北戦争後、再建時代のアメリカ南部では、土地と労働力の問題が政治経済の構築原理である。奴隷解放後に南部のプランターがプランテーションを存続させるためには奴隷に代わる労働力が必要であった。一方、解放黒人は、奴隷時代のような暴力的な厳しい労働管理から逃れて、自営農家になるために、自らの土地で作物を栽培しようとした。しかし、両者の立場は相容れない。かつての奴隷主とかつての奴隷との緊張関係が戦後も続いたのは、プランテーションの経営者が、そこでの労働力を確保するために、解放黒人が土地を所有して自営農家になるのを妨げる必要があったからだ。このようにして生じた社会階層間の緊張関係の背後にあるのは、南部諸州と連邦との緊張関係である。というのは、南部諸州において解放黒人の、法の下での平等を南北戦争後に推進させたのが、共和党急進派主導の連邦議会であったからである。

　法律の平等な保護を州は拒むことができないということを定めたアメリカ合衆国憲法修正第14条は、時代を超え、20世紀の公民権運動の時代になっても多大な影響をアメリカ社会に及ぼすことになった。そういう意味でも、修正第14条は確かに「眠れる巨人」[1]ではある。しかし、黒人と白人の平等を推し進めた共和党急進派の時代は、鉄道建設に投じられる多額の公的資金をめぐる汚職の蔓延、また黒人と白人が平等になることに対する南部白人の反発、さらに、不況で共和党が支持を失うことになり、黒人の自由と平等を目指した連邦議会による再建時代の変革は頓挫する。それはまた、解放されて間もない奴隷が、白人と同等の政治的権利を持った時代が終わることでもあった。

南北戦争中ならびに終戦直後に行われた奴隷解放で自由になった黒人は、土地と労働力をめぐるプランターと黒人労働者との対立を社会の根底にくすぶらせ続けた南部において、軍政のもとで、白人と同等の社会的権利を獲得する。が、のちに南部諸州は、軍政で失った州の自治権を回復し、黒人を保護する連邦政府の権限が及ばなくなる。その過程の考察を、アメリカを分断した南北戦争の後半から国家再統合という大変革の時代を通して行うことが本章の目的である。[2]

1　連邦維持から奴隷解放へ

　連邦からの脱退を企てた 11 の奴隷州を連邦内に留め置こうとして始まったのが南北戦争であった。戦端となったのは、1861 年 4 月 12 日早朝、サウスカロライナ州チャールストンにある連邦軍のサムター要塞への、南部連合国軍による砲撃開始である。内戦が長引くにつれ、戦いは社会変革の様相を帯びるようになった。1862 年 9 月 17 日、メリーランド州西部で戦われたアンティータムの戦いで、ロバート・E・リー (Robert E. Lee) 将軍率いる南軍に、ジョージ・B・マクレラン (George B. McClellan) 将軍率いる連邦軍が大打撃を与えた。戦況好転を機に、リンカーン大統領は、その戦いの 4 日後、1862 年 9 月 22 日に、奴隷解放予備宣言を発した。この予備宣言は、1863 年 1 月 1 日に、奴隷解放を行う旨、予告したものである。それは奴隷州全域を対象としたものではなかった。しかし、それによって南北戦争の性格が変わった。つまり、連邦維持のための戦いから、奴隷を解放するための戦いという意味合いが強くなったのである。リンカーン大統領が 1863 年 1 月 1 日に署名した奴隷解放宣言の対象地域は、その時点で、連邦軍と交戦状態にあった州や郡のみである。そこにはリンカーンの政治的判断があった。[3]
　リンカーンの宣言が対象としない奴隷州は、デラウェア、ケンタッキー、メリーランド、ミズーリという境界諸州(ボーダー・ステイツ)である。南と北の中間に位置するこれらの州には、合わせて約 45 万人の奴隷がいた。しかし、連邦に忠誠を誓っており、南部連合国に属してはいない。もし境界諸州を、奴隷解放宣言の対象地域に含

めて、これらの州が連邦から離反すれば、北軍の戦争遂行に支障が生ずる。奴隷制を敷いている境界諸州を連邦内にとどめておくことはリンカーンにとって、きわめて重要であった。それはまた、立場を決めかねている南部人に対し、奴隷などの財産を失わずに連邦復帰がありうることを示唆して、南部連合国(コンフェデレット・ステイツ)の弱体化を狙ったものでもあった。[4]

　宣言が対象としない他の地域は、連邦軍がすでに占領していた、約27万5,000人の奴隷をかかえるテネシー州である。テネシー州は南部連合国を構成する1州である。ルイジアナ州とヴァージニア州には何十万人もの奴隷がいた。両州の一部の郡を連邦軍が支配していたが、リンカーンの宣言はそれらの連邦軍占領地域も対象にはしなかった。ヴァージニア州の場合は、宣言の対象にならなかった郡の内、48の郡が、ヴァージニア州から独立してウェストヴァージニア州になった。リンカーンの宣言は、これらの地域以外にいる約300万人の奴隷に対する自由の布告であった。しかし、1863年以前にも奴隷の逃亡や北軍入隊などで奴隷制の崩壊はすでに始まっていた。だから、宣言には現状追認的な意味合いがなかったわけではない。[5] なお、全奴隷が法的にアメリカで解放されるのは、1865年12月18日に成立したアメリカ合衆国憲法修正第13条によってである。

2　北と南の徴兵法

　南部連合国政府が奴隷制の崩壊を食い止めようとしてとった措置は、白人社会を分裂させた。南部の自営農家が感じていたのは、プランターが戦争の負担を十分に担っていないということであった。自営農家をとりわけ刺激したのは徴兵制である。南部連合国議会は1862年に徴兵法を制定した。その中には兵役免除の条項があった。それは、奴隷20人で、健康な白人男子1人の兵役に代わることができるというものであった。そのため多くの奴隷監督やプランターの子供は兵役を免れたが、ほとんどの白人家庭ではそうはいかなかった。[6] 一方、連邦議会も、1863年3月3日に徴兵法を制定した。この法律では、資産のある人は身代わりを雇うか、あるいは徴兵官に300ドル支払うかすれば徴

兵を免れた。[7]

　1863年7月13日にニューヨークで起こった暴動は、この徴兵法に端を発した暴動であったが、雇用をめぐる白人と黒人の競争と緊密に結びついていた。暴動の起こるすぐ前、3,000人の港湾労働者が賃上げを求めてストライキに入った。ストライキ破りとして、黒人が、警察に守られて、スト中の労働者に取って代わった。徴兵法によってアメリカ政府は失業中の白人を徴兵し始めたが、それを白人労働者は侮辱と感じた。というのは、白人労働者にとっては、職を黒人のストライキ破りに奪われ、さらに、その黒人を解放するために戦場に駆り出されることになるからであった。ニューヨークの反徴兵暴動は徴兵法への抵抗が暴力にまで発展したものである。4日間の暴動で、黒人の家や店が、多く焼き払われた。徴兵事務所に押し寄せた暴徒は、警官、消防士、民兵を圧倒し、鎮圧には連邦軍が出動しなければいけなかった。死傷者は約千人にのぼった。[8] このことからも分かるように北部の地域性として黒人支持といったものを考えることはできない。

3　ジョンソン大統領による南部再建時代

(1)　ジョンソン大統領の変節

　北軍のテネシー州ナッシュビヴィル占領後、リンカーン大統領は、アンドルー・ジョンソン (Andrew Johnson) を軍政府長官(ミリタリー・ガヴァナー)に任命した。テネシー州の連邦脱退後も合衆国上院に残ったのがジョンソンであった。南部における連邦主義者として、国家的象徴と言える人物である。このジョンソンが、1864年11月共和党の副大統領候補に選ばれ、リンカーン大統領の暗殺後、1865年4月15日、大統領に昇任した。ジョンソンは、それまでの発言から、厳格な態度で南部の戦後処理にあたると予想されていた。「反逆罪を忌み嫌うのは当然で、反逆者が処罰されて力を削がれるのは当たり前だ」という1864年のジョンソンの発言があり、同年、黒人を約束の土地に導くモーゼに自らをなぞらえていた。そこで、大統領就任間もないジョンソンに、共和党急進派の指導者たちは黒人の参政権を強く求めた。ところが、連邦の州に対する権限拡大をジョ

ンソンは受け入れず、また黒人の政治的平等実現にも関わろうとはしなかった。戦前の権力エリートから政治経済上の覇権を奪うことなく、プランターとの協力関係を築くことが必要不可欠だとジョンソンは考えるようになった。というのは、経済的に困難な状況にある黒人たちの投票行動は、戦前から力のあったプランターによって左右されると考えていたからであった。ジョンソンのこの変節は、エリック・フォーナーによれば、南部を白人優位の社会にするためと、ジョンソン自身の再選のためであった。[9]

連邦から離脱した南部11州で形成した国家の崩壊に伴う大量逮捕はなかった。南部連合国大統領を務めたジェファソン・デイヴィス(Jefferson Davis)は、連邦刑務所に2年間収監されたが、裁判にはかけられなかった。副大統領のアレクサンダー・H・スティーヴンズ(Alexander H. Stephens)は短期間、投獄されはした。しかし1873年に連邦議会に復帰し、晩年は、ジョージア州知事を務めた。ジョンソンの政策では、戦前影響力を有した奴隷所有層を新たな政治指導者層に代わらせることができなかった。[10] ジョンソン大統領の穏健な南部政策は州権強化につながった。たとえば、厳格な黒人法を、州権の発現と見ることができよう。

(2) 黒人法

1865年にはミシシッピ州とサウスカロライナ州では最も厳しい黒人法が最初に制定された。ミシシッピ州では毎年1月に、その年の雇用証明書を所持することがあらゆる黒人に求められた。また、契約期間が切れる前に仕事をやめた労働者からは、それまでに稼いだ賃金が没収され、いかなる白人による逮捕もありえた。そして契約中の労働者に別の仕事を提供すれば、投獄されるか、もしくは500ドルの罰金が科されることになった。浮浪罪には罰金が科されたり、プランテーションでの強制労働が罰せられた。仕事を持たないだけで浮浪罪にされ、治安を乱したり、「カネの使用を誤った」りしたのも浮浪罪にされた。また、「軽蔑的な」動作や言葉、「悪意のあるいたずら」、許可証なしで福音を説くことも刑事犯罪であった。サウスカロライナ州の黒人法では、農民か召使い以外の職業に就くために黒人は、10ドルから100ドルの税金を納めなければな

らなかった。[11] 租税によって社会階層の固定化を狙ったと言える。

　黒人の未成年者を無償でプランターのために働くよう義務づけている徒弟奉公法に対する黒人の抵抗は強かった。徒弟奉公法によって、黒人の孤児や親によって扶養されないと見なされた子供たちを、法的に白人雇用者に縛りつけておくことが可能になった。[12]

　軽窃盗罪に対する刑罰もかなり厳しくなり、ヴァージニア州とジョージア州では1866年に、馬かラバの窃盗は極刑をもって罰せられることになった。奴隷制時代、生活していくための糧として、黒人には個人所有地での狩りや漁獲は黙認された。また、囲い込まれていない牧草地では、たとえそれが個人の所有になっていても、家畜に草を自由に食べさせることができた。奴隷制時代に許容された狩りや漁獲に対し、南北戦争後、プランターは反対した。プランテーションでの労働を避けて黒人は狩りや漁獲で生きていくことができるからだ。そうなれば黒人は独立して生活できるが、プランターは労働力を確保できなくなる。プランターの立場を代弁する南部諸州の議会は、黒人の狩りや漁獲を制限しようとしたのであった。[13]

　牧草地で家畜に草を自由に食べさせることを制限することを目的にして制定された「柵法(フェンス)」では、家畜所有者が所有する家畜を柵の中に囲い込まなければならなかった。多くの黒人は土地がなくとも、家畜を1、2頭は飼っていたので、これによって、土地を持たない黒人は、豚や牛を所有することができなくなった。この「柵法」はアラバマ州とミシシッピ州の黒人の多い黒土地帯(ブラック・ベルト)にある郡のみに適用された。[14]

(3) 経済重視の北部

　北部の都市ボストン、フィラデルフィア、ニューヨークなどに君臨する富裕な商人や実業家、また弁護士、銀行家、保険仲介業者、船主にとって南部の綿花は、アメリカの健全な経済のためになくてはならぬものであった。綿花生産がすみやかに回復されなければ、南部では戦前の債務返済が滞り、ニューイングランドの繊維工場は閉鎖を余儀なくされ、その結果、アメリカは、正貨(スピーシー)による支払いを再開するための外国為替を入手できなくなるため、海外債務の支払

いができなくなると考えられた。[15] すなわち、北部の有力者の間では解放黒人への対処という問題に、経済問題が優先したのであった。

　北部諸州の中で、黒人に白人と同じ投票権を 1865 年の段階で認めていたのは、ニューイングランドにある 5 州のみであった。その 5 州とは、ニューイングランドを構成する 6 州のうち、コネティカット州を除く、メイン、マサチューセッツ、ニューハンプシャー、ロードアイランド、バーモントの各州である。共和党の大半は急進派ではなく、穏健派と保守派であり、黒人の投票権を争点にすれば、致命的な選挙結果になるのを懸念していた。そして第 39 連邦議会が 1865 年 12 月に再召集されたときには、黒人投票権の問題は棚上げされてしまった。しかし、南部諸州における解放黒人に対する暴力や、州議会が黒人法を通過させたという報告が入るにつれて、北部では、共和党急進派を超えて憤りが広がった。北部の関心を引いたのは黒人の投票権でなく、戦前の有力者が力を盛り返すことであった。そうなれば、南北戦争を戦った意味がなくなるからである。当時、共和党内では合意が形成されつつあった。その合意とは、解放黒人は市民として平等の権利を有するが、投票権は持たないということ。また、戦時中の連邦支持者は南部の政治において、より重要な役割を果たすべきだというものであった。しかし、黒人の投票権は、言うまでもなく、黒人の市民としての権利などをジョンソン大統領は認めるつもりはない。そういうジョンソンと、黒人と白人との完璧な平等を主張する共和党急進派との衝突は避けられないものになっていった。[16]

4　共和党急進派による南部再建時代

(1)　修正第 14 条をめぐる攻防

　アメリカ合衆国憲法修正第 14 条第 1 節[17] は、黒人に市民として白人と同じ権利を与え、法の下で同等の保護を保証したものである。これは 1866 年 6 月に連邦議会で認められた。修正条項は大統領の署名を必要としない。にもかかわらずジョンソン大統領は公にそれを非難し、南部諸州にその承認を拒むよう促した。[18]

1866年8月26日、ジョンソン大統領はユリシーズ・グラント（Ulysses Grant）と初代海軍提督デイヴィッド・ファラガット（David Farragut）を伴い北部遊説に出かけた。遊説先のニューヨークとフィラデルフィアでは商業・金融関係者がジョンソン大統領を熱烈に歓迎した。人種問題よりも経済優先を掲げる大統領への支持表明と考えられよう。しかしオハイオ州クリーブランドでは、「どうして（南部連合国の元大統領）ジェフ・デイヴィスを絞首刑にしないのか」と言う聴衆の1人に、ジョンソンは「どうして（共和党急進派の）サディウス・スティーヴンズやウェンデル・フィリップスを絞首刑にしないのか」と応じた。ある時など、自身をホワイトハウスに入れるために、神がリンカーンを外に出したとまでも言ったことがあったという。セントルイスでは、連邦議会がニューオーリンズの暴動を扇動したと非難した。そういう態度に、熱心なジョンソン支持者でさえもが屈辱を味わった。また、新しい修正条項に対してとる何らかの道義的立場というものはまったく見受けられなかった。9月中旬、ワシントンにジョンソンは戻るが、その旅を「かえってしない方がよかった旅」と言ったのは、ジョンソンの支持者であった。[19]

1866年の選挙の争点は、修正第14条に関する国民投票と言ってよいものであったが、大統領の支持者たちは大敗北を喫した。その結果、次期連邦議会においては、大統領の拒否権を覆すに足る3分の2以上の多数を共和党が占めることになった。[20] しかし、1866年10月から翌年の1月までの間に、かつての南部連合国を形成した11州のうちテネシー州を除く10州の議会は、ジョンソン大統領に従い、修正条項を承認しなかった。[21]

(2) 発動された拒否権を覆す

その一方で、反ジョンソン派が多数を占める連邦議会では黒人の投票権実現に向けての動きが再浮上し始めた。1867年1月、連邦議会直轄のコロンビア特別区では、大統領の拒否権を議会が覆し、ワシントンD.C.に住む黒人に投票権を与える法律が成立した。[22]

1867年3月2日、議会からの再建法案がジョンソン大統領の机に届くと、ジョンソンは拒否権を発動して議会に戻したが、議会はすぐに大統領の拒否権

を覆し、法律として成立した。この1867年の再建法によって、すでに修正第14条を承認していたテネシー州以外の10州は5つの軍管理区に分けられ、それぞれの区の司令官が政治関連の再建計画を実行に移す任に当たった。ジョンソン大統領主導の再建時代に取って代わる共和党急進派主導による再建時代は、このようにして、戦後2年して始まった。再建法に盛られた南部諸州の連邦復帰への道筋は概ね次のとおりである。[23]

　軍管理区の司令官は、修正第14条第3節[24]によって公職に就けなくなっている者は除き、黒人を含む、資格のある有権者を登録させる。州の憲法会議への代表者を選挙で選ぶ。それぞれの州憲法会議では黒人（成年男子）に参政権を規定する新憲法を立案する。新憲法が州民投票によって承認されたとき、州知事と州議員を選挙で選ぶことが可能になる。州議会は最初に修正第14条を承認する。最終的には、連邦議会が州の新憲法を承認した後、また、修正第14条がアメリカ合衆国憲法の一部になったあとに、州は連邦議会に代表を送る資格を持つというものであった。すでに承認していたテネシー州は連邦上院および下院に議席を持つことが連邦議会で認められていた。[25]

(3) 黒人成年男子の参政権獲得

　1868年までに6州（ノースカロライナ、サウスカロライナ、アラバマ、フロリダ、アーカンソー、ルイジアナ）が上述の再建過程を経て連邦復帰を認められた。他の4州（ヴァージニア、ジョージア、ミシシッピ、テキサス）は、連邦議会で、修正第14条が承認され、黒人の投票権を認めた修正第15条採択後まで遅れた。これら4州は、両方の修正条項を承認する必要があった。このようにして1870年までには南部のすべての州で政治関連の再建は完成した。[26]

5　黒人の社会進出

　再建法に基づいて政治関連の南部再建が一応の完成をみたということは、共和党急進派主導で黒人の社会進出を可能にする準備が整ったと見ることができよう。

サウスカロライナ州では黒人が州下院で多数を占め、主要な委員会を動かし、1872年からは黒人が下院議長を務めた。1874年には州上院でも黒人が多数を占めるようになった。政治を動かしていたのは概して白人であるが、大半が元奴隷という600人を超える黒人議員の存在はアメリカ政治における大変革であった。[27]

　フロリダ州タラハシとアーカンソー州リトルロックでは、黒人の警察署長が選ばれ、ミシシッピ州ヴィックスバーグでは、白人の警察官に命令を下す黒人の警部がいた。1870年にはアラバマ州モントゴメリーとヴィックスバーグでは、警察官の半数を黒人が占め、ルイジアナ州ニューオーリンズとアラバマ州モービル、ミシシッピ州ピーターズバーグでは、警察官の4分の1以上が黒人になっていた。[28]

　プランターたちは、再建時代を通じて、窃盗を有罪にできないという不平を持っていた。共和党員の陪審と判事は黒人の証言を尊重し、白人の黒人に対する犯罪を州が罰しようとし、軽犯罪は、ジョンソン大統領の再建時代のように厳しく罰せられることはなくなった。[29]

　ニューオーリンズでは人種を統合して学校教育が行われた。それを試みた最初の年、白人の入学が急減したのは、白人専用の私立の教区学校に白人が流れたからであった。が、のちに、1874年には数千人の学童が人種統合された学校に通っていたという。しかし、黒人は必ずしも人種統合された学校が効果的だと考えていたわけではない。黒人だけの方が、親の意見が受け入れられやすいし、黒人の教員を雇い入れる可能性が大きいと思っていたからである。新設された学校には黒人大学の卒業生が教員になって赴任した。サウスカロライナでは1869年に50人だった黒人教員が6年後には1,000人以上に増えた。[30]

　アラバマ州とノースカロライナ州において、人種差別を禁ずる法律を要求したのは、黒人の共和党議員と、南部へ行って共和党員として活動した北部人、いわゆる渡り政治家たち[31]であった。しかし、これによって共和党は内部分裂した。黒人の議員が公共交通機関における同等の権利を守る法律を、白人の共和党員が多数を占める議会に出しても通過させることができなかった。ところが、黒人の影響力が増し、強力な主張がなされると、深南部では、公共交通機

関と公共宿泊施設を、黒人が白人と同等に使えることを保証する法律が制定された。が、その法律が必ずしも強制されたわけではなかった。[32]

ジョンソン大統領の再建時代に制定された黒人法は改正された。たとえば、浮浪法に関しては、犯罪の定義が狭められた上、罰金を支払うことのできない犯罪者を労働させるために賃貸しすることができなくなった。体罰が禁じられ、死刑を適用される犯罪および窃盗罪に科される刑罰の数が相当数、少なくなった。労働規律を強制することに対し議員は一切、応じなかった。[33]

サウスカロライナ州では土地委員会による土地分配を行った。不動産を購入し、長期信用貸しでその土地を販売する権限が、この委員会にはあった。この委員会を通じて州内黒人人口の7分の1に当たる1万4,000人の家族、それにわずかの白人が自営農場を手に入れた。が、サウスカロライナ州は例外であった。

6 物納小作人(シェアクロッパー)の綿花栽培

奴隷から解放されたばかりの黒人は、再建時代に安価になった土地を容易に購入できたわけではなかった。黒人に信用貸しをしたり、土地を売ったりすることに対し、白人が消極的であったからである。そのため、自由労働の時代になって、解放黒人は賃金労働者になるか、あるいは白人の所有する土地で物納小作人(シェアクロッパー)になるしかなかった。信用貸しも利用できず、また市場へ進出する手立てもないのであれば、かりに黒人が小さな土地を取得したとしても、経済的苦境から脱することは容易ではない。黒人の経済的自立は、南部の政治経済の基礎を揺るがすと同時に、解放黒人とかつての奴隷所有者との間に摩擦が生ずることを意味した。そこでプランターがとった手段は、黒人に土地を売りもせず、貸しもしないということであった。解放黒人にとっての自由とは、南部社会では、独立を意味するとは受け取られてはいなかった。規律ある労働力を必要とするプランターと、自立を求める解放黒人との間の衝突は不可避であった。[34]

1870年の中頃には綿花の栽培地域が変わり、生産する人種に変化があった。

綿花生産地域のほぼ4割は、ミシシッピ州以西であり、おもに白人農民が生産していた。もともと綿花生産をしていた州においては、その生産地域が内陸に移った。1860年には南部において綿花栽培の9割を占めていた黒人は、1876年にはわずか6割になっていた。[35] かつて奴隷が栽培していた作物を栽培するのを黒人は嫌ったのである。

　地価が下がったため、商人たちは、土地を抵当にするよりも、その年に摘む綿花を先取特権（リーエン）とすることで貸し付けた。作物先取特権（クロップ・リーエン）が南部の重要な農業信用貸しになると、債務を負った農民は、綿花栽培に集中せざるを得なくなった。そのため綿花の生産量が増え、価格が下がった。1870年代の初めには、物納小作（シェアクロッピング）が黒人労働の特徴になった。[36]

　一般的に、物納小作人（シェアクロッパー）は、農機具、肥料、農作業用の動物、種が地主から提供される場合、収穫する作物の3分の1を手元に置くことができた。自前でそれらをそろえることができれば、収穫の半分が物納小作人のものとなった。物納小作は、黒人の経済的自立を叶えはしなかったが、集団労働と白人監督から黒人を解放した。また、家族全員を動員して農作業が行われたので、プランターは、安定した労働力が得られた。さらに、労働監督にかかる費用の削減と面倒な労働管理の軽減になった。これはまた、同時に、プランターの威圧的な権威の消失でもあった。物納小作によって、黒人は、時間や労働、農作業の計画などに対してある程度の自由が得られるようになった。物納小作はプランターの権威への挑戦であり、黒人は物納小作を好むようになった。[37]

　再建時代の終わるまでには、戦前、自給自足の自営農家が大半を占めていた地域は、商人、借地人、農業労働者および商業志向の農民が住むようになっていた。プランターは戦前、地域でもまた連邦レベルでも政治力を持っていたが、次第に連邦政府への影響力ばかりか地域での影響力にも陰りが見えるようになっていった。プランテーションを所有することが富を保証する時代ではなくなっていたからだ。つまり土地が自由になっても、労働力を思いどおりに動かせる訳ではなくなっていたのである。[38] そのことは、鉄道敷設による物流の変化や産業の発達とも関連している。

7　鉄道会社への財政援助がもたらした波紋

(1)　汚職の温床

　南部ではどの州も鉄道会社に惜しみなく援助を与えた。鉄道を援助するための法案の草案作りも、その法案の通過ならびに実施も、すべて共和党員を中心に進められた。白人議員と同様に、黒人議員も地域活性化を約束する企業への援助を強く求めた。事実、チャールストンなどのかつての港町は商業的価値を失っていった一方で、セルマやメコンのような小さな町は鉄道開通によって集散地として活気づいた。[39]

　ところが、州政府に求められる財政援助額が莫大であったために、州政府の負債と税金が膨らみ、学校などに使われる財源が尽きてしまった。自給自足的な地域では、鉄道敷設の影響で、市場原理の犠牲になることを危惧して、白人の自営農民や職人は、共和党から離反した。[40]

　共和党が支配した再建時代においては汚職がはびこった。州政府職員たちは、これまでにない多額のカネを扱うようになり、そのカネを得ようと、会社は連邦政府や州政府からの援助を求めて競った。また地域社会は将来の繁栄を気遣い、鉄道を誘致しようとした。そのため、職員たちには、数々の賄賂と横領の機会が与えられるようになっていた。職員の多くは、拡大する経済がもたらす分け前にありつくのが、いけないことだとは考えていなかった。[41]

(2)　南部での汚職

　汚職は再建時代の南部において多様な形をとった。サウスカロライナ州知事ロバート・K・スコット (Robert K. Scott) と州政府の財務代理人 H・H・キンプトン (H.H. Kimpton) は、議会で承認されたよりもはるかに多くの州政府債券を発行し、市場で売ろうとした。さらに、スコット知事は、グリーンビル・アンド・コロンビア鉄道会社の、州保有の株券を実際の価格をはるかに下回る価格で、不正に入手した。[42]

　鉄道建設への補助金を当てにして鉄道の一大帝国を築くのを夢見たミルト

ン・S・リトルフィールド Milton S. Littlefield) とジョージ・W・スウェップソン (George W. Swepson) 率いる一味は悪名を馳せた。元北軍将軍のリトルフィールドは、架空の黒人兵を召集し、黒人兵に出る報奨金を懐に入れたと申し立てられていた人物である。ノースカロライナの企業家スウェップソンは、南部に巨大な輸送網を築こうとしていた。議員への賄賂、貸し付け、気前のよい接待で20万ドルをばらまき、一味は何百万ドルもの財政援助をものにした。しかし、交付された援助金は、他の鉄道会社の株購入や州政府債券への投機に当てられた。また、政治的つながりのある友人への報酬としても流れた。その方法は、たとえば、法外な手数料、偽の建築契約の支払い、ヨーロッパ旅行の代金として渡された。[43]

(3) 北部での汚職

 1862年からの10年間に、連邦政府は、1億エーカーの土地と何百億ドルもの資金を鉄道建設のために支援した。そのほとんどが、南北戦争中と戦後に認可された大陸横断鉄道への財政支援であった。このような広大な土地と資金が鉄道建設に当てられながら、黒人への土地提供という問題への連邦政府の積極的な関与はなかった。しかも、南部だけでなく、北部でも鉄道建設に伴う不正が行われた。グラント政権下で、クレディ・モビリエ社が汚職事件の舞台になった。この会社はユニオン・パシフィック鉄道の株主の一部によって作られたダミー会社である。ユニオン・パシフィック社の株主を兼ねていたクレディ・モビリエ社の大株主が、ユニオン・パシフィック社の鉄道建設工事を請け負った際に、2,300万ドルという巨額の利益を着服したのである。議会での追求を避けるために、オークス・エイムズ (Oakes Ames) は、クレディ・モビリエ社の株を上院と下院の有力国会議員に配った。これを1872年に暴露したのがニューヨーク『サン』紙であった。議会による調査の結果、信望を失った公職者の中には、下院議長ジェイムズ・B・ブレイン (James B. Blaine) やグラント政権で副大統領を務めていたスカイラー・コールファックス (Schuyler Colfax) とヘンリー・ウィルソン (Henry Wilson) が含まれていた。[44]

 州政府の援助の最盛期は1868年から1871年である。税金が上がり、州の債

務が膨れ上がる中で横行する汚職が、民主党にとっては格好の争点であった。[45] 旧勢力を代表する民主党は、連邦政府に対する州の権限回復の機会を狙っていた。共和党急進派主導による南部再建時代が始まると、にわかに抵抗勢力が勢いを増してきた。

8 修正第15条の功罪

(1) 阻止される黒人投票

1870年3月30日に確定した修正第15条は、黒人に投票権を保証するものであった。しかしデラウェア州では、民主党の主張によって1873年に、人頭税の納入を投票権行使の条件にした。それによって、黒人の大半が投票できなくなった。1870年に民主党が主導するようになったジョージア州議会でも人頭税の導入により黒人の投票数が激減した。1871年にはジョージア州では知事も民主党から出るようになった。[46]

南北戦争後まもない1865年にアラバマ州との州境にあるテネシー州ピューラスキー[47]で結成されたクー・クラックス・クラン(KKK)は1867年以降、南部に拡大していった。1867年とは先に述べたように、共和党急進派による連邦議会主導の再建時代の始まった年である。再建法に従って軍政の敷かれた南部では、KKKが南部における重要な一勢力になった。[48] ミシシッピ州のKKKの歌の中に「黒んぼと共和党員は出てけ／俺たちゃ、闇から生まれ、明るくなると消えていく」という歌詞がある。[49] 黒人と共和党員への暴力は、投票数に反映し、民主党の勢力回復にKKKが貢献した。

1868年、テネシー州ノース・キャスウェル郡では、共和党躍進に伴い、KKKの暴力が増えた。ジョージア州の北部の綿花地帯(コットン・ベルト)にある7つの郡はKKKの主要な勢力地区になっていたが、1868年の初めの州知事選では、7つの郡すべてにおいて共和党が過半数を制した。ところが、同年秋の大統領選にあたっては、KKKの暗躍により次のような結果になった。オーグルソープ郡では8か月前に共和党が1,100票を得たが、11月には116票になった。コロンビア郡では、1,222票から、わずか1票に変化した。[50] 黒人が多数を占める11の郡では、共

和党に投じられた票はなかった。大統領選で当選したのは共和党のユリシーズ・グラントであったが、南部では、ジョージア州の他には、ルイジアナ州で、民主党の大統領候補ホレイショー・シーモア (Horatio Seymour) が勝利を収めた。これらの州では暴力によって共和党の組織が活動を停止され、黒人は投票することができなかったのである。[51]

KKKの暴力による被害者はふつう、再建に関わっている地元の指導者であった。ミシシッピ州モンロー郡のジャック・デュプリー (Jack Dupree) はとりわけ残虐な方法で殺害された。双子を生んだばかりの妻の目の前で、デュプリーは喉を掻き切られ、内臓を切り出されたのである。デュプリーは地元の共和党クラブの会長であった。[52]

(2) 政治課題の外へ

黒人の投票権を保証した修正第15条を、奴隷制即時廃止を唱えていたウィリアム・ロイド・ギャリソン (William Lloyd Garrison) は、手放しで喜び、1870年3月、修正第15条が確定した月には、40年近く活動を続けてきたアメリカ奴隷制反対協会が解散した。解放された黒人に国家として十分な対応をしていくべきだという意見はあったが、共和党陣営の中では「黒人問題」は全米的な政治課題から外れたと見る向きが多かった。解放された黒人は、市民としての権利や政治的権利を獲得したので、自由市場の競争原理に従って、社会の中における自らの地位を決めるべきだと考えられるようになってきた。しかし、共和党急進派による再建が南部で始まるのと時を同じくして激しくなったKKKの暴力を放置しておくわけにはいかなかった。[53]

(3) クー・クラックス・クラン法

そこで連邦議会は1870年と1871年に一連の強制法を制定したが、その中で最も包括的であったのが1871年のクー・クラックス・クラン法である。これによって、投票権、公職に就く権利、陪審になる権利、法による同等の保護を受ける権利を市民に与えようとしない陰謀は、州が、陰謀に対し効果的に対処しなければ、連邦の地区検事長が起訴することができるようになった。しかも

軍事介入や人身保護令状[54]の一時停止も可能にした。KKK 団員の起訴が本格的に始められたのは 1871 年になってからである。合衆国地区検事長 G・ワイリー・ウェルズ（G. Wiley Wells）は、ミシシッピ州でほぼ 700 人を起訴した。サウスカロライナ州では 1871 年の秋、北部の 9 つの郡で人身保護令状を一時停止した。その地域を連邦軍が占領し、逮捕者が何百人も出た。ほぼ 2,000 人の KKK 団員がサウスカロライナ州から出ていったとされる。連邦政府の介入により、1872 年には南部全域で暴力は激減していた。[55] が、KKK のように白い覆面で顔を隠し白装束を着て行う暴力行為ではなく、白昼、公然と暴力行為が行われるようになるのは、間もなくのことである。しかもその暴力は、共和党員と共和党支持者である黒人に向けられることによって、民主党に有利に働いた。それどころか、民主党員自身が自ら暴力を行使して選挙操作をすることもあった。一方、共和党政権も、1873 年には恐慌に直面することになる。

9　恐慌・暴力・民主党

(1) 1873 年恐慌

　1873 年恐慌は 9 月 18 日のジェイ・クック商会など東部の金融機関の破産が引き金になって起こった。ジェイ・クック商会破産の原因は、ノーザン・パシフィック鉄道の何百万ドルもの債券をさばくことができなかったことにある。破産から数日のうちに、信用取引制度（クレジット・システム）が金融恐慌に見舞われ、銀行と証券会社は倒産し、株式市場は一時的に売買を停止した。また、工場の労働者解雇も始まった。アメリカの半数以上の鉄道会社が債務の履行を怠り、財産管理のもとに入り、鉄道建設が滞ると、鉄道関連産業は破綻した。長引く不景気は、労働問題を社会の優先課題に押し上げた。[56]

　不景気の中で有権者は政権政党に厳しい判断を下し、1874 年の選挙で、共和党は大敗した。1861 年から議会で優勢だった共和党は、連邦下院で 110 議席の差をつけていたが、民主党に 60 議席もあけられてしまった。[57] 1875 年に民主党が下院を掌握すると、委員会の議長職の半数を南部で押さえた。数年前までは、法的また政治的平等を目指して共和党が団結して南部社会の再編成にあ

たってきたが、公然たる人種差別復活の可能性が出てきたことになる。不景気で、プランターも現金で賃金を払えなくなり、作物生産は、綿作による物納小作が一般的になった。[58]

(2) 1875年のミシシッピ州選挙

ミシシッピ州の白人は、上述の1874年の選挙結果を、共和党主導で行われてきた南部再建の国民的な拒絶だと見なしていた。1875年秋、ミシシッピ州では、ホワイト・ライナーズとして知られる民主党員たちが、暴力によって選挙を制することになった。しかし、それ以前に暴力的衝突がなかったわけではない。広範にわたる汚職で非難されていた黒人共和党員の郡保安官ピーター・クロスビー(Peter Crosby)を、白人暴徒たちが辞任させようとして、ミシシッピ川の港町ヴィックスバーグで騒動が起こった。白人暴徒に対し、クロスビーは、地元解放黒人の武装隊を編成した。1874年12月7日、ナイフと拳銃で武装した500人の黒人が、町外れ近くで、よく訓練を受けた白人民兵隊とぶつかった。民兵隊は、騎兵と射程の長いライフルを使い、訓練を受けていない黒人隊に突進していった。戦闘が終わっても、白人民兵隊は暴れ回った。数日のうちに、犠牲者は白人2人、黒人の方は300人にものぼった。[59]

州の軍司令官を兼ねる暫定知事アデルバート・エイムズ(Adelbert Ames)は、事態を受けて、議会を召集した。共和党が多数を占める州議会は、ほとんど黒人新兵からなる州民兵2個連隊を編成する権限を知事に与えた。エイムズは何百人もの兵士を集めたが、全面的な人種間戦争になるのを恐れて、兵士を動かすのをためらい、連邦政府に介入を求めた。連邦政府が静観していた数か月間、白人自警団が地方を歩き回り、共和党の集会と黒人の群衆を恐怖で圧した。ホワイト・ライナーズは、もし黒人を脅かすに足るだけの黒人を殺害しても、その数をできるだけ低く抑えておけば、グラント政権のエイムズ支援はないと踏んでいた。事態はそのとおりになった。[60]

ヤズー郡では1875年9月1日、ホワイト・ライナーズが共和党員集会を追い散らし、ニューヨーク生まれの郡保安官アルバート・T・モーガン(Albert T. Morgan)らを集会から追い出し、州議会議員を含む、黒人有力者を何人か殺害

した。[61] その数日後、州都ジャクソンから15マイルしか離れていないクリントンでは、民主党員が共和党のバーベキュー・パーティーを襲撃した。双方に数人の犠牲者が出た。武装白人は、続けて、田園地帯を探し回り、約30人の黒人を殺害したとされる。その中には、学校教師、教会の指導者、地元共和党のまとめ役がいたという。[62]

1875年の選挙前日には、馬に乗った武装白人によって家から追い出された解放黒人が、投票すれば殺すと脅かされた。選挙当日には、民主党員は投票箱を壊し、共和党票を民主党票に書き換えた。ヤズー郡では、1873年にエイムズが1,800票という過半数を得票していたが、1875年には、民主党候補には4,044票入り、共和党候補者には、わずか7票しか入らなかった。[63] 言うまでもなく民主党の地すべり的勝利でミシシッピ州の選挙は終わった。他の南部地域でも民主党による政権奪取は暴力と威嚇が用いられることになった。

次に述べるサウスカロライナ州のコンビー川沿いでのストライキの顛末は、共和党急進派によって推進された南部再建時代の終わりを象徴的に示している。

10 コンビー川沿いの米作地帯のストライキに見る旧勢力の復活

(1) 黒人が交渉できた時期

サウスカロライナ州の低地帯では黒人の住民が高い比率を占める。1860年には、ジョージタウン地区では85％、ボーモントでは83％、コレトンでは78％であった。海外との奴隷貿易が1808年に禁じられる前に、アフリカから多数の奴隷を駆け込み輸入したため、この低地帯では、南部の他の地域よりもアフリカ文化が活気づいていた。[64]

奴隷制時代にはサウスカロライナ州の低地帯は有数の米作地であった。奴隷は、日の出から日の入りまで労働するというのではなく、その日すべき一定の仕事を与えられるという規則で働いていた。これは、農園主にとっては奴隷を監督する費用を減らすことができ、また奴隷にとっては、仕事の速度を自らで決められる他、財産獲得の機会すらあった。奴隷労働が終われば、自らが売るための作物の栽培もでき、売ったカネでの家畜、家具、散弾銃などを入手す

ることも珍しいことではなかった。これは奴隷制の時代では例外に属する。[65]

　奴隷解放後、米作地帯の黒人は仕事の速度と手順を自らが決めたがった。1876年5月、ニューポート農園の日雇い労働者たちが、現金での支払いと賃上げを要求してストライキに入った。雇用主は日当を40セントに下げようとしていた。賃下げの対象となっているのは、日雇い労働者のみで、年間契約の労働者は影響を受けないという。しかし、ストライキがコンビー川沿いの近隣のプランテーション、ついでアシュポー川沿い、そしてボーフォート郡に広がるにつれ、多くの契約労働者がストライキに加わった。その後数日間は、何百人という黒人が、角笛や太鼓を鳴らしたり、中にはこん棒で武装して、米作地帯をデモ行進して、働いている者に仕事を止めるよう促した。農場によっては、働いている者を無理やり仕事から連れ出し、殴る黒人もいた。年間契約労働者の中には、たとえば、500人の労働者がストに入ったJ・B・ビッセル（J. B. Bissel）の農場の労働者のように、プランターが、必需品や信用貸しで黒人の力になってくれているのに、ストライキが起こって、そういうことがなくなった、とダニエル・H・チェンバレン（Daniel H. Chamberlain）州知事に手紙を書く労働者もいた。[66]

　結局のところ、プランターたちが要求した軍隊導入をチェンバレン知事は見送り、知事はプランターたちの不興を買うことになった。仕事をしようとする労働者を守ることができないので、ほとんどのプランターは、ストライキ参加者たちの要求に応じた。5月末には、日当50セントという従来の賃金に落ち着いた。[67]

(2) 黒人有力議員の仲裁

　米作地帯におけるストライキの第2弾は、1876年8月18日に始まった。すでに米の収穫が始まっていたので、プランターたちは、労働者を必要としていた。ビッセル農園の黒人は、収穫作業の賃金は、現金で、1日1ドル50セントを要求した。これまで1ドルだけ支払っていた農園主にとっては法外な要求に思えた。ビッセル農園のほとんどの労働者はストライキに入った。8月20日には、さらに近隣の米作地に拡大し、仕事に残っている者は、スト参加者に

よって、こん棒とムチで襲われた。さらに労働者たちは、すでに収穫した米を市場に運搬させなかった。その後、ストライキは地元の裁判官ヘンリー・H・フラー (Henry H. Fuller) の農園まで広がった。フラー農園では、ストライキ参加者は1日2ドルを要求し、働き続ける労働者を追い出した。フラーと保安官代理B・B・サムズ (B. B. Sams) は、フラー農園で5人の首謀者を逮捕した。が、黒人の群集が間もなく現れ、5人を釈放させ、裁判官、保安官、警察ならびにフラーとサムズによって呼び出されていた地元ライフルクラブのメンバーは、農園の脱穀所に身を潜めた。[68]

そこで、低地帯で最も有名な州下院の共和党の黒人議員ロバート・スモールズ (Robert Smalls) と、同じく黒人の副知事ロバート・グリーヴズ (Robert Gleaves) が仲裁に出た。シェルドンでスモールズが出くわしたのは、柵を引き倒そうとし、ライフルや6連発拳銃や散弾銃を持って白人を襲撃しようとしている300人の黒人であった。スモールズとグリーヴズは黒人と白人の集団の間に入って暴力的な衝突が起こらないようにした。スモールズの説得によって、ライフルクラブのメンバーがその場から抜け出すことが可能になり、また、ストライキの首謀者10人が保安官に出頭するということになった。[69]

スモールズのチェンバレン知事への報告では、フラー判事が偏りのない正義を行うことができない旨伝えた。判事自身がプランターであり、商品交換券を発行しているからであった。この商品交換券は農園内の店でのみ買い物ができ、商品には不当な値段がつけられていた。たとえば、1ポンド10セントでふつう売られているベーコンがビッセルの店では25セントした。この商品交換券制度は、プランターを通してしか、労働者が生活必需品を入手できない制度であるとして、スモールズは非難した。結局、プランターたちは労働者への支払いを現金にすることに同意した。スモールズは、少なくとも地元の政治においては、黒人の力(ブラック・パワー)の生きている象徴であった。[70]

(3) 政治情勢の変化により可能になったストライキ弾圧

コンビー川沿いのストライキは、低地帯の他の地域に飛び火した。チャールストン付近のクーパー川沿いの米作地帯では、政治家ジョージ・サス (George

Sass)に率いられた労働者が収穫時期の賃上げを要求し、従来の賃金で働く労働者が仕事に出るのを阻止することがあった。そして、コンビー川沿いで、8月28日に問題が再燃した。ストライキとデモ行進、働こうとする者への暴力がまた始まったのである。プランターたちは、サウスカロライナ州とジョージア州の米作地帯全域に拡大するのを危惧した。しかも、収穫が滞り、プランターは苦境に立たされたが、問題は9月までずれ込んだ。前回同様、ロバート・スモールズの仲裁で流血の事態は避けられた。が、ひとつ間違えば、人種間戦争になりかねない状況であった。[71]

渡り政治家(カーペット・バッガー)として1874年にサウスカロライナ州知事になっていた共和党員チェンバレンはジレンマに陥った。ストライキ参加者は黒人だが、サウスカロライナ州において、共和党票と言えば黒人票であった。従って、黒人の支持を失いたくないチェンバレンはストライキに対し強攻策はとらない。そこで、米作地帯に平穏を取り戻すには、政権交代以外にはないと考えられた。ジョージア州の米作地帯では、サウスカロライナ州のようなストライキはありえない。1872年に民主党が、共和党からの政権奪取に成功していたからである。ジェイムズ・M・スミス (James M. Smith) 知事のもとでジョージア州では、州民兵用のライフル、拳銃、弾薬に多額の予算が割当てられた。サウスカロライナ州のコンビー川沿いの農場では米の収穫労働に対し日に1ドル50セントから2ドル支払われたのに対し、サウスカロライナ州と州境を接しているジョージア州のゴーリー農場では、収穫時期には、ほとんど、日に70セントのままであった。[72]

しかし、1876年から1877年の冬にかけて、サウスカロライナ州政府と連邦政府のいずれでも政権交代が起きようとしていた。1876年の大統領選は不正と疑惑の選挙であった。国政では、民主党候補サミュエル・J・ティルデン (Samuel J. Tilden) と共和党候補ラザフォード・ヘイズ (Rutherford Hays) が争った結果、ヘイズが大統領に就任した。しかし投票結果への疑いから両党の間には妥協があった。それは共和党候補ヘイズを大統領に就任させる条件として、再建法によって12年前に始められた軍政を終わらせ、連邦軍を南部から撤退させるというものであった。このことは連邦政府が黒人問題に対し、無力に

なることを意味する。一方、州知事選においては、民主党候補ウェイド・ハンプトン (Wade Hampton) が当選した。プランターを支持基盤とするハンプトンのもとでは、これまでのような黒人労働者の要求をプランテーションに聞き入れさせる政治状況ではなくなっていく。[73]

サウスカロライナ州では、1880年代、90年代になると、ストライキを起こそうとすれば、地域の保安官と州の民兵が導入され、ストライキは抑えられた。ルイジアナ州でも、1887年に賃上げ要求のストライキが、民兵と白人の自警団の銃撃による虐殺で、100人以上の黒人が犠牲になった。しかし、共和党から民主党への政権交代によって、人種関係が急変したというよりも、政権交代へ至る過程において、すでに人種間の暴力的衝突が起きていたのである。[74]

たとえば、サウスカロライナ州では、1876年7月8日、ハンバーグの虐殺として知られるようになる事件が発生した。アメリカ独立百周年を祝おうとしていた黒人民兵隊に、白人が駆る馬車を通させようとしたことから始まった。黒人民兵の司令官ドック・アダムズ (Dock Adams) がその馬車を通させた4日後、ハンバーグに黒人民兵隊がまた集合した。そこには武装した白人も集合した。地域で最も名の知られた民主党員マシュー・C・バトラー (Matthew C. Butler) 将軍が黒人民兵隊に武装解除を命じたが、黒人はそれに応じなかったので、戦いが始まった。約40人の民兵は民兵本部へ退却した。バトラー将軍はオーガスタへ向かい、1門の大砲と何百人という白人の増援隊を連れて戻ってきた。数で劣る黒人民兵隊は夜陰に乗じてその場から逃れようとしたが、結果的に、白人1人、黒人7人が犠牲になった。黒人の目撃者によれば、捕らえられた黒人民兵隊25人の中から処刑される黒人を選んだのがバトラーであった。そのバトラーをサウスカロライナ議会は1877年に連邦議会上院議員として選んだのである。[75]

11　戻る歯車

ヘイズ政権が誕生したときには、アメリカはまだ不景気の中にあった。1873年恐慌で始まった不景気が回復に向かうのが、1878年である。1877年に

ヘイズ政権が直面したのは大ストライキであった。7月16日、ボルティモア・オハイオ鉄道会社の労働者が、ウェストヴァージニア州マーティンバーグで、賃金カットに抵抗してストライキに入った。ストライキは主要な幹線に沿って広がり、ニューイングランドと深南部を除く全域に影響を与えた。しかも、他産業にも拡大した。ピッツバーグではペンシルヴェニア鉄道が止まり、鉱山労働者と鉄鋼労働者が同情ストを組織した。ストライキ参加者に対して行動を起こすのを拒んでいた地元民兵隊に代わって、フィラデルフィアから民兵隊が導入され、20人を殺害するに至った。それに憤った市民はピッツバーグ鉄道の操車場に放火した。100両の機関車と200両の車両が火災にあった。シカゴとセントルイスはゼネストで麻痺した。熟練工と未熟練工が連合して要求したのは、8時間労働、不況前の賃金水準の回復、鉄道の国有化、失業労働者の逮捕を可能にする法律の撤回であった。この一連のストライキは2週間続き、7月29日には終わった。鉄道ストライキの発生により、政治の優先課題となったのは、労使問題と労働・賃金の問題であった。南部黒人の問題は、国政課題から、さらに後退を余儀なくされた。深南部では、選挙不正と暴力の脅威が黒人の地域社会に暗い陰を落とし、1877年以後、共和党は崩壊した。[76] 一方、南部の州政府は連邦政府から独立して独自に黒人へ対処するようになっていった。

　南部諸州で政権をとった民主党が始めたのは、プランターが労働力を自由にできるように法律を改正することであった。新たに制定された浮浪法では、事実上、無職であればだれでも逮捕されるというものであった。ひとつの仕事の契約期間終了前に、別の仕事を提供するのは刑事犯罪になった。南部諸州における刑事法は、軽窃盗に対する罰をかなり厳しくした。サウスカロライナでは、放火は死刑、また強盗は終身刑になった。ミシシッピ州のいわゆる「ブタ法」では、牛や豚の窃盗は、大窃盗罪と見なされ5年の刑として罰せられうる。投獄者の増加によって囚人賃貸制度(コンヴィクト・リース・システム)が拡大した。囚人を安価な労働力として提供するこの制度を利用しようとして、プランターたちは、鉄道、鉱山、木材などの産業と競った。[77]

　サウスカロライナでは1877年の不動産貸借法により、借地料が支払われるまで、作物全部をプランターに預けておかなければいけなくなった。南部の自

営農家にとっては、白人の優越が回復されても経済的に報われるということではなかった。というのは、綿花の価格が下がり、世界の需要が低迷すると、内陸地方の農民は、借金へ追いたてられ、土地を借りなければならなくなったからだ。深南部では、1880年と1900年の間に、一人当たりの所得の増加はない。北部の産業資本がのちに黒人の労働力を必要とするまで、工業部門は白人に限られており、ほとんどの黒人は南部にとどまらざるを得なかった。[78] しかし、後に黒人が大量に移住することになる北部の都市は、黒人にとっては約束された土地と言えるものではなかった。

おわりに

リンカーンの奴隷解放（予備）宣言によって、南北戦争は、連邦維持のための戦いから奴隷解放の戦いになった。それへの反感と黒人との職争いを背景にニューヨークでは反徴兵制暴動が起きた。戦後の南部再建は、経済を優先させ、南部の旧支配層と結ぶジョンソン大統領によって始められたが、南部再建をめぐる議会との主導権争いの結果、共和党急進派主導で南部に軍政を敷くことになった。連邦政府の権限で南部諸州の自治を奪ったのである。それは黒人と白人が平等の権利を持つという理念を実現するために必要な措置だと考えられた。連邦議会主導による南部再建時代には、かつて奴隷であった黒人が社会に進出するという大変革の時代であった。が、同時に、南部白人には、共和党員と黒人に対する反感も根強く、南部各地で共和党と黒人に対する暴力事件が多発した。

再建時代前半は鉄道建設ブームなどで好景気に恵まれた反面、連邦や州の補助金が莫大な額になり、鉄道事業が汚職の温床になった。鉄道事業には土地が提供されても、黒人に、経済的自立に必要な土地が与えられることはなかった。そうすれば、プランテーション経営に必要な黒人の労働力が失われることになるからである。そのため多くの黒人が物納小作人（シェアクロッパー）となって綿花栽培に従事した。

1873年恐慌から続いていた不景気や汚職のため、1874年の選挙で政権政党である共和党は大敗北を喫した。それを追い風にして、ミシシッピ州をはじめ、

南部では、民主党員が暴力や威嚇で、共和党を支持する黒人の投票阻止や票の書き換えなどの不正を行い、共和党から政権を奪取していった。1877年にラザフォード・ヘイズを大統領にする条件として、連邦軍の南部からの撤退が妥協され、南部は自治を獲得した。このことは黒人の保護が可能な唯一の権限である連邦政府の権限が州に及ばなくなったということを意味する。事実、とりわけ深南部において黒人が投票権を奪われ、政治暴力が多発するのは、州政府が民主党政権に代わってからである。

注

1 「眠れる巨人」という言い方は、南北戦争後に、共和党急進派の1人、チャールズ・サムナーによって、次のように使われた。「サムナーはアメリカ合衆国憲法修正第14条を『眠れる巨人と呼んだ。…その巨人は先の戦争が起こるまでは目を覚まさなかったが、今や、巨大な力を持って歩み出している。合衆国憲法に類似の条項はない。州に対するこれほどの最高権力を、連邦議会に与える条項は他にはない』」(Eric Foner, *A Short History of Reconstruction* [New York: Harper & Row, 1990], 106)。

2 本章は基本的に、Eric Foner, *A Short history of Reconstruction* の再建時代の見方に基づいている。つまり、とりわけフォーナーの「アメリカ全体の状況の中に、地域ならびに州の再建時代を位置付ける」(William L. Richter, *The ABC-CLIO Companion to American Reconstruction* [Santa Barbara, California: ABC-CLIO, 1996], xxxiv)という点に着目した。

3 Foner, 1-4; John Hope Franklin and Alfred A. Moss, Jr., *From Slavery to Freedom: A History of African Americans*. 8th ed. (New York: Alfred A. Knopf, 2002), 231-233.

4 Foner, 1-4.

5 Foner, *A Short History of Reconstruction*, 1-4.

6 *Ibid*., 6-7.

7 松村赳, 富田虎男編『英米史辞典』(東京:研究社, 2000年), 163-4, 208。なお、本章では、各所で、事実の確認や事件発生の年月日などの確認に本辞典を参照した。

8 同書; Foner, 14; Franklin, 228.

9 Foner, 20, 83, 89; Kenneth M. Stampp, *The Era of Reconstruction, 1865-1877* (New York: Viking Books, 1965), 113; Foner, 77.

10 Foner, 89, 92.

11 *Ibid*., 93.

12 *Ibid.*, 94.

13 *Ibid.*, 94-95.

14 *Ibid.*, 95; Foner, *Nothing But Freedom: Emancipation and Its Legacy* (Baton Rouge: Louisiana State University, 1984), 62-66.

15 Foner, *A Short History of Reconstruction*, 100.

16 *Ibid.*, 100-103.

17 修正第14条第1節は次のとおりである。「合衆国において出生し、また帰化し、その管轄権に服するすべての人は、合衆国およびその居住する州の市民である。いかなる州も合衆国市民の特権あるいは免除を損なう法律を制定し、あるいは施行することはできない。またいかなる州といえども正当な法の手続きによらないで、何びとからも生命・自由あるいは財産を奪ってはならない。またその管轄内にある何びとに対しても法律の平等なる保護を拒むことができない」(大下尚一、有賀貞、志邨晃佑、平野孝編、『資料が語るアメリカ』(東京：有斐閣、2001年) 付録「アメリカ合衆国憲法」281)。

18 Stampp, 113.

19 Foner, *A Short History of Reconstruction*, 118-119.

20 連邦議会上院と下院における政党勢力の優劣は次のとおりである。1867年〜1869年では、上院では多数党の共和党は42議席、第1少数党の民主党は11議席である。同期間、下院では、多数党の共和党は143議席、第1少数党の民主党は49議席である (斎藤眞, 鳥居泰彦監訳, 合衆国商務省編『アメリカ歴史統計』第Ⅱ巻 [東京：東京書林, 1999年], 1083)。

21 Foner, *A Short History of Reconstruction*, 118-119.

22 *Ibid.*, 120.

23 *Ibid.*, 122; Stampp, 144. 5つの軍管理区は次のとおり。第1区はヴァージニア州、第2区はノースカロライナ州とサウスカロライナ州、第3区はジョージア、アラバマ、フロリダの各州、第4区はミシシッピ州とアーカンソー州、第5区はルイジアナ州とテキサス州から成る。また1867年3月2日に成立した再建法の曖昧な部分は、それに続く3つの法律が明確にした。採択された日はそれぞれ、1867年3月23日、7月19日、1868年3月11日である。いずれの法案にもジョンソン大統領は拒否権を行使したが、議会がそれをすべて覆した (Stampp, 144)。

24 修正第14条第3節は次のとおりである。「かつて［連邦］議会の議員・合衆国の官公吏・各州議会の議員、あるいは州の行政官もしくは司法官として、合衆国憲法の支持を宣誓しのちに合衆国に対する動乱もしくは反乱に加担し、あるいは合衆国の敵に援助または助力を与えたものは、何びとも［連邦］議会の上院・下院議員、大統領ならびに副大統領の選挙人

となり、あるいは合衆国もしくは各州のもとにおいて、文官ならびに武官のいかなる公職につくことはできない。しかし、［連邦］議会は、その各議院の3分の2の投票によって、この法的無資格を解除することができる」（大下他編、前掲書付録「アメリカ合衆国憲法」の281-282をもとにした）。

25 Stamp, 145.

26 *Ibid.*

27 Foner, *A Short History of Reconstruction*, 151.

28 *Ibid.*, 154-155.

29 *Ibid.*, 155.

30 *Ibid.*, 157-158.

31 "Carpetbaggers"を「渡り政治家」と訳したのは『英米史辞典』（124頁）による。

32 Foner, *A Short History of Reconstruction*, 158-159.

33 *Ibid.*, 160.

34 *Ibid.*, 47-48, 61.

35 *Ibid.*, 169.

36 *Ibid.*, 169-170, 175.

37 *Ibid.*, 79-80, 176.

38 *Ibid.*, 170-173.

39 *Ibid.*, 164-165, 170.

40 *Ibid.*, 164.

41 *Ibid.*, 165, 202.

42 *Ibid.*, 165.

43 *Ibid.*, 166.

44 *Ibid.*, 202-203;『英米史辞典』, 176.

45 Foner, *A Short History of Reconstruction*, 167.

46 *Ibid.*, 183.

47 David M. Chalmers, *Hooded Americanism: The History of the Ku Klux Klan*. 1965. 3rd ed. (Durham, North Carolina: Duke University Press, 1998)の8頁に"locally called 'Pewlaski'"とある。

48 *Ibid*, 11.

49 David M. Oshinsky, *Worse than Slavery: Parchman Farm and the Ordeal of Jim Crow Justice* (New York: The Free Press, 1996), 26.

50 Chalmers, 15-16.

51 Foner, *A Short History of Reconstruction*, 145.

52 *Ibid.*, 184-185.

53 *Ibid.*, 193.

54 人身保護令状 (habeas corpus)「違法な拘束を受けている疑いのある者の身柄を裁判所に提出させる令状。裁判所が拘束の合法性を審査し、違法を判断すれば、直ちに拘束を解き、その者を自由にする」(田中英夫編『英米法辞典』[東京：東京大学出版会,1991年]、398)。

55 Foner, *A Short History of Reconstruction*, 195-197.

56 *Ibid.*, 217.

57 連邦議会下院における政党勢力の優劣は次の通りである。1873年～1875年では、多数党である共和党が194議席、第1少数党である民主党が92議席、その他14議席であった。それが1875年～1877年においては、169議席を占める民主党が多数党となり、第1少数党の共和党は109議席、その他14議席になった（合衆国商務省編『アメリカ歴史統計』第II巻,1083）。

58 Foner, *A Short History of Reconstruction*, 211, 222, 228.

59 *Ibid.*, 235; Oshinsky, 37-38; Richter, 25.

60 Oshinsky, 38; Richter, 28.

61 Foner, *A Short History of Reconstruction*, 235; Richter, 278.

62 Foner, *Reconstruction, 1863-1877*, 1988, (New York: Harper & Row, 1989), 559-560. なお、オシンスキーによるこの事件の展開の記述はフォーナーと少し異なり、次のようになっている。政党の行うバーベキューパーティで、数人の酔った武装白人が、十分な武装をした地元の解放黒人によって射殺された。郷土史家が書いていることとして次のように述べている。この事件は瞬く間に伝わり、武装白人を乗せた特別列車が白人支援にやってきた。ヴィックスバーグの民兵隊に率いられて、黒人に無差別攻撃をし、20人から30人の黒人が殺害されたという (Oshinsky, 38-39)。

63 Foner, *Reconstruction, 1863-1877*, 561.

64 Foner, *Nothing But Freedom*, 74-79, 86.

65 *Ibid.*, なお、米作地帯がサウスカロライナからつらなるジョージア州では、1890年には、ボーフォート郡では72%、コレトン郡では71%、ブライアン郡では、81%が自営農家であっ

た。その大部分は黒人であった (*Ibid.*, 108)。

66 *Ibid.*, 88-93.

67 *Ibid.*, 95.

68 *Ibid.*, 95-97.

69 *Ibid.*, 97.

70 *Ibid.*

71 *Ibid.*, 99-100.

72 *Ibid.*, 104-105.

73 *Ibid.*, 105-106.

74 *Ibid.*, 106.

75 Foner, *A Short History of Reconstruction*, 240.

76 *Ibid.*, 245; 249.

77 *Ibid.*, 250.

78 *Ibid.*, 251-252. 大恐慌時代に雇用促進局(WPA)の職員が南部に派遣されて元奴隷に面談した。再建時代は絶望と裏切りではあったが、また希望と可能性と達成感のあった時代として覚えていたという。当時81歳の元奴隷はこう話したという。「北部人が来て、我々を自由にしてくれたと言ってるけど、北部人は、我々をまた奴隷制に戻したんだ」(Foner, *A Short History of Reconstruction*, 259)。

参考文献

Chalmers, David M. *Hooded Americanism: The History of the Ku Klux Klan*. 1965. 3rd ed. Durham, North Carolina: Duke University Press, 1998.

Foner, Eric. *Nothing But Freedom: Emancipation and Its Legacy*. Baton Rouge: Louisiana State University, 1984.

―――. *Reconstruction, 1863-1877*. 1988. New York: Harper & Row, 1989.

―――. *A Short History of Reconstruction*. New York: Harper & Row, 1990.

Franklin, John Hope and Alfred A. Moss, Jr., *From Slavery to Freedom: A History of African Americans*. 8th ed. New York: Alfred A. Knopf, 2002.

大下尚一・有賀貞・志邨晃佑・平野孝編『資料が語るアメリカ』1989年 有斐閣、2001年。

Oshinsky, David M. *Worse than Slavery: Parchman Farm and the Ordeal of Jim Crow*

Justice. New York: The Free Press, 1996.

Richter, William L. *The ABC-CLIO Companion to American Reconstruction*. Santa Barbara, California: ABC-CLIO, 1996.

斎藤眞・鳥居泰彦監訳　合衆国商務省編『アメリカ歴史統計』第Ⅱ巻　東京書林、1999年。

Stampp, M. Kenneth. *The Era of Reconstruction, 1865-1877*. New York: Vintage Books, 1965.

田中英夫編『英米法辞典』東京大学出版会、1991年。

第5章　和解による疎外
―ブッカー・T・ワシントンとその時代―

はじめに

　1965年に全米歴史出版物刊行委員会は指導的な地位にあるアメリカの歴史学者に、どの人物の文書が刊行されるべきであるかを尋ねた。100人の中でブッカー・T・ワシントン (Booker T. Washington, 1856-1915) は12番目にランクされた。上位では唯一の黒人であった。主に議会図書館に保管されていた「ワシントン文書」の編集者を務めたルーイス・R・ハーラン (Louis R. Harlan) は、1970年の論文でこう述べている。「豊富なワシントン個人の文書が20年前に学者に開示されたとき、歴史家は自伝に出てくる素朴なワシントン像を捨ててしまわなければならなかった」。[1] 公のワシントン像と陰のワシントン像に関し、ワシントンの伝記でハーランは、「ブッカー・T・ワシントンという人物の複雑さは恐らく、白人の支配するアメリカ社会の中で、黒人であることに起因していた」[2] と書いている。「白人の支配するアメリカ」が顕著になるのは、南北戦争後は1890年代からである。

　共和党から南部復権を果たした民主党保守派も、また民主党に不満を持つ農民を主体に結成された人民党も黒人票を狙った。そのため黒人投票権が南部諸州の大半で奪われるのは、連邦軍撤退直後ではなく、黒人との同盟で黒人票を自党に有利に利用できなかった人民党が、黒人の投票権剥奪に傾いた時期である。黒人を社会から疎外することによって白人同士の和解が成り立っていく時代に、ワシントンは黒人指導者としての地位を確立していく。

　ワシントンは、黒人の政治的・社会的権利奪還を主張することなく、黒人の経済的向上を説く指導者として南部・北部を問わず、白人の支持を背景に強い

影響力を晩年近くまで保持した。ワシントン自らが属する人種がアメリカ社会で孤立させられていく中で、ワシントン自身は教育界や政界に発言力を強めていった。しかし、その一方で、秘密裏に黒人の権利を守る訴訟に資金援助をすることもあった。ワシントンが静観していられなくなるほど、黒人が権利を喪失していったのである。

本章の目的は、1950年代、60年代の公民権運動で黒人が法的権利を要求しなくてはならない素地が、南北戦争後にどのように形成されたかを主に、ワシントンとその時代を通して検討することにある。

1 どれが本当のワシントン像か

解放黒人のブッカー・T・ワシントンの自伝『奴隷から身を起こして』(Up from Slavery, 1901)を貫いているのは、白人と黒人との信頼関係である。自伝でワシントンは白人と黒人の社会的平等を主張しなかった。当時の白人に受け入れられる黒人の自画像がそこにある。タスキーギ学校に図書館建設費用として2万ドルを寄付したことがあるアンドルー・カーネギー (Andrew Carnegie) は『アンドルー・カーネギー自伝』でワシントンをたたえている。

> より誠実で自己犠牲的な英雄は他にいない。徳でできあがっているような人だ。非常に純粋で高貴な魂の持ち主とは、ただ知り合いになるだけでいい気持ちになる。人間性が最も高度に発達し、この世においてすでに神々しさをまとっている。…奴隷に生まれて黒人の指導者になった。黒人を導き前進・向上させ、現代においてモーゼとヨシュアを合わせた人だ。[3]

1915年10月下旬、イェール大学のあるコネティカット州ニューヘイヴンで2つのスピーチを終えたワシントンは船でニューヨークに向かう。この時すでに腎臓発作と高血圧に苦しんでいた。ニューヨークでの仕事はタスキーギ学校拡大のための資金確保であった。資金は確保したが、重病のワシントンの命は、数時間か数日という医者の判断であった。瀕死のワシントンは列車でアラバマ

州タスキーギに何とか戻ってくるが、回復することなく自宅で息を引き取ったときは59歳であった。[4] 無理を押して死の間際まで責務を果たそうとしたワシントンがそこにいる。そういう点にカーネギーの言う「誠実で自己犠牲的な」ワシントン像を認めることもできる。ワシントンもまた自伝で「最も幸福な人とは他人のために最高のことをしてあげる人である」[5] と述べている。しかし、それがワシントンのすべてではない。『奴隷から身を起こして』によって喚起されるワシントン像が現実のワシントンと異なるということは今では周知のこととなった。自伝から想像される素朴な解放黒人のイメージとは異なる実像があるという見方が一般的である。

タスキーギ学校に招聘を打診されて、30代半ばのW.E.B.デュボイス（W.E.B. Du Bois）は、一回り年上の校長ワシントンから2回面接を受けている。そのときの印象を90代のデュボイスは自らの自伝『W.E.B.デュボイス自伝―90代になって独白する我が人生』に記してワシントンをこう評している。

　ブッカー・T・ワシントンは気安く知り合えるような人ではなかった。警戒心が強く、寡黙であった。話している相手のハッキリとした正体、何を望んでいるのか、何を要望しているかを正確に知るまでは、率直かつ明快に意見を述べることは決してなかった…第1回の面接が終わってみると、あらかた私がしゃべり…ワシントン氏はほとんど何もしゃべらなかった。次の面接があまりうまくいかなかったのは、私がほとんどしゃべらなかったからである。[6]

1906年のアトランタの人種暴動は、『アメリカン・マガジーン』誌の記者レイ・スタナード・ベーカー（Ray Stannard Baker）を南部の人種問題に引き付けた。ベーカーがインタビューを行った1人に、人種差別主義で鳴らしたミシシッピ州知事ジェームズ・キンブル・ヴァーダマン（James Kimble Vardaman）がいた。ヴァーダマンはワシントンのことを次のように語ったとされている。

　ペテン師で嘘つきさ。抜け目のないやつよ。社会の寄生虫を養成している。ものを教える以外に、あいつの学校の生徒が役に立つことをしたのは聞

いたことがない。南部にいるときと北部にいるときじゃ、しゃべることが、からっきし違う。偽善者の証拠じゃないか。[7]

確かにワシントンは権謀術数をめぐらすこともある。反ワシントン陣営にスパイを放つこともした。しかしそういうワシントンばかりをイメージしていたのでは、やはりワシントンの1つの側面しか見ないことになりはしまいか。当時広範な読者を得た『奴隷から身を起こして』にはそれなりのワシントン像があり、そこには、素朴ながらも、指導者としての行動原理や価値観が含まれている。それらが現実の人種問題に遭遇したときには自伝のままのワシントンでは対応できず、その都度、自伝のワシントン像から逸脱せざるをえなかったのではないだろうか。

ワシントンの自伝の世界を垣間見てみよう。

2 『奴隷から身を起こして』の世界

ワシントンが校長を務めるタスキーギ学校では、開校当初、農地用に土地を購入した借金を返済する目的で、後に2番目の妻となるデイビッドソンとワシントンは祭りを催した。地域住民から食べ物をもって来てもらう「夕食」祭りという形にし、寄付金を募ることにした。戸別訪問も行われた。かつて奴隷であった黒人の老人から5セントとか10セントあるいはキルトやサトウキビを寄付してもらったワシントンは哀れを誘われる。ボロをまとって6個の卵を持ってきた70歳の老女をワシントンは自伝で思い出す。杖を頼りにびっこを引いてワシントンのいた部屋に入ってきて老女はこう言った。「たしかに、わたしは、盛りのころは、ずっと奴隷だった。わたしは、無学で貧乏なのはまちがいないけど…おまえさんとデイビッドソンさんが黒人をよくしようとしているのは知っておる。カネはないけど、タマゴを6つばかし、ためたんで受け取ってもらいたい。こどもらのキョウイクのために」[8]。

出版されて間もなく、数多くの外国語に翻訳されたことが示しているのは、

『奴隷から身を起こして』には人種を超えて訴えるところがあるということであろう。「世界の若者の精神を元気づけてくれる本の1冊です」[9]と1915年に書いたライジロー・ヤママスという日本人のワシントン宛ての手紙を、伝記作者ルーイス・R・ハーランが紹介している。ハーランはまた次のような指摘もしている。自伝の主人公に黒人が自己同一化して、「ワシントンの困難や努力や成功を自分が経験しているかのように感じた」だけではない。さらに、白人に対する善意に満ちているこの自伝は、普遍的な人間性に訴えかけてもいる[10]。

白人の少年をうらやましく思ったときもあったワシントンだが、自伝では成功というものをこう考えている。

> 私が学んできたことですが、成功の尺度というのは、人生においてその人が到達した地位ではなくて、成功を目指してその人が克服した障害だということです。…黒人の若者が認められるためには、白人の若者よりもより懸命に働いて、仕事をより上手にこなさなければなりません。しかし、くぐり抜けなければならない、つらくて大変な努力を通して、黒人は力と自信を得るのです。白人に生まれたために、比較的平坦な道を歩む人はそれを手に入れることがないのです。[11]

それでは成功するためにはどういうことを心がけるべきか。無私に徹することだとワシントンは言う。そしてそこにこそ幸福があるとする。

> いかなる企てにおいても成功するために一番大切なことは、自分自身をすっかり忘れてしまうようになることだと思います。つまり、大きな目的の中で自分というものをなくしてしまうのです。このようにして自分をなくす程度に応じて、仕事から非常にすばらしい幸福を得るのです。[12]

自分にとらわれず、自己への執着から自由になることが幸福につながると考えるワシントンはさらに、一人の人間の人生は他者を幸福にするためにあると

考える。

　人生を生きるにつれて、そして世の中で経験を重ねるにつれて、私が確信するようになったのは…最も生きるに値する――必要があれば死に値する――1つのことは他人をより幸福に、そしてより役立つようにする機会なのです。[13]

　黒人の将来像を描くワシントンは、地域社会に役立つ人材としての黒人像を繰り返し提示してみせる。黒人の将来は次のようなことにかかっているとワシントンは言う。「技術と知性と品性を通して、地域社会にとって申し分のない価値を発揮できるかどうか」[14]。あるいは「地域社会の幸福と繁栄に黒人の存在が…なくてはならない」[15]と思われるかどうか。また「タスキーギ学校で教育を受けたレンガ積み職人が南部に入って行けば、入って行った地域社会の繁栄に貢献しているのを私たちは目にします」[16]といったようにワシントンは、マックス・ベネット・スラッシャー(Max Bennett Thrasher)をゴーストライター[17]にして、勤労に喜びを見いだす黒人像を、自伝で喚起させる。しかし『奴隷から身を起こして』は「アメリカの黒人の生活をあまりにも明るくみている」[18]と、ハーランが指摘している。19世紀後半から20世紀初めにかけてのアメリカ南部において、黒人を取り囲んでいた状況は、自伝にあるような素朴でのどかなものではなく、複雑で厳しいものであったと見るべきであろう。

　それでは『奴隷から身を起こして』に描かれていない南部社会はどうなっていたのだろうか。

3　残虐なリンチによる報復

　正当な法的手続きを経ずに、暴徒が容疑者・犯罪者を暴力によって処罰することをリンチという。1919年に全米黒人向上協会(NAACP)が「100件のリンチ事件」という記録を発行した。リンチに関する記事をまとめたものである。その抜粋を、法学者ランダル・ケネディ(Randall Kennedy)が『人種と犯罪と

法』(Race, Crime, and the Law) に載せている。それを要約してみる。[19]

　1895年、テキサス州。乗っていた馬で黒人が、白人の少女に重傷を負わせた。リンチにあったのは馬に乗っていた黒人ではなく別の黒人であった。

　1899年、ジョージア州。黒人の農業労働者サム・ホーズ (Sam Hose) は賃金について争い雇用者を殺害した。雇用者の妻を強姦したということが逃亡中に罪として加えられた。ホーズが自白したのは殺人のみであった。2,000人の見物人の前、ホーズは公道でリンチにあう。火あぶりにされる前にホーズは両耳を削がれ、指や体の他の部分も失っていた。冷えないうちに、死体は細かくきざまれ、骨はつぶして細かくされ、縛られていた木さえ引き裂かれ、土産物に供された。ホーズの心臓と肝臓は数個に切られた。骨の砕片は25セントで売れ、肝臓はカリカリに焼かれて1つが10セントで売られた。リンチを行った者に対する告発はなかった。

　1901年、フロリダ州。ウィル・ライト (Will Wright) とサム・ウィリアムズ (Sam Williams) は殺人に連座して告発された。収監中、暴徒により監獄の中でリンチにあった。保安官は鍵を渡さなかったので、暴徒は外の戸を壊した。監房の鉄製扉は壊せなかった。そこで鉄格子の間から銃を撃って2人の黒人を殺した。死因についての評決をする検死陪審は「未知の集団」によって殺害されたとした。

　1903年、デラウェア州。黒人ジョージ・ホワイト (George White) は強姦殺人罪で告発された。現場に引っ張られていき、無理やり自白させられた。そして杭に縛られ火あぶりにされた。焼かれている最中にも弾丸が撃ち込まれ蜂の巣にされた。数日後に会合を持った地元の商工会議所はリンチを非難する決議を拒んだが、山火事を非難する決議は可決した。

　1904年、ミシシッピ州。黒人ルーサー・ホルバート (Luther Holbert) とその妻は、白人の農場主ジェームズ・イーストランド (James Eastland) と黒人ジョン・カー (John Carr) を殺害した嫌疑で火あぶりにされた。カーの小屋に来ていた農場主がホルバートに農場を出て行くように命じた。それがもとでホルバートと農場主が喧嘩になって、農場主の方が殺された。ホルバートは妻と逃亡したが捕まって火あぶりにされたのである。見物人は1,000人いた。ホル

バートが捕まる前に、ホルバートと似た黒人が撃たれた。ホルバートの妻がこの殺人に関わりがあったということを示すものは何もなかった。

1906年、テネシー州。エド・ジョンソン (Ed Johnson) は強姦罪で有罪判決を受け絞首刑の判決が下された。連邦の最高裁判所に控訴が認められたが、暴徒が刑務所の戸を壊し、ジョンソンを連れて行き、縛り首にした。

1910年、アーカンソー州。黒人ジャッジ・ジョーンズ (Judge Jones) と白人女性との不適切な行為に憤った40人の男性暴徒が刑務所の看守と看守代理を力ずくで押さえて、ジョーンズを絞首刑にした。

1911年、オクラホマ州。黒人女性ローラ・ネルソン (Laura Nelson) の自宅に盗品を発見した副保安官を殺害した容疑で、ネルソンは15歳ほどの息子と共にリンチされた。刑務所から連れ出され、二人は橋から吊るされ絞首刑にされた。ローラ・ネルソンは縛り首にされる前に暴徒の何人かによって強姦された。

以上がケネディの抜粋によるリンチ事件である。

1882年から1968年の間でリンチにあう黒人の犠牲者が最も多いのはミシシッピ州である[20]。「アメリカの中ではミシシッピ州ほど黒人大衆の政治的権利が奪い取られている州はないと言っても差し支えない」[21]とブッカー・T・ワシントンが1912年に書いている。おもにミシシッピ州の再建時代ならびにそれ以降現代までの黒人差別の実態を研究したのがデイヴィッド・M・オシンスキー (David M. Oshinsky) の『「奴隷制よりひどい」――パーチマン農場と黒人差別の正義という試練』(*"Worse than Slavery": Parchman Farm and the Ordeal of Jim Crow Justice*) である。ミシシッピ州のある新聞が、1902年のリンチ事件を全段抜き大見出しでこう伝えた。「［白人］女性を殺した黒人　火あぶりの刑　5,000人の見物人」。祭りのような雰囲気の中、殺人現場に連れて来られた黒人は罪を自白する。リンチ見物用に特別列車まで仕立てられた。[22]

すでに触れた1904年のミシシッピ州でのリンチ事件に関してケネディが全米黒人向上協会の「100件のリンチ事件」から抜粋したものは、1904年2月8日のニューヨーク・トリビューン紙からのものである。同じ事件に関してオシンスキーが地元ミシシッピ州のヴィックスバーグ・イーブニング・ポスト紙

から1904年2月13日の記事を載せている。

> ホルバートと妻は両手を押さえつけられて指を一本一本切り落とされ、切られた指は記念品として配られた。両耳は削がれた。ホルバートの頭は激しい殴打によって割られ、片方の目は棒で打たれて眼窩から垂れ下がっていた。…最もひどい苦痛を与えた刑罰は、暴徒が持っていた大きなコルク抜きの使用であった。この道具は二人の生身の体に突き刺された。腕や脚や胴体から引き抜かれるたびに、コルク抜きの螺旋には引き千切られた生の肉がピクピク動いていた。[23]

1,000人以上の見物人が、かたゆで卵を食べたり、レモネードをすすったり、ウィスキーを飲んだりしてこの残虐なリンチを見ていたのである。

リンチがアメリカで最も盛んに行われたのは1880年代と1890年代の初めである。『アメリカ黒人の未来』(*The Future of the American Negro*, 1899)でブッカー・T・ワシントンはリンチの問題を取り上げている。ワシントンによれば、1898年には127件のリンチ事件のうち南部で起こったのは118件だという。リンチされた人の総数のうち102人が黒人で、23人が白人で、2人がインディアンであった。リンチの理由は強姦が24件、殺人が61件、殺人容疑が13件、窃盗が6件、その他、であった。これらの数字をワシントンは1892年の数字と比較している。その年はアメリカでリンチされた人の総数は241人である。205件が南部で起こったものである。241人のうち強姦または強姦未遂のためにリンチを受けた者は57人、184人は強姦以外でリンチを受けた。強姦した者に対するリンチをワシントンは容認している。南部では1892年から1898年の6年間に900人がリンチされている。その中には6人の黒人女性も含まれる。リンチを見物した9歳の白人少年の言葉をワシントンは忘れることができない。金髪で青い目をしたその少年は帰宅して母親にこう言った。「男が縛り首にされたんだ。今度は焼き殺されるのを見たいよ」。[24]

リンチは私刑と訳されるように、正式な法手続きを経て犯罪者あるいは容疑者に対して行われる制裁ではない。南北戦争後の南部では、私的制裁と併行し

て、合法的に黒人の権利を剥奪する社会に移行していく。南北戦争後に定着した南部の人種差別社会は、公民権運動によって覆されるまで持続したのである。

南北戦争後、共和党急進派主導で南部に敷かれた軍政は1877年に終わるが、再建時代終了直後に、黒人が再建時代に得た権利を剥奪されていったわけではない。その点に関し、主に、V・C・ウッドワード (V. C. Woodward) の『アメリカの人種差別の歴史（第3版）』(*The Strange Career of Jim Crow*) をもとに、ジム・クローと呼ばれる黒人差別制度が導入される背景について述べてみたい。

4 ジム・クロー制度定着の素地

ウッドワードが主張するのは、再建時代の終了とともに黒人投票権の剥奪が起こったわけではないということである。黒人に対する暴力や投票の強制があったのは事実だが、南部のほとんどの地域では再建時代以後20年以上も黒人が大量に投票し続けていたことに加えて、黒人の公職は再建後も保持されていた。ルイジアナ州では、フランシス・T・ニコルズ (Francis Nicholls) 知事が黒人を公職につける努力をした。黒人は要職ではなく低い公職に就くことができた。それは黒人によって実害を被らなくする一方で、政府の行動を把握する立場に黒人を就けておく意図からであった。サウスカロライナ州のウェイド・ハンプトン (Wade Hampton) 将軍は知事選挙運動で、解放黒人の懐柔と両人種の和解のための公約をした。ハンプトン知事のもと、黒人が州議会議員として民主党の公認を得ることもあった。黒人の民兵隊や消防隊は公式式典に参加することが奨励され、サウスカロライナの共和党や黒人指導者から賞賛を得た。共和党支配から脱した南部の復権派の指導者たちが黒人と融和し、支持を得ようとしたのは、単なる温情主義や身分が高いゆえの義務のためだけではなかった。[25] そこには権力を維持するための政治的判断があった。

共和党から政権を奪った南部民主党保守派の政策では、鉄道や企業の利益が重んじられたため、とりわけ不況に苦しんでいる白人農民の間では極めて人気がなかった。ヴァージニア州では、不満派が組織した第3党が共和党の一部と連合し、再建後に政権をとった復権派政府に代わり、州の支配権を握った。[26]

他の州では第3党の台頭による政権交代を阻止するために、保守派が黒人との同盟を求めたのである。このような同盟は「連合政策」と呼ばれている。共和党あるいは第3党と民主党保守派が争う場合、黒人が保守派を支援する代わりに、共和党における黒人派と白人派の争いにおいては、保守派は黒人派に力を貸すというものであった。具体的には、まず黒人指導者と郡の民主党執行部との間で黒人に与える公職の数について協定がなされる。その見返りに、地方政治において、民主党と共和党の白人不満派から構成される第3党との闘争では、民主党保守派が黒人の支持を得るということであった。このようにして連合政策をとった民主党保守派は1880年代の第3党による政治的反逆を、黒人票を獲得することによって、白人不満派に対抗したのである。[27]

南部において黒人がこのように利用される状況がのちに人種主義に傾いていくのは、それまで人種主義を抑制していた勢力の後退にある、とウッドワードは考える。つまり、19世紀末には、北部自由主義、南部保守主義、南部急進主義という人種差別を抑制する勢力が同時に衰退したのが理由だという。ウッドワードのこの考えをもう少し詳しく述べてみる。

(1) 北部自由主義の後退

北部自由主義の後退の始まりは1877年の妥協である。南部と北部の地域間の争いの象徴が黒人問題であった。地域間の和解を主張する北部進歩派は、南部における黒人の人権剥奪などに対し敵意を扇動的にあおることに反対し、次第に南部の人種主義を擁護する立場をとるようになっていった。そのため、北部と南部の白人間の和解は促進されたが、その犠牲になって、獲得した権利を失っていくのが黒人であった。[28]

憲法修正第14条にしても、州を制約する権力を連邦議会に与えてはいるが、個人が行う人種差別に対し、連邦議会は干渉することができないという解釈を、合衆国最高裁判所が行うようになった。人種隔離を正当化するのは1896年のプレッシー対ファーガソン判決である。この判決では人種隔離をしても平等であることが認められた。1898年に連邦最高裁判所はミシシッピ州の黒人から公民権を剥奪する計画を認めた。それは人権剥奪、人種隔離、投票権剥奪に合

法的に道筋をつけた。[29]

　世紀の変わり目には、フィリピンやハワイやキューバへのアメリカの海外伸張とあいまって、帝国主義を支持する傾向が強くなり、人種主義がもてはやされた。そして新世紀が始まると、ヨーロッパ系の人種が優れた人種であるという学者たちの主張に追い風を受け、南部における白人優越主義はアメリカ国内に広がっていった。[30]

(2)　南部保守主義の後退

　再建後の南部での復権政府の威信は、南部を統治するために北部からやって来た「一旗組(カーペットバッガー)」の権力を打ち倒すことによって確立された。そのような威信があったからこそ南部保守勢力は、人種政策を抑制し、黒人との連合が可能になったのであった。しかし蓄積された不満によって保守主義の権威は次第に崩れていった。しかも1880年代には、復権政府内の汚職が暴露され、腐敗において「一旗組」政府を凌駕する州も現れた。「一旗組」政府からの政権交代を正当化させたのが不正のない政府という主張であったため、復権政府内での財政汚職は威信低下に拍車をかけた。[31]

　保守派と黒人が同盟するということは矛盾する。すなわち黒人を擁護する「一旗組」の政府打倒にあたり、反黒人派白人の支持を必要としたにもかかわらず、南部復権が実現すると、保守派は、反黒人派を和らげ、黒人に対しては公職を与え、保護することで懐柔しようとしたからである。ルイジアナ州のニコルソン知事やサウスカロライナ州のハンプトン知事らの柔軟な人種政策に対し、民主党内の反対派は、黒人を公職に就けるということに対する非難は免れないとした。[32]

(3)　南部急進主義の衰退

　1880年代と90年代に生じた経済的不満は、南部急進主義の発露として1892年に人民党結成に至った。人民党は、民主党保守派だけでなく民主党そのものを否定するようになった。第3党となった白人下層階級勢力を駆逐し、権力を維持するために、黒人票を使うことによって対抗しようとしたため、白人下層

階級に対し、民主党保守派はその道徳的権威を弱体化させていった。民主党保守派はかつて「一旗組」に対してとったのと同様の方法で、選挙における不正を行った。黒人票を、投票した、しないにかかわらず、保守派候補の支持票として計算したのである。こうなると黒人と協調路線を歩んできた人民党も挫折感を味わわざるをえない。人民党没落の原因は黒人にではなく民主党保守派に向けられるべきなのに、大多数の者は黒人に非難を転嫁した。南部保守派は人民党との闘争において、これまでの穏健な人種政策を放棄した。また、人民党も黒人に対して幻滅することになった。黒人のみが攻撃対象として公認される状況であった。[33]

ブッカー・T・ワシントンの柔順の哲学が、黒人への一層の攻撃を促した可能性を、ウッドワードは指摘する。ワシントンが1895年に行った「アトランタの演説」はそのような促しの意図を持ってはいないのは明らかだとしながらも、ウッドワードは次のように述べている。「黒人大衆に対して南部の政治活動からの事実上の引退を勧め、黒人の果たすべき役割として卑しい下賎な仕事を強調することによって、彼は知らず知らずのうちに黒人の公的権利剥奪の道を準備していたのである」[34]。

ウッドワードの言う「アトランタの演説」とは次のようなものである。

5　アトランタの演説[35]

ワシントンが演説をしたのはアトランタでの博覧会であった。アメリカ全土から人々が集まった。また外国政府の代表や多くの軍事・民間組織が集まり、会場は超満員であった。このような多人数の前でワシントンが演説をするのは初めてであった。ワシントンの演説を可能にするために動いたのは、I・ガーランド・ペン (I. Garland Penn) であった。彼はアトランタ博覧会の黒人部門の責任者である。1895年9月18日の演説で、ワシントンが考慮に入れなければならなかったのは南部の白人、北部の白人および黒人である。登壇する黒人ワシントンに会場はよそよそしさで静まりかえるが後に大喝采を受けることになるのである。会場の3種の聴衆がそれぞれの立場で満足した証拠である。

酪農や野菜栽培よりも黒人は政治に関心を向けてきたことに言及し、ワシントンは「そこにバケツを降ろせ」という比喩を用いて人種問題を扱う。何日も海で遭難している船が味方の船を見つける。渇きで死にそうだから水をくれという信号を難破船が送る。難破船は4度とも「そこにバケツを降ろせ」という応えを受ける。難破船の船長はとうとうバケツ降ろして汲んでみたところ、きれいな真水であった。船はアマゾン川の河口まできていたのである。[36] 黒人がバケツを降ろすべきところは、農業など労働で物を生産する仕事であると言う。白人がバケツを降ろすべきところは、800万人の黒人の中である。ワシントンは次のように続ける。

　ストライキや労働争議を起こさずに、畑を耕し、森を開き、鉄道と町を建設し、地中から富を掘り出し、素晴らしい南部の発展を可能にする人々の中にバケツを降ろしてください。…頭と手と心の教育をするのです。そうすれば黒人は、余っている白人の土地を買い、白人の畑にある荒れ地に花を咲かせ、白人の工場で働きます。こうして、これまでのように、これからも皆さんと皆さんの家族の周りにいるのは、世界で最も忍耐強く、信頼が置け、法律を守り、怒ることのない人たちということになります。

さらにワシントンは人種隔離政策への妥協を、効果的な比喩で表明する。「純粋に社会的なものにおいては」と言ったワシントンは頭の上に手を挙げて、指を大きく広げるジェスチャーをつけて「指のように別々になることは可能です」と続ける。広げた指を今度は拳にして「しかしお互いの進歩のためには何事においても、この手のように一つになろうではありませんか」[37] と言うと、会場からは感嘆の声が上がり、聴衆がみな立ち上がって大喝采を送った。壇上にいたアラバマ州のルーファス・B・ブロック (Rufus B. Bullock) 知事はワシントンに駆け寄り、手を握った。象徴的な場面である。白人と黒人の協調路線を歩むことによって今後ワシントンは黒人の指導者としての地位を確立していくことになる。

　アトランタの演説に対する黒人の評価は分かれた。W・E・B・デュボイスは

8年後には『黒人の魂』(*The Souls of Black Folk*) で反ワシントンの立場をとる[38]が、当時ウィルバフォース大学で教職に就いていたデュボイスは次のように書き送った。「アトランタでの目を見張るようなご成功を心よりお祝い申し上げます。適切なお言葉でした」。[39] しかしワシントンの妥協的態度を糾弾して、黒人の「裏切り者」と呼んだ黒人の指導者もいた。「裏切り者」とワシントンを呼ばなければいけないほど、黒人一般大衆は窮地に追い込まれていたのである。黒人を犠牲にすることによって、南北の白人同士の社会的・政治的な融和・結合が可能になったのである。南部の大半でジム・クロー制度が合法的な制度として整えられていくのが1890年代以降である。

6　1890年代以降の投票権剥奪と人種隔離

(1)　投票権剥奪

　白人保守派と白人急進派の争いを解消するのは白人優越主義である。具体的には黒人の投票権剥奪から始まった。黒人の投票権剥奪が選挙の腐敗防止であるという主張がなされた。民主党の選挙管理人の黒人票奪取の防止のために、黒人から投票権を剥奪するのは、「被害者を処罰するようなもの」だと見る人もいたが、ほとんどの南部人の目には、黒人の投票権剥奪は革新的な改革の1つに映った。黒人の投票権剥奪は、ミシシッピ州では、人民党の台頭以前から行われていた。他の南部諸州はミシシッピ州の方法をもとに、独自の工夫を凝らした。その方法としては投票する資格に一定の障壁が設けられた。たとえば、財産の所有や字を読めることなどの資格が課された。そのような障壁が貧しい白人に適用されないようにするために、たとえば「祖父条項」などが設けられた。これは一般に、祖父が投票することができたり、祖父が南部連合軍の兵士であったりすれば、投票する権利を有するとするもので、黒人の投票を阻止し、白人には抜け道を用意したのである。1895年から1900年の間に、サウスカロライナ、ルイジアナ、ノースカロライナ、アラバマ、ヴァージニア、ジョージア、オクラホマの各州憲法に書き込まれていった。これらの州に加えて、フロリダ、テネシー、アーカンソー、テキサスなどは、財産ではなく人にかかる投

票税を採用した。[40]

　ルイジアナ州では1896年には黒人選挙登録者は、13万334名だったが、1904年には1,342人になった。この2つの時期に読み書き、財産、それに投票税納入という障壁が設定されていたからである。アラバマ州では1900年に投票資格年齢に達した黒人は18万1,471人いたが、1901年に新州憲法が制定されると選挙登録をした黒人はわずか3,000人のみであった。[41]

　黒人への圧力が増し、黒人を襲撃する暴動も起こった。ノースカロライナ州では1898年に400人の白人暴徒がウィルミントンの黒人居住区を襲い死傷させ、多くの黒人を町から追い出した。1906年には白人優越主義を奉じるホーク・スミス (Hoke Smith) がジョージア州知事に選ばれると、アトランタでは4日間にわたり略奪、殺戮、リンチが続いた。[42]

　1895年には黒人投票権剥奪の動きに対し強く反対していた人民党のトム・ワトソン (Tom Watson) が、1906年には黒人投票権剥奪を選挙綱領にかかげるほどになった。ワトソンは黒人を排斥することによって人民党の主張が受け入れられると考えるようになっていたのである。[43]

(2) 人種隔離

　人種を分離する法律は1900年までは列車の乗客を対象としたものであった。1901年以降は南部諸都市では路面電車に人種隔離法が適用され、1905年までにノースカロライナ、ヴァージニア、ルイジアナ、アーカンソー、サウスカロライナ、テネシー、ミシシッピ、メリーランド、フロリダ、オクラホマの各州が、同一車両内での人種隔離を法律で定めた。1906年にはモントゴメリー市では車両そのものの分離を求めた。20世紀に入ると南部各地で「白人専用」もしくは「黒人専用」と書かれた標識が目に付くようになった。法的根拠もなしに、水飲み場、待合室、切符売り場などに掲示されていった。1915年にはサウスカロライナは州法で繊維工場において白人と黒人が同室で労働するのを禁じた。ミシシッピ州とサウスカロライナ州では病院の人種隔離が法的に定められていた。南部の他の州で法的に定められていないからといって、人種隔離が行われていないということではない。アラバマ州では黒人男性を白人看護師が看

護するのを禁じていた。1914年のルイジアナの法律では、サーカスやテントで行われる見世物は、出入り口、切符窓口、切符売り子を人種別に設け、少なくとも25フィート離すことを定めていた。バーミングハム市の市条例は、人種隔離の原則を、劇場、映画館、球場などにおける両人種の厳密な分離を明文化していた。[44]

白人優越主義と黒人投票権剥奪運動の絶頂期、さらには人種隔離が南部に拡散していく時期の「文学的伴奏」[45] となった作品を書いたのが、トーマス・ディクソン (Thomas Dixon) である。

7 『クランズマン』―否定的な黒人像―

トーマス・ディクソンが1905年に出版した小説は『クランズマン』(The Clansman) である。ディクソンの『クランズマン』はクー・クラックス・クランの一員であった彼のおじに捧げられている[46]。南部連合の敗北で始まるこの小説は、クー・クラックス・クランが暗躍して、共和党急進派や黒人による南部再建時代が終わり、南部が「救われる」までの時代を背景にしている。実在した共和党急進派のサディウス・スティーヴンズ (Thaddeus Stevens) をモデルにしたオースティン・ストーンマン (Austin Stoneman) は、小説の中では連邦議会下院の議長である。南北戦争後の南部政策に関して、ストーンマンは、南部との融和を説くエイブラハム・リンカーン大統領と対立する。「黒人は投票権を有することによって守られなければならない」[47] と言うストーンマンは、黒人の権利を守る立場にいるように見える。しかし南部の白人一般に対する個人的な復讐がその根底にあることを、ディクソンは小説の終わり近くで明らかにする。借金を払い終えたばかりのストーンマンの製鉄工場を、南軍のリー将軍率いる軍隊が破壊していたのであった。ストーンマンの黒人擁護は、必ずしも平等という理念を実現させるためだけではなかった。黒人と白人の平等を強制しようとした共和党急進派の人物をディクソンはそのように描いている。

黒人が多数を占めるサウスカロライナ州議会をディクソンが描けば、政治を黒人には任しておけないというメッセージが伝わる。議事堂の中を圧倒してい

る臭いは、安物の葉巻とすえたウィスキーの臭いが黒人の汗の臭いと混ざり合っている臭いである。4人から6人が同時に発言をしようとする。会議中ほとんどが落花生をボリボリ食べている。その間少数派の白人議員は何もせず、何も言わずに耐えている。

　サウスカロライナ州議会で黒人議員が出した動議は、難儀をかけている議長に特別報酬として1,000ドル与えるというものであった。それは実行に移される。その動議の本当の理由は公にはされない。議長と動議を提出した議員の2人の黒人が、競馬でそれぞれ1,000ドルすったからであるということを白人議員は知っている。しかも議会を休会にして出かけた競馬であった。さらにその2人は最高裁判事として承認されることになっている。クー・クラックス・クランの一員であるキャメロン医師は後でストーンマンに次のように言う。「何千人というこの半野蛮人たちに投票権を与えて起きたどんちゃん騒ぎの大混乱は、人類の進歩に対する犯罪だね」。[48]

　宿泊施設を経営しているルノワール夫人には16歳になる娘マリオンがいる。ある夜、遅くなってから4人の黒人がガスという黒人に率いられてこの宿泊施設に押し入り、マリオンを陵辱する。夜中の3時に意識が戻ったマリオンは母親との自殺を考える。部屋から犯罪の後を消し、2人は崖から海に身を投げ自殺する。検死陪審の報告では、母子が誤って崖から落ちたということであった。しかし、真実を知ったキャメロン医師と息子ベンはクー・クラックス・クランによるリンチでガスの命を奪う。

　『クランズマン』は映画化され『国民創生』(*The Birth of a Nation*)というタイトルで上映された。ワシントンの人生にとって最後の年1915年の春、ボストンで初めて上映された。南部での上映は大成功であった。黒人が白人の娘を追いかける場面がヒューストンで上映されたときには、白人の観客の多くが立ち上がり「リンチだ、リンチにしろ」と叫んだ。[49] 学校における人種統合が問題になった1950年代にはリトルロックの劇場の入り口に「人種統合？『国民創生』を見てください」とあったという。[50]

　映画『国民創生』は人種問題に多大な影響を与えていた。そういう情勢の中、1914年には実現しなかった『奴隷から身を起こして』の映画化を、ワシント

ンの有能な秘書エメット・スコット（Emmett Scott）は、余命数か月のワシントンに迫る。スコットは、ワシントンの死の数日前も『奴隷から身を起こして』の映画化について出版社ならびにシカゴの映画会社と交渉をしている。[51]

8　ブッカー・T・ワシントンとその批判者たち

　ワシントンのヨーロッパ貧民視察報告書ともいえる『どん底の人々』（*The Man Farthest Down*, 1912）で、ワシントンはアメリカ南部の黒人とヨーロッパ社会の底辺にいる人々を比べることがある。すでに触れたリンチ事件や投票権剥奪運動を考えると、アメリカの黒人に関してワシントンが述べている次のようなことをそのまま受け取っていいのか疑問に思う。「司法の運営はほとんど全く白人の手中にあるが、アメリカの黒人の中には、政府や裁判所に対して、根深い不信があったり、正義や復讐を個人的に実行に移す傾向は…ない」。また「白人の利益に反する野心を黒人は抱いておらず、白人の成功と繁栄の助けになりたがっていて、妨げになりたいとは思っていない」。[52]『どん底の人々』の準備のために1910年に渡ったヨーロッパでもワシントンは、アメリカで黒人が置かれている現実をありのままには述べてはいない。

　ワシントンの渡欧は現地でいくつかの新聞の記事になった。その中でワシントンは、事業において南部では人種の境界がなくなりつつあると述べている。そして黒人の商店・銀行・工場には両方の人種から客が来るという。[53] 一方、ワシントンがそう発言した年に出版された本の中で、イギリス人の演劇批評家・劇作家のウィリアム・アーチャー（William Archer）が、南部の司法管理についてこう述べている。「裁判所の中で黒人は、痰つぼを洗う以上の仕事にはついていない」。[54] ワシントンはロンドンでインタビューされて「南部において両人種の間には事実上、偏見は何もありません」と答えている。さらに「黒人の友人を持たない白人はほとんどいませんし、白人の友人を持たない黒人もほとんどいません。しかもその友情は純粋で本物です」[55] と言っている。こういうワシントンに異議を唱えたのがジョン・エルマー・ミルホランド（John Elmer Milholland）である。

反奴隷制原住民保護協会はロンドンでワシントンのために昼食会を催した。それに招待されていたミルホランドはワシントンに抗議して昼食会を欠席し回状を書いた。その中でこう述べている。「ワシントンが、ここにいる人たちに、真実でないことを信じさせようとしていることに私は反対します」。[56] さらに全米黒人向上協会 (NAACP) で影響力を持つミルホランドは、その機関紙の編集長 W.E.B. デュボイスに手紙を書いた。黒人が現状に満足しているという見方と戦わねばならない、という内容の手紙であった。それを受け取ったデュボイスは、イギリスとヨーロッパに向けて書状で訴えることにした。[57] その公開書簡でデュボイスは、ワシントンが真実を語らない理由に触れている。

　どうしても言っておかなければいけないことがあります。ワシントン氏には、かなりの財政的責務があるために、慈善活動をしている富裕な人々に頼ってきました。そのため何年もの間ワシントン氏は、真実を全部語るわけにはいかず、真実の一部だけを語らざるをえなかったのです。その真実の一部をアメリカのある有力な財閥は、真実のすべてのように見えてほしいと願っているのです。[58]

　デュボイスは実名を挙げていないが「慈善活動をしている富裕な人々」の中には、たとえばアンドルー・カーネギーがいる。カーネギーは 1903 年に U.S. スティールの債券 60 万ドルをタスキーギ学校に寄付した。その内、15 万ドルはワシントンと家族が個人的に使える贈り物としてであった。1910 年のワシントンの渡欧に際してカーネギーは、スコットランドの別荘スキボー城から、ワシントンならびに同行者であり、また『どん底の人々』の共同執筆者である社会学者ロバート・E・パーク (Robert E. Park) を招待する手紙を書いている。[59]
　しかしこの 1910 年という時期になるとワシントンの唱導する職業教育は、南部の白人優越主義に迎合するものとしてすでに少数派になりつつあった。ジェームズ・D・アンダーソン (James D. Anderson) によれば、1904 年以降、ワシントンと慈善家に対する反対が急激に増加したと言う。[60] さらに 1911 年までには、黒人の大半がデュボイス側にいたということを、ある慈善家が認めて

いる。[61] ワシントン自身も秘密裏に黒人の権利を守る裁判を支援しなければいけない時代になってきていた。

　伝記でハーランが「囚人労働をさせられる南部の黒人に対するワシントンの秘密援助のなかで最も重要な例」[62] としている裁判は、ベイリー対アラバマ州事件 (Bailey v. Alabama) である。法学者ランダル・ケネディもブッカー・T・ワシントンに言及しつつこの裁判の結果を次のように述べている。「南部での事業において、刑法を活用して黒人の労働を搾取する力を弱めた重要な決定」[63] である。ハーランとケネディによると次のような裁判であった。

　事の始まりは 1907 年に黒人アロンゾー・ベイリー (Alonzo Bailey) がアラバマ州の詐欺法違反で有罪になり、136 日間の重労働の判決が下されたときである。農場の農業労働者として 1 年という期間で結んだ契約をベイリーは約 1 か月で辞めたが、前払いで借りた 50 ドルを返すことができなかった。アラバマ州の刑法では詐欺の「疑う余地のない事件」(prima facie case) つまり被告が、提出された証拠に対して反駁しなければ、判決が下される事件であるとされた。「疑う余地のない事件」であることの根拠とされたのは、雇用者によって与えられた前金を返済できなかったこと、ならびにベイリーの犯した契約違反であった。さらに、アラバマ州の法律では「疑う余地のない違反」(prima facie violation) では被告の反駁によって判決が覆されることがないとされていた。ブッカー・T・ワシントンをはじめとする有力者はこの法律の合憲性を問うために、秘密裏にベイリーに資金援助をした。一流の弁護士をつけて司法省の介入を誘うのが目的であった。その結果、1911 年に連邦最高裁判所はベイリーの有罪判決を無効とし、アラバマ州の刑法は、修正第 13 条にある奴隷制禁止と、連邦の反因人労働法を犯しているという判決を下した。つまりこの法律は違憲とされたのである。そしてベイリーは釈放された。しかしこれによってワシントンが支持基盤を回復していくということにはならない。白人優越主義を掲げる南部で、少なくとも表面的には人種間の争いを避けようとしているワシントンは立場上、人種問題の絡む法廷闘争には秘密裏にしか参加できないからである。

　1915 年にワシントンが亡くなったあとも、1955 年の公民権運動の始まりま

では40年ある。黒人が社会的に疎外されていく中で人種の融和を説いたワシントン亡き後も、人種隔離や投票阻止は半世紀近く南部に根を下ろしてきたのである。人種隔離や投票阻止は、そのもとをたどれば再建時代以降、とりわけ1890年代以降に南部社会に定着してきたものであった。そのような根深いものを公民権運動でキング牧師らが打ち破ろうとしたのである。

おわりに

ブッカー・T・ワシントンの『奴隷から身を起こして』の世界は、世紀の変わり目に生きていた南部黒人の実態を映すものではない。指導者の綴る人生論的な読み物としては、この自伝は、当時から各国語に翻訳されていることからも傑作と言っていいであろう。確かに、のどかな南部で交わされる黒人同士の心温まる交流と助け合いには心を打たれる。また耐えなければいけない苦労をそのまま甘受し、その苦労を乗り越え成功をおさめる秘訣も、その語り口は真摯で温かみのある指導者という印象を読者に与える。しかし、この自伝に語られていないことこそ、この時代を生きる黒人を知るためには重要なことである。残虐なリンチよる見せしめは、黒人からの投票権剥奪と人種隔離の拡大とともに頻発した。

南部でこのようなジム・クロー制度が定着していくきっかけは、再建時代以後に、南北の和解を求める北部進歩派が、南部の人種差別を黙殺し、白人同士の連帯を求めたことがまず挙げられる。また民主党保守派内での汚職によって人心の離反が生じていたこと。さらに黒人の権利を擁護しつつ、白人下層階級の不満を代弁し、南部急進主義を代表する人民党が民主党の不正選挙により結果的に民主党に敗れ、黒人との連合策をあきらめることになったことがある。

ブッカー・T・ワシントンはこの複雑な時代を、ある意味では、黒人を犠牲にすることによって、黒人の指導者になりえた人物である。白人実業家との親交が、黒人の権利を求める運動に携わるのを抑え、時には著名人として、白人優越主義の南部を糊塗して伝えることもあった。その一方で、黒人の権利を守る訴訟に秘密裏に資金援助をしたこともあった。

ワシントン亡き後も、20世紀半ばを過ぎ全米規模の公民権運動を経るまで、ジム・クロー制度が持続したことを考えると、黒人が苦境に置かれた原因をひとりワシントンに責任を負わせるのは、歴史を動かしてきた諸要素を無視するものである。しかし、ワシントンは、後の公民権運動家のように、不正に正面から立ち向かおうとしなかったことも事実であろう。

注

[1] Louis R. Harlan, "Booker T. Washington in Biographical Perspective" *American Historical Review*, vol. 75, no. 4 (Oct. 1970). Norton Critical Edition 所収, 204.

[2] Louis R. Harlan, *Booker T. Washington: The Making of a Black Leader 1856-1901* (New York: Oxford Univ. Press, 1972), Preface.

[3] Andrew Carnegie, *Autobiography of Andrew Carnegie*, 1920 (Boston: Northeastern University Press, 1986), 266.

[4] Louis R Harlan, *Booker T. Washington: The Wizard of Tuskegee 1901-1915* (New York: Oxford Univ. Press, 1983), 438-457.

[5] Booker T. Washington, *Up from Slavery*, 1901 (New York: W. W. Norton & Company, 1996), 34.

[6] W.E.B. Du Bois, *The Autobiography of W.E.B. Du Bois: A Soliloquy on Viewing My Life from the Last Decade of Its First Century*, 1968 (New York: International Publishers, 1997), 243.

[7] Harlan, *Booker T. Washington: The Wizard of Tuskegee 1901-1915*, 307.

[8] Washington, *Up from Slavery*, 62.

[9] Harlan, *Booker T. Washington: The Making of a Black Leader 1856-1901*, 252

[10] Harlan, *Booker T. Washington: The Making of a Black Leader 1856-1901*, 252-53.

[11] Washington, *Up from Slavery*, 23.

[12] *Ibid.*, 83.

[13] *Ibid.*, 104.

[14] *Ibid.*, 92.

[15] *Ibid.*, 128.

[16] *Ibid.*, 91.

[17] 「1900年の夏のある時期にワシントンが、スラッシャーともに旅行しているとき、列車の中や列車の待ち合わせ時間に、自伝のメモをスラッシャーに口述した。スラッシャーのメモからワシントンは自伝の草稿を書き、スラッシャーに原稿をチェックさせた。ときには、ワシントンが口述したり、章の概要を書いたりして、それをスラッシャーが改訂し出版社に渡した」(Louis R. Harlan, *Booker T. Washington: The Making of a Black Leader 1856-1901*,

246-247)。
[18] Ibid., 245.
[19] National Association for the Advancement of Colored People, *Thirty Years of Lynching in the United States, 1889-1918*, II (1969[1919]) summarized from excerpts in Randall Kennedy's *Race Crime, and the Law* (New York: Pantheon Books, 1997), 42-44.
[20] Randall Kennedy, 42.
[21] Booker T. Washington, *The Man Farthest Down*, 1912 (New Brunswick: Transaction Books, 1984), 294.
[22] David M. Oshinsky, *"Worse than Slavery": Parchman Farm and the Ordeal of Jim Crow Justice* (New York: The Free Press, 1996), 101.
[23] Ibid., 102.
[24] Booker T. Washington, *The Future of the American Negro*, 1899 (Included in *The Booker T. Washington Papers*, vol. V. Ed. Louis R. Harlan. Urbana: Univ. of Illinois Press, 1976), 370-375 参照。
[25] V・C・ウッドワード著, 清水博、長田豊臣、有賀貞訳,『アメリカの人種差別の歴史(第3版)』(東京：福村出版, 1999), 66-69。
[26] 同書、61-71。
[27] 同書、61-71。
[28] 同書、81-83。
[29] 同書、83-84。
[30] 同書、85-87。
[31] 同書、87-88。
[32] 同書、88-89。
[33] 同書、90-94。
[34] 同書、95。
[35] Harlan, *Booker T. Washington: The Making of a Black Leader 1856-1901*, 204-228; Washington, *Up from Slavery*, 98-108; James D. Anderson, *The Education of Blacks in the South, 1860-1935* (Chapel Hill: The Univ. of North Carolina Press, 1988), 103-104.
[36] この難破船の比喩は1893年にヒュー・M・ブラウン(Hugh M. Browne)が最初に使ったものであることをハーランが指摘している(Harlan, *Booker T. Washington: The Making of a Black Leader 1856-1901*, 212)。
[37] この比喩はワシントン自身が1885年、鉄道での差別に関して新聞社に送った手紙に使われている表現である。そのことをハーランが指摘している(Harlan, *Booker T. Washington: The Making of a Black Leader 1856-1901*, 212)。
[38] 「ワシントン氏が倹約と忍耐、それに大衆のための職業訓練を説く限り、彼の名誉を喜び、

指導者のいない多くの人々を導くために、神に召され人類に招かれたこのヨシュアの力を喜び、彼とともに手をたずさえて闘わなければいけない。しかしワシントン氏が、不正を弁護する限り、北部であれ南部であれ、投票の特権と義務を正当に評価せずに、社会的差別制度による弱体化を過小評価し、より聡明な黒人が高度な訓練を施され、野心を持つことに反対する限り——ワシントン氏であろうとも、南部であろうとも、国家であろうとも、このようなことをする限り——我々は、休むことなく、確固としてそれらに反対しなければならない」(W. E. B. DuBois, *The Souls of Black Folk*, [New York: Penguin Books, 1989], 50)。

[39] Harlan, *Booker T. Washington: The Making of a Black Leader 1856-1901*, 221 で引用。

[40] ウッドワード, 95-97。

[41] 同書、98；John Hope Franklin and Alfred A. Moses Jr., *From Slavery to Freedom: A History of African Americans*, eighth edition (New York: Alfred A. Knopf, 2002), 288.

[42] ウッドワード、100。

[43] 同書、103-104。

[44] 同書、111-117。

[45] 同書、108。

[46] Thomas D. Clark, "Introduction," xi, Thomas Dixon, *The Clansman*, 1904, (Lexington: Kentucky University Press, 1970).

[47] Thomas Dixon, 291.

[48] *Ibid.*, 291.

[49] Harlan, *Booker T. Washington: The Wizard of Tuskegee 1901-1915*, 433.

[50] *Ibid.*, 434.

[51] *Ibid.*, 435.

[52] Washington, *The Man Farthest Down*, 81, 178.

[53] London *Standard*, August 29, 1910, in *The Booker T. Washington Papers*, vol. 10, 378.

[54] William Archer, *Through Afro-America: An English Reading of the Race Problem*, quoted in Kennedy's *Race, Crime and the Law*, 86.

[55] London *Daily Chronicle*, August 29, 1910, in *The Booker T. Washington Papers*, vol. 10, 380-81.

[56] "A Circular Letter by John Elmer Milholland" in *The Booker T. Washington Papers*, vol. 10, 398.

[57] W.E.B. DuBois, *The Autobiography of W.E.B. DuBois*, 262.

[58] "An Open Letter to the People of Great Britain and Europe by William Edward Burghardt DuBois and Others" in *The Booker T. Washington Papers*, vol.10, 422.

[59] *The Booker T. Washington Papers*, vol. 6.

[60] James D. Anderson, *The Education of Blacks in the South, 1860-1935* (Chapel Hill:

University of North Carolina Press, 1988), 107.

[61] *Ibid.*, 108.

[62] Harlan, *Booker T. Washington: The Wizard of Tuskegee 1901-1915*, 250.

[63] Kennedy, 94.

参考文献

Anderson, James D. *The Education of Blacks in the South*, 1860-1935. Chapel Hill: The Univ. of North Carolina Press, 1988.

Carnegie, Andrew. *Autobiography of Andrew Carnegie*. 1920. Boston: Northeastern University Press, 1986.

Du Bois, W.E.B. *The Autobiography of W.E.B. Du Bois: A Soliloquy on Viewing My Life from the Last Decade of Its First Century*, 1968. New York: International Publishers, 1997.

Franklin, John Hope and Alfred A. Moses Jr. *From Slavery to Freedom: A History of African Americans*, eighth edition. New York: Alfred A. Knopf, 2002.

Harlan, Louis R. *Booker T. Washington: The Making of a Black Leader 1856-1901*. New York: Oxford Univ. Press, 1972.

——. Ed. *The Booker T. Washington Papers*, vol.5. Urbana: Univ. of Illinois Press, 1976.

——. Ed. *The Booker T. Washington Papers*,. vol.10 . Urbana: Univ. of Illinois Press, 1981.

——. *Booker T. Washington: The Wizard of Tuskegee 1901-1915*. New York: Oxford Univ. Press, 1983.

Kennedy, Randall. *Race Crime, and the Law*. New York: Pantheon Books, 1997.

Oshinsky, David M. "*Worse than Slavery*": *Parchman Farm and the Ordeal of Jim Crow Justice* .New York: The Free Press, 1996.

Washington, Booker T. *The Man Farthest Down*. 1912. New Brunswick: Transaction Books1, 1984.

——. *Up from Slavery*, 1901, New York: W. W. Norton & Company, 1996.

Woodward, C. Vann. *The Strange Career of Jim Crow*. 1955. New York: Oxford University Press, 2002.（ウッドワード、V・C. 清水博、長田豊臣、有賀貞訳『アメリカの人種差別の歴史（第3版）』福村出版、1999）。

第6章　人間として
―公民権運動をめぐる地域・州と連邦の衝突―

はじめに

　アメリカ南部で行われていた人種隔離の法的根拠は、プレッシー対ファーガソン事件 (*Plessey v. Ferguson*) で合衆国最高裁判所が1896年に下した判決である。この判決によって示されたのは、人種によって分離された施設は同等である限り、合衆国憲法修正第14条の、法による平等の保護を定めた条項に違反しないという判断である。この判断を58年後に覆すことになるのが、アール・ウォーレン (Earl Warren) を長官（首席判事）とする9人の最高裁判事がブラウン対教育委員会事件 (*Brown v. Board of Education*) に対し、1954年に下した全員一致の判決である。この判決によって、人種隔離を支持する「分離すれども平等」という原則は、人種隔離を違憲とする「分離すれば不平等」という原則に取って代わられた。ウォーレンを長官とする最高裁が下した人種隔離撤廃の判決に対する南部の反発は必至である。

　南北戦争後、とりわけ再建時代以降、黒人法による合法的な人種差別が行われていた南部では、立法による人種隔離打破は困難であった。連邦議会においても南部選出の議員の抵抗で、人種隔離撤廃は現実的ではなかった。立法・行政による人種隔離撤廃が難渋していた時代に、アメリカ史に新たな方向性を与えたのが司法であった。

　しかし、「分離すれば不平等」という原則を学校などに強制し、人種を統合していく過程には大きな困難と危険が伴った。これは一教育機関で解決できる問題ではなかった。人種統合をめぐる地域の対立が、時には州政府と連邦政府の衝突にまで発展し、連邦政府が連邦軍を出動させるか、州知事の指揮下にある

州兵を大統領権限で連邦軍に組み込み治安を維持しなければいけない事態も生じた。第34代ドワイト・D・アイゼンハワー (Dwight D. Eisenhower, 1953～61年)、第35代ジョン・F・ケネディ (John F. Kennedy, 1961～63年)、第36代リンドン・B・ジョンソン (Lyndon B. Johnson, 1963～69年) のいずれの大統領もそういう事態に遭遇している。この3代の大統領の時代はマーティン・ルーサー・キング2世 (Martin Luther King, Jr.) らが公民権運動を指導した時期であり、またアール・ウォーレンが合衆国最高裁判所長官を務めた時期でもある。

ブラウン判決が出た1954年は、米ソの冷戦が激化をたどった時期でもある。ソ連は第三世界に向けてアメリカの人種差別を非難していた。ウォーレンを長官とする最高裁が、人種隔離に下した違憲判決は、アメリカの立場を世界に示す好機であった。ブラウン判決が出て1時間の内に、ヴォイス・オブ・アメリカ (VOA) は判決を34か国語で東欧に放送した。その後数日にわたる分析でVOAが強調したのは、暴徒支配や独裁者の命令によるのではなく、民主主義的プロセスを経て問題解決が行われたということであった。[1] 公民権運動がアメリカで活発化した時期は、米ソの対立が激しさを増した時期でもある。

公民権運動末期には、都市における人種暴動が続発し、黒人は略奪・破壊活動に走った。キング牧師らが、マハトマ・ガンジーの思想・行動を模範として展開した運動は、全米のみならず全世界にマスコミを通じて映像として流れた。不当な人種差別を受けながらも、非暴力でその差別に立ち向かおうとする黒人の映像は、のちに略奪・破壊行為をする黒人の映像へと変わり、60年代末には、世論が黒人に有利に働く時代ではなくなっていった。

このような内政・外交の激動期にアメリカでは、人種隔離社会を維持しようとする地域や州の諸機関と、そういう社会を打破しようとする連邦の諸機関が、それぞれの権力を行使しながら激しい攻防を繰り広げた。

本章の目的は、ブラウン判決に抵抗したり、キング牧師らが非暴力・直接行動によって切り崩そうとしたりした南部社会体制の側からの視点を交えて、公民権運動が連邦政府を動かし、公民権運動家のみならず連邦政府も、地域や州の権力と対峙せざるをえなっていく過程、ならびに、非暴力・直接行動による

人種統合をめざし成果を上げてきた公民権運動が、キング牧師の暗殺前後に、力を失っていく過程も含めて明らかにすることにある。

初めに、画期的なブラウン判決の意義を理解するために、南部において人種隔離の法的根拠となったプレッシー対ファーガソン事件の内容を、判決文をもとに見てみる。

1 「分離すれども平等」から「分離すれば不平等」へ

(1) プレッシー対ファーガソン事件[2]

1896年5月18日に合衆国最高裁判所がプレッシー対ファーガソン事件に下した「分離すれども平等」の判決の発端となった事件は、1892年6月7日、ニューオーリンズからコヴィントンを走る、東ルイジアナ鉄道の一等車で起こった。ニューオーリンズもコヴィントンも同一州内にある。被告のジョン・H・ファーガソン (John H. Ferguson) は、ホーマー・プレッシー (Homer Plessy) に有罪判決を下したオーリンズ郡の刑事裁判所判事である。

ルイジアナ州在住の原告プレッシーは、8分の7が白人の血で、8分の1が黒人の血であり、外見は白人として通っていた。が、南部では黒人の血が一滴でも混じっていれば黒人の扱いを受ける。プレッシーは、白人を乗せる車両に入り、席に着いた。しかし、白人以外が乗る客車に移るように車掌がプレッシーに命じた。それに応じなかったプレッシーを、警察官が列車から強制的に出し、ニューオーリンズの郡刑務所に入れた。罪状は、1890年7月10日にルイジアナ州議会が承認した法律に違反したということである。その法律の第2条にこうある。「所属しない人種の客車かコンパートメントに入って行くことを強く要求する乗客は、25ドルの罰金に処せられるかあるいは、その代わりに、郡刑務所において20日を超えない期間の禁固に服する」[3]。

この法律が合衆国憲法修正第13条と第14条に抵触するという申し立てで裁判になり、原告の訴えを認めなかったファーガソン判事の判決を不服とし、プレッシーはルイジアナ州最高裁判所に上訴したが敗訴し、結局、この事件を合衆国最高裁判所が審理することになった。合衆国最高裁の判決では、法的に白

人と黒人を区別する法令は「両人種の法的平等をそこなうか、あるいは不本意な隷属状態」を再びもたらすことはないとし、奴隷制を廃止した修正第13条への違反はないとした。後に、公立学校での人種統合を命じたブラウン判決には修正第13条への言及はない。ブラウン判決で人種統合の根拠とされた修正第14条を、プレッシー対ファーガソン事件で合衆国最高裁は、次のように解釈した。

　修正第14条は両人種の完全な平等の強制を目的としているが、白人と黒人の双方が「満足のいかない条件での両人種の統合を意図していたはずがないとし、両人種の分離を許容したり要求したりすることは、必ずしも一方の人種が他方の人種よりも劣っているということを意味しない」と判断した。そして、両人種の強制的分離が、黒人の劣等性を示すものであるという原告の主張には、論法の根本的な誤りがあるとされた。最高裁のこの判断はその後58年間も覆されることはなかった。

　プレッシー対ファーガソン事件でヘンリー・ブラウン (Henry Brown) 判事が書いた多数意見に1人だけ異を唱えて反対意見を書いた最高裁判事がジョン・ハーラン (John Harlan) である。ハーランはブラウン判決を、いわば先取りしたともいえよう。「肌の色を問題にしない」(color-blind) という言葉を含む有名な反対意見の箇所は次のようになっている。

　　憲法や法律の観点からすると、優位な立場で権勢のある支配階級となる市民は、この国にはいない。ここにはカースト制度は存在しない。われわれの憲法は、肌の色を問題にしてはおらず、市民の中での階級はないし許容もしてもいない。市民権に関し、すべての市民が法の前では平等である。最も身分の低い者が、最も権力のある者と同等である。法は人を人と見なし、最高の法によって保証されたその人の市民権が問題となるとき、法はその人の環境や肌の色を考慮しない。したがって、この国の根本的な法の最終的解説者たる最高裁判所が、人種のみに基づいて、州による、市民の市民権享受の法的制限が認められるという結論に達したことは、遺憾である。

そして、ハーランは「アメリカ市民の多数を法的な劣等状態に置く権限が、州には残るだろう」と述べた。その権限に実質的に挑んだのがブラウン判決であった。

(2) ブラウン対教育委員会事件[4]
1) 連邦地方裁判所の判決
　カンザス州トピーカでは最初の6年間は、学校が人種により分離され、学校区には白人の学校が18校、黒人の学校が4校あった。なお、学校区とは公立学校の設立・維持・管理を目的として、州法に基づいて各地域において構成される地方公共団体である。これを運営するのが教育委員会だ。委員は地区内有権者の公選で選ばれる。[5]

　トピーカ市の学校区における黒人専用の学校は、白人専用の学校よりも施設、カリキュラム、教員、職員の学生へのサービスが劣るとしてトピーカ市の学校区と原告らが争うことになった。他の要因を別にしても、人種隔離それ自体が、黒人への教育の機会を劣ったものにしているとし、これらのことは修正第14条に違反するとして原告らは、州ならびに学校区と争うことにしたのである。

　この申し立てに対し州と学校区は人種隔離を擁護した。裁判所の事実認定では、異なった時期に建てられた学校施設が異なるのは当然だとし、本を選ぶのは教員だから、教える教科がまったく同等というのは不可能だとした。また白人校と黒人校で教える教員の資格も同じである。白人校18に対し黒人校4なので、通学距離は、黒人児童が長くなるが、学校区が黒人の子供たちを往復、無料で輸送している、ということが認定された。

　判決では、その結論に、判例の1つとしてプレッシー対ファーガソン事件を挙げ、それが覆されていないということを根拠に、低学年では人種隔離をする学校制度が、3人の裁判官で構成される連邦地方裁判所で支持されたのである。

2) アメリカ合衆国最高裁判所の判決
　フレッド・ヴィンソン (Fred Vinson) を長官とする連邦最高裁判所は1952年12月9日に、ブラウン対教育委員会事件を含む訴訟に関する議論を開始した

が、1953年9月8日にヴィンソン長官が心臓麻痺で亡くなった。大統領選を戦っていたドワイト・アイゼンハワー (Dwight Eisenhower) 将軍を、当時カリフォルニア州知事であったアール・ウォーレンが支援し、アイゼンハワーは大統領に選ばれる前に、最高裁判所の判事の空きが出たら、ウォーレンを最高裁判事に指名する約束をしていた。ヴィンソン長官の急死を受けて、秘密裏にウォーレンと会合を持った司法長官ハーバート・ブラウネル (Herbert Brownell) にウォーレンは、大統領からの最高裁長官指名を受ける意思を伝えた。[6]

最高裁でブラウン訴訟を含む訴訟が再び議論されるのは、1953年12月8日、ウォーレンが長官に就任して2か月後のことであった。ウォーレンは最初から全員一致の判決を目指し、1人だけ同意を拒んでいたスタンレー・リード (Stanley Reed) 判事に数か月にわたり説得を試みたが、4月末近くになっても、考えを変えなかったリード判事にウォーレンはこう言った。「スタン、これに関しては、今、君ひとりだけなんだ。それが国にとって本当に一番いいことなのかどうかを、君が決めなくてならないんだ」。結局、リードはウォーレンの説得に応じた。[7]

ブラウン訴訟を含む訴訟に関し、9人の最高裁判事の全員一致の判決が出たのは、1954年5月17日であった。ブラウン訴訟も含めて、カンザス、サウスカロライナ、ヴァージニア、デラウェアの各州から出た訴訟が共通の法的問題と見なされ、1つに合併整理され、最高裁が判決を下した。

この人種隔離は、修正第14条にある、法の平等の保護を原告から奪うと申し立てられている。デラウェアの訴訟を除く、それぞれの訴訟において、3人で構成される連邦地方裁判所は、プレッシー対ファーガソン事件で、最高裁判所によって発表された、いわゆる「分離しても平等」という法理に基づいて、原告に救済を拒んだ。その法理の下では、両人種が本質的に同等な施設を与えられていれば、たとえそれらの施設が分離されていても、同等の待遇を受けているということになる。デラウェアの訴訟では、デラウェア州最高裁判所は、その法理に従いながらも、白人校が黒人校より優れているとい

う理由で、原告の白人校入学を命じた。

　次に引用するように、ウォーレンの書いた判決文の結論では、人種隔離した学校で公教育を行うこと自体が違憲であるとの判断が示されている。それはデラウェアの訴訟で考慮された人種別の施設における優劣の問題とは関わりのないものとされた。問題とされたのは人種隔離それ自体であった。

　　我々の結論は、公教育の分野においては、「分離すれども平等」という法理はふさわしくない、ということである。分離された教育施設は本来的に不平等である。それゆえ、原告ならびに似た状況にいて訴権をもたらされた人々は、人種隔離という訴えで、修正第14条が保証する法の下での同等の保護を奪われていると見なす。

　この第1次ブラウン判決が、とりわけ1890年代以降、法的にあるいは習慣的に人種隔離を行ってきた南部諸州の反発を引き起こすのは当然であった。

c　ミシシッピ州の反応

　ブラウン判決の当日、ミシシッピ州選出の連邦上院議員ジェームズ・イーストランド (James Eastland) は、こう言った。「左翼の圧力団体によって教え込まれ、洗脳された政治法廷によるこの立法の決定を［南部は］、守ることも、またそれに従うつもりもない」。さらに「我々の学校を人種統合しようとするものなら、大きな衝突と混乱をもたらすことになる」とイーストランドは警告した。[8]

　ブラウン判決の直後から、判決に不満な南部白人は、とりわけ深南部の5州（サウスカロライナ，ジョージア、アラバマ、ミシシッピ、ルイジアナ諸州）で人種隔離支持・反ブラウンの私的な組織を結成した。その中で最も影響力を持つようになるのが市民評議会 (Citizens' Council) である。1954年7月、ミシシッピ州インディオラーナで最初に結成され、南部に広がった。市民評議会は、クー・クラックス・クラン (KKK) のような暴力的な団体ではなく、弁護士、

医師、銀行家、実業家、州・連邦の判事・議員を含むものであった。KKKとは異なり、市民評議会はより巧妙な、手の込んだやり方で、人種統合に抵抗しようとした。たとえば、マスメディアを利用した宣伝活動であったり、経済的報復であったり、全米黒人地位向上協会 (NAACP) の活動を非暴力的に妨害することであった。[9]

1954年7月30日、ミシシッピ州のヒュー・L・ホワイト (Hugh L. White) 知事は、全州からの90人の黒人指導者と、人種隔離を維持する目的で組織されたばかりの法律・教育諮問委員会 (Legal Educational Advisory Committee, LEAC) の委員との会議を召集し、黒人の指導者らに州の人種を分離する学校制度に「自発的な」人種隔離計画を認めるよう促したが、黒人指導者地方委員会を1951年に組織したT・R・M・ハワード (T. R. M. Howard) 医師に率いられた黒人出席者らは、知事の計画に反対した。[10]

8月12日には、LEACの委員とミシシッピ州全域の82の郡から、公立学校職員との会議が開かれ、ホワイト知事は「白人の血の純粋さ」のために協力を求めた。[11]

9月7日に開会した特別州議会でホワイト知事は黒人指導者に失望した旨を述べ、ミシシッピ州における人種統合を阻止するために、公立学校を廃止する州憲法修正案を採択するよう議会に求めた。9月10日には州下院で、9月16日には州上院で、いずれも優に、賛成に必要な出席者の3分の2以上の賛成を獲得し、議会は憲法修正を有権者の投票に委ね、12月21日には、多数をもって、憲法修正は州民に承認された。[12]

その5か月後、1955年5月31日、アメリカ合衆国最高裁判所は第2次ブラウン判決[13]を発表した。前年5月17日の判決では、公教育における人種差別が違憲であるとの判断を下したが、その救済方法は考慮されずにいた。様々な地域の状況から生じた訴訟であり、それに対する措置には多様な地域の問題が関わるという理由で、救済に関して、さらに議論することを求めた。そして合衆国最高裁判所は、合衆国司法長官、公教育において人種差別を行っているすべての州の司法長官を招き、救済の問題について意見を求めた。参加したのは、合衆国司法長官、フロリダ、ノースカロライナ、アーカンソー、オクラホマ、

メリーランド、テキサス諸州の司法長官であった。

　すでにブラウン訴訟で最高裁の審理に含まれていた訴訟が出ていたサウスカロライナ州は別として、深南部の4州は、連邦最高裁の招きに応じなかった。参加すれば、ブラウン判決に応ずるのを義務としているように受け取られかねないか、あるいは、その有効性を認めない判決の実施方法を議論するのは不毛だという理由からである。[14]

　第2次ブラウン判決でウォーレンは、1954年5月17日の判決に速やかに従うことを求めながらも、その実施時期については解釈の余地を残した。

　　したがって下級裁判所の判決は、デラウェアの訴訟を除き、破棄し、速やかだが慎重な速度にて、人種差別のないやり方で、これらの訴訟の当事者を公立学校に入学させるのに必要かつ適切な手続きをとり、この意見と一致する命令と法令を記すために、訴訟は、地方裁判所に差し戻す。

　人種統合に必要な時間を州に与えるという連邦最高裁の方針は、「人種隔離による生活」への「連邦の侵入」に対する南部白人の準備に、十分な時間を与えることになった。1955年8月23日、ミシシッピ州司法長官ジェームズ・コールマン (James Coleman) が州民主党の第2次予備選で勝ち、共和党からの対抗馬がなく、そのまま州知事に当選した。知事選直後に、コールマン次期知事は、ミシシッピ州の人種隔離を維持・強化する目的で、6項目にわたる計画を法律・教育諮問委員会 (LEAC) に提出した。その6番目に「専任職員と資金をもった、人種隔離を維持するための、税金によって運営される常設機関を創設する」という項目がある。[15] この常設機関がのちに LEAC に代わり、ミシシッピ主権委員会という州機関となり、公民権運動を様々な方法で妨害する役割を担うことになる。

　ジェームズ・コールマンが第52代ミシシッピ州知事に就任する1956年1月17日には、東隣りのアラバマ州モントゴメリーでは、マーティン・ルーサー・キング牧師の指導で、市バスの乗車拒否運動が始まり、44日目に入っていた。

2 モントゴメリーのバス乗車拒否運動

(1) 発端と背景

モントゴメリーは「南部連合国の揺りかご」と言われる。1861年にジェファソン・デイヴィス (Jefferson Davis) が南部連合国大統領就任の宣誓をしたところだからだ。ヴァージニア州リッチモンドに移る前には南部連合国の首都であったモントゴメリーには、南部連合国の大統領に選ばれたジェファソン・デイヴィス (Jefferson Davis) が3か月間住んだ大統領官邸 (写真1) もある。公民権運動が起こった当時、総人口10万のモントゴメリーには5万人の黒人がいた。

1955年12月1日、ローザ・パークス (Rosa Parks) が市バスの運転手の指示に従わずに逮捕され、それをきっかけに始まったのが、モントゴメリーのバスの乗車拒否運動(ボイコット)である。

写真1　南部連合国大統領官邸

市バスに対して不満を抱いていた黒人はパークスだけではなかった。黒人は、バスに前から入りそこで10セントのバス料金を払ったあと、降りてバスの後方から再び乗車することになっていた。黒人が料金を払って再びバスに乗る前に発車してしまう運転手もいた。また、空いた席があっても、それが白人専用席であれば、黒人はそこに座ることができなかった。バスの中が黒人で一杯になり、白人の乗客がいなくとも、黒人は空いている白人専用席には座ることができなかった。もし、すべての白人専用席が白人によって占められ、さらに白人がバスの乗りこんできた場合、白人席のすぐ後ろに座っている黒人は立っ

て、白人に席を譲らなければならなかった。[16]

　モントゴメリー市条例はバス運転手に警察と同等の権限を与えていた。1952年市条例第6章第11節では、「当市を走るバスを担当しているものは、実際にバスを運行させるときに、前節の条項を実行するために、だれでも市警察官の権限を有する」とある。「前節の条項」の中には、バスの中では、バス運転手が白人と黒人を、「同等だが別々」の場所に座らせることを事業主に求めるということを含んでいる。このような条例によってバスの運転手は乗客の逮捕ができる。バス運転手 J. P. ブレーク（J. P. Blake）の言い分では、白人席に座っていたパークスがバス運転手の指示に従って席を立たなかったためパークスを逮捕したというものであった。現場に到着した警察官は、バス運転手の言い分を認めた。[17]

　パークスの逮捕は、モントゴメリーの黒人運動指導者 E. D. ニクソン（E. D. Nixon）にとってはチャンス到来であった。「これで最高裁まで行ける」とまで言った。というのは、パークス以前にバスで逮捕された黒人女性は3人いたが、ニクソンの判断では裁判に勝てる人物ではなかったからである。ニクソンはパークスをよく知っていた。ニクソンがパークスと初めて会ったのは、ニクソンが全米黒人地位向上協会（NAACP）のモントゴメリー支部の支部長を務めていたときである。パークスはニクソンの秘書を12年間務め、逮捕時はデパートの裁縫師であった。パークスは既婚者であり、また何事にも興奮する性質ではなく、「道徳的に汚点がなかった」。ニクソンが「最高裁まで行ける」と直感したのはそのためであった。その年ずっとバスのボイコットを考えていたニ

写真2　エベネーザー教会

写真3　エベネーザー教会の内部

クソンらにとっては好機到来であった。12月2日（金）早朝、赴任して間もないモントゴメリーのデックスター・アヴェニュー・バプテスト教会（写真2、3）で執務していた26歳のキング牧師に、パークス逮捕の知らせをニクソンが電話で知らせ、こう結んだ。「バス乗車拒否の機は熟したと思う。このような扱いにはもう我慢ならないということを白人たちに伝えるには、乗車拒否しかない」。[18]

(2) 乗車拒否運動の計画・実行

ニクソン、キングそれに、キングより先にニクソンから連絡を受けていた、モントゴメリーのファースト・バプテスト教会の若き牧師ラルフ・アバナシー（Ralph Abernathy）の3人は、その後30〜40分間電話のやりとりをし、計画と戦略を練った。会合を持つというニクソンの提案に、場所は、自らの教会をキングが提供することにした。キングとアバナシーは、バプテスト牧師連合会長のH・H・ハッバード（H. H. Hubbard）の了解を得て、バプテスト派の牧師に夕方の会合に関し電話連絡をした。メソジスト派の牧師にも連絡をとった。その会合にニクソン自身は所用で出席できなかったが、40人以上がデックスター・アヴェニュー・バプテスト教会の会議室に集まった。7時半頃から始まり夜半近くまで続いた会合では、翌3日（土）に配布するチラシで、5日（月）にはバスに乗らないよう呼びかけるように決まった。翌朝9時までには謄写版印刷による7,000枚のチラシが完成し、11時までには配る準備が整った。[19]

12月5日、午前9時半頃キングは裁判所に向かった。そこでパークスは市の人種隔離条例違反で裁判にかけられ有罪になった。パークスは罰金と裁判費用を含めて14ドルの支払いを命じられた。これまでは却下されるか、治安紊乱

の罪をかけられていたが、この度の裁判では、今後、人種隔離法自体の有効性をためす機会を提供することになったのである。諸宗派牧師連合のロイ・ベネット（Roy Bennett）牧師が、同日午後3時頃にいく人かを召集して開いた会議で、乗車拒否運動実施のための特別な組織を結成することが提案された。その会長としてキング牧師を推したのが、ルーファス・ルイス（Rufus Lewis）であった。全会一致の決定でキングが選出された。モントゴメリーに赴任して日の浅いキング牧師が、分裂する黒人諸派を束ねるのに適任であったし、またそれだけの力量を備えていたからである。新組織の名称はアバナシーが提案したモントゴメリー向上協会（Montgomery Improvement Association, MIA）に決まった。[20]

12月2日（金）夜の会合から懸案になっていた輸送の問題に関し黒人タクシー事業者の協力が得られることになった。バス料金と同じ1人10セントで時間を決めてタクシーを走らせることになった。[21]

12月8日（木）、キング牧師を代表とする黒人の一団は、バス会社と市の代表者と4時間にわたる会談をした。その折、キング牧師は次のような提案をした。バスの座席を人種別に分けないで、座席は、先に来た者が先に座るという原則にするが、これまでどおり、黒人は後ろから前に詰めていき、白人は前から後ろに詰めていくというものであった。また、バスが満員になってからは、座席の再割り当てはなくする。そしてバスの運転手が黒人に、より丁寧に対応し、黒人が多数いるルートでは黒人のバス運転手を雇うというものであった。しかし、この会合は決裂に終わった。もう1日雨が降れば、黒人はバスに戻る、と多くの黒人が考えていた。が、12月5日から始まっていた乗車拒否運動は1年以上にわたって続くことになる。[22]

(3) 乗車拒否運動の妨害

年が明けた1956年1月22日（土）、市委員会は著名な黒人聖職者と会合を持ってバス問題の解決に至ったという偽りの発表をした。その解決策とは①丁寧さの保証、②バスの前方を白人専用に、バスの後方を黒人専用に、そして中間では、先に来たものが人種にかかわりなく座る、③ラッシュアワーには黒人

用の特別バスを走らせる。キング牧師によれば、最初の項目を除き、乗車拒否運動以前からあったものであった。日曜の朝までに、黒人をバスに戻すよう意図されたものであった。土曜夜 11 時。翌朝見る新聞の記事が偽りであることを知らせなくてはならない。キング牧師は、モントゴメリーの黒人牧師に、日曜朝（の礼拝の折）に、抵抗運動はまだ続いている旨伝えるように手配した。自らは仲間とナイトクラブと酒場に出かけ、偽りの「決着」について伝えて歩いた。[23]

1月の半ばにはキング宅への脅迫電話は日に 30 件から 40 件になっていた。「KKK」と書かれていたり、「町から出て行け」と書かれた葉書きも届き、一日中電話が鳴り止まなかった。1月 30 日（月）、キング牧師の家が爆破された。爆音は数ブロック先まで響いた。ファースト・バプテスト教会での大衆集会に出席するためにキングは、この日の夕方 7 時前に出かけていたので、サウス・ジャクソン通りの牧師館には、妻のコレッタと生後 3 か月に満たない娘ヨランダ（Yolanda）、それに留守にするキングの代わりに教会員のメアリー・ルーシー・ウィリアムズ（Mary Lucy Williams）夫人がいた。アバナシーに爆破を伝えられと、車に乗せられてキングは自宅に戻り、妻子の無事を確認した。玄関で何かが落ちる物音を聞いたコレッタとウィリアムズ夫人が飛び上がり、家の奥に走ったのが幸いしたのであった。[24]

爆破を知ってその夜、黒人たちが牧師館の周りに集まった。もしキング牧師の制止がなければ暴動に発展していただろう。駆けつけていた W. A. ゲール（W. A. Gayle）市長とクライド・セラーズ（Clyde Sellers）警察署長は、キング牧師に遺憾の意を表明した。しかし、キングの教会の理事の 1 人はこう言った。「遺憾の意を表しても、あなたたちが公に語っていることが、この爆破の雰囲気を醸し出しているという事実に目をつむるわけにはいかない。これがあなた方の『荒っぽいやり方』の最終結果ということだ」。これに対しては、市長も警察署長も何も応えなかった。こういう雰囲気の中でキング牧師は、集まった人々にこう言った。「武器を持っているなら、自宅に持ち帰ってください。武器を持っていないのなら、探して手に入れようとしないでください。この問題は、

報復的な暴力では解決できません。暴力には非暴力で立ち向かわなければなりません。イエスの言葉を思い出してください。『剣によって生きるものは、剣によって滅びるのです』」。[25]

(4) 州の法廷・連邦の法廷
1) ボイコットを禁ずる州法違反を裁くモントゴメリー郡裁判所

1956年1月9日にはすでに市の弁護士がマスコミに、州の反ボイコット法に注意を向けさせていた。この州法は、2人かそれ以上の者が共謀して合法的な事業を、正当な原因や法的な理由なしに妨害することが罪に問われるというものであった。2月13日、モントゴメリー郡大陪審が召集された。バスの乗車拒否をしている黒人たちが、反ボイコット法に違反しているかどうかを決めるためである。1週間の討議ののち、白人17人と黒人1人から成る陪審は、乗車拒否は違法だとして、100人以上が起訴された。[26]

バスボイコットが州法に触れるとして保安官代理が違反者を逮捕し始めたのは2月22日であった。非合法なバスボイコットで逮捕された93人の裁判は3月19日にモントゴメリー郡裁判所で始まった。最初に裁判にかけられたのがキング牧師であった。裁判の中でキングを弁護した白人牧師がいた。モントゴメリーのトリニティ・ルッセラン教会の27歳の牧師ロバート・S・グレーツ (Robert S. Graetz) である。バス乗車を選択した人を脅したり、脅迫することにキングは賛成してはいない、とこの白人牧師は明言した。が、ユージーン・カーター (Eugene Carter) 判事は3月22日に判決を下し、キングを反ボイコット法違反にした。刑罰は500ドルの罰金と裁判費用の支払い、あるいはモントゴメリー郡における386日間の重労働ということになった。カーター判事は、キングが暴力防止に努めたため、最低の刑罰だと発表した。[27]

2) バスの人種差別を修正第14条違反として裁く連邦地方裁判所

乗車拒否運動では初め、黒人指導者の要求は限られていて穏健なものであったので、人種隔離法の枠内で調整可能であったし、最も保守的な白人でさえも受け入れることができるものだ、とキングらは判断していた。しかし、市委員

会の妥協のなさ、「荒っぽい」やり方、暴力的な爆破事件が起きる事態となってから、黒人指導者らが確信するようになったのは、攻撃しなければいけないのは人種隔離自体だということであった。[28]

1956年5月11日、モントゴメリー向上協会 (MIA) の弁護士フレッド・グレー (Fred Gray) によって連邦地方裁判所に起こされた反人種隔離の訴訟の審理が始まった。バスの人種隔離は修正第14条に違反しているという申し立てであった。しかしこの2日前、アラバマ州の巡回裁判所は、人種隔離による座席の指定を止めようとしたモントゴメリーのバス会社の方針を却下した。バスの人種隔離は継続されることになった。5月11日、連邦地方裁判所に入ったキングは、市・州裁判所との違いを、こう述べている。[29]

> 連邦裁判所に入ると本当にほっとした気持ちになった。そこでは正義の雰囲気が広く漂っていた。もし南部の市や州の裁判所での悲惨な正義の破壊行為を自らの目で見なければ、また自らの魂で感じなければ、南部の黒人が連邦裁判所に入ったときにやってくる感情を、だれも理解できない。不利な判決が下されるのを知りながら、黒人は市や州の裁判所に入っていく。そこで黒人が、偏見のある陪審や裁判官と直面するのは、ほぼ間違いないし、望みも救済もほとんどなく、公然と勝利を奪われるのである。しかし、南部黒人が連邦裁判所に入っていくときには、法の前での公正な正義が行われる機会だという気持ちでいる。[30]

約3週間の討議の結果、1956年6月4日、連邦地方裁判所は、バーミングハムのリン (Lynn) 判事1人のみが反対し、2対1で、アラバマ州の市バス人種隔離法を違憲と判断した。市の弁護士らは即座にアメリカ合衆国最高裁判所への上訴を発表した。[31]

このように州の巡回裁判所と連邦地方裁判所が、バスの人種隔離に関し、相前後して異なる判断を示すことになったのである。市の弁護士らが合衆国最高裁判所に上訴した訴訟の判決をキング牧師が知るのは、1956年11月13日、カープール廃止を求めて市委員会が巡回裁判所から裁判所命令を得ようとして

起こした裁判の休憩時間中であった。

(5) カープールと法的勝利とその後
1) カープールの必要性

　バスをボイコットすることによって問題になるのは、バスに代わる交通手段であった。当初、黒人の経営するタクシー会社の協力を得て、バス料金と同じ1人10セントの料金で、人を運んでいた。ところが、1955年12月8日（木）、タクシーの最低料金を定める法律がある、と警察署長セラーズがキングに告げた翌日、金曜日の午後になって、警察署長はタクシー会社に命令を発して、最低45セントの料金を課さなければ法律違反になると通達した。[32]

　そこでMIAは市内の中に「出発」所と「出迎え」所を定めて、それぞれ午前6時から10時まで、午後3時から7時まで、ボランティアの自家用車が黒人の輸送にあたった。のちに、15台以上のステーションワゴンが別々の教会の財産として登録され、教会の名が車の正面と側面に記され、人の運搬にあたった。[33]

2) 1956年11月13日の2つの判決

　このようなカープールの停止命令を求めて、市委員会は1956年10月30日、巡回裁判所に訴訟を起こす決議をした。そして11月13日にカーター判事のもとで審理が開始された。市の主張は次のとおりである。バス会社の収入の2%を市が歳入として受け取ることになっているが、カープールのために、市は、1万5,000ドルの減収になったというのである。1956年の11月までにバス会社は75万ドルを損失したことを意味する。しかも、カープールは「公共の迷惑」あるいは、許可料も支払わず、営業権のない「個人企業」だと申し立てられた。この訴訟を煎じ詰めれば、カープールは、営業権のない「個人企業」なのか、それとも利益なしの黒人教会による、自発的な「相乗り」の計画なのかということであった。この裁判の昼の休憩時、AP通信のレックス・トーマス（Rex Thomas）記者が、キング牧師に渡した紙片にはこう記されていた。「アメリカ合衆国最高裁判所は本日、バスにおける人種隔離を義務づけるアラバマ州法と地域条例が違憲であると言明し、3人の判事から成る連邦地方裁判所の判決を

支持した」。[34] 1956年11月13日のことであった。

一方、同日、カープールをめぐる訴訟では、州の巡回裁判所は、一時的にカープールの差止め命令を出した。[35]

11月15日に、バスの乗車拒否運動を終え、人種隔離のないバスに戻るというMIAの役員会の勧告が2回の大衆集会において承認され、バスのボイコットは公式に終わることになった。連邦最高裁判所の命令は、公式な通知書が下級裁判所に届くまでは効力を発しない。これには通常30日を要する。最高裁から人種統合の命令がモントゴメリーに届いたのは1956年12月20日であった。[36]

3) その後

最高裁から勝訴の判決を勝ち得たのちも人種統合への抵抗は続き、12月28日、バスに乗っていた黒人妊婦が両脚を撃たれるという事件が起こった。弾を取り出す際の流産を医師たちは心配したが、弾を取り出し、被害者は約1か月入院した。[37]

1957年1月10日、6件の爆弾事件があり、4つの黒人教会（ベル・ストリート・バプテスト教会、ハッチンソン・ストリート・バプテスト教会、ブラック・ファースト・バプテスト教会、マウント・オリーブ・バプテスト教会）と、ラルフ・アバナシー牧師の家ならびにロバート・グレーツ牧師の家が損害を受けた。1月28日には、2人の黒人が（多分、白人の指示で）ガソリンスタンド、タクシー乗り場、ならびに病院勤務の60歳黒人アレン・ロバートソン（Allen Robertson）宅を爆破した。その日はまた、キング牧師宅の玄関に12本の束ねたダイナマイトがくすぶっているのが見つかり、爆弾処理がなされた。[38]

爆弾犯逮捕につながる情報に合計4,000ドルの報奨金が出された。1月31日に7人の白人が逮捕されたが、すべて、250ドルから1万3,000ドルの保釈金で、釈放された。大陪審はこの内5人を起訴し、他の2人を起訴しなかった。最初に行われた2人の被告の裁判は、キング牧師が1年前に反ボイコット法で裁きを受けたモントゴメリー郡裁判所で行われ、署名自白があるにもかかわらず、陪審は2人の被告人に無罪評決を下した。[39]

これから触れるアーカンソー州リトルロックのセントラル高校、ミシシッピ

大学、アラバマ大学では、黒人の入学をめぐり、州政府と連邦政府の衝突から軍隊導入にまで発展するほど人種統合に対する州の反応はかなり厳しいものがあった。

3 教育機関の人種統合をめぐる州政府と連邦政府の衝突

(1) リトルロックのセントラル高校

　深南部には含まれないが、アーカンソー州のリトルロックでは、9人の黒人生徒をセントラル高校に入学させるにあたり混乱が生じ、再建時代以降はじめて連邦軍が南部に導入されることになった。1957年9月のことである。黒人の生徒たちを指揮して導いたのはアーカンソー州の全米黒人地位向上協会 (NAACP) 会長、デイジー・ベーツ (Daisy Baits) であった。14歳から16歳までのこれらの生徒の名は次のとおりである。ミニジーン・ブラウン(Minnijean Brown)、エリザベス・エックフォード (Elizabeth Eckford)、アーネスト・グリーン (Earnest Green)、セルマ・マザーシェッド (Thelma Mathershed)、メルバ・パティロ (Melba Patillo)、グロリア・レイ (Gloria Ray)、テレンス・ロバート (Terrance Roberts)、ジェファソン・トーマス(Jefferson Thomas)、カーロッタ・ウォールズ (Carlotta Walls)。[40]

　1957年9月、学期が始まる前日、オーヴァル・フォーバス (Orval Faubus) アーカンソー州知事がテレビで発表したのは、人種統合で入学する黒人生徒を守るために、州兵をセントラル高校に派遣するというものであった。しかし、実は、州兵の任務は黒人生徒の入学阻止であった。学期の始まる9月3日、教育委員会の助言を受け入れて9人の生徒たちは自宅待機した。翌4日、高校に出てきた生徒たちは、罵声を浴びせる白人の群集に遭遇し、州兵は生徒たちが学校に入るのを妨げた。フォーバス知事はアイゼンハワー大統領と電話会談した後、大統領の夏の別荘があるロードアイランド州ニューポートに飛んだ。9人の生徒たちは自宅待機して結果を待った。9月20日（金）、連邦裁判所判事が州兵の撤退を命じ、フォーバスはそれに従った。[41]

　9月23日（月）に、高校に再び行った生徒たちは、またもや怒れる白人群集

に遭遇した。地元の黒人だけでなく、北部からの記者や写真家を襲うという噂が飛び交った。NAACP のデイジー・ベーツは、暴徒から生徒たちが守られるという大統領の保証が得られるまで、生徒たちは学校に行かないと発表した。翌日、生徒たちは自宅待機したが、暴徒はまた町に出てきた。リトルロック市長ウッドロー・マン (Woodrow Mann) は生徒を守るために連邦軍を展開させるよう 2 回要請した。司法長官ハーバート・ブラウネルの助言で、当初、法と秩序の維持は連邦ではなく州がすべきことだとしていたアイゼンハワー大統領は、ケンタッキー州フォート・キャンベルの第 101 空挺師団から 1,100 名の連邦軍をリトルロックに派遣した。さらに、黒人を守るために州兵を連邦軍に組み込み、フォーバス知事の指揮下から外した。連邦軍が南部に派遣されたのは再建時代以降これが初めてであった。これをハーマン・タルマージ (Herman Talmage) 上院議員は「アーカンソー州の州権を踏みにじる」ものだとして非難した。[42]

9 月 23 日夜、9 人の生徒の 1 人メルバ・パティロはしばらくぶりに、服ではなくパジャマを着て寝た。しかし翌日目覚めると祖母は膝にライフル銃を抱えて寝ていた。[43]

学校へ戻った生徒たち一人ひとりに対し、はじめ第 101 空挺師団の兵士 1 人ずつが割当てられたが、1 週間して軍隊が引き上げると、安全確保は、連邦軍化されたアーカンソー州兵のみとなった。9 人をかたどった人形の首が吊られ、焼かれた。メルバ・パティロは目に薬品をかけられ、あわや失明というところであった。ミニジーン・ブラウンは、昼食時に「黒んぼ、黒んぼ、黒んぼ」とののしられ、言った相手の頭に、チリの入った器から中身をかけた。そのため放校処分になったが、デイジー・ベーツとケネス・クラーク (Kenneth Clark) の尽力で、ニューヨークのニュー・リンカーン高校を卒業することができた。他の 8 人は学期を終了でき、春には、アーネスト・グリーンがリトルロック・セントラル高校を卒業した最初の黒人になり、卒業式にはキング牧師も出席した。[44]

フォーバス知事は引き続き、反人種統合を説き、支持され、先例がなかった 3 期目の知事を務めることになった。知事は 1958 年にリトルロックの公立学

校の人種統合を阻止するためにすべて廃校にした。学校が再開されるのは2年後、合衆国最高裁判所の命令を受けてである。[45]

(2) オックスフォードのミシシッピ大学
1) ジェームズ・メレディス

1962年6月25日、連邦第5巡回区控訴裁判所は、連邦下級裁判所の判決を覆し、アタラ郡出身の合衆国空軍退役兵ジェームズ・H・メレディス (James H. Meredith) を、黒人という理由のみで、白人しか在学しないミシシッピ大学への入学を拒んだということを認めた。連邦第5巡回区控訴裁判所は、連邦地方裁判所のシドニー・マイズ (Sidney Mize) 判事に、ミシシッピ大学にメレディスを入学させる命令を出すよう指示した。問題は、リトルロックの場合のように、その強制方法である。[46]

州政府と連邦政府の対立に、ケネディ大統領も司法長官の弟ロバートも、5年前のリトルロックのときのように、連邦軍派遣は避けたい。ミシシッピ州への連邦軍派遣となれば、連邦議会において必要な南部の民主党議員の支持を失うことになろうし、1964年の民主党の大統領候補再選出への努力を無にするからであった。そこでケネディ兄弟はロス・バーネット (Ross Barnett) 知事との間で政治的解決を図ろうとした。[47]

9月13日、マイズ判事がミシシッピ大学へのメレディスの即時入学を命じて数時間して、ミシシッピ州知事バーネットは、テレビとラジオの全州への放送で、南北戦争以来の最大の危機であると述べ、自らの知事在職中は学校の人種統合を行わないことを強調した。[48]

9月20日の午後、司法省公民権課のジョン・ドアー (John Doar) と合衆国執行官行政局長ジェームズ・P・マックシェーン (James P. McShane) はメレディスをミシシッピ大学のキャンパスに連れてきた。メレディス到着に先立ちその日、州高等教育機関理事会は、メレディスの処遇については知事に委ねる票決をしていた。大学内の建物の中で、入学を希望すると言ったメレディスに対し、ミシシッピ大学登録事務長ロバート・エリス (Robert Ellis) は、知事に理事会の権限を委譲したという決定を読み上げた。登録事務長に続いて、バー

ネットは短い声明文を読み上げ、メレディスのミシシッピ大学入学を拒んだ。[49]

9月25日[50]、ドアーとマックシェーンは州高等教育理事会の事務局までメレディスに付き添った。入り口にいたバーネット知事にドアーは、メレディスのミシシッピ大学入学妨害を禁ずる連邦第5巡回区控訴裁判所の命令を渡そうとしたが、知事は受け取らなかった。そして、大学構内でのときのようにメレディスの入学を認めない旨、通告した。[51]

9月26日朝、公民権担当の司法次官補バーク・マーシャルは、ニューヨークにいるトーマス・H・ワトキンス (Thomas H. Watkins) に電話をした。ワトキンスは、ミシシッピ州主権委員会の、バーネット知事によって市民の中から任命された3人の弁護士のうちの1人である。ワトキンスはケネディ政権とバーネット政権の橋渡しを務めていた。ワトキンスは電話でマーシャルに、次回メレディスに付き添うときには、そっと、知事を脇へ押しのけてみるよう促した。その日の午後それは実行されることになった。これは、連邦政府の「実力行使により」人種統合をしたという言い逃れをバーネット知事に与えることになるからであった。[52]

この計画に従って、メレディス登録の3度目の試みがなされることになった。ドアーとマックシェーンがミシシッピ大学キャンパスまでメレディスに付き添って行ったが、そこにいたのは知事ではなく、ポール・B・ジョンソン (Paul B. Johnson) 副知事であった。ドアーは、副知事をひじで脇に寄せようとし、拳までも振ったが、マーシャルとワトキンスの電話のやりとりを知らされていなかった副知事は、動かなかった。マーシャルから電話を受けたワトキンスは、ドアーが「十分な力」を用いなかったと言うのであった。[53]

依然、連邦軍を使わずに問題を解決したいケネディ大統領は、9月29日、ワトキンスが提案したことのあった秘密の提案をバーネット知事に電話で伝えた。その計画はこういうものであった。10月1日にメレディスがミシシッピ大学のキャンパスに登録に行く、とケネディ政権が発表する。その発表に基づいて、バーネットとジョンソンが、登録阻止のために大学へ行く。知事と副知事がメレディス一行の到着を待っている間に、連邦職員は、大学のあるオックスフォードではなく、州高等教育機関理事会のあるジャクソンで、メレディスを

秘密裏に登録させるというものであった。ケネディ兄弟に欺かれるという演出に、当初乗り気であったが、バーネットは気持ちを変えた。同日、バーネット知事はケネディ司法長官に電話し、交渉打ち切りを伝え、司法長官は大統領にその旨伝えた。大統領はミシシッピ州兵を連邦軍に組み込む書類に署名し、陸軍長官サイラス・ヴァンス（Cyrus Vance）に、必要になったときには、軍隊をミシシッピ大学に派遣する権限を与えた。[54]

9月30日（日）午前9時45分、バーネットは、同室者をワトキンズのみにし、知事公邸から司法長官に電話した。知事がメレディス登録を一時は認めたことを今晩大統領がテレビで公表しなければいけない旨、司法長官が伝えた。バーネットは司法長官に慈悲を求めた（もしその秘密交渉が発覚すれば、バーネットの政治生命はミシシッピ州では終わるからである）。メレディスがその日の午後ミシシッピ大学のキャンパスに連れてこられたときに、連邦政府の権威を認める声明を知事が発表するという司法長官の提案に知事は同意した。その時、昼の12時近くになっていた。バーネットとワトキンズは草稿を書き始めた。ミシシッピ時間で午後6時、メレディスのミシシッピ大学到着を、司法長官はバーネットに伝えた。7時半、知事は全州へのテレビ放送で、メレディスのキャンパス到着と州兵の連邦軍組み込みを伝えた。一方、ケネディ大統領はバーネットの演説が終わるとすぐ、国民に向けてテレビで、法の遵守がアメリカという国家の礎であることを強調した。[55]

テレビで放送している両者の知らぬ間に、ミシシッピ大学の事務棟であるライシアムの周囲には、2,000人の群衆が集まり、すでに連邦法執行官に石、レンガ、ビン、火炎瓶、鉛管などを投げつけていた。キャンパス暴動と連邦軍展開により、死者2名、連邦法執行官は160人が負傷し、約200人が逮捕されたが、ミシシッピ大学の学生と確認されたのはわずか24名であった。連邦軍が到着するまでの約4～5時間の間、催涙ガスだけで武装した訓練不足の連邦法執行官たちが暴徒から懸命に身を守ろうとしていた。約2万4,000人の連邦軍が治安を回復したのは、翌日10月1日午前4時半であった。午前8時には、疲弊した連邦法執行官らによって付き添われ、ようやくメレディスは登録を終えた。これでメレディスは公式にミシシッピ大学の学生になった。ミシシッピ

州では小・中・高・大いずれの教育機関でも人種統合はメレディス以前にはなかった。ミシシッピ州の教育機関では人種統合が初めて行われたのは 1962 年 10 月 1 日である。バーネットはのちに、メレディスの卒業阻止を画策したが、失敗した。この画策は、NAACP のメッジャー・エヴァーズ（Medgar Evers）の暗殺と深く関わっていた。[56]

2) メッジャー・エヴァーズ

メッジャー・エヴァーズはミシシッピ州デカター出身でノルマンディ上陸作戦に参加した退役軍人である。ミシシッピ大学のロースクール入学の試みが失敗したとき、1954 年 12 月に NAACP はエヴァーズをミシシッピ州で最初の現地責任者とした。エヴァーズはのちにミシシッピ主権委員会に監視されるようになり、風貌、免許証番号、プレートナンバーなどの個人情報が調査され、1958 年末までには「メッジャー・エヴァーズ──人種統合の扇動者」という 6 頁のメモを主権委員会が編集した。エヴァーズは NAACP のミシシッピ州責任者として 1962 年にはメレディスのミシシッピ大学入学を支援していた。[57] そのエヴァーズが命を狙われるようになった。

1963 年 6 月 11 日、アラバマ大学の人種統合をめぐる騒動（後述）を受けて、ケネディ大統領は国民に黒人問題解決の努力が必要である旨、演説をした。演説の行われているその間、ミシシッピ州ジャクソンにあるエヴァーズの自宅付近で、スイカズラのつるが密に茂っている中に身を潜めていたのは、ミシシッピ州出身の狂信的な白人の肥料セールスマン、バイロン・デ・ラ・ベックウィズ（Byron de la Beckwith）であった。夜半過ぎ、NAACP の戦略会議を終え疲れていたエヴァーズはステーションワゴンから降りた。ケネディの演説に感動した妻と子供たちは、エヴァーズに良き知らせを伝えようとしていた。ベックウィズは手動の遊底を備えた 30.06 口径のウィンチェスター銃の照準器から、エヴァーズの白いシャツに照準を合わせていた。エヴァーズがドアの取っ手に手をかけると、銃弾が背中から肋骨の間を貫き、胸骨のすぐ下に大きな穴をあけ、間もなくエヴァーズは息を引き取った。[58]

エヴァーズ暗殺の翌日、メレディスは声明を発表した。その声明は「ミシ

シッピ州知事バーネットとアラバマ州知事ジョージ・C・ウォーレス (George C. Wallace) は、黒人に対してしたいことは何をしても、妨げられることはないということを証明したのは疑いない」というものであった。これに先立ち、1月31日、ミシシッピ大学総長ジョン・D・ウィリアムズ (John D. Williams) は、混乱を引き起こしたり、大学の教育プログラムの効果を阻害する声明を出したりするのを禁ずる命令を大学教職員と学生に出していた。メレディスの声明は、総長の命令に違反している、とバーネットは受け取った。6月のミシシッピ州主権委員会ではメレディスのことが議論され、主権委員会は大学の理事会にメレディス発言に関する調査勧告の決議をした。メレディスが卒業するつもりでいた3日前、11人からなる理事会は、メレディス放校に関する票決をした。その結果は、バーネット知事に任命された5人が放校賛成、コールマン前知事に任命された6人が放校反対ということで、結局、主権委員会はメレディスの出した声明の是非を不問にすることになった。[59]

人種統合反対でミシシッピ州のバーネット知事に肩を並べて全米の注目を集めるのはアラバマ州ではウォーレス知事である。ブラウン判決後、アラバマ州ではミシシッピ州のように迅速に白人市民評議会が組織され拡大していったわけではなかった。しかし、人種統合の運動が強まっていくのに呼応してそれへの反対も強まった。

(3)　タスカルーサのアラバマ大学

アラバマ州モントゴメリーでキング牧師らの指導によって、バスの人種統合をめざす運動が展開されている時期、1956年2月3日、バーミングハムの連邦裁判所の命令によりオーサリン・ルーシー (Autherine Lucy) という黒人女性のアラバマ大学への入学が実現した。アラバマ大学の学生は連日、人種統合反対のデモ行進し、ついにはルーシーへの暴力行為にまで至った。ルーシーが月曜朝の授業から出てくると3,000人の学生と地元の悪漢たちが、石、腐った卵、トマトなどをルーシーに投げつけた。ジム・フォルサム (Jim Folsom) 知事はフロリダで1週間、酒浸りになっていた。暴力拡大の兆しが見えていたので、ルーシー入学の命令を出した連邦裁判所判事は、ルーシーの放校を黙認した。[60]

このときは連邦軍の出動はなかった。連邦軍がアラバマ大学の人種統合で出動するのはウォーレスが知事のときである。黒人学生の登録阻止のために、校舎の入り口に立つというのがウォーレスの選挙公約であった。ウォーレス知事もまたミシシッピ州のバーネット知事と同様ケネディ政権と衝突することになる。

ケネディ大統領の特別補佐官であるアーサー・M・シュレシンジャー2世 (Arthur M. Schlesinger, Jr.) からすればウォーレスは「野心的で生意気な政治家」[61] である。1963年1月の知事就任演説の「今こそ人種隔離！明日も人種隔離！永遠に人種隔離だ！」(Segregation now! Segregation tomorrow! Segregation forever) というスローガンは恐らくウォーレスの名と共に歴史に残ることだろう。

ウォーレスのアラバマ大学の人種統合阻止を封じるために司法省のバーク・マーシャルは1963年3月半ばには、アラバマ州にある6つの新聞社の編集者・出版者ならびに聖職者や実業家や地域の指導者と個人的で緊密な関係を結んでいた。司法省の特別作業部会は、アラバマ州で営業している375の企業の役員と経営者のリストを作成していた。5月29日までには、閣僚と指名された高官が州内94人の実業家と連絡をとり、そのうち57人がウォーレスにアラバマ大学の人種統合を促すよう同意した。タスカルーサのジョージ・ルマイスター (George LeMaistre) は直接ウォーレスと会った。元法学教授で銀行の頭取ルマイスターは長年、南部での人種関係が持つ倫理的意味について釈然としないところがあった。リトルロックの混乱後にアーカンソー経済が破壊的な打撃を受けたという事実があった。ルマイスターは、ブラウン判決への狂信的な抵抗は州経済にとっては破壊的だということを理由にして、他の実業家を説得しようとしていた。そのルマイスターがウォーレスと知事執務室で会見した。知事は自説を曲げずに、「最高裁判所の判決は国の法ではなく、9人の男の判断に過ぎない」と言い、さらに「法と秩序というのは、共産主義者の使う言葉だ」と言うウォーレスにルマイスターは「ジョージ、それはたわごとだ。たわごとだ」と言った。ウォーレス知事にああいう口の利き方をしたのは今まで聞いたことがない、と同行記者は震えて言った。[62]

一方、4月25日には司法長官自身もウォーレスと会談していた。会談での

知事の立場は、連邦政府が州政府の権限を侵しているということと、ブラウン判決には反対であり、プレッシー対ファーガソン事件に関する合衆国最高裁判所の判断を尊重しており人種統合には反対だ、ということであった。「黒人がアラバマ大学に入学することは恐ろしいことだと思うか」というロバート・ケネディの問いに知事はこう応える。

恐ろしいと思うのは、連邦裁判所と中央政府が法律を書き換え、国民が望んでいないことを押しつけることです…。最高裁判所が合法的だと言った制度のもとで我々は百年間うまくやってきましたし…何百万ドルもかけて立派な教育制度を築いてきました…アラバマ州の学校のいかなる人種統合にも私は、決して自発的に屈することはありません…。私の目の黒いうちは、思うに、その準備はできないでしょう。[63]

アラバマ大学の人種統合が予定されていた6月11日までに、ウォーレスは機先を制しようとしていた。入学予定者ヴィヴィアン・マローン (Vivian Malone) とジェームズ・フッド (James Hood) の集中的な身元調査を始めたのである。1950年代にアラバマ大学に入学しようとしていた黒人女性オーサリン・ルーシーの信用を傷つけようとして、アラバマ大学理事会は私立探偵を雇っていた。それが制度化され、黒人からの入学願書を受けると大学は、入学希望者の名を州の法執行部門に知らせ、州の調査官は、広範な身元調査を行い、入学者の資格取消しに使うことができる情報か、あるいは脅迫して入学を辞退させることのできる情報の発見に努めるようになっていた。犯罪歴や他州での重婚歴や親の精神病歴が明るみに出て入学できなくなる場合があった。[64]

アラバマ大学のフランク・ローズ学長は義務を守り、ヴィヴィアン・マローンとジェームズ・フッドの入学願書を知事に回した。ウォーレスは州の警察長官アル・リンゴ (Al Lingo) に調査の指示を命じた。リンゴはウィリアム・ペインター (William Painter) とベン・アレン (Ben Allen) というベテラン私服警官に任務を言い渡したが、マローンとフッドの入学阻止に利用できる情報は何も明らかにできなかった。[65]

ウォーレスは1963年6月2日、警備の要員、側近それに『モントゴメリー・アドヴァタイザー』紙のボブ・イングラム (Bob Ingram) 記者とニューヨークに飛んだ。NBCのインタヴューテレビ番組『ミート・ザ・プレス』に出演するためである。NBCスタジオはニキータ・フルシチョフ (Nikita Khrushchev) が『ミート・ザ・プレス』に出演するために現れたとき以来のものものしい警備になり、ニューヨーク市警察は何十人という警察官を建物の廊下と外の通りに配置し、50番街に救急車と医師を待機させた。[66]

インタヴューするのは、番組プロデューサーのローレンス・スピヴァック (Lawrence Spivak)、『ニューヨーク・タイムズ』紙のアンソニー・ルイス (Anthony Lewis)、NBCニューズのフランク・マクジー (Frank McGee) であった。[67] すでに2名の黒人をアラバマ大学に入学させるようにとの裁判所の命令が出ているのに登録日の6月11日に、ウォーレス知事はそれにどう対処するつもりかというのがインタヴューの目的である。

6月11日の行動予定を聞いたスピヴァックに知事は応えて、「知事選挙運動中に述べたように入り口のところに立ちふさがります。対決は平和的に暴力なしに処理されるでしょう」。そして単にアラバマ大学の人種統合にとどまらず、中央政府がこの国の国民の自由と権利を踏みにじるかどうかという問題だ、とウォーレスは言う。ロバート・ケネディのハーヴァード大学の級友・親友のルイスは公民権運動に同情的な記者である。彼はだれよりも辛らつな質問をした。「1週間足らず前に、最高裁判所は全員一致で、ケネディ政権に挑戦するウォーレスの訴訟の1つをあしらったんじゃないんですか。校舎の入り口に立つ約束なんて『刺激して暴力を起こさせる政治的ジェスチャー』じゃなかったんですか」。それをウォーレスは否定し、こう応じた。半世紀以上の間、連邦裁判所は分離すれども平等と言う法理を受け入れてきたので、裁判所の判決が健全なものに戻るには今しばらく時間が必要だということであった。[68] 言うまでもなく、「分離すれども平等」とは本章冒頭で触れたように、プレッシー対ファーガソン事件に対して連邦最高裁判所が下した判決を指している。ウォーレス自身も裁判官出身である。

知事自身はことさら暴動を望んでいた訳ではない。6月5日、KKK内の情報

提供者が連邦捜査局（FBI）の担当者に伝えたところによると、州警察長官アル・リンゴが、アラバマ州マリオンのKKKの大ドラゴン<ruby>グランド・ドラゴン</ruby>に、タスカルーサにいるKKK団員は逮捕される旨、電話で伝えた。2日後、ジョージ・ウォーレスの盟友ユージーン・コナー（Eugene Connor）バーミングハム警察署長は、タスカルーサでの白人市民評議会で話したあと、KKK団員と個人的に会い、民間人には大学町から離れていてもらいたいという知事からの指示を伝えた。[69] しかし、必ずしもKKK団員の末端まで知事の意向が了解されていたわけではない。

　6月8日、土曜日の午後、KKKのバーミングハムの悪名高いイーストヴュー支部の長年の情報提供者ゲイリー・ロー（Gary Rowe）に支部リーダーの1人から電話連絡が入った。ローによれば彼の任務はタスカルーサに行って「学校をめちゃくちゃにする」ことであった。ローが車のトランクに入れたのは、カービン銃5丁、散弾銃4丁、散弾5箱、銃剣4丁、破片手榴弾、催涙ガス手榴弾、45口径の機関銃、それにダイナマイト12本と雷管12本であった。対戦車バズーカ砲は、運搬するのをFBIがとどまらせた。バーミングハムの自宅から車を運転してローは、他のKKK団員5人と合流し、2台の車でキャンパスに向かった。FBIからの情報で重装備の州警察が検問にあたっていた。6人のKKK団員は検問で州警察に逮捕された。州警察にとっては不本意な逮捕であった。[70]

　『ミート・ザ・プレス』への出演を終えてニューヨークから戻り間もなく、連邦裁判所のセイボーン・H・リン（Seybourn H. Lynne）判事は、司法省から出ていたアラバマ州知事への差止め命令を認めた。ウォーレスがタスカルーサキャンパスまで行くことを禁じはしなかったが、6月11日にジェームズ・フッドとヴィヴィアン・マローンの入学を妨害することをリン判事は禁じていた。もし知事が差止め命令を無視すれば、法廷侮辱罪で刑務所に入れられるか罰金を科せられる。6月11日、控えの建物にいるときもウォーレスは逮捕を気にかけていた。[71]

　6月11日午前11時少し前、連邦政府関係者を乗せた車列がフォスター講堂の前に止まった。ニコラス・カッツェンバック（Nicholas Katzenbach）司法次

官が車から降りてきたので、ウォーレスの顧問のセイモア・トランメル (Seymore Trammell) が帽子を脱いで知事に合図すると、ウォーレスは建物の中から出てきて入り口のところに立ちはだかった。連邦政府の弁護士メーコン・ウィーヴァー (Macon Weaver)、連邦法執行官ペイトン・ノーヴィル (Payton Norville) がカッツェンバックに同行した。2人はいずれもアラバマ大学のロースクール出身である。カッツェンバックはウォーレスのいる演壇からほぼ1mのところまで近づき大統領の声明文を読んだが、ウォーレスは途中でさえぎり、声明は出しても演説は要らぬと言った。ウォーレスは側近が用意してあった4ページの声明書を読んだ。その間7分、カッツェンバックは胸のところで腕組みをしていた。カッツェンバックはウォーレスに「こんな見世物には関心はない。この歴史の最終章はこの学生たちの入学だということを、皆が知っている」と言った。ウォーレスはまっすぐ前を見て、あごを上げ、唇をすぼませている。ほぼ1分間、聞こえるのはカメラのシャッターを切る音のみの時間が過ぎた。反応のない知事をあとにカッツェンバックは車に戻った。ヴィヴィアン・マローンはカッツェンバックと駐車場の向こうの学生寮に歩いていった。フッドは、司法省の他の職員がキャンパスの向こうにある彼の寮に車に乗せて連れていった。ウォーレスはフォスター講堂の中に戻っていった。[72]

　ウォーレスは食事をしたあと再び入り口のところに姿を現した。すでにアラバマ州兵は連邦軍に組込まれている。今一度、ウォーレスに最後の発言をさせることを、司法長官が了解するところとなっていた。最後の発言をさせて、早く事態を収束させたい、と司法長官が考えていたからであった。州兵の将軍ヘンリー・V・グラハム (Henry V. Graham) は先にカッツェンバックがいたところに進み出てウォーレスに、こう言った。「アメリカ合衆国大統領の命令により、知事に脇によってもらうというのは、義務とはいえ悲しいことです」。単調な声でウォーレスは応えた。「州兵を不当に連邦軍化することがなければ、私が最高司令官なのに。屈辱的な事態だ」。[73]

　結局、ヴィヴィアン・マローンとジェームズ・フッドは公式にアラバマ大学の学生になり、ウォーレスが選挙運動中公約していたアラバマにおける人種隔離維持は破られることになった。しかし5か月後にフッドの方は神経が参って

退学した。その直後、マローンが住む寮の外の通りが爆発でくぼみができ、次の爆発は、マローンの部屋だという匿名の電話があった。ジェフ・ベネット (Jeff Bennett) 副学長がモントゴメリーまで行き、知事の影響力で爆破を止めさせるよう求めた。30年後にウォーレスが公式伝記作者に語ったところによると、マローンを守るために24時間体制で監視していたという。[74]

4　非暴力主義による犠牲と成果

　公民権運動家たちはほとんどが、マハトマ・ガンジーの非暴力主義や消極的抵抗に言及する。ガンジーの思想はどのような言動で示されているかを、おもにガンジーが南アフリカからインドに帰国し、争議の支援やイギリスからの独立運動を推進させた歴史の中で確認してみる。

(1)　ガンジー
1)　南アフリカからインドへ
　南アフリカに21年いたガンジーは45歳のときに、イギリス経由でインドに戻ってくる。南アフリカのトランスバールでは、不正に潜入してくるインド人と、許可なくトランスバールに在住しているインド人を取り締まるためにインド人の指紋を採取し、登録証明書を携帯させようとしたトランスバール政府にガンジーらは抵抗し、「消極的抵抗協会」(のち、サティヤグラハ協会) を結成し、登録することを拒んだ。サティヤグラハとは「真実と非暴力の愛から生まれる力」を意味する。そういうガンジーがインドに到着したのが1915年1月9日であった。[75]

　インドで最初にガンジーが行った政治的活動は、インド東部ビハール州チャンパーランで染料となる藍 (インディゴ) を栽培させられていた小作農の地主に対する闘いの指導であった。小作人と地主との長期契約で、畑の20分の3にインディゴを栽培することになっており、収穫したインディゴは地代の一部として地主に収めることになっていた。第1次世界大戦中に、ドイツからの合成染料の供給が足りなくなり、輸出するインディゴが高値になったので地主は、小作人にイン

ディゴの作付面積を増やさせたが、それに対する奨励金は出なかった。しかも小作人たちは不当な小作料を支払わされて、貧しい生活を強いられていた。ガンジーが、チャンパーランに入るということが、ビハール州に知れ渡っていた。ガンジーは、列車でモティハリに入る。治安判事から退去命令が出たが、ガンジーは逮捕も辞さない構えである。[76]

　1917年4月18日に裁判が行われた。その朝、何千人もの貧しい農民たちが裁判所のまわりに集まった。裁判でガンジーはこう述べた。「私に出された命令を無視したのは、司法当局に対する不敬からではなく、良心の声というより高い法に従ったからです」。この地域を出て二度と戻ってこなければ、この訴訟は取り下げるとした治安判事にガンジーは、監獄から戻ってきたあとも我が古里にします、と応じた。2時間の休廷ののち治安判事はこう述べた。命令は4月21日に出すが、今日は100ルピーの保釈金で自由にする、と。それに対し、ガンジーは保釈金を積むのを断った。さらにガンジーは、誓約書を書いて自由になるのも拒んだ。とうとう治安判事は4月21日に評決を聞きに来るように求めただけで、ガンジーは自由のままであった。しかも、評決の前日に訴訟取下げの書面が届いた。[77]

　結局、ガンジーは、ビハール州の副知事エドワード・ゲイト（Edward Gate）に呼び出され3日間にわたり、副知事および州の幹部らと話し合った結果、公式の調査委員会が設置されることになった。調査委員会が集めたのは、地主に対して不利な大量の証拠であった。小作人から違法に取り立てた分の全額を返還するようにガンジーが地主に要求するのかと、地主は恐れたが、ガンジーはその半額だけ求めた。そしてガンジーは、半額のその半額だけ返すという地主側の案を受け入れた。ガンジーにとっては、地主が小作人に金を返すことが、小作人にとって道義的な正しさを証明する精神的勝利であった。[78]

2）アムリッツアの虐殺

　1919年4月9日パンジャブ州アムリッツアでは、ヒンズー教の祭りラム・ナウミにイスラム教徒も混じって「ガンジー万歳」、「ヒンズー・イスラムの団結万歳」を叫んでいた。不穏な状況になるのを恐れた地区治安判事は、アム

リッツアに駐留している中隊に増援を求めた。一方、地区の2人の指導者イスラム教徒サイファディン・キチュルー (Saiffudin Kitchlew) とサティアパル (Satyapal) の逮捕と追放をパンジャブ政府から命じられた治安判事は、4月10日、彼のバンガローに2人を呼んで逮捕した。逮捕の知らせがアムリッツア中に広がると、消極的な政治的抵抗として同盟閉店が宣言された。そして群集は鉄道を渡って、イギリス人居住区までデモ行進しようとした。デモを止めることができなかったので、兵士たちはデモ隊に発砲した。死者やケガ人を目にして、デモ隊は、手当たり次第にヨーロッパ人を襲った。イギリスの銀行役員3人が引きずり出されて殴り殺された。死体は通りに放り投げられ、焼かれた。また、伝道学校の女性教師シャーウッド (Sherwood) が自転車から殴り落とされ、襲撃され、死体は道に放置された。[79]

4月11日、レジナルド・ダイアー (Reginald Dyer) 将軍がアムリッツアに到着する。翌12日、布告が出されて集会とデモ行進が禁止される。それに従わないものは軍法で裁かれることになった。4月13日午前に、布告は繰り返されたが、それが読み上げられない地区も多くあった。4月13日の午後、ジャリアンワーラ大庭園で大規模な集会が開かれるという知らせがダイアー将軍のもとに入った。将軍は、厳しい弾圧をして見せしめの機会にしようとした。大庭園に集まっている民衆に、弾薬がなくなるまでライフルを撃つよう、将軍は兵士たちに命じた。そこに集まっていた一般市民約1万人が逃げまどった。兵士たちは合わせて1,650発の弾丸を撃った。死者は379名、負傷者1,137名にのぼった。アムリッツアでは厳しい検閲が行われたため、ガンジーがこの事件を知ったのは、事件から何週間も経った6月のことであった。[80] アムリッツアの虐殺は、イギリスによるインド植民地統治の大きな汚点の1つであろう。このようなイギリス植民地支配への独創的抵抗が、塩の行進である。

3) 塩の行進

ガンジーは1930年に、1月26日を独立記念日として祝うように国民に求めた。国民の反応は大きく、独立旗が掲げられ、ガンジーの宣言が読まれた。その一部にこうある。「インドのイギリス政府は、インド国民から自由を奪った

だけでなく、大衆の搾取にその基礎を置き、インドを経済的、政治的、文化的、精神的に、破滅させてきた。だから、インドがイギリスとのつながりを断ち、プルナ・スワラジつまり完全な独立を達成しなければならない」。[81]

まもなく発表した11項目にわたる計画の中に塩税廃止という項目がある。3月の初めにはガンジーの意思は固まり、塩をインド人の手で作ることによって塩税の負担をなくそうとした。延々と続いているインドの海岸線に、塩は豊富にある。イギリスへの抵抗を、ガンジーは、塩を通じてすることに決めたのである。行動に移すのに先立ち1930年3月2日、ガンジーはインド総督アーウィン卿(Lord Irwin)に「親愛なる友へ」という書き出しで始まる手紙を書く。

　市民的不服従に乗り出し、ここ何年もずっと非常に恐れてきた危険を冒す前に、あなたと交渉して解決策を見いだしたいと思います。…私はイギリス統治を災いだと見なしていますが、1人のイギリス人も傷つけようとは思っていませんし、イギリス人がインドに持っているかもしれない合法的な利害関係を損なおうとも思っていません。/ …どうして私がイギリス統治を災いだと見なすのでしょうか。/ 激しくなる搾取制度や、インドが決して賄えない破滅をもたらすほど金のかかる軍隊や民間の行政部によって何百万という無告の民が、イギリス統治のために貧困に陥れられています。イギリス統治により我々は政治的農奴にされてきました。文化の基盤が奪われてきました。冷酷な武装解除によって精神的に我々を貶めてきました。/ 小作農の利益を最も重要な関心事とするために歳入体系全体の見直しが行われなければなりません。しかしイギリスの体系では小作農の生活そのものを押しつぶす意図があるように思われます。/ あなた自身の給料を取り上げます。間接に入る収入以外に、あなたの月給は2万1,000ルピーです。…インドの平均が2アンナ(1ルピーの8分の1)であるのにあなたには日に700ルピーも入っているのです。ですからあなたには平均的なインド人の5,000倍をはるかに超える収入があるのです。イギリスの首相は平均的なイギリス人の9倍しかもらっていないのです。組織化された非暴力しかイギリス政府の組織化された暴力を食い止めることができないのです。/ この非暴力は抵抗に

よって表現されます。…私の野心は、非暴力によってイギリス国民を改心させ、インドに犯した誤りに気づかせたいということです。イギリス国民に危害を加えようとは思っていません。インド国民の役に立ちたいのと同じくらい、イギリス国民の役に立ちたいと考えています。…しかし、もしこれらの悪に対処する方法が分からなければ、そしてまた私の手紙があなたの心に訴えかけることがなければ、塩法の条項を無視するために、連れて行くことのできる僧院の仲間と今月11日に出発します。[82]

塩の行進は1930年3月12日から始まった。ガンジーのアーシュラマから海岸にあるダンディまで約384kmを歩くというものであった。行進は毎朝6時半に始まり、毎日1時間、糸を紡ぎ、日記をつけ、演説を準備した。3月18日に到着したボーサッドでガンジーは、非協力の重要性を群集に説明し、「今日、我々は塩法に公然と反対しています。明日は、他の法もゴミ箱に入れてしまいましょう」と言った。[83]

当時ガンジーは60歳であった。イギリス帝国に挑戦するために、杖を片手に、ほこりの舞う道を大股で力強く歩く姿は、世界中の何百万人という人々の関心と同情を引き起こした。当初ガンジーを含めて79人で始まった行進は何千人にも膨れ上がっていた。出発から24日後の4月5日に目的地に到着したが、逮捕はなかった。塩法を破ることによって何を達成したいのかと問われてガンジーはこう応えた。「力に対する正義のこの戦いに、世界からの共感が欲しい」。ダンディ到着から1週間もすると、塩作りはインド中に広がった。1930年5月4日にガンジーが逮捕されると、指導者は詩人サロジニ・ナイジュ (Sarojini Naidu) に代わった。ナイジュ夫人は、ボンベイの北150マイルにあるダーラサーナ製塩所にインド国民議会派のメンバー2,500人を率いた。ナイジュ夫人は「殴打を避けるために手を上げることすらいけません」と注意した。[84]

6人のイギリス警官に命じられた400人のインド人警察が取り囲んでいる溝と塩田に、ガンジーの2番目の子マニラル・ガンジー (Manilal Gandhi) を先頭に近づいていった。散らばるようにという警察官の命令を黙って無視して前進する縦列に、インド人警察官は、先に鉄のついたラティーで前進する者たち

の頭を殴りつけた。誰一人として殴打を避けるために腕を上げるものはいなかった。一列また一列と進み出てきた。ユーナイテド・プレスの記者ウェブ・ミラー (Webb Miller) が仮設病院で数えた、負傷したサティヤグラハの運動員数は 320 人に上った。多くが意識不明で、2 人はすでに死亡していた。警官の暴行の場にいたウェブ記者の特電は世界中の新聞社に伝わった。[85] ガンジーに続き投獄されたインド人は 10 万人にのぼると推定されている。この抵抗が終わるのは、インド自治政府樹立につながる譲歩をイギリスがしたときである。[86]

　このようなガンジーやイギリスからの独立を求めてサティヤグラハの運動に参加したインド人たちの思想と行動が、アメリカの公民権運動を思想的に支えていたのである。

(2) 座り込み運動
1) イリノイ州シカゴ
　アメリカ南部で各地に拡大する最初の座り込み（スィットイン）が行われたのは、1960 年 2 月 1 日ノースカロライナ州グリーンズボロにおいてである。「各地に拡大する」という条件がつくのは、高南部と深南部において、1957 年以来すでに座り込みが組織されてきていたからである。[87] また、「南部で最初に」というのは、すでにシカゴで結成された人種平等会議 (Committee of Racial Equality, CORE) が、シカゴで座り込み運動を展開していたからだ。運動を始めるにあたり、ガンジーの塩の行進に参加したクリシュナラル・シュリダーラニ(Krishnalal Shridharani) に CORE の設立者の 1 人ジェームズ・ファーマー (James Farmer) らは会って相談した。シュリダーラニは当時、社会学を専攻し、ガンジーの技法を分析してコロンビア大学で博士号取得をめざしていた。シュリダーラニの著書『暴力のない戦争』(*War Without Violence*) は、CORE が求めていたものであった。この本で示された、調査、交渉、宣伝、示威運動というガンジーの手順を CORE は取り入れることにした。[88]

　黒人が入場できなかったホワイトシティというシカゴのローラー・スケートリンクに対する、1940 年代に行われた数か月におよぶ運動の中で、CORE の

運動員らは、黒人の集団、白人の集団、人種混合の集団でリンクの反応を試した後、毎晩列に並び、列を独占し他の入場希望者がゲートに近づけなくして、リンクの利益を減じさせた。ついにはリンク側が黒人の入場を認めるようになった。飲食店において CORE が運動を最初に展開したのは、シカゴ大学付近のジャック・スプラット・コーヒーハウスであった。そこでは CORE が成功を収めた。しかし、店側は当初、「黒人に飲食物を出せば、白人の顧客を失い利益にならない」と応じていた。30 人か 35 人で満席となるその店へ人種の混合した 20 人のグループで出かけた。白人には飲食物は出すが、黒人は店の奥で食べれば出すと言われ、黒人がそれを拒否すると店は、警察を呼んだが、法に違反していない運動家に対し、警察は何もせずに帰った。連日、店に行き席を占め閉店までいた。ついには店側が折れて、飲食物を出すようになった。[89] これは 1940 年代のことである。

40 年代初めに CORE は「南部へ侵入する」のは控えた。南部での暴力による反応には抗しがたいと考えていたからだ。「もし 1940 年代にモントゴメリーかバーミングハム、あるいは（南部にある長距離バスの）待合室で座り込みを始めたり、あるいはフリーダム・ライドを始めたりしていたなら、恐らく、この組織がなくなるか、その参加者が殺されていただろう」とファーマーは後年、述べている。[90]

2) ノースカロライナ州グリーンズボロ

ファーマーらのシカゴでの 20 年前の座り込み運動を聞いたことがなく、またキング牧師やモントゴメリーでのバス乗車拒否運動からというよりも、ガンジーから最も影響を受けて、グリーンズボロでの座り込み運動は 1960 年に始まった。そう述べているのは、最初に始めた 4 人の学生の 1 人フランクリン・マッケイン (Franklin McCain) である。残る 3 人はエズラ・ブレアー 2 世 (Ezella Blair, Jr.)、デイヴィッド・リッチモンド (David Richmond)、ジョーゼフ・マックニール (Joseph McNeil) である。この 4 人はグリーンズボロにある黒人大学ノースカロライナ A&T 大学の 1 年生であった。座り込みに選んだ店はウルワースのランチカウンターであった。注文しても出ないコーヒーと

ドーナツを待って座っている4人に「10年前にすべきだったよ」という白人の婦人からの声もあったという。その日4人は閉店時間まで座っていた。2日目には、A&T大学の他の学生20人が加わり、ほぼ1日中席についていた。4日目にはグリーンズボロのノースカロライナ女子大学から最初の白人学生が加わった。2週目になると、座り込み運動はノースカロライナとヴァージニアの8つの町に広がった。[91]

3) テネシー州ナッシュヴィル

グリーンズボロでの座り込みが3日目になるまでには、ダグラス・ムーア(Douglas Moore)牧師は、その勢いを他州に広げようとして、テネシー州ナッシュヴィルのジェームズ・ローソン(James Lawson)牧師に電話した。ローソンは以前に座り込みを組織したことがある、ヴァンダビルト大学の30歳の黒人神学生であった。朝鮮戦争に平和主義者として反対し、投獄された経験を持つ。宣教師としてローソンをインドに送ったメソジスト派の牧師らの宣誓書で仮釈放されていた。インドでローソンはガンジーの消極的抵抗を学んだのであった。モントゴメリーのバスボイコット運動では、ローソンがキングにガンジーの哲学、方法、成果について教えたことがあった。のちにローソンは、ジェームズ・ファーマーも加わっていた、和解の仲間たち(Fellowship of Reconciliation, FOR)で働いた。ローソンはまた南部での非暴力運動のワークショップで指導者を育成した。[92]

このようなローソンによって訓練されたナッシュヴィルの学生運動は、座り込みの初日2月18日に500人の学生を結集させ、マスコミの注目を集めた。2月26日、ナッシュヴィルの警察署長は店主の求めに応じて座り込む者を逮捕する旨、発表した。翌日、座り込みの学生たちは、警官黙認の下で、白人の悪漢に嫌がらせを受けたり攻撃されたり、スツールから引っ張られたり、殴られたり、蹴られたりした。[93]

77人の黒人と5人の白人が、「治安紊乱(びん)」で逮捕された。有罪判決を下されたあと、ほとんどの学生は保釈金を積むのを拒み、投獄されるのを選んだ。ナッシュヴィルの黒人地域社会は、必要な法廷費用を集め、学生を支援するた

めに、ダウンタウンにある商店のボイコットを決めた。モントゴメリー以来の効果的なボイコットであった。間もなく、ダウンタウンの商人たちから解決を求めるようになった。[94]

4月19日5時半、ナッシュヴィルのアレグザンダー・ルービー（Alexander Looby）の家が爆破された。ルービーは、逮捕された学生の代理人を務めている著名な黒人の弁護士である。ルービーと家族はひどい傷を負わずに逃れることができた。が、昼には抗議運動が起こり、何百人もの人々が市役所までデモ行進した。デモ行進者たちとベン・ウェスト（Ben West）市長が会った。指導者C・T・ヴィヴィアン（C.T. Vivian）牧師が、市長の怠惰を非難した。それから学生リーダーのダイアン・ナッシュ（Diane Nash）が市長に、テレビカメラの回る中で人種差別の是非を問うたのに対し市長は、「政治家としてではなく、ひとりの人間として応えなくてはならない」として、人種差別は悪いことだと応え、3週間後に初めてナッシュヴィルのランチ・カウンターで黒人にも白人と同じように飲食物を出すようになった。[95]

4）ミシシッピ州ジャクソン

ミシシッピ州では人種統合を要求するには当時最も危険な地域であった。ミシシッピ州ジャクソン、1963年5月28日午前、アン・ムーディ（Anne Moody）がタガルー大学（カレッジ）の学生を率いて、ウルワースのランチカウンターで座り込みをした。マスコミと警察には事前連絡をしていた。ちょうど午前11時15分に、ムーディ、メンフィス・ノーマン（Memphis Norman）、それにパーリーナ・ルイス（Pearlena Lewis）は座って、飲食物を注文した。警察を含む周囲の人々は、ジャクソン・セントラル高校とダウンタウンの労働者のなすがままに任せた。ののしられたり、殴られたり、席から引き摺り下ろされたり、蹴られたり、投げ回されたりした。塩、ケチャップ、コショウをかけられた。座り込みには応援としてタガルー大学の白人学生や同大学の社会科学教授も加わったが、結局、殴打が3時間も続いたのち店は閉店し、座り込みをした者たちが警察によって連行された。この座り込み運動はメッジャー・エヴァーズやミシシッピ州のNAACPの他の指導者たちが、バーミングハムでの運動（後述）

に刺激されてミシシッピ州での直接行動をジャクソンで示そうとしたものであった。[96] しかし、ミシシッピ州はやはり、深南部の中でも人種統合への反感が根強いことが、座り込み運動でも示されたということになろう。

(3) フリーダム・ライド

合衆国最高裁判所は1946年に、州をまたいで走るバスの座席の人種隔離を違法とする判決を下し、さらに1960年12月には、州をまたいで走るバスのターミナル施設における人種隔離を違法とした。この新しい判決とケネディ新政権を試そうとしたのがフリーダム・ライドである。ケネディ政権が発足して間もなく、ジェームズ・ファーマーはCOREの全米委員長に就任した。ファーマーらがフリーダム・ライドで意図したのは、南部の人種差別主義者たちによって危機的な状況が作られれば、連邦政府が法を強制せざるをえないと考えていたからだ。ガンジーが塩の行進に先立ち、インド総督アーウィン卿に手紙を書いたように、ファーマーらは司法省、FBI、ケネディ大統領、グレイハウンドバス会社、トレールウェイバス会社に手紙を書いた。日程も織りこまれていた。[97]

ファーマーらは、募集した13人の人種混合の集団をワシントンに集めて1961年5月、1週間の研修を行った。ワシントンを出発する頃には、13人は直面するかもしれない死の危険への準備ができているように、ファーマーには感じられた。[98] しかし参加者に恐怖心がなかったわけではない。SNCC（スニック）の『学生の声』の広告を見て参加することになったジョン・ルイス（John Lewis）は、出発前日の夕方、「恐怖の混じった」初めての中華料理を食べたと回想する。[99]

13人はグレイハウンドとトレールウェイと2つのバスに分乗した。1961年5月4日にバスはワシントンを出発した。ヴァージニア州とノースカロライナ州では、待合室の「白人用」「黒人用」の表示が外されていた。サウスカロライナ州で、ある町の白人用の待合室に入っていったジョン・ルイスと、海軍大佐のクウェーカー教徒で平和主義者の白人アルバート・ビンジェロー（Albert Bingelow）が、数人の白人の若者に殴り倒された。その時点で警察が来たが逮捕はなかった。サウスカロライナの残りの地域とジョージア州では大きな襲撃

を受けずに通過した。アトランタではキング牧師とファーマーらが会った。問題が起きたのはアラバマ州であった。5月14日アニストンのバス発着所で武装した暴徒の集団にグレイハウンドバスが取り囲まれ、暴徒がバスに乗車している運動員に外に出るように叫ぶとバスは発進したが、50台ほどの車に、あとを追われた。タイヤが切りつけられていたので運転手はバスを止めざるを得なかった。暴徒は窓を一つひとつ割り、中の運動員を外に出そうとした。そして投げられた焼夷弾のために出口がふさがれた。乗車していた州の捜査員がリボルバーから1発威嚇射撃をしたあとようやく、バス内で息苦しくなっている運動家たちが外に出てくることができた。グレイハウンドのバスは火災で枠組だけが残った。アニストン病院では収容された負傷者が取り囲まれ、怯える病院関係者によって追い出される前に、運動家たちを救い出したのは、武装教会員の車列であった。これはバーミングハムの黒人指導者フレッド・シャトルズワース(Fred Shuttlesworth)が指示し、バーミングハムから出発した武装教会員による約15台の車列であった。車の運転手らはライフル銃や散弾銃で武装していたという。[100]

　同じ5月14日、トレールウェイのバスに乗った運動家たちもアニストンの発着所でひどい暴行を受けたが、バスはバーミングハムまでたどり着いた。そこで運動家たちは、今度はKKK団員に襲われた。KKKの暴行を15分間だけ警察が黙認する了解ができていたのだった。それを1975年に上院の情報特別委員会で証言したのは、FBIに雇われていた情報提供者でバーミングハムの、元KKK団員ゲイリー・ローであった。ローによれば、暴行が行われる間、少なくとも15分間はバーミングハム警察は、姿を現さないことをKKK団員に約束していたのであった。母の日だったため警察官のほとんどが母親のもとを訪ねて不在であった、とユージン・コナー警察署長は反駁した。アラバマ州知事ジョン・パターソン(John Patterson)は、テレビに出演し、「多くの、民衆の扇動者」を保護はしない旨、伝えた。負傷者の1人ジェームズ・ペック(James Peck)は、頭に6か所の傷を負い、50針縫う大けがをした。が、のちペックも病院関係者に追い出され、シャトルズワースがまた救出した。[101]

　グレイハウンドは運動家を乗せる運転手を見つけることができなかったの

で、運動家たちは空港まで移送されたが、そこでも襲われ、結局、司法省の助けで、当初ワシントンからバスに乗った運動家たちは、飛行機に乗ってニューオーリンズまで行った。[102]

　サウスカロライナで就職の面接のためにフリーダム・ライドから一旦離れたジョン・ルイスは、ナッシュヴィルに戻ってきて、アニストンとバーミングハムでの事態を知った。フリーダム・ライドの中断は、暴力と威嚇に屈することを意味する。そう考えたルイスらは、バーミングハム行きの切符を買い、フリーダム・ライド再開を発表した。ナッシュヴィル出発は5月17日であった。バーミングハム市へ入る境界で警官によってバスは止められた。発着所に入るとバスはバーミングハム警察がバスの窓をすべて新聞紙で覆い、内からも外からも見えなくしてしまった。コナー署長が現れると、運動家たちを市刑務所に連れていった。刑務所では人種が分離された。1日の投獄の後、刑務所から出されたルイスらは、ナッシュヴィルへ続く、どこだか分からない道で警察の車から降ろされ、60～70代の黒人夫妻のいる見知らぬ民家で、ナッシュヴィルの学生リーダーであるダイアン・ナッシュに電話し、車を要請した。民家では少しの食事をさせてもらった。道の途中で警察の車から降ろされた運動家が7人、それにナッシュヴィルからの車の運転手を合わせて8人が車内にいた。ラジオのレポーターは、運動家7人が、キャンパスのあるナッシュヴィルに連れ戻されたと報道していた。実際は、運動を続けるために、ルイスらはバーミングハムに戻ったのであった。そして直接、グレーハウンドの発着所に向かった。モントゴメリー行きのバスは3時発も5時発もいずれもキャンセルされた。5時発のバスの運転手はルイスにこう言った。「命は1つしか持っていないんだ。COREかNAACPにそれをあげるわけにはいかない」。しかし、ケネディ司法長官がグレイハウンドと連絡をとり、バスの運行が可能になった。[103]

　5月20日にバーミングハムを出発したバスは、ナッシュヴィルからの学生運動家を乗せてモントゴメリーの発着所に着いた。人影のないところから、どこからともなく至るところに暴徒が現れ、運動家ジム・ツワーク (Jim Zwerg) と監視人としてアラバマ州に送られていた司法省のジョン・シーゲンソーラー (John Seigenthaler) は暴行で意識不明になった。ケネディ司法長官は6百人

の連邦法執行官に出動を命じた。連邦法執行官は病院などで運動家を守った。[104]

　5月24日、運動家27人を乗せたグレイハウンドバスの頭上をヘリコプターが飛び、車内にはアラバマ州兵6人がライフルを持って乗り込んだ。ミシシッピ州との州境では、アラバマ州兵がミシシッピ州兵に代わってバスに乗り込んだ。バスの運転手も代わった。アトランタを発つ直前に父の病死でワシントンに戻っていたファーマーは、父の葬儀後、モントゴメリーに飛行機でやってきて、モントゴメリー発のフリーダム・ライドのバスに乗って、ミシシッピ州ジャクソンに到着した。ナッシュヴィルの座り込み経験者であるルクレチア・コリンズ (Lucretia Collins) とファーマーは腕を組んで、白人用待合室に向かったが、そこにはすでに警察官が待ちうけており、2人は囚人護送車に乗せられた。バスに乗っていた他の運動家も、逮捕され有罪判決を受け、投獄された。ジャクソンの発着所で暴徒がいなかったのは、ケネディ司法長官とミシシッピ州選出の上院議員ジェームズ・イーストマンとの間に、地域住民の暴力なし、連邦軍の出動なし、人種統合なしという取引があったからである。[105]

　連邦最高裁判所の判決に挑んでいたミシシッピ州では、5月4日の最初のフリーダム・ライド運動以降、ジャクソンに運動家が連続して流れ込み、逮捕され判決受ける者が、夏の終わりまでに300人以上に達した。[106] フリーダム・ライドの目的が達成されたのは1961年9月、州際交通商業委員会が、全米の州間の交通施設で効果的に人種統合する規制を発したときである。[107]

(4)　バーミングハム
1)　キング牧師らが運動を展開するまで
　1920年代、30年代から、中・高所得層のバーミングハム市在住の白人はバーミングハム市とは別の自治体となっている郊外へ移動を開始した。郊外居住者は1958年バーミングハム市との合併を拒み、マウンテン・ブルック、ホームウッド、ヴェスタヴィアという郊外の地方自治体は、バーミングハムの白人・黒人の労働者階級とは一線を画していた。[108]

　世界大恐慌の時代、バーミングハムの石炭・鉄・鉄鋼労働者は人種を横断して短期間、同盟を結んだが、ためらいがちに行われたこの2人種からなる組合

は戦後、崩壊した。1950年代はじめに、最後の鉱山が閉鎖され、U・S・スチールがほぼ半世紀にわたる拡張を停止すると、地元の会社と、所有者が地元外在住という会社の連合が、経済的・人種的に脅かされている白人中産階級の下層と手を結び、低賃金、低い税金、限定された行政サービスという政治体制を作り上げた。人種差別による黒人の賃金は白人より少なく、両人種とも全米平均よりも劣っていた。[109]

戦時中の労働力不足のため鉄鋼所と鉱石処理工場は、いく分高い賃金で黒人を雇わざるをえなかった。黒人は、狭くて朽ち果てた黒人地区から逃れて、バーミングハムの外に住宅を探し始めた。1946年末、イシュクーダ鉱山の43歳の黒人ドリル作業員サム・マシュー (Sam Matthew) は、それまでに貯めた3,700ドルでファウンテンハイツ地区の白人労働者階級地区の人種境界線上に木造住宅を購入した。地元のKKK団員が、どくろの下に大腿骨を十字に組み合せた図形を空き家の玄関に描いて一度警告を発した。マシューが拒むと、1947年8月18日、自警団が空き家に押し入り、ダイナマイトで爆破した。バーミングハムでは過去16年間に黒人に向けられた爆破事件が50件以上あった。1950年代にはバーミングハムの住人は、ファウンテンハイツを指してダイナマイトヒルと呼ぶようになっていた。[110]

1958年、ダイナマイトヒルの2件の住宅を爆破したあと数秒して3人のKKK団員を、黒人地区の夜警が捕らえた。導火線に火をつける男たちを、住宅所有者のひとりが爆発の数秒前に見ていた。市警察は3人を拘束したが、地元新聞は「大した被害のない爆破」として片づけ、白人容疑者たちの周りに集まってきた黒人たちに警察はもっと注意を向けるべきだとした。結局、ユージーン・"ブル"・コナー警察署長は3人のKKK団員の留置を拒んだ。[111]

この爆破事件の前年1957年、黒人男性の去勢事件が起こった。労働者の日に6人の白人が、34歳の黒人退役軍人エドワード・エァロン (Edward Aaron) を誘拐し、バーミングハムの町外れのシンダーブロック小屋で、エァロンの陰嚢と睾丸をカミソリで切り取った。傷口にはテレビン油を注ぎ、車のトランクに放り込み、最後には道端に投げ捨てた。たまたま車が通りかかり、「血まみれの黒んぼ」がよろめき歩いている、と運転手が警察に通報したのでエァロン

は失血死を免れたのであった。[112]

　黒人に対する警察の殴打や虐待に対し、地域の指導者たちはときには非難の声をあげた。しかし、バーミングハムを動かしている実業家や専門職の指導者たちのほとんどは、コナーとその部下たちの乱暴を黙認した。全米で最も残酷な警察の1つを放置していたのである。「バーミングハムの最大の悲劇は、悪しき人々の残虐さではなく、善良な人々の沈黙である」とキングは述べている。1950年代と60年代の初めのバーミングハムは黒人にとっては「地獄そのものと言ってよく、南部のヨハネスブルクだ」と言ったフレッド・シャトルズワースの言葉は誇張ではない、と述べているのはダン・T・カーター(Dan T. Carter)である。[113]

　このようなバーミングハムで1963年にキング牧師の南部キリスト教指導者会議(SCLC)が活動を展開するのは、危険であると同時にチャンスでもあった。というのは、コナーの牙城ともいうべきバーミングハムでの運動は「自殺的」[114]であり、また1961〜62年にジョージア州オールバニーでの失敗からSCLCは十分回復してはいない一方で、もしバーミングハムで成功すれば、公民権運動の一層の推進につながり、さらにSCLCの立て直しができるからであった。[115]

2) 失敗から得た教訓

　オールバニー運動の会長ウィリアム・G・アンダーソンは(William G. Anderson)は1961年12月14日、電話でキングの支援を求めた。若き黒人整骨医アンダーソンは、ともに、公共施設の人種統合と黒人の有権者登録をめざして運動していた学生非暴力調整委員会(SNCC)に強く反対されながらも、非妥協的な白人による運動の崩壊を危惧してキングに助力を求めたのであった。キングには盟友アバナシーも同行した。200人以上のデモ行進を率いて、キングはアバナシーとともに逮捕される。許可なくしてデモ行進したという罪である。保釈金を積まずにキングは収監され、通信社は全米にニュースを流した。市当局は地元指導者との敵対的関係を止めることに同意した。キングは保釈金の支払いに応じたが、オールバニー運動は派閥に分裂していて、対立する派閥が勝手に交渉をしていたのである。バスターミナルでは人種統合されたが、バ

スそのもの、公園、劇場、ランチカウンターは人種隔離されたままであった。[116]

オールバニーの警察署長ローリー・プリチェット (Laurie Pritchett) は、モントゴメリーのバスボイコット運動についてのキングの著書『自由への大いなる一歩』を読み、キングが用いたガンジーの手法を打ち破ろうとした。[117] プリチェットは衝突を避けるために、大量に逮捕したが、人種隔離違反では逮捕しなかった。1962年7月27日にデモ隊を率いて逮捕されたキングとアバナシーに対し、プリチェット署長は丁重に接した。2人の独房を消毒し、キングに本とラジオの持ちこみを許可した。8月5日には妻コレッタに新しく生まれたキングの子デックスターを刑務所に連れて来て、15間分の面会が叶えられた。8月10日に市裁判所でキングとアバナシーは執行猶予の判決を受け、放免された。抗議のデモ行進ができなくなった。市当局がキングとアバナシーを追い出し、オールバニー運動を中止させたかったからである。キングにはオールバニー運動の事態掌握が難しくなった。これはキングの敗北を意味した。[118]

オールバニーでは、何か月も続いたデモと入獄によって運動の目的を達することができなかった。そこでオールバニーでの失敗から学ぶべく、キングらは、何か月もかけてバーミングハムの戦略を立てた。オールバニーでは人種隔離一般を攻撃するあまり、どの主要な局面にも効果的な抵抗を向けることができなかった、とキングは分析している。[119]

3) ACMHR

フレッド・シャトルズワースはバーミングハムで1956年に、アラバマ・キリスト教人権運動 (ACMHR) を組織し、裁判を通して市の人種隔離政策の緩和をめざした。最初に着手したのは全市民への公共娯楽施設の開放であった。敗訴した市は、白人が黒人の若者と共に施設を使わずにすむように公園を閉鎖した。1962年にマイルズ・カレッジの学生は、ダウンタウンの白人商人に対し、ボイコット運動を始めた。低賃金の仕事以外は黒人の雇用を拒んだり、黒人の昇進を拒んだり、黒人に飲食物を出さないランチカウンターを対象に運動を展開した結果、店によっては売上が40％も落ち込んだ。[120]

チャタヌーガで1962年5月に行われたSCLCの委員会でシャトルズワース

およびACMHRと行動を共にすることが決定された。9月の年次大会はバーミングハムで行われることになった。SCLCがシャトルズワースの闘いを支持するとの噂によって、バーミングハムの実業家たちは大規模な抵抗運動を未然に防ぐために、思い切ったことが必要だと考えるようになった。SCLCの年次大会の数週間前に、実業界は、ACMHRと交渉し始めた。その成果の1つとして、ランチ・カウンターでの人種統合を禁ずる市条例の無効を求めてACMHRが起こした訴訟に、実業界が加わることに合意した。しかし、SCLCの年次大会が1962年9月に終了して間もなく、人種隔離の看板が再び現れた。アトランタとバーミングハムとの電話のやり取りで、SCLCとACMHRの共同で運動を展開する以外にはないということになった。バーミングハムの北5番街に位置するガストン・モーテルの30号室が運動本部になった。そこはまたキングとアバナシーの部屋でもあった。[121]

4) キング牧師の賭け

　もし3月の第1週に運動を開始すれば、住民を動員するのに復活祭まで6週間あるはずだった。不買運動の最大の効果を狙って、クリスマスに次ぐ買い物シーズンである復活祭の買い物シーズンが選ばれた。しかし、バーミングハムでは市長選が3月5日に予定されていたので、政治の具として運動が利用されるのを避けるために、キングらは運動開始を2週間延期した。市長選の主要候補者はアルバート・バウトウェル (Albert Boutwell)、ユージーン・"ブル"・コナー、トム・キング (Tom King) で、いずれも人種隔離主義者であった。選挙の最終的な勝敗は、4月2日に行われることになったバウトウェルとコナーの間での決選投票に持ち越された。そのためキングらも運動開始を再延期せざるをえず、バウトウェルが市長に当選した翌日、4月3日に運動開始になった。[122]

　一方、この選挙結果が市政に混乱を招くことになった。強硬派の人種差別主義者であるアーサー・ヘインズ (Arther Hanes) 前市長が、ユージーン・コナーならびに他の2人の市委員とともに、任期が終わる1965年までは辞任を拒み、新市長の市政引継ぎを阻止する法的行動に出たので、新市長は裁判に訴えるほかなかった。バーミングハムでは以後数か月、裁判所が判決を下すまで

コナーが依然として警察・消防を指揮し、新市長らと反目していた。[123]

4月3日、キングは「バーミングハム宣言(マニフェスト)」を出した。「宣言」の内容は、ダウンタウンのデパートやランチカウンター、トイレ、水飲み場で、人種隔離を止めること、また地元の企業や産業が黒人を雇用すること、市内の他の分野における人種統合のスケジュールを決めるために両人種から成る委員会を立ち上げることであった。最初の行動は同日、ダウンタウンの5つのデパートで65人の黒人による座り込み運動であった。その内25人がコナー指揮下の警察によって引きずり出されて刑務所に入れられた。[124]

デモ行進を差し止める州裁判所の命令が、ガストンモーテルの30号室に保安官によってもたらされたのは4月11日の夜半過ぎであった。翌12日の聖金曜日(グッド・フライデイ)に予定していたデモを行えば逮捕されることになった。しかし、キングらは次のような声明を出し、逮捕を覚悟の上でデモを実施することにした。「良心にかんがみて我々が差止め命令に従うことができないのは、それが不正で非民主的であり、憲法に違反する法手続きの乱用であるからだ。我々がそうするのは法を侮辱しているからではなく、法というものを最大限に尊重しているからである。…アメリカ合衆国憲法を愛し、アラバマ州の司法制度を浄化したいという気持ちから我々は、それに伴う結果を承知の上でこの重要な行動に出る」。[125]

12日の金曜日に逮捕されたキングとの電話連絡もままならない妻コレッタは、3日後の月曜日にケネディ大統領へ電話しようとした。コレッタが大統領へ電話をかけようとしたのは、ほぼ2年半前に上院議員ケネディが大統領選挙運動中にキングが収監されていたとき、コレッタへの電話でケネディは、キング釈放に尽力を尽くす旨伝えたことがあったからだ。キングを裁いたジョージア州デカーブ郡のオスカー・ミッチェル判事に弟のロバート・ケネディが電話して、ジョージア州の公共土木工事作業施設で4か月の重労働という厳しい判決を破棄させたのであった。釈放されたキングは公に大統領候補ケネディに対して明確な支持表明はしなかったものの、「彼(ジョン・ケネディ)がカトリック教徒だからといって、アメリカ合衆国大統領に立候補する人を拒むつもりはまったくない」と発言した。それが実質的な支持表明になった。宗教的理由のみで、牧師であるキングの父は、カトリック教徒ケネディを認めてはいなかった

が、この件で父キングはケネディ支持を表明した。黒人票の 4 分の 3 がケネディに流れた。リチャード・ニクソン (Richard Nixon) を僅差で破ることができたのは、ケネディ大統領の当選に黒人票が寄与したからだと言われている。1960 年秋のことであった。[126]

1963 年 4 月 15 日、バーミングハムの刑務所にいるキングの件で、コレッタが電話をして数分後に弟の司法長官ロバートからの折り返し電話があった。コレッタがロバートに伝えたのは、独房に入れられているキングの安全を気遣っているということであった。司法長官はコレッタに応じ、キングの状況改善のためにあらゆる手を尽くす約束をした。数時間して大統領自らがフロリダ州のパームビーチからコレッタに電話し、即刻、状況の把握に努めると約束した。ケネディ兄弟がバーミングハム当局に電話したのだろうとキング自身は推測している。間もなく待遇が極端に変わったからである。[127] 獄吏が枕とマットレスを持ってきた上、運動とシャワーが可能になった。そしてキングに、妻コレッタに電話させたのである。[128]

4 月 16 日、キングの弁護士たちが『バーミングハム・ニューズ』紙をキングの独房に持ってきた。6 人以上の黒人の地元指導者によって署名されたキングを支持する声明と、8 人の白人のキリスト教とユダヤ教の聖職者によって署名されたキングに反対する声明が載っていた。後者の声明は、バーミングハム警察の抑制をたたえ、地元黒人に騒ぎを避けるよう促し、デモ行進ではなく裁判に訴えるべきだとしていた。[129] それに対するキングの反応が「監獄からの手紙」である。その中でキングは、「合法的」なことが必ずしも正義ではないことをこう述べている。

　　アドルフ・ヒトラーがドイツでしたことはすべて「合法的」で、ハンガリーで自由の闘士たちがしたのはすべて「非合法的」であったということを忘れてはいけない。ヒトラーのドイツではユダヤ人を支援し慰めることは「非合法的」であった。そうであっても、もし私が当時ドイツに住んでいたら我がユダヤ人同胞を支援し慰めていたのは確実だ。もし私が今日、キリスト教の信仰に大切な信条を抑圧されている共産主義国に住んでいるなら、私は、そ

の国の反宗教法に公然とそむくであろう。[130]

　また、黒人が運動を起こすことの必要性をこのように述べている。「我々がつらい経験から知っているのは、自由は抑圧者から自発的に与えられることは決してなく、抑圧されているものが要求しなければならない、ということである」。[131]

　監獄に 8 日間収容されたのち、4 月 20 日にキングとアバナシーは 300 ドルの保釈金を積んで刑務所から出た。4 月も下旬になるとデモ行進もほとんど休止状態で、運動継続のために新たな方策がとられた。ジェームズ・ベヴェル (James Bevel)、アンドルー・ヤング (Andrew Young)、バーナード・リー (Bernard Lee)、ドロシー・コットン (Dorothy Cotton) といったキングの側近たちが、地区の大学と高校へ行き、放課後に教会で行われる会合に学生たちを招きに回った。これが迅速に広がり 50 人、100 人と若者たちが教会の大衆集会に姿を現し、デモの訓練セッションに参加し、非暴力について学んだ。そして 5 月 2 日が「作戦行動開始予定日」（D デイ）とされた。[132]

　2 日には、6 歳の子供も含む千人以上の若者が 16 番通りバプテスト教会に集まった。ここから大人とデモ指揮者たちが子供たちをダウンタウンまで先導した。このデモを見て怒ったコナーは、デモ参加者をみな、逮捕し刑務所に入れるよう命じた。その日は 959 人の子供たちが逮捕され、スクールバスで刑務所に移送されなければならなかった。このような進展をキングと側近たちは喜んだ。「監獄を満たせ」というガンジーの指針を実行できるからであった。[133]

　約 2,500 人の子供たちがデモに参加した 5 月 3 日は、その日撮られて全世界に配信された写真やテレビカメラが捉えた映像によって、バーミングハム市民にとってだけでなくアメリカ国民にとっても忘れがたい日になった。1 つは消火に使う高圧ホースで黒人を蹴散らすいくつかの場面、もう 1 つは牙をむく犬を黒人にけしかけるいくつかの場面である。コナー署長の命令に警察官や消防士が従ったのであった。

　3 日の午後は蒸し暑く、灰褐色の防水レインコートを着た消防士たちは、汗を流しながら立っていた。ホースの先はデモ隊に向けられていた。コナーの命令によって放水が始まり、子供も大人も水圧によってなぎ倒され、服を引き裂

かれ、建物の側面にたたきつけられた。道に押し流されたり、血まみれになりながらケリー・イングラム・パークに追いやられた。これを見ていた黒人が報復としてレンガとビンを投げるとコナーは、導入されていたK-9部隊のジャーマン・シェパードを黒人一般市民の列に向かわせた。3人のティーンエージャーが犬の牙による傷で病院に運ばれた。翌日『ニューヨークタイムズ』紙や『ワシントンポスト』紙などに見出しとともに載った写真で特に有名なのが、黒人青年ウォールター・ガッズデン (Walter Gadsden) に、警察官の皮ひもにつながれた犬が飛びかかっている写真である。写真家ビル・ハドソン (Bill Hudson) の捉えたこの写真では、サングラスをかけ、上下の歯を固く合わせた警察官が、ガッズデン青年の胸元を右手でつかみ、犬の牙に引き寄せている。伸びてきている警察官の右手首を青年は左手で固く握っている。間もなく青年のズボンと羽織っていたカーディガンのような上着は牙で切り裂かれた。午後3時頃には、事態は一応の終息をみたが、多数の負傷者が出たほか、250人が逮捕された。[134]

バーミングハムの警察の乱暴はアメリカ国内だけでなく海外からも非難を浴びた。ケネディ大統領は司法長官の弟ロバートとともに、バーミングハムでの運動の開始時期に関して遺憾の意を示しつつも、バーミングハムの黒人たちに辛抱するように求めはしなかった。5月4日、公民権担当の司法次官補バーク・マーシャルが、問題解決のためにロバート・ケネディに派遣されてバーミングハムに飛んだ。4日も、5日も、世界の目がバーミングハムに注がれる中、デモは続き、6日までには3,000人以上の黒人がバーミングハムの刑務所に入れられ、外では約4,000人がデモをしたりピケを張ったりしていた。仲介役としてマーシャルは商人の代表とキングの代表らによる秘密会合を取り持ったが、商店での人種隔離を廃止することによる白人一般市民の反応を恐れて、「バーミングハム宣言」に示されたキングらの要求を、商人側代表は受け入れなかった。[135]

バーミングハムの最も有力な125人ほどの実業家がダウンタウンで5月7日に商工会議所の会議室で会合を持った。その会合にはバーク・マーシャルもいた。一方、キングは、交渉の合意を迫って最大のデモ行進を始めた。何千人も

の学生が警察隊の列をくぐり抜け、実業家が会合を持っているダウンタウンになだれ込んだ。昼食時に外に出てきた実業家たちは、莫大な数にのぼるデモ隊を目の当たりにした。実業家たちが会議に戻ったあと、ダウンタウンの8ブロックに非常線が張られ、多くのデモ参加者がケリー・イングラム・パークに追いやられた。高圧ホースの放水によってフレッド・シャトルズワースは16番通りバプテスト教会の壁にたたきつけられ、救急車でホーリー・ファミリー病院という黒人用の病院に運び込まれた。シャトルズワースが、「(救急車ではなく) 霊柩車で運ばれればよかった」と、コナーはバーミングハムの記者の一人に語った、と言われている。シャトルズワースが退院したのは5月9日であった。[136]

　これまでのような事態の打開に動いたのが不動産会社の重役シッド・スマイヤー (Sid Smyer) であった。暴力によらない人種隔離の維持を支持してきたスマイヤーは80歳を超えてはいたが、当時バーミングハムでは最も影響力のある人物であった。このスマイヤーがケネディ大統領に呼ばれてワシントンに行き、数分ではあるが、大統領と会談した。スマイヤーによると、場合によっては、ケネディは連邦軍をバーミングハムに派遣するつもりでいた。が、スマイヤーらはバーミングハム市の運営を大統領にしてもらうのは不名誉だとして「連邦政府の助け」を断った。ケネディとの会談の後、スマイヤーは市の実業家指導者たちと会議を開いた。実業家たちの多くは、ケネディ政権の閣僚たちから電話でケネディとの協力を促されていた。5月7日に行われたこの会議では、コナーと市当局を回避してキングと直接和解するという案が出た。実業家たちとキングらは5月7日の夜に会合を持つことになった。[137] その会合は3時間続き、キングは誠実に交渉が行われることを確信することに至った。それで5月8日午前に、24時間の運動中断を宣言した。[138]

　商業活動が停滞し、バーミングハムが国際的にも厳しい非難の的とされ、現状の維持にかかる経済的代償が、人種隔離政策のもたらす精神的な利益に重くのしかかっていた、とカーターは分析する。[139] 5月8日と9日には集中的な話し合いが行われ、10日には次の事項を含む合意を発表する運びとなった。

　①合意の署名が行われて90日以内に、ランチ・カウンター、トイレ、試着

室、水飲み場、計画中の劇場において人種隔離を廃止する。②合意の署名が行われて 60 日以内に、バーミングハムの産業全般を通じて、店員や販売員として黒人を雇用し、黒人を差別なく、昇格させ、雇用する。③キングらの運動を代表する弁護士らに公式に協力することにより、保釈金を積むか誓約保証金で、刑務所に入れられている人々の釈放計画を策定する。④デモ行進や抵抗が必要とならないように、バーミングハムの会社・事業の上位 70 人の指導者からなる上級市民委員会か商工会議所を通じて、黒人と白人の意思疎通を、署名後 2 週間以内に、公に確立する。[140]

　このように市当局とコナーを迂回してキングらと実業家たちの合意が形成されたが、のちにスマイヤーと他の白人指導者は、コナーと秘密の取引があったことを、スマイヤーが明らかにしている。もしコナーが市政から手を引くならば、公共事業委員会に選出されるために援助するというものであった。コナーはその地位に 1973 年に死ぬまでとどまり続け、在任中は白人・黒人ともにアラバマの州民すべての電気料金を上げるのに常に賛成し続けたのであった。[141]

5) 合意成立後

　5 月 11 日、キング牧師の弟 A・D・キング (A. D. King) の自宅が爆破された。ケガ人は幸い出なかった。同じ日には、キング牧師らが本部にしていたガストン・モーテルの 30 号室を狙って爆破があったが、その日の夜、キング牧師はバーミングハムではなくアトランタにいた。爆破に呼応して黒人らは暴動を起こした。リンゴの率いる州警察が黒人地区に入り、警棒と銃尾で黒人たちを手当たり次第に殴っていった。翌日キングはバーミングハムに戻り、非暴力を説いて回った。5 月 13 日、ケネディ大統領は、3,000 人の連邦軍にバーミングハム市付近の陣地に入るよう命じた。このような措置により混乱は収まったがアラバマ州兵を連邦軍に組み込む計画も大統領にはあった。[142]

　5 月 20 日、デモに参加した 1,000 人以上の学生を停学か退学処分にすると市教育委員会の発表が新聞の見出しを飾った。NAACP の弁護・教育基金からの援助でキングらはこれを裁判に持ち込む。5 月 22 日に地元の連邦地方裁判所判事は、教育委員会の判決を支持したが、同日、第 5 巡回控訴裁判所は、連邦

地方裁判所の判決を破棄しただけでなく、教育委員会の行動を強く非難した。23日には、アラバマ州最高裁判所が、市長選にからんで生じていた訴訟で判決を下し、ユージーン・コナーと市委員を役職から退かせる命令を出した。[143] このとき、コナーには実業家たちとの秘密の取引による別の就職口が約束されていたのは先に触れたとおりである。

　1963年春のバーミングハムの運動に勝利を収めると、公民権運動はさらに力を得て、同年8月28日には25万人もの人々がワシントンに集まるという巨大な集会が実現し、100年前に奴隷解放令を発した大きなリンカーンの像を背に、キングは歴史に刻まれることになる有名な演説をした。その中でキングは、自らの4人の子供たちが、肌の色によってではなく、人格によって評価される日の来ることを待ち望んでいることを伝えた。

　ワシントンの大行進から2週間ほどした9月15日の日曜日、ワシントンの余韻さめやらぬキングはアトランタのエベネーザー教会で説教をしていた。バーミングハムでまた爆破事件が起こったのはその時である。16番通りバプテスト教会の聖歌隊で歌うことになっていた4人の黒人少女がダイナマイトの犠牲になった。教会の地下でサテンのローブを体に通そうとしていた最中であった。犠牲者はデニーズ・マックネア (Denise McNair) が11歳で、残りの3人シンシア・ウェズレー (Cynthia Wesley)、キャロル・ロバートソン (Carol Robertson)、アディー・ミー・コリンズ (Addie Mea Collins) は14歳であった。[144]

　存命の容疑者であるKKK団員2人をアラバマ州の大陪審が起訴したのは、事件から37年経った2000年のことである。62歳のトーマス・ブラントン2世 (Thomas Blanton, Jr.) と69歳のボビー・フランク・チェリー (Bobby Frank Cherry) は、殺人罪で保釈金なしで拘束された。[145] 2001年にブラントンは終身刑に処された。独房にいる。ブラントン自身の安全のためである。2002年、71歳のチェリーはほとんど白人からなる陪審によって、4人の子供たちの殺人罪で有罪の評決を下された。これはアラバマ州法では終身刑を意味する。フレッド・シャトルズワースは「よかった。バーミングハムは今日、屈辱から立ち上がりつつあると言ってよい」と述べた。1957年にシャトルズワースが自身の子供を白人校に入学させようとしたとき、チェリーはメリケンサッ

クでシャトルズワースを殴ったこともあったのである。[146]

6) 現在のケリー・イングラム・パーク

バーミングハムのケリー・イングラム・パークでは1963年春にコナー警察署長の命令で黒人のデモ参加者が高圧ホースの放水を浴びた。公園付近ではデモ隊に警察犬の牙が向けられた。現在この公園内には1963年を現在に伝える記念の彫像がいくつかある。

その1つがキング牧師の像である。このキングは通りの向こうにある16番通りバプテスト教会の方を向いている。そしてキングの眼差しをたどると、1963年9月15日に犠牲になった4人の黒人少女たちが倒れていた教会の地下に注がれているようだ（写真4）。

写真4　ケリー・イングラム・パークのキング牧師像と道を隔てて16番バプテスト教会

刑務所に入れられた子供たちを表す彫像もある。これは公園内の道を挟んで1つの彫像作品となっている(写真5)。公園内の道は「自由の散歩道」(Freedom Walk)と名づけられている（写真6）。この散歩道を歩きながら、ジャーマン・シェパードをけしかけられた黒人たちを思うことができる（写真7）。黒人青年ウォルター・ガッヅデンに牙をむく警察犬と警察犬をあやつる警官の写っている有名な写真を思い起こさせる像もある（写真8）。高圧ホースの放水に怯えながらもじっと耐えている黒人たちもいる（写真9）。

写真5　1992年 James Drake 作 "Children's March"

写真6　公園内の道

写真7　公園内の警察犬の彫像

写真8　彫像と筆者

これらの彫像は過去の歴史を直視し、そういう繰り返しはあってはならないという決意がにじんでいるように思える。しかし、それは人種間の敵対関係を示唆するというのではなく、その融和を願う気持ちの表れと見ることができるのは、公園を囲む壁に「大変革と和解の地」(写真10)と記されているからである。

(5) フリーダム・サマー計画の妨害

1964年のミシシッピ州での大きな事件は3人の若い公民権運動家が殺害されたことである。COREのメリディアン事務所に所属するマイケル・シュワーナー(Michael Schwerner)、アンドルー・グッドマン(Andrew Goodman)、ジェームズ・チェイニー(James E. Chaney)がネショーバ郡フィラデルフィアで警察官を含むKKK団員によって命を奪われたのである。このような人種差別主義者の活動を促し容認していたのはミシシッピ州主権委員会で

あった。主権委員会は、連合組織協議会(COFO)の内情を情報提供者などから把握していたのである。

学生非暴力調整委員会(SNCC)のローバート・モーゼズ(Robert Moses)とCOREのデイヴィッド・デニス(David Dennis)がミシシッピ州全域の公民権運動の組織を連合させ1962年に設立したのがCOFOである。COFOの指導者が1963年の末に翌年のフリーダム・サマー計画を立て、有権者登録の運動に乗り出そうとすると、ミシシッピ州主権委員会は各保安官に15条にわたる州法の概略が記された2頁分の

写真9　1992年James Drake作 "Fire Hosing Demonstrators"

写真10　公園を囲む壁

文書を配布した。各郡の保安官が州法を活用して「扇動者」たちに対処できるようにするためであった。4月半ばにはその文書は19条に増え、頁数も3頁になり、フリーダム・サマー計画実施に際して警察官の義務遂行が可能なようにという意図であった。4月と5月には主権委員会の捜査官は、全州の自治体と郡の警察官と一連の会議を開き、どんな事件にも適用できる州法を保安官に知ってもらうのが目的であった。[147]

1964年2月半ば、主権委員会の広報部長兼所長のアール・ジョンストン2世(Erle Johnston, Jr.)のもとに有権者登録の運動をCOFOが新たに行おうとしているという情報が入ると、時を移さず主権委員会はジャクソンのダウンタウンにあるCOFOの事務所と会合に何人かの黒人情報提供者をスパイとして送

り込んだ。フリーダム・サマー計画に参加するために北部からやってくる2,000千人の学生たちと共に「ミシシッピ・フリーダム・サマー」を支援するという情報を、黒人情報提供者がジョンストンに伝えたのは3月15日であった。夏に活動する見込みのある約100人の学生の受理された申請書の置いてあるCOFOの事務所から、別の情報提供者がファイルを抜き出した。その内、写真の添付されている27人の申請書はコピーをとられ、申請者の氏名、学校、生まれ故郷が主権委員会に伝えられた。[148]

　主権委員会の捜査官や他の情報源によって、6月初旬には、ミシシッピ州で行われるCOFOの計画は、主権委員会の知るところとなっていた。6月4日のミシシッピ州経済委員会でジョンストンは、活動することになっている多くの学生の経歴情報をすでに入手している旨、伝えた。オハイオ州のウェスタン女子大学でサマー計画のための2週間にわたる研修が始まったのは、同じ6月であった。ウェスタン女子大学にも情報提供者が潜入していた。COFOのときと同様、ポール・P・ジョンソン(Paul P. Johnson)知事の了解を得て、この大学のキャンパスにも情報提供者が入り込んでいたのである。主権委員会によって雇われていた探偵事務所によってキャンパスに配置させられた情報提供者たちは、学生たちのオリエンテーションの集会で、共産主義者たちの潜入があるかどうかを見極めようとしたが、見当たらず、COFO幹部はそのような活動を集会には持ち込まないように注意しているようだと結論づけた。[149]

　一方、フリーダム・サマー計画に対するミシシッピ州の白人の憤りは頂点に達していた。ミシシッピ州ではKKK団が復活し、春になってからナッチズ、マッコーム、ブルックヘイヴンでは週末になると十字架が燃やされ、KKK団はその存在を誇示した。4月5日にはネショーバ郡だけで、12本の十字架が同時に燃やされた。6月16日には、ネショーバ郡の東部のロングデールにある黒人教会マウント・ザイオン・メソジスト教会が、石油をかけられ焼け落ちた。この教会は以前、「フリーダム・スクール」としてCOFOによって指定されていた。この教会が消失して3日後、ウェスタン女子大学から活動家の第一陣がミシシッピ州に到着し始めた。この教会の火事を調べに車でネショーバ郡のフィラデルフィアに行ったのが、マイケル・シュワーナーとアンドルー・グッドマ

ンというニューヨーク出身の2人の白人、それにミシシッピ州メリディアン出身の黒人ジェームズ・チェイニーであった。6月19日午後4時頃チェイニーの運転するフォードのステーションワゴンが、表向きはスピード違反で停止させられ、運転していたチェイニーが、ネショーバ郡の保安官代理セシル・プライス (Cecil Price) によって逮捕された。シュワーナーとグッドマンも捜査のため拘束された。3人はネショーバ郡刑務所まで連行され夕方遅くなって釈放された。刑務所の外ではローダデール郡とネショーバ郡のKKK団員が待ち構えていた。激しいカーチェースの後、3人は行方不明になった。[150]

　シュワーナーの名は、以前から主権委員会に知られていた。1964年1月にニューヨークから初めてミシシッピ州にやって来て、COREのメリディアン事務所で有権者登録運動に参加していた。主権委員会によって身元を明かされ、妻リタとともに、メリディアン警察署とローダデール郡保安官事務所の協力を得て、主権委員会の監視下にあった。[151]

　北部出身の中産階級の白人青年がミシシッピ州で姿を消したことに、アメリカ政府も動き出した。6月23日、FBIのジョーゼフ・サリバン (Joseph Sullivan) 警視が5人の捜査官と共にメリディアンに飛んだ。ミシシッピ州知事ジョンソンからの、偏向のない人物をという要請に基づいて、ジョンソン大統領はアメリカ中央情報局 (CIA) の元長官アレン・D・ダレス (Allen W. Dulles) を派遣した。知事と会見してワシントンに戻ったダレスは、大統領にFBIの捜査官をミシシッピ州に増やすべきだと進言した。[152]

　3人の行方の捜査が行われている間、ミシシッピ州選出のイーストランド上院議員は、大統領との電話で、3人の男性の行方不明は、共産主義者が潜入している公民権運動勢力によって仕組まれた「宣伝のための離れわざ」だと言った。が、3人が行方不明になってから44日後の8月4日、FBIはネショーバ郡にある土のダムの中に3人の遺体を発見した。3人の活動家の捜索が行われているフリーダム・サマー計画の初めに、1964年の公民権法が連邦議会を通過し、ジョンソン大統領の署名により法律として成立したのが7月2日であった。[153] この画期的な立法によっても打開しなかったのが有権者登録の問題であった。1965年に成立した投票権法は、アラバマ州セルマで展開された投票権獲得運

動中に起こった事件が、世論を後押しすることになった。

(6) 「セルマの血の日曜日」
1) セルマ
　セルマはアラバマ川沿いにある人口3万人のブラックベルトにある町である。奴隷制時代には奴隷市場があり、モービルへの綿花積出し港であった。1865年春にセルマはそのほとんどが連邦軍によって焼き落とされたが、次第に人口がもとに戻り、繁栄し、19世紀末から20世紀初めにかけては、綿繰りと綿花積出しの中心地となっていた。また1950年代、60年代には、アラバマ州における白人市民評議会運動の中心地であった。そして、多数を占める黒人は政治的無力を強いられていた。1963年のセルマでは投票年齢に達している黒人男女が1万5,000人いたが、ダラス郡の選挙登録名簿に名前を載せることができたのは200人弱であった。そこで地域の活動家たちは「ダラス郡向上協会」を組織し、SNCCからの2人の運動家の助力を得て、怯えている黒人住民が、政治的権利と市民権を要求する運動をするよう説得し始めていた。市職員も郡職員も話し合いに応じようとしなかった。1964年になると、向上協会は、SCLCとSNCCに一連のデモ行進を組織するよう求めた。1965年1月と2月には街頭デモが行われ、2月初めにキング牧師がセルマで1週間投獄されたが、バーミングハムでのときのように、全米の注目を浴びるようなことはなかった。転機は、セルマから25マイル北西にあるマリオンという小さな町で起こった。[154]

2) マリオンの事件
　マリオンでは白人有権者が3,441人いた。黒人は5,500人が投票資格を有していたが、選挙登録していたのはほんのわずかであった。1965年2月18日にSCLC職員C・T・ヴィヴィアン (C. T. Vivian) とウィリー・ボールデン (Willie Bolden) が夕方の黄昏を過ぎてザイオン・メソジスト教会に到着した。教会では450人以上のマリオンの黒人たちがフリーダムソングを歌い、ヴィヴィアンとホールデンの演説を聞いた。9時25分になると、年老いた男女以外は教会から出て、1ブロックも離れていないペリー郡裁判所に向かって歩き

出した。そこが選挙登録を行うところであるからである。マリオンの警察署長 T・O・ハリス (T. O. Harris) が最悪の事態に備えて集めていたのは、アル・リンゴ指揮下の州警察、保安官代理、町の警察官、それに斧の柄と木の棒を持った一般市民の集団であった。[155]

黒人群集が半ばまで来ると、警察署長ハリスはメガホンで散会するよう命じた。沈黙の中に緊張が走り、黒人農民で牧師でもあるジェームズ・ドビネス (James Dobynes) が跪いて祈り始めた。すると、すでに準備していたテレビのカメラマンたちがバッテリー作動のライトを点灯させ、他の報道記者たちはフラッシュをたいた。それに対し、「警察官の目をくらませる」と言ってライトを消すように要求したのは斧の柄と木の棒を持った一般市民の集団であった。この地元の金物屋の店員が率いる一般市民はカメラマンと記者たちを取り囲み、カメラのレンズに黒いペンキをかけ始めた。また、体が弱ってデモ行進に加わることができず教会内にいた 82 歳の老人ケージャー・リー (Cager Lee) は通りに引きずり出され、警棒で殴られ、足蹴にされた。[156]

通りでは突然、街灯が消え、暗がりに沈黙が広がった。その沈黙が破られたのは、斧の柄で頭を殴られた音であった。地元の木材販売員が NBC の特派員リチャード・ヴァレリアニ (Richard Valeriani) を殴った音であった。その数秒後、マリオンのガソリンスタンド店員が UPI の写真家のカメラをつかみ、舗道に投げつけ、写真家は殴られ地面に倒れた。3 人目の自警団員は別のテレビカメラマンの脇腹を棒で殴り、カメラをたたきつけてつぶした。この晩、1 発の銃声が響いた。銃創がもとで亡くなるのが 26 歳の黒人青年ジミー・リー・ジャクソン (Jimmy Lee Jackson) である。[157]

ジミー・ジャクソンとジミーの母ヴァイオラ・ジャクソン (Viola Jackson) が警棒で殴られると、ジミーは拳で警官の 1 人を殴った。別の警官が、38 口径の銃でジミーの腹を撃った。負傷したジミーは自力で建物を出たが通りに倒れた。30 分後に W・U・ロフティス (W. U. Loftis) が車の後ろに乗せてペリー郡診療所まで運んだ。アラバマ州の報道機関は黒人ジャクソンのケガにはほとんど注意を向けなかったが、報道関係者への暴力に対しては憤りを示した。[158]

2 週間前には SNCC のジョン・ルイスが 20 人から成るデモ隊をブラウン・

チャペルから率いてセルマの裁判所まで行った。そこでダラス郡保安官ジム・クラーク (Jim Clark) に帰れと命じられたルイスは、裁判所は公共の場所だから中に入る権利があるとして、保安官を後ずさりさせた。一方、銃創を負って7日後、ジミー・ジャクソンは死亡した。ジャクソンは、日給6ドルでパルプ材切断の仕事をしていた。そして小さな田舎にあるバプテスト教会の最年少の執事であった。裁判所に5回選挙登録に出かけたが5回とも拒否されていた。キング牧師が、セルマで行われたジャクソンの追悼式に出席した折、抑圧の象徴アラバマ州知事ジョージ・ウォーレスのいる州都モントゴメリーまでデモ行進を提案し、それが受け入れらた。そこでセルマからモントゴメリーまでのデモ行進を1965年3月7日に行うことが決まった。[159]

3) エドマンド・ペタス橋に全米の注目が

3月7日（日）、SCLCのホセア・ウィリアムズ (Hosea Williams) とSNCCのジョン・ルイスを先頭に、ブラウン・チャペルから出発したデモ隊は、シルヴァン通りまで行き、そこから東にあるエドマンド・ペタス橋に向かった。ペタス橋はアラバマ川にかかっている（写真11）。弓型になっている橋の中央部の高い所まで来ると、ウィリアムズとルイスは、ハイウェイ80号線の4車線を横断する形で警官がデモ隊の進路をさえぎっているのが見えた。警官の背後には、ほぼ50人の、ジム・クラークの警棒団が馬にまたがって点検していたのは、警棒であり、電気ショックを与える牛追い棒、ガスマスクであった。C-4ガス弾が準備されていた。このC-4ガス弾は、嘔吐を引き起こす有毒催涙ガスで、極めて暴力的な暴徒に対する以外はめったに使われない類のものであった。[160]

写真11　アラバマ川にかかるエドマンド・ペタス橋。セルマ側から撮影。写真左側方向へ50マイル行くとモンドゴメリー。

セルマのペタス橋での公民権運動家たちと州と地元の警察官たちの衝突は、日中、ニュース速報として日曜日の番組を中断して全米に流れた。初めは情報が混乱して、断片的であった。撮影されたフィルムは現像のためにセルマからモントゴメリーに急送され、編集のためにニューヨークに送られた。公民権運動の重要な場面の1つになる場面を撮影したフィルムは、ABC放送で放映していたスタンレー・クーブリック(Stanley Kubrick)の『ニュルンベルク裁判』を中断して放送された。3月7日東部時間の午後9時40分から15分にわたって4,800万人視聴者が、急きょ編集されたペタス橋での事件を見たのである。[161]
 レインコートを着てデモ隊の先頭にいるウィリアムズとルイスは、ゆっくりとペタス橋を渡ると止まった。ジョン・クラウド(John Cloud)警視の命令により警察隊は警棒を振り回し、催涙弾を次から次と発射した。視聴者の耳には「あのいまいましい黒んぼたちをやっちまえ。あの白い黒んぼたちもやっちまえ」というジム・クラーク保安官の声が聞こえた。騎馬警察隊は牛追いむちとロープを振って雄叫びをあげながら突進していった。[162]
 保守的な新聞までもが黒人はデモをする以外に手立てがなかったと社説で論じるまでになった。ウォーレス知事とその部下は、ペタス橋の事件で全米の報道機関から厳しく非難された。ペタス橋での事件は連邦議会にも影響を与えた。セルマでの暴力事件がさらに起きるのを防止し、憲法上の権利を守るために連邦政府が最大の力を発揮すべきだとしたのは、共和党保守派のジェラルド・フォード(Gerald Ford)であった。投票権を保証するジョンソン大統領の法案が、議会では超党派で採択されようとしていた。[163]

 4) ジェームズ・リーブ牧師
 警察隊に襲われる公民権運動家たちをテレビで見ていた、ボストンのユニタリアン派のジェームズ・リーブ(James Reeb)牧師は、飛行機でアラバマ州に向かい全米から来た他の何百人という白人に加わった。到着して2日も経たない3月9日（火）リーブと他のユニタリアン派の牧師2人が、ウォーカーズ・カフェという黒人の食堂から出てくると道を間違え、安全地帯から外れた。地元の4人の白人に呼び止められて2人は逃げたが、リーブだけが、バットのよ

うな木の棒で野球の球を打つかのように側頭を殴られた。24時間後、38歳の牧師は脳の大量出血でバーミンハムの大学病院で死亡した。[164]

セルマの実業家の指導者たちはパンフレットとチェーンレターでこう主張した。ジミー・ジャクソンが死んだのは、ジャクソンを診た黒人医師が、銃創を手当てする際に意図的に抗生物質を控えたからである、と。さらにリーブはセルマで軽傷を負っただけだが、公民権運動活動家がリーブを暗がりに連れて行き、頭をつぶしたと説明した。[165]

5) ジョンソン大統領、議会を促す

3月13日昼前にジョンソン大統領はウォーレスとウォーレスの顧問トランメルをホワイトハウスに迎えた。デモ隊が求めているのは、投票権という最も基本的な権利だ、と大統領は知事に言った。「街頭革命家たちには、なす術がない。革命家たちを満足させることはできません」と、ウォーレスは言い返した。3時間後に大統領執務室を出て彼らはローズ・ガーデンに向かった。100人以上の記者たちがいるローズ・ガーデンでジョンソンはこう言った。「セルマで起きたことはアメリカの悲劇です。受けた殴打、流された血、善良な男性の失われた命。こういうことによって、完全に同等で厳格な正義を我々一人ひとりがもたらすという決意が、必ず強められなくてはいけない。…アメリカ人に、投票する権利を拒むと言うのは間違いだ」。ジョンソンが記者会見を思いどおりにしている間、ウォーレスはジョンソンの横でおとなしく沈黙していた。[166]

3月15日、両院合同委員会に大統領が先んじた。And … we … shall … overcome.と結ばれるジョンソンの演説は大統領在職中の最も記憶に残る公民権に関する演説とされ、その演説でジョンソンはセルマの事件を、黒人差別制度を取り除くための最後の立法へのときの声とした。「ここにあるのは憲法上の問題ではない。憲法が命ずるところは簡明だ。…この国では、同胞のアメリカ人に投票する権利を拒むということは間違っている、まったく間違っている」。全米に伝えられたペタス橋での映像によって、投票権法への地ならしは、されていた。南部で何十年にもわたって行われてきた有権者を差別する慣行をできるだけ早く終わらせるようにジョンソンは連邦議会に求めたのだった。[167]

6) 完結したデモ行進

3月18日には、連邦地方裁判所判事フランク・ジョンソン (Frank Johnson) は、公民権運動の指導者にセルマからモントゴメリーまで抵抗の行進をすることに法的承認を与えた。同日、ウォーレスは州全域に実況中継されたアラバマ州両院合同委員会で、デモ隊を暴徒に過ぎないと怒って糾弾した。セルマ・モントゴメリー間のデモ隊を、州予算を使って保護することをきっぱりと拒んだので、ジョンソンはアラバマ州兵を連邦軍化した。セルマから出発したデモ隊が50マイル離れたモントゴメリーに到着したのは1965年3月25日であった。歌を歌い、拍手する2万5,000人以上の人々を率いているのはキング牧師であった。このかつて南部連合国の首都であった都市モントゴメリーで、キングが10年前にバスボイコット運動を指導した。デックスター・アヴェニュー・バプテスト教会（写真2）の前を通ってキングらが州議事堂（写真12）の階段に到着した。[168]

モントゴメリーにデモ隊が到着した日、日没後間もなく、ヴァイオラ・リウゾー (Viola Liuzzo) というデトロイト出身の39歳の主婦が殺害された。何百人というアメリカ人同様、リウゾーもまたテレビでペタス橋での事件の映像を見てアラバマ州まで車で来たひとりであった。殺害される日の夕方リウゾーは、オールズモービルのセダンでデモ行進参加者をセルマまで運んでいた。モントゴメリーに戻る途中に4人のKKK団員が待ち伏せしてリウゾーを襲ったのであった。[169]

このような幾多の犠牲の上に、投票権法は、1965年8月6日に成立した。それによって、識字テストや他の方法による有権者登録の妨害ができなくなり、また有権者登録が50％に満たない地域には連邦の登録係官が派遣されることになった。

写真12　アラバマ州議会議事堂

セルマでの投票権獲得の運動は公民権運動の勝利の1つである。しかし、セ

ルマでの運動は公民権運動の岐路でもあった。キング牧師はこう述べている。「それまで一点に向かって集まっていた黒人と白人の統合体の進路はセルマで交差し、そして巨大なXという字のように分かれはじめたのだった」。[170]

5 巨大なX

(1) メレディス行進の継続と黒人運動の分裂

　ジョンソン大統領が投票権法に署名して5日しかたたない8月11日、ロサンゼルスのワッツ地区で黒人暴動が起こった。暴動鎮圧に1万4,000人の州兵が導入された。この暴動で死亡した34人のうち31人までが黒人であった。重傷者は約1,000名、逮捕者は約4,000名という規模であった。キング牧師は暴動のさなかロサンゼルスに飛行機で赴いた。キングがワッツで深めた認識は貧しい黒人の経済問題であった。しかし、その頃には黒人運動それ自体に、次第に分裂の兆しが見え始めていた。キング牧師らの10年間にわたる運動の方針だった非暴力・直接行動が必ずしも黒人の不満解消につながってはいなかったことを、黒人暴動が雄弁に語っていた。ワッツに続き、1967年にはニューアークとデトロイトで大規模な黒人暴動が起こった。このような状況の中で「ブラック・パワー」というスローガンが不満を持つ黒人たちを引きつけた。ブラック・パワーが注目を浴びるきっかけになったのは、ミシシッピ州のグリーンウッドでSNCCのストークリー・カーマイケル (Stokely Carmichael) が1966年にした演説である。その演説の経緯の始まりはジェームズ・メレディスにあった。

　ミシシッピ州での人種統合による黒人学生第1号となったメレディスはミシシッピ大学を卒業してから、政治的権利のために恐れることなく立ち上がることができるということをミシシッピ州の黒人に示すために、完歩できれば220マイルにわたる行進を、1966年6月6日に1人でテネシー州メンフィスから始めた。「恐れに負けない行進」の目的地はミシシッピ州ジャクソンであった。ミシシッピ州に入ると間もなくメレディスは、白人農民の撃った散弾銃で重傷を負ったが一命は取りとめた。犯人は、待ち伏せしていた40歳のKKK団員で

あった。[171]

　メレディスが残した行程をジャクソンまで歩き続ける道義的義務を公民権運動家は感じた。アトランタにいたSCLCのキング牧師、全国都市同盟 (National Urban League) のホイットニー・ヤング2世 (Whitney Young, Jr.)、NAACPのロイ・ウィルキンズ (Roy Wilkins)、COREのフロイド・マッキシック (Floyd McKissick) はメンフィスの市営病院にいるメレディスの枕元に急いで集まった。キング牧師らが引き上げようとしたときには、ストークリー・カーマイケルが駆けつけた。カーマイケルはSNCCの選挙で、ジョン・ルイスとの厳しい闘いで新委員長に就任したばかりであった。短時間の協議で、SCLC、COREおよびSNCCの3者が共同で行進を後援し、他の公民権団体にも参加の呼びかけをすることが決まった。[172]

　継続された「恐れに負けない行進」では夕方になると、キング、マックシック、カーマイケルが演説をし、ミシシッピ聴衆の心を捕らえようとした。1966年6月16日夕方、ミシシッピ州グリーンウッドでの演説が「ブラック・パワー」という言葉が広まるきっかけになった。聴衆に向けて「我々が欲しいのは」と言葉を投げかけると、聴衆は「ブラック・パワーだ」と答え、それが数回繰り返されると、「何を我々が欲しいか」と言うカーマイケルの問いかけにも「ブラック・パワー」という答えが聴衆から返ってきた。「パワー」を暴力だと解釈した報道機関は、公民権運動の転換期だとして、新スローガンを非難した。カーマイケルは暴力に訴えかけたのではなく、たとえば黒人が有権者として示すパワーなどを指すものである。[173]「ブラック・パワー」の指す内容は別にしても、これを公民権運動の転換期と見るのが一般的であろう。キングとカーマイケルの運動方針の大きな違いは、キングは人種が統合された運動集団を前提としていたのに対し、カーマイケルは黒人のみの運動をめざしていたのである。それをキング牧師は、巨大なXという文字にたとえたのである。つまり、Xの直線それぞれが両人種を表し、1965年のセルマの運動で交わった左右の線が今度は、互いの距離を広げていくことによって公民権運動の分裂が示唆されていると解釈されよう。

　継続されたメレディスの行進が終わって2週間後の1966年7月11日、キン

グは北部の都市シカゴで 3 万人とも 6 万人とも言われているデモ行進をシカゴの市庁舎まで率いた。要求したのは、黒人の雇用、不動産業者による差別の廃止、公立学校の人種隔離、警察の残虐さを調査する一般市民による委員会の設置であった。[174]

ゲージ・パーク、マーケット・パーク、シセロといった、移民の 1 世や 2 世の白人居住区でジェシー・ジャクソン (Jesse Jackson) やアル・ラビー (Al Raby) らによって率いられた小規模のデモ隊には石やビンやレンガや赤い球形の爆竹(チェリー・ボーム)が投げつけられた。ミシシッピ州でもアラバマ州でもシカゴの暴徒ほど敵対的で憎悪に満ちた暴徒はいない、とキング牧師は言った。ベイヤード・ラスティン (Bayard Rustin) らは、強力な政治的同盟と支持者を作ることによって抵抗運動から政治への転換を促していたが、キングは社会変革から「社会のラディカルな再建」という社会革命へ転換しようとしていた。1965 年初頭からはベトナム戦争をキングは頻繁に非難するようになった。貧困を劇化するために「貧者の運動」と呼ばれることになる運動が 1968 年の SCLC の主要行動目標になった。しかし、できるだけその運動を妨害する目的で FBI が盗聴による監視を行っていたことに加えて、SCLC の指導者層の中に FBI はジェームズ・ハリソン (James Harrison) という情報提供者を送り込んでいた。1967 年 8 月には SCLC が FBI の国内「スパイ防止活動」のリストに入れられていた。[175]

(2) メンフィスのキング牧師

キング牧師が自らの人生の最後を迎えることになるメンフィスでは、1968 年 2 月 12 日、リンカーンの誕生日に当たる日に、清掃員たち約 1,000 人がストライキに入った。1 時間当たり 50 セントの賃上げと給料から直接組合費を差し引かれる権利を求めていた。清掃員たちには医療保険も、残業手当もなく、組合結成も市は過去 2 度にわたり認めてはいなかった。1968 年 2 月 1 日にストライキに直接つながる事故が起こった。2 人の作業員が豪雨を伴った暴風雨を避けるためにゴミ収集車後部の内側に身を隠していた。誤ってスイッチが入れられ、2 人の作業員が圧死したのである。遺族に対する補償金の支払いを拒ん

だ市は他の作業員の怒りを買った。それに追い討ちをかけるように、数日後、またもや嵐の日に、黒人の下水作業員22人が賃金なしで帰宅させられたが、黒人に帰宅を命じた白人上司たちは、天気が上がったあと仕事に戻り、1日分の給料を受け取った。黒人たちは抗議したが受け取ったのは2時間分だけの賃金であった。このような出来事をきっかけに、長年の不満が2月12日にストライキとして噴出した。[176]

　市議会の公共事業委員会に1,000人以上のストライキ参加者と支持者が2月23日に詰めかけたとき、委員会は組合の容認と組合費の天引きの問題を行政問題だとしてストライキに関してはヘンリー・ローブ3世(Henry Loeb Ⅲ)市長に委ねるとして、問題を避けた。そのためストライキの指導者たちはデモ行進に出たが、デモ参加者は機動隊から暴行を受けた。その晩ストライキの指導者たちは、平等を求めるコミュニティー(Community On the Move for Equality, COME)という戦略委員会を立ち上げ、地元のジェームズ・M・ローソン(James M. Lawson)牧師を委員長に選んだ。のちに、ローソンは、ストライキ参加者と支持者を集めるために週に一度全米に名の知られている人物の招待を提案する。NAACPのロイ・ウィルキンズ、全国都市同盟のホイットニー・ヤング、A・フィリップ・ランドルフ(A. Philip Randolph)研究所のベイヤード・ラスキン、それにキング牧師が考慮されていた。最初に打診されたウィルキンズとラスティンは受け入れた。キング牧師は、医師から休養の勧めもあり、また貧者の運動に全精力を注いでいたこともあり、ためらったが、3月18日にメンフィスに到着し、メイソン・テンプルを満杯にしていた1万5,000人の聴衆を前に、力を得て、演説をした。演説が終わると、ステージに置かれたピカピカの3つのゴミ入れのカンには5,000ドルの寄付が集まった。[177]

　今度キングがメンフィスに来るのは3月28日である。当日は午前9時到着の予定であったが、ニューヨークからの飛行機が遅れて、メンフィスにキングが到着したのは午前11時近くであった。その日8時には、デモ行進に参加する多くの群集がすでにクレイボーン・テンプルに集まっていた。その中には、インヴェーダーズと呼ばれる20歳前後の黒人過激派集団もいた。警察は彼らを、黒人運動を隠れ蓑にして、犯罪を犯す集団だと見ていた。デモ参加者に非暴力

の理論と方法を説く間もなく、キングらは車から降りて、デモ隊を率いることになるが、間もなく暴動に発展する。州兵の１本の隊列がキングと側近たちを取り囲んで守っていたところに、黒人の婦人が運転するポンティアックが道の角に止まった。キングらは頼んで車の中に入れてもらった。警察は車に道を空けた。ミシシッピ川に出ると車を止め、警官の一団に助けを求めた。キングらは、ピーボディー・ホテルかローレイン・モーテルに行こうとしたが、警察官は、混乱しているとして、キングらをミシシッピ川沿いの贅沢なホテルであるリバーマウント・ホリデー・インに連れていった。リバーマウントでのキングの滞在をFBIはキングを困惑させるために利用しようとした。黒人用の一流のホテルがあるのにもかかわらず、キングは白人所有のホリデー・インに身を隠すことを選んだ、とFBIは宣伝しようとした。[178]

　暴動と化したデモ行進をキングが見たのは、ホリデー・インのテレビであった。事態は深刻であった。警察は16歳のインヴェーダーズの一員を射殺した。何十人もが負傷し、逮捕者は300人にのぼった。ビール・ストリートは２ブロックにわたり、窓ガラスが砕かれていた。催涙ガスを使う機動隊と、機動隊にレンガとビンを投げる黒人学生たちとの一連の衝突のあと、午後３時頃までには、バフォード・エリントン（Buford Ellington）知事は、装甲車を備えた4,000人の州兵にメンフィス出動を命じた。メンフィスのダウンタウンでは100件を超える火災が起こった。ほとんどが放火によるものであった。ローブ市長は、午後７時から午前５時まで外出禁止令を敷いた。信じられないような事態の展開にキングは、メンフィスで非暴力運動が成功しなければ、ワシントンで予定している貧者の行進はありえないと考えた。[179]

　４月３日、アトランタ発メンフィス行きの飛行機に爆弾予告があった。キングが乗っていたその飛行機はゲートに異常に長時間とどまり、荷物検査がすべて完了した上で、離陸した。メイフィスに到着すると間もなく激しい嵐が始まり、午後の遅くには雷雨を伴う激しい風が吹いた。黒人が所有するローレイン・モーテルにいつものようにキングらは宿泊する。夕食を終えたキングを残してアバナシーのみがメイソン・テンプルで演説をし、その演説の間キングは休息する予定であったが、アバナシーはキングに嘆願して、キングにも演説を

求めた。キングは応じた。メイソン・テンプルには 2,000 人の聴衆がいた。2 週間前と比べれば少なかったが、風雨を押して集まった人々であった。[180] ここでキングは死の前日、雷雨が外から聞こえる中で最後の演説をする。演説の結びは、キング自らの死の予感とも取れる内容である。その日爆破予告で飛行機の出発が遅れたことに触れた後、キングはこう続けて、演説を締め括る。

そして私はメンフィスに入りました。…病気の白人の兄弟によって私の身にどんなことが起きるのでしょうか。まあ、今は、何が起きるか私には分かりません。しかし、今となっては私にとっては大したことではありません。私は山の頂に立ったからです。気にしてはいません。他の人と同様、長い人生を送りたいと思います。長生きには意味があります。しかし、今はそれを気にしてはいません。神のご意思を行いたいとだけ思っています。神は私を山頂に立たせてくれました。見渡してみました。そして約束の地を見たのです。皆さんと共に私はそこに行くことはできないかもしれません。しかし、今夜皆さんに知っておいてもらいたいのは、1つの民族としては約束の地にたどり着くということです。ですから今晩、私は満足しています。心配することは何もありません。だれをも恐れてはいません。キリスト再臨の栄光をこの日で見たのですから。[181]

キング牧師が「山頂の演説」をしている頃、エリック・S・ゴールト (Eric S. Galt) という偽名を使っていた暗殺犯ジェームズ・アール・レイ (James Earl Ray) は、アトランタから白いムスタングを7時間運転してメンフィスのラマー通りにあるニュー・レブル・モーテルに入り、偽名で宿泊手続きをした。キングがローレイン・モーテルに滞在していることをレイは、4月3日の夜のテレビかラジオで、あるいは4月4日の新聞で知っていたとされている。[182]

4日、3時から3時半の間にレイは、ローレイン・モーテルと道を隔ててある下宿屋 (写真13) に1週間契約で宿泊することにした。レイが選んだ部屋からはキングらの部屋がよく見え、また共同トイレにも近く、その共同トイレからもキング牧師らがよく見えた。キング牧師らは4日の夕方ビリー・カイル牧

師の新宅の夕食に招かれていた。午後6時少し前、日没まで30分、キングは2階にある306号室(写真14)から出てきた。そこでキングは手すりに寄りかかり、下に集まっている人たちを話し始めた。その時間は6分から15分という幅があり、その場に居合わせた人々の間で異っている。[183]

その様子を監視していたレイは、ファスナーのついたバッグと毛布、それに箱に入ったライフルをもってすぐさま、廊下に出て共同トイレに向かった。ほぼ6時であった。共同トイレのドアに鍵をかけ窓から外をのぞくとキングはまだそこにいた。ライフルを箱から出し、レイは1発の弾丸をライフルの薬室に込めた。キングを楽に撃てるタイミングを失いたくなかったレイは、それ以上の弾を込めなかった。少なくとも指紋を弾に残さずに込める時間はなかったからだ、とキング暗殺事件に関する決定版ともいえる本の著者ジェラルド・ポスナー(Gerald Posner)は述べている。興奮して、あまり勢いよく押し上げたので、窓は途中で止まり、開いたのは10数cmのみであった。そこからのぞくと約60m離れたところで手すりに寄りかかっているキングはまだよく見えた。ライフルを隙間に差し入れ、照準器からキングの頭をのぞいた。照準器の十字線をキングの頭に合わせて引き金を引いた。[184]

写真13 暗殺犯ジェームズ・アール・レイがライフルを撃ったのは、右から4つ目の2階の窓。そこはトイレを備えた浴室になっていた。

写真14 花輪のついているところがローレイン・モーテル306号室。撃たれたキング牧師はその前に倒れた。

30.06 口径の弾丸 1 発がキングの下あごに命中した。弾丸はあごの骨を粉々にし、首を貫き、頚静脈など主要な血管と神経を引き裂き、脊椎を分断し、皮膚の下の肩甲骨で止まっていた。[185]

　非暴力で人種間の平等を勝ち取ろうとした公民権運動は、ほぼ 10 年間成果を上げてはきたが、キング暗殺の少し前から、非暴力による直接行動は、成果を勝ち取ることが困難になりつつあった。黒人運動がそのような難しい局面にさしかかってきたとき、まるで、その問題の大きさに圧倒されるかようにしてキングは 39 歳という短い人生を終えた。そして歴史の中に永遠に名を残すことになったのである。

おわりに

　公民権運動が現実を変革していく過程において、アール・ウォーレンを長官とする合衆国最高裁判所の違憲立法審査が大きな役割を担った。ブラウン判決においては、連邦裁判所は自らが過去に下した判決を覆した。公教育における人種隔離を違憲とする最高裁の全員一致の判決がなければ、全米を巻き込む公民権運動の開始は遅れていただろう。

　報道機関をはじめとする全米の目を、人種差別の現実に向けさせることが、キング牧師らが指導する公民権運動を成功させるために不可欠であった。そのためにデモ行進をし、逮捕され、投獄され、そして命の危険さえ犯したのである。インドでガンジーは、塩法を破ることで「力に対する正義のこの戦いに、世界からの共感が欲しい」と言った。イギリスの植民地統治から脱却しようとしたガンジーも、白人優位の社会を変革し、肌の色にとらわれない社会にしようとしたキングも、ともに世論を味方につけることによって、個人の力では動かすことのできない習慣や権力の壁に挑み、少しずつその壁を切り崩していった。が、その過程では犠牲を伴った。ガンジーもキングも異なる状況ではあるが暗殺される。それほど危険をはらむ対象に挑んでいたからである。危険が降りかかるのは、指導者にだけでなく、運動を支える一般市民や一般運動員にとっても同様であった。逆説的に言うならば、それだからこそ運動の成果が上

がったということであろう。

　司法の判断を強制するのは行政である。そのため合衆国最高裁判所の決定を受け入れない地方自治体や州政府と、それを受け入れさせようとする連邦政府が衝突する事態が生ずる。ブラウン判決により人種統合を実現しようとする動きが強まるとそれに抵抗しようとする地方自治体や州政府の力も強まる。地方自治体や州政府を後押しするのは、人種隔離社会を望む白人たちである。そこに暴動の発生する余地が生じた。

　暴動を抑えるために地方自治体や州政府が適切な措置を講じなければ、連邦政府が連邦軍を派遣するかあるいは州兵を連邦軍化することで事態の沈静を図った。人種隔離制度を打破するためには連邦政府の支援が必要だが、連邦議会には、人種隔離維持を堅持しようとする州も代表を送っているから、時の政権も、政治的判断から、安易な動きは控えざるをえない。そのような州政府と連邦政府の均衡を崩し、黒人の市民権獲得に向けて連邦政府が公に支持を表明し、連邦議会における立法を促すきっかけになるのは、公民権運動家やその支持者が受けた暴力や、ときによっては命の犠牲であった。そのような過程を経て、1964年には公民権法が、翌年には投票権法が成立した。

　しかし、投票権法成立に至ったセルマでの運動を機に、公民権運動は新たな局面に入る。都市では黒人暴動が頻発し、キング牧師は貧困の問題に目を向けるようになった。モントゴメリーでのバスのボイコット運動から、バーミングハムでの差別撤廃運動、さらにセルマでの投票権を求めての運動では、貧困はキング牧師によって表立って取り上げられることのなかった問題である。キングらの運動は、人種統合した集団の活動によって成り立っていた。しかし、ストークリー・カーマイケルによって代表される「ブラック・パワー」をスローガンにして、黒人のみの運動を推進し、キング牧師らと一線を画する集団が注目を集めるようになっていった。

　このように、黒人運動家の外側には都市部の黒人暴動と貧困の問題があり、黒人運動家の内部では運動の基本方針に関し分裂していた。その時期、キングに次の手を打つ機会を封じたのはジェームズ・レイの放った銃弾であった。キングがほぼ10年間にわたり、説いて実践してきた非暴力・直接行動という運

動原理で動かすことのできたアメリカ社会をさらに変革するには、新たな運動原理や思想が必要だということをキングの死は語っているのである。

注

[1] Lucas A. Powe, Jr. *The Warren Court and American Politics*. (Cambridge, Massachusetts: The Belknap Press of Harvard University Press, 2000), 35-36.

[2] *Plessy v. Ferguson*, 163 U.S. 537 (1896) を参照。

[3] この法律の第1条は次のとおり。「本州で列車に乗客を乗せて輸送する鉄道会社は、白人と黒人に対し、それぞれの乗客に2つかそれより多い客車を用意することによって、あるいは別々の座席を確保するために、客車を仕切りで分けることによって、同等の、しかし別々の座席を用意しなければいけない。…何人といえども、所属する人種によって割当てられた客車の席以外の席を占めることはできない」。第2条は次のとおり。「そのような客車の車掌は権限を持ち、それにより、それぞれの乗客を、所属する人種によって使用される客車かコンパートメントに割当てるよう求められている。所属しない人種による客車かコンパートメントに入って行くことを強く要求する乗客は、25ドルの罰金に処せられるか、あるいは、その代わりに、郡刑務所において20日を超えない期間の禁固に服する。また、乗客の所属しない人種以外の客車かコンパートメント割当てることを強要する、いかなる鉄道のいかなる車掌も、25ドルの罰金に処せられるか、あるいは、その代わりに、郡刑務所において20日を超えない期間の禁固に服する。また、鉄道会社の車掌によって割当てられた客車かコンパートメントに入ることを拒めば、いかなる乗客をも、車掌は列車に乗せることを拒む権限がある。そして、そのような拒絶によって、本州のいかなる裁判所においても、車掌あるいは車掌の代表する鉄道会社が損害を被ることはない」(*Plessy v. Ferguson*, 163 U.S. 537)。

[4] *Brown v. Board of Education*, 98 F. Supp. 797 (1951) と *Brown v. Board of Education*, 347 U.S. 483 (1954) を参照。

[5] 田中英夫編『英米法辞典』の school district の項参照。日本の「学区」とは異なる。

[6] Powe, 24.

[7] *Ibid.*, 28.

[8] *Ibid.*, 38. Yasuhiko Katagiri, *The Mississippi State Sovereignty Commission: Civil Rights and State Rights* (Jackson, Mississippi: University of Mississippi, 2001), xxxix.

[9] *Ibid.*, xxx.

[10] *Ibid.*, xxxi.

[11] *Ibid.*, xxxii.

[12] Ibid.
[13] Brown v. Board of Education, 349 U.S. 294 (1955) を参照。
[14] Katagiri, xxxiii.
[15] Ibid., xxxiii-xxxv.
[16] Martin Luther King, Jr. *Stride Toward Freedom: The Montgomery Story* (New York: Harper & Brothers, Publishers, 1958), 40-41.
[17] Norman W. Walton, "The Walking City: A History of the Montgomery Boycott Part I." *Negro History Bulletin* (October, 1956), 17-20, 17.
[18] King, 44-45; Stephen B. Oates, *Let the Trumpet Sound: A Life of Martin Luther King, Jr.* (New York: Harper Perennial, 1994), 64-65; Howell Raines, *My Soul Is Rested: Movement Days in the Deep South Remembered* (New York: Penguin Books, 1983), 38-39, 43-44.
[19] King, 45-49.
[20] Ibid., 55-56; *Time* (February 18, 1957), 13-16, 15.
[21] Walton, 18.
[22] Ibid.
[23] King, 124-126.
[24] Ibid., 132-136.
[25] Ibid., 136-138.
[26] Ibid., 142.
[27] Ibid., 147-148; Norman W. Walton, "The Walking City: A History of the Montgomery Boycott Part II." *Negro History Bulletin*. (November, 1956): 27-33, 28.
[28] King, 151.
[29] Ibid.; Oates, 99.
[30] King, 151-152.
[31] Ibid., 152-153.
[32] Ibid., 75-76.
[33] Ibid., 76-80.
[34] Ibid., 158-160; Walton, "The Walking City: A History of the Montgomery Boycott Part III"*Negro History Bulletin* (February, 1957): 102-104, 103.
[35] Ibid., 103.
[36] Ibid., 104; Walton, "The Walking City: A History of the Montgomery Boycott Part IV." *Negro History Bulletin* (April, 1957): 147-148, 150, 152, 166, 147.
[37] Ibid., 148.

第 6 章　人間として　*255*

[38] *Ibid.*, 151-152.
[39] *Ibid.*, 152; King, 179-180.
[40] Steven Kasher, The Civil Rights Movement: A Photographic History, 1948-68. (New York: Abbeville Press, 2000), 53.
[41] *Ibid.*, 54; Powe, 158.
[42] Kasher, 55; Powe, 157-158.
[43] Kasher, 55-56.
[44] Kasher, 56.
[45] *Ibid.*
[46] Katagiri, 103-104.
[47] *Ibid.*, 105.
[48] *Ibid.*, 104-105.
[49] *Ibid.*, 107.
[50] ロバート・ケネディは1962年9月15日から9月28日の間にバーネット20回に及ぶ電話会談をした。以下が9月25日の電話会談の一部である。

　バーネット：煎じ詰めれば、ミシシッピ州が州の機関を運営できるか、それとも連邦政府が運営するかだ…。

　ケネディ：分からないな、知事。これで、あなたの州はどうなると思うかね。

　バーネット：多くの州はこれまで、はっきりした態度をとるだけの勇気がなかった。我々は、この戦いを続けるつもりだ…。これは独裁制だ。彼をミシシッピ大学に無理やり押し込めようとしてるんだから。司法長官、そうすりゃ大騒動になるかもしれません。それは望んでないでしょう。無理やり、彼を入れないでほしい。

　ケネディ：無理やり、彼を外さないでほしい…。知事、ミシシッピはアメリカの一部だ。

　バーネット：ミシシッピはアメリカの一部だったが、今はどうか分からない。

　ケネディ：アメリカから離脱するつもりか。

　バーネット：いじめられているようだな。アメリカの一部じゃないみたいだ。司法長官、これは深刻な事態です。

　　　　　　　…………

　ケネディ：アメリカ合衆国の法を強制するという責任が私にはある…。裁判所の命令は支持されなくてはならない。

(Transcript of conversation between Robert Kennedy and Governor Ross Barnett, 12:20 p. m., September 25, 1962, Burke Marshall Papers, quoted in Arthur M. Schlesinger, Jr. *Robert Kennedy and His Times* [New York: Ballantine Books, 1978], 318-319).

[51] Katagiri, 108.
[52] Ibid.
[53] Ibid.,109
[54] Ibid.,110-112.
[55] Ibid.,112-114.
[56] Ibid.,114-115; Kasher, 57-58. Dan T. Carter, *The Politics of Rage: George Wallace, the Origins of the New Conservatism, and the Transformation of American politics* (Baton Rouge. Louisiana: Louisiana University Press, 2000), 112.
[57] Katagiri, 40, 47-48; Carter, 153.
[58] Ibid.
[59] Katagiri, 124-127.
[60] Carter, 83-64.
[61] Schlesinger, 337.
[62] Carter, 129-130.
[63] Schlesinger, 338.
[64] Carter, 130-131.
[65] Ibid.
[66] Ibid., 136.
[67] Ibid., 135.
[68] Ibid., 135-137.
[69] Ibid., 139.
[70] Ibid., 141.
[71] Ibid., 138, 147.
[72] Ibid., 148-149.
[73] Ibid., 150.
[74] Ibid., 238.
[75] Yogesh Chadha, *Gandhi: A Life* (New York: John Wiley & Sons, Inc., 1997), 115, 204.
[76] Ibid., 218-219.
[77] Ibid., 221-223.
[78] Ibid., 224.
[79] Ibid., 237.
[80] Ibid., 238, 240.
[81] Ibid., 288.
[82] Ibid., 288-291.

[83] *Ibid.*, 292.
[84] *Ibid.*, 293-296.
[85] *Ibid.*, 296-297.
[86] Raines, 28.
[87] Kasher, 68.
[88] Raines, 27-28.
[89] *Ibid.*, 28-32.
[90] *Ibid.*, 34.
[91] *Ibid.*, 75-82.
[92] Kasher, 69.
[93] *Ibid.*
[94] *Ibid.*, 70.
[95] *Ibid.*
[96] *Ibid.*, 68
[97] *Ibid.*, 71-72; Raines, 109-110; Schlesinger, 294-295.
[98] Raines, 111.
[99] Kasher, 74.
[100] *Ibid.*; Raines, 111-115.
[101] *Ibid.*, 115-116; Kasher, 74-75.
[102] *Ibid.*, 74-75
[103] Raines, 117-119.
[104] Kasher, 75.
[105] *Ibid.*, 75-76; Raines, 124-126.
[106] Katagiri, 97.
[107] Raines, 128-129; Kasher, 76.
[108] Carter, 116.
[109] *Ibid.*, 115.
[110] *Ibid.*
[111] *Ibid.*, 116.
[112] Raines, 170.
[113] King, *Why We Can't Wait* (New York: Signet Classic, 2000), 36; Carter, 116.
[114] *Ibid.*, 117.
[115] *Ibid.*
[116] Oates, 188-192.

258　第Ⅱ部　奴隷から解放されても

[117] Kasher, 90.
[118] Oates, 198-199.
[119] King, *Why We Can't Wait*, 29, 40.
[120] *Ibid.*, 37-38.
[121] *Ibid.*, 38-41.
[122] *Ibid.*, 38-41; Kasher, 92; Oates, 215-216.
[123] Carter, 117; Oates, 216.
[124] Oates, 218.
[125] Clayborne Carsaon, ed, *The Autobiography of Martin Luther King, Jr.* (New York: Warner Books, Inc., 1998), 181.
[126] Oates, 163-166.
[127] King, *Why We Can't Wait*, 62.
[128] Oates, 222.
[129] *Ibid.*
[130] King, *Why We Can't Wait*, 72.
[131] *Ibid.*, 68.
[132] *Ibid.*, 85-88; Oates, 230-233.
[133] Oates, 233; Kasher, 95; King, *Why We Can't Wait*, 87.
[134] Oates, 234-235; Kasher, 95.
[135] Oates, 235-238.
[136] *Ibid.*, 238-239; Cater, 124.
[137] Raines, 162-166.
[138] King, *Why We Can't Wait*, 94.
[139] Carter, 125.
[140] *Ibid.*; King, *Why We Can't Wait*, 94-95
[141] Raines, 166.
[142] Oates, 241-242;
[143] King, *Why We Can't Wait*, 97.
[144] Oates, 267.
[145] *Daily Youmiuri*, 19 May, 2000.
[146] *International Herald Tribune*, 3 May 2001; *International Herald Tribune*, 25-26 May 2002.
[147] Katagiri, 158-159.
[148] *Ibid.*, 160.

149 *Ibid.*, 162-163.
150 *Ibid.*, 163-164.
151 *Ibid.*, 164-165.
152 *Ibid.*, 165-166.
153 *Ibid.*, 167-168.
154 Carter, 240-241.
155 *Ibid.*, 241-242.
156 *Ibid.*, 242.
157 *Ibid.*, 243.
158 *Ibid.*, 243-244.
159 *Ibid.*, 245-246.
160 *Ibid.*, 247.
161 *Ibid.*, 248.
162 *Ibid.*, 249.
163 *Ibid.*, 250.
164 *Ibid.*
165 *Ibid.*, 251.
166 *Ibid.*, 254.
167 *Ibid..*, 255.
168 *Ibid.*, 255-256.
169 *Ibid.*, 257.
170 マーティン・ルーサー・キング、猿谷要訳、『黒人の進む道』（明石書店、1999）、5頁。
171 Carter, 302-305; Kasher, 195-196.
172 Kasher, 196; キング、『黒人の進む道』、27-28頁。
173 Kasher, 196.「ブラック・パワー」に関しては本書14頁を参照。
174 Kasher, 218.
175 *Ibid.*, 219-222.
176 *Ibid.*, 222-224; Gerald Posner, *Killing the Dream: James Earl Ray and the Assassination of Martin Luther King, Jr.* (New York: Harcourt Brace & Company, 1998), 3.
177 *Ibid.*, 5-6.
178 *Ibid.*, 9-10.
179 *Ibid.*, 11.
180 *Ibid.*, 17-20.
181 Martin Luther King, Jr., "I've Been to the Mountaintop," 1968.
182 Posner, 22; 334.

[183] *Ibid.*, 330.
[184] *Ibid.*, 330-331.
[185] *Ibid.*, 31.

参考文献

Carter, Dan T. *The Politics of Rage: George Wallace, the Origins of the New Conservatism, and the Transformation of American politics.* Baton Rouge. Louisiana: Louisiana University Press, 2000.

Chadha, Yogesh. *Gandhi: A Life.* New York: John Wiley & Sons, Inc., 1997.

Kasher, Steven. *The Civil Rights Movement: A Photographic History, 1948-68.* New York: Abbeville Press, 2000.

Katagiri, Yasuhiko. *The Mississippi State Sovereignty Commission: Civil Rights and State Rights.* Jackson, Mississippi: University of Mississippi. 2001.

King, Martin Luther, Jr. *Stride Toward Freedom: The Montgomery Story.* New York: Harper & Brothers, Publishers. 1958.

―. *Why We Can't Wait.* New York: Signet Classic, 2000.

Ｍ・Ｌ・キング　猿谷要訳　『黒人の進む道』　明石書店、1999。

Oates, Stephen B. *Let the Trumpet Sound: A Life of Martin Luther King, Jr.* New York: Harper Perennial, 1994.

Posner, Gerald. *Killing the Dream: James Earl Ray and the Assassination of Martin Luther King, Jr.* New York: Harcourt Brace & Company. 1998.

Powe, Lucas A, Jr. *The Warren Court and American Politics.* Cambridge, Massachusetts: The Belknap Press of Harvard University Press, 2000.

Raines, Howell. *My Soul Is Rested: Movement Days in the Deep South Remembered.* New York: Penguin Books, 1983.

Schlesinger, Arthur M. Jr. *Robert Kennedy and His Times.* New York: Ballantine Books, 1978.

Walton, Norman W. "The Walking City: A History of the Montgomery Boycott Part I." *Negro History Bulletin.* October, 1956: 17-20.

―. "The Walking City: A History of the Montgomery Boycott Part II." *Negro History Bulletin.* November, 1956: 27-33.

―. "The Walking City: A History of the Montgomery Boycott Part III." *Negro History Bulletin.* February, 1957: 102-104.

―. "The Walking City: A History of the Montgomery Boycott Part IV." *Negro History Bulletin.* April, 1957: 147-148, 150, 152, 166.

第Ⅲ部

古くて新しい課題

第7章　負の遺産の行方
―北部都市の人種境界線をめぐって―

はじめに

　建国の父祖たちにとっては奴隷制の問題より連邦の維持が重要であった。南北戦争後の奴隷解放は新たな人種問題を作り出したが、それが公民権運動の結果、一応の改善がなされ、1964年の公民権法や翌年の投票権法に至った。その後、黒人暴動の抑止効果と結果の平等を狙って実施されたアファーマティブ・アクションも、黒人の階層分化を促進するといという側面を持ちながらも、アメリカの負の遺産を清算しようとする試みとして捉えることが可能である。

　このような人種関係の進歩・改善に取り残された都心部の黒人ゲットーという負の遺産の存在がアメリカで論争の的となったのは、1977年に『タイム』誌が「アメリカのアンダークラス」という記事を載せてからである[1]。この記事の副題は「豊かな国で生活に困窮して絶望している人々」[2]である。この副題は、1962年にマイケル・ハリントン (Michael Harrington) が書いた『もう一つのアメリカ―アメリカにおける貧困―』(The Other America: Poverty in the United States) と豊さの中の貧困という点で通底する。

　『ダーク・ゲットー』(Dark Ghetto) においてケネス・クラーク (Kenneth Clark) が1965年に書いた、白人によってニューヨークのハーレムに築かれた「目に見えない壁」[3]は、その言葉の持つ意味の多様さを備えて、シカゴやデトロイトの都心部の黒人ゲットーにも存在してきた。「ケネス・クラークの手になるゲットーの社会と心理に関する見事な記述は今日でも通用する」と1989年にウィリアム・ジュリアス・ウィルソン (William Julius Wilson) が書いている。[4] そのウィルソンが60年代と70年代以降との非連続面として強調するのは、

70年代以降の都心部ゲットーにいる、仕事に就けない黒人男性の増加である。このような問題に発展する黒人の都市集中を引き起こした歴史的背景を探るのが本章の目的である。

1 シカゴ

(1) 両人種共存の時代

　1900年以前にシカゴに住んでいた黒人は、上流階級エリートの小集団であった。白人との混血である自由黒人の子孫が多く、サービス業や専門職に就き、白人地域社会と経済的なつながりがあった。そういう黒人は、自らと比肩しうる社会的地位のある白人の仲間を持っていた。南北戦争をはさんでシカゴで活躍した黒人ジョン・ジョーンズ (John Jones) が成功するためには、白人のひいきと支持を必要とした。1845年にシカゴにやってきたジョーンズは仕立屋を始め、シカゴの裕福な白人相手に服を作り繁盛した。奴隷制廃止運動にも関わり、戦後政界入りし、白人の支持を得て、クック郡行政委員会に選出された。ジョーンズの経済的成功も政治的成功も白人に負っていたのは、シカゴの黒人地域社会が小さかったからである。[5] つまり特定の区域に黒人の人口集中がまだ行われていなかったのである。1890年には平均的な黒人は、黒人が約8％しかいない地域に住んでいた。[6]

　特定地域への黒人集中が起こる前の19世紀、シカゴの黒人エリートの中には、医師やジャーナリスト、弁護士、聖職者がいたが、経済的・政治的に白人の支持を必要としており、個人的に白人と社会的・職業的な関係を緊密に結んでいた。[7] その後も1900年から1914年までの間シカゴではサウスサイドの黒人地区（ブラックベルト）とその近郊に1万人以上の黒人を吸収していたが深刻な問題は起きなかった。[8]

　奴隷解放以降、第1次大戦前までは、黒人は南部内を移動した。つまり南北戦争前の黒人地帯（ブラックベルト）から新農業地帯のピードモント台地北部や南西部、あるいはバーミングハム、マイアミ、ヒューストンという都市への移動であった。高南部の黒人は多くが州境の都市であるセントルイス、ボルティモア、ワシントン

へ移動した。ニューヨーク、フィラデルフィア、シカゴの小さな黒人地区（ブラック・エンクレーヴ）へは、数は多くないが黒人移動は持続的に起こっていた。[9]

奴隷解放後のこのような黒人の人口移動を激変させたのが第1次世界大戦であった。

(2) シカゴへの黒人流入

1910年から始まる30年の間に黒人労働史上最も重要なことの1つが起きた。食肉加工業や鉄鋼業などを含む工業部門に黒人労働者が急激に、しかも大量に雇用されたことである。北部産業が必要とした労働力を南部黒人が供給することになったのは、北部の吸引（プル）要因と南部の押し出し（プッシュ）要因が同時に存在したからである。[10] 南部黒人の北部への大量流入を引き起こしたのは、次のような事態があったからである。南部では害虫の発生や洪水によって綿花の作付面積が減少し、綿花栽培に従事していた黒人シェアクロッパー層が余剰労働力になっていた時期に、北部では第1次世界大戦勃発による戦争景気と、移民の流入停滞により不足した労働力を、北部産業が南部黒人に求めるという状況があった。センサスの人口統計[11]では1910年から1920年における黒人増加率が約150%という高率を示している。

1900年からの10年間、移民は、実数においては黒人をはるかに超える数がシカゴに流入していた。しかし1910年代になると、移民数が激減する一方で、黒人が激増した。この人口動態が反映しているのは、第1次世界大戦に誘発された、移民の帰国と軍需による黒人の雇用機会の増大である。急激な黒人人口の増大は、人種間の摩擦を生じさせる素地となった。

(3) シカゴの人種暴動

シカゴ不動産委員会が1917年に発した警告は、南部黒人が「月に1万人、シカゴに押し寄せている」ということであった。[12]「月1万人」というのは真実だろうか。1910年から1920年までの黒人増加数は、約6万5,000人である。かりに1917年の4月から毎月1万人ずつシカゴに黒人が流入し続けたとすると、7か月目つまりその年の10月で10年間の増加数を超えてしまう。だから、

実際に月に1万人の黒人がシカゴに流入していたというのは考えにくい。「月1万人」と主張するシカゴ不動産委員会の意図は、黒人の脅威を誇張して、黒人の居住地域を制限したいということにある。

さらに、シカゴ不動産委員会が任命した特別委員会は1917年に「望ましい地区に近代的な住宅とアパートが建築され、黒人に賃貸されるべきである」と報告している。その報告に対して黒人が強く反発したのは、どこが「望ましい地区」なのかを決める権利・権限は不動産委員会にはないというものであった。[13] 居住区をめぐる問題は人種間の緊張を高め、一触即発の状態は、第1次大戦後の不況によっても強められ、1919年にはそれが暴動にまで発展した。

1919年7月27日、日曜日、午後4時頃、17歳の黒人男性ユージーン・ウィリアムズ (Eugene Williams) は、ミシガン湖で北側の黒人遊泳区から南側の白人遊泳区へ流れていった。暗黙の了解のもと遊泳区は人種別になっていた。「実際には存在しない想像上の境界線」が湖面にまで伸びていたのであった。ウィリアムズが白人遊泳区に現れる直前に、白人専用の岸辺から歩いて湖に入ろうとして黒人4人が白人に制止された。黒人たちはそれに従った。しかし、まもなくその黒人たちが他の黒人と共にやってくると、白人と黒人の間で投石の応酬があった。その騒ぎの中ウィリアムズは、線路の枕木につかまって岸から離れて浮かんでいた。が、石はウィリアムズの近くまで飛んできていた。同じ年頃の白人男性が、ウィリアムズに向かって泳ぎ出してきたとき、手が枕木から離れてウィリアムズは沈んでいった。検死陪審はウィリアムズを溺死としたが、投石により死亡したという噂が広がった。岸辺では、石を投げつけた白人の犯人を目撃したという黒人が、その場にいた1人の白人警官に犯人逮捕を要請したが、白人警官は逮捕を拒んだ。投石による死亡が流布され黒人が群がり、危険な状況になってきた。そのとき、白人の訴えで黒人が1人逮捕された。その白人警官に黒人たちが多数、群がった。7月27日にシカゴの人種暴動はこのようにして始まり、8月2日まで続いた。死者38人、負傷者537人、住むところを失った者は約1,000人に及んだ。[14] 1919年の夏、シカゴのサウスサイドは「人種間戦争の戦場」になった。[15] 暴動の発端となった場所はミシガン湖畔の29番街であった。

1919年のシカゴの人種暴動がそれまでの人種間の緊張の噴出だとしても、噴出することで緊張が緩和に向かったとは到底いえない。それどころか、暴動沈静後も爆破事件が相次ぎ、頻度は暴動前を上回った。1920年4月から9月までの6か月間に起こった爆破事件数は、その前35か月間の爆破事件数に匹敵する。[16] この執拗さは住宅問題の未解決に起因する。しかし、シカゴの地域的な特徴により人種間の摩擦の度合いは異なっていた。

(4) 人種境界線を引き直す代償

1910年から1920年までのシカゴにおける黒人人口増加は、別の地域に新たに黒人居住区を生み出すことによってではなく、1910年にすでに黒人が住んでいた地域を拡大し、居住密度を高めることによって、増加分を吸収していった。その頃のサウスサイド[17]は、北は12番街、南は51番街、西はウェントワース通り、東はインディアナ通りに囲まれる地域であった。この時期のサウスサイド内にあるブラックベルトは、北は12番街、南は39番街、西はウェントワース通り、東はミシガン湖に囲まれる地帯である。ブラックベルト内にはシカゴにいる黒人の90%が住んでいたので、そこに住むほとんどは黒人だと思われがちだが、実際は、1920年頃は白人約4万2,000人、黒人約5万4,000人であった。この地帯では黒人が長年にわたって少しずつ増加したが、騒ぎは起こらなかった。長期間、黒人は、ステート通り、ウェントワース通り、12番街、39番街で囲まれた区域に住んでいた。ステート通りの東側への拡張は予期されてはいた。[18]

ウェントワース通りは南北に走る通りで、白人地区と黒人地区を東西に分けている通りである。家畜一時置き場(ストック・ヤード)や他産業で働く黒人は、ウェントワース通りをはさんで往復する際に白人との接触は避けられない。そのため1919年の暴動では、ウェントワース通りの西側で人種衝突に巻き込まれるケースが最も多かった。その地区ではアスレチック・クラブと呼ばれる白人ギャングが1919年の暴動に加わり暴力行為を働いた。[19] しかし、これらは組織だった行動ではなかった。拡張するブラックベルトに組織だった行動をとったのはハイドパーク、ケンウッドの両地区の住民である。

両地区が位置するのは、39番街、59番街、ステート通り、ミシガン湖に囲まれる地域である。ブラックベルトにある老朽化の進む住宅から逃れようとして、その周辺に黒人の流出が始まった。1914年から1916年にかけて、ハイドパーク地区では多くが空き家で家賃は安かった。黒人の拡張は白人と黒人の不動産業者と住宅所有者によって進められたが抵抗はほとんどなかった。これらの人々は黒人の状況をよく把握していた。つまり、戦時体制になってから黒人は、賃金上昇[20]により、住宅への頭金支払いが可能であり、よりよい住宅やアパートを借りられるようになっていたのである。しかし、1917年、アメリカの第1次世界大戦参戦により、住宅建設が停止され、住宅が不足するようになった。住宅不足は1918年に顕著になり、白人の住宅需要が供給を上回るようになった。そこで不動産業者たちは、白人専用居住区にすることを議論し始めた。ケンウッド・ハイドパーク住宅所有者協会が示したのは、両地区では3,300人の住宅所有者のうち約1,000人が黒人であるということであった。[21]

　ケンウッド・ハイドパーク住宅所有者協会は、資産価値の下落防止のために黒人の「侵入」を阻止しようとした。近隣に黒人が住めば、所有する住宅の価格が下がることを理由に、白人専用地区にしなければいけないという趣旨で言論活動をしたのである。しかし近隣住民による爆破事件を起こすことによる実力行使もあった。ケンウッド・ハイドパーク住宅所有者協会と爆破事件との関係は疑われてはいたが、立証されることはなかった。住宅爆破事件はブラックベルトの境界が外側に拡張していった地域、つまりケンウッド・ハイドパーク両地区に多い。黒人に住宅を売買したり、アパートを貸したりする不動産業者も標的にされた。1919年の暴動後、黒人銀行家ジェシー・ビンガ (Jesse Binga) は6回も狙われた。黒人への住宅ローンの貸し付けをしたり、他の銀行や貸付機関で拒まれた抵当を引き継いだりしていたからである。不動産経営もしているビンガが不動産事務所を破壊されたのは1919年11月12日の第1回目の爆破事件であった。1920年6月18日の第5回目の爆破事件でビンガは、自宅の玄関をほぼ破壊され、ビンガの家のあるブロック全体の窓ガラスが割れた。この爆破による損害は4,000ドルであった。[22]

(5) 制限的不動産約款(リストリクティヴ・コヴェナント)の効力をめぐって

　一連の爆破事件は1925年には沈静していた。黒人居住地域の拡張を抑制する方策が考え出されたからである。それが制限的不動産約款(リストリクティヴ・コヴェナント)(以下、「約款」と略記することもある)であった。この約款は、黒人への住宅販売や住宅賃貸を、約款署名者とその相続人に、明記されている期間内、禁ずるものである。[23]

　1930年にはシカゴにある住宅地の4分の3が制限的不動産約款に拘束され、黒人の集中が進み、平均的な黒人が住んでいるところは10人に7人が黒人という地域であった。スタンレー・リーバーマン(Stanley Lieberman)が取り上げた全米17都市の中で、1930年はシカゴの黒人集中度が最高である。[24] ドレイクとケイトンによると、1930年にはシカゴの黒人の63％が、黒人が90％から99％を占める地域に住んでいたという。[25]

　居住地域をめぐる緊張が1938年には、約款をめぐる裁判闘争に発展した。問題となった地域は、ブラックベルトの隣接地域になっているワシントンパーク再分割地である。60番街、63番街、サウスパークウェイ、コテッジ・グローブ通りに囲まれる地域である。「白人の島」と呼ばれていたこの地域の住宅所有者のほとんどがウッドローン住宅所有者連盟に加入していた。連盟は住宅所有者に約款への署名を勧めていた。地域の95％以上が約款のもとにあったとされる。[26]

　この地域では最初、数人の黒人が白人の住宅所有者を説得し売却させた。区画の95％以上がその約款のもとにあるときのみ有効であるという約款の条件が満たされていなかったので、売却は可能だ、と売り手は主張した。それに対し、ウッドローン住宅所有者連盟は、住宅を購入した黒人の入居を妨げる裁判所命令を求めて提訴した。シカゴ権利証・委託会社は、その黒人に権利証を与えるのを拒んだ。黒人購入者の訴えによる裁判で、州最高裁判所は連盟を支持した。この事件は全米の黒人の注目を集めるようになり、全米黒人向上協会(NAACP)は訴訟をアメリカ合衆国最高裁判に持ち込む準備を調えていた。[27]

　一方、白人が経営する大不動産会社は事業に目をつけ、この地区で約款に違反し始めた。このような不動産会社は黒人をアパートに引越しさせると、家賃を2割から5割上げた。1940年には同一アパート内に白人と黒人が居住するこ

とが多くなったが、そういう場合、同一設備に対し黒人の家賃は白人の家賃よりも、かなり高かった。そして、不動産業者は、白人を立ち退かせたアパートを黒人に貸して高い家賃を得ようとしたのであった。[28]

中小の住宅所有者は不動産業者への売却を迫られていた。黒人が入って来ると資産価値が低下するからである。不動産業者ではなく、黒人への直接売却によって利益を多く確保しようとする所有者は、ジレンマを抱えることになった。つまり黒人へ売却すれば制限的不動産約款に違反することになり、ウッドローン住宅所有者連盟が取引に異議を唱えることが予想される一方で、黒人への売却を渋れば、黒人が一帯にいるところに取り残されることになるからであった。そこで小規模所有者連合という法人が設立された。この法人が問題にしたのは制限的不動産約款の原則ではなく、約款によって経済的不利益をこうむるということであった。連邦最高裁での訴訟準備をしていたNAACPは小規模所有者連合から協力を取りつけた。[29]

最高裁判所の判決は、基本的には黒人の勝利であったが、約款の無効を言い渡したものではなかった。つまり、住宅別の訴訟により判決が下されるので、黒人への賃貸・売却に反対する判決が、ある1人の住宅所有者になされたとしても、それは他の場合の先例となって拘束力を持つことはないというものであった。約款の違反で生ずる数百の訴訟に個別に応ずれば、ウッドローン住宅所有者連盟は破産してしまう。実質的な黒人の勝利ではあったが、最高裁は、約款の合憲性や合法性に触れなかった。[30]

1940年にはワシントンパーク再分割地の住民の80％が黒人になっていた。しかし、1930年から1940年にかけては不況によって黒人のシカゴへの流入量が先の10年間の増加に比して激減し、ブラックベルトの拡張地区はワシントンパーク再分割地などに限られていた。そのため人種境界線をめぐっては比較的安定した時期であった。[31]

(6) ブラックベルト再拡張の促進要因と約款の有名無実化

シカゴのブラックベルトの人種境界線が再び拡張するのは、1940年代と1950年代である。[32] 第2次世界大戦を含む時期における人口移動で、北部の軍

需がプル要因になるのは、第1次世界大戦を含む時期と同様である。

1930年代からの景気後退により南部では労働力に大きな余剰が生じていた一方で、40年代の戦争景気は北部での軍需生産雇用を増大させた。これに呼応するように、南部では農業の機械化が進んだ。戦時中より試験的に使われていた綿花摘み取り機は、戦後、開発が急速に進んだ。[33]

シカゴの黒人増加数は10年間毎の実数では、1900年以降は、1950年代が最も多く、60年代、40年代がそれに続いている。

黒人人口過密地区への一層の人口集中により押し出される黒人が、白人居住区へ流出したため、人種混合地区が増加し、[34] 人種境界線が黒人側から白人側へ拡張していった。1940年代、シカゴの制限的不動産約款は、「かなり目の粗いふるい」であった。つまり、白人地区への黒人の人口流出を妨げる力が弱まっていた。アメリカ合衆国裁判所が1948年に、制限的不動産約款に違憲判決を下す5年前でも、シカゴ市裁判所のサミュエル・ヘラー（Samuel Heller）判事は通常、約款を支持しなかった。約款違反に関する訴えが単に取り下げられることもあった。約款の効力が法的に認められた場合でも強制が伴わなかったのは、黒人による住宅占有が、既成事実となって覆すことができなかったからである。[35] 約款の実質的な排他的拘束力がシカゴで弱まっているときに、連邦最高裁が約款を違憲としたのである。約款の弱体化は黒人の大量流入に伴って起こる必然的な結果であった。

2 デトロイト

(1) 黒人の大量移動で生ずる居住区の問題

戦争に必要な重工業製品を生産するようになったデトロイトでも、黒人の大量流入があった。デトロイトでは第1次世界大戦のさなか、南部からの黒人大移動によって、かなり大きな黒人ゲットーができていた。19世紀と20世紀初頭は、到着したばかりの移民と黒人が同じ通りに住んだ。しかし1920年代から40年代にかけて黒人の大半はデトロイトのローアー・イースト・サイドに

あるパラダイス・ヴァレーに押し込まれた。そこは60ブロックの面積を持つ人口密度の高い地区であった。[36]

シカゴ同様、黒人の急激な人口増加によって、黒人地区と白人地区を分ける人種境界線をめぐる争いがデトロイトでも起こった。白人地区に流入する黒人への対処の仕方は、デトロイトでは最初、黒人への売却の拒否、次に黒人地区から逃れようとする黒人に対して暴力と脅迫によって、その後は居住区の人種を均質にするために制限的不動産約款を編み出すことによって、自らを守ろうとした。[37] シカゴでもデトロイトでも、黒人の大量移動によって白人地区に流入する黒人への対処の仕方はほぼ共通している。

1920年代のデトロイトでは黒人数が急激に増加した。労働力への需要があったからである。1920年代はフォード社がリヴァールージュ工場を拡大し、黒人労働者の多くがそこで働いた。1925年5月の工場労働者数は約7万3,000人、事務職員数は約800人にのぼった。この時期フォード社が世界的企業として登場し、1925年にはT型車の生産数が1日1万台に達するという記録を作った。[38]

企業の労働力としての黒人が増加する時期、1925年、デトロイトではオシアン・スウィート事件が起きた。これは著名な黒人医師スウィートが、白人地区にある住宅を購入したが、その住宅が、怒った何百人もの白人に取り囲まれ、群集に向かってスウィートが発砲して死者が出た事件である。スウィートは無罪にされたが、人種境界線を越えることの危険を示すものとなった。[39]

第2次世界大戦中のデトロイトは、住宅が不足する中、急速に増加する黒人が黒人ゲットーの境界線を越えて、より満足のいく住宅を求めるようになった。そのため黒人の住宅占有に反対する地区では路上で暴力事件が起こった。[40] 戦争勃発による軍需に応ずる労働力が確保される一方で、労働者への住宅供給が、増加する人口に追いつかなかった。戦争によって、住宅建設に振り向けられる労働力の不足と資材不足のせいである。このことは第1次世界大戦にアメリカが参戦した時期のシカゴと同様である。デトロイトでは第2次世界大戦中の1943年6月に人種間の緊張が暴動にまで発展した。

(2) 過密が引き起こしたデトロイトの人種暴動

戦時中暴動が起こったのはデトロイトだけではない。ハーレムでも、モービルでもまたテキサス州ブラウンズヴィルでも起こった。ロサンゼルスとシカゴではズートスーツを着たメキシコ系やアフリカ系が白人に襲撃を受けた。通りや公園、路面電車やバスが過密になり全米の主要な都市において、白人と黒人の間で些細なことで無数の衝突が起こった。戦時中のこのような人種間衝突という状況の中でデトロイトの人種暴動が起こったのである。[41]

夏の暑い日曜日、1943年6月20日のことであった。デトロイトで最も大きなベルアイル公園に約10万人が集っていた。午後の間中、黒人の若者と白人の若者との間で派手な口論が止まなかった。夕方になるとベルアイル公園とデトロイト南東部を結ぶ橋で殴り合いが始まった。人種間戦争が始まるという噂に刺激された両人種が、ベルアイル公園付近の通りとダウンタウンの通りに出て来て、通行人、路面電車、建物に対し襲撃を始めた。パラダイス・ヴァレーの黒人が白人の経営する商店を略奪すると、翌日は1万人以上の白人が怒ってパラダイス・ヴァレーに押し寄せ、通りを暴れ回った。デトロイトの暴動では17人の黒人が警察に射殺されたが、警察に射殺された白人はいなかった。3日間で死亡した34人のうち25人が黒人であった。連邦軍が混乱を静めるまでに675人が重傷を負い、1,893人が逮捕された。[42]

1919年のシカゴの人種暴動も日曜日の暑い午後に始まった。いずれの暴動も黒人増加により人種間の接触が多くなったことが根本的な原因であった。シカゴの場合、7日間で死者38人、負傷者537人である。1日ごとの暴動の激しさはデトロイトの方が激しいということになろう。

デトロイトの暴動は人種問題の到達点ではなく、その始まりであり、アメリカ中で悪化しつつある人種間の緊張を示す1つの徴候に過ぎないと見られ、人種暴動の発生が諸都市で懸念されるようになった。[43]

3 避けられない暴動

1943年6月のデトロイトの暴動後にシカゴでは人権委員会(CHR)が設立さ

れた。CHR は暴動を未然に防ごうとした。しかし平穏であったシカゴの人種関係は 1944 年 5 月初旬に崩れる。それは白人居住区にある住宅を占有するようになった黒人宅を襲撃して逃げるという事件であった。1945 年から 1950 年の間に CHR に報告された 485 件の人種のからむ事件のうち、約 74％に当たる 357 件が住宅に関連していた。住宅問題が人種摩擦のおもな原因であった。[44]

シカゴ西部郊外のシセロという労働者階級地区で 1951 年の夏に暴動が起きた。数千人の白人が、大きなアパートを襲った。そこに住んでいる 20 世帯のうち 1 世帯が黒人であったからだ。数晩にわたりそのアパートは燃え、略奪にあった。秩序の完全回復は 450 人の州兵と 200 人のシセロとクック郡の警察隊出動によらなければならなかった。[45] 白人居住区とされていたところに黒人居住者を入れることによって、シカゴ住宅公社のファーンウッド・パーク・ホームズとサウスサイドのイングルウッド地区ではシセロの暴動より以前の 1940 年代後半にシセロよりひどい暴動が起こっていた。[46] この背景にあるのは、1940 年代初頭から 1950 年代半ばにかけて、全米の主要な大都市の都心部はこれまでにないほどの極度の住宅不足に見舞われていたことである。また帰還した何千人もの復員兵も住宅問題を複雑にしていた。[47]

シカゴでもデトロイトでも、住宅の売却を希望する白人と、住宅の購入を希望する黒人との仲介をすることによって巨利を貪る人々がいた。街区破壊業者(ブロックバスティング・ブローカー)と投機家である。デトロイトの街区破壊業者は白人地区に黒人が移り住んだかのように思わせるため黒人に白人地区を歩かせたりした。恐怖を煽るのが目的である。不安に駆られた白人は市場価格を下回る価格で不動産仲介業者に売却する。両都市では不動産業者や投機家は売却する白人に現金で支払う。その白人の新たな住宅購入を容易にするためである。高価な住宅を購入した黒人は、市場金利を上回る金利で投機家からカネを借り、毎月の支払いがかさむ。銀行からの融資を利用できない黒人に街区破壊業者がカネを貸すこともあった。両都市に共通するのは、支払いが完済されるまで投機家が権利証を保管し、支払いが滞ると、購入者は立ち退きを迫られたということである。そして家の持ち主は頻繁に変わった。[48]

1967 年のデトロイトの人種暴動は、トーマス・J・スグルー (Thomas J.

Sugrue) によれば、40年代50年代の人種関係の必然的な結果であった。デトロイトでは50年代の企業の郊外への撤退や産業のオートメーション化といった構造的問題に対する有効な対策を欠き、50年代や60年代の豊かなアメリカ社会に、黒人ゲットーという貧困地帯を残すことになった。戦後から60年代の経済停滞期にはデトロイトではとりわけ白人労働者階級地区へ転入しようとする黒人に対する強い抵抗が起こった。

しかしこのような人種間の対立はデトロイトだけの問題ではなかった。1963年、64年、65年、66年、67年春というように毎年、全米の都市で人種間の衝突が起こっている。[49] そしてデトロイトは1967年の夏を迎えたのである。

デトロイトの12番街のもぐり酒場（ブラインド・ピッグ）が1967年7月23日、日曜日、午前3時45分、警察によって手入れを受けた。そこには警察の予想を上回る82人がいた。この時間帯にもかかわらず200人の群集が集まってきた。午前8時頃には酒場のある12番街の群集は3,000人に膨れ上がった。12番街は、調査のためのインタヴューを受けた人のうち、93％がそこから別の地区に移りたがっており、91％が夜、強盗にあうか殴られると思っている通りである。このような地区から広がった暴動は、約1万7,000人の警察官、州兵、連邦軍の出動によりはじめて鎮圧された。5日間での死者は43人、そのうち30人が法執行要員によって殺害された。暴動に関わり逮捕されたものは7,321人にのぼった。[50]

1943年の暴動と1967年の暴動を比べてスグルーは、参加者という点で、43年の暴動は黒人と白人がほぼ同数だが、67年の暴動は大半が黒人であった、と指摘している。1967年にはデトロイト人口の3分の1以上が黒人であった。1943年の職と住宅をめぐる人種間競争は、1967年には差別と脱工業化によって、黒人の敗北が確定していた。戦後間もない時期、黒人は差別により職種が限定されていたとはいえ、工場で働くことに期待を寄せていたが、1967年にはその状況が変わっていた。1967年の暴動時には、18歳から24歳までの黒人の若者のうち25～30％が失業していた。デトロイトの暴動参加者として数が突出していたのは、経済的混乱に最も影響を受けていた黒人の若者たちであった。[51]

4 貧困との戦い

(1) 黒人間の階層分化

オーランドー・パターソン (Orlando Patterson) は『人種統合の試練―アメリカの「人種」危機における進歩と憤り』(*The Ordeal of Integration: Progress and Resentment in America's "Racial" Crisis*) で、黒人間の階層分化の拡大に注目している。たとえばパターソンは、黒人の所得を最上位から最下位まで5つに区分し、各層の1967年から1995年の平均所得の変化を見ている。それによると、ほぼ30年間の変化では、最上位層の平均所得は67年の5万2,933ドルが95年には7万6,915ドルへと約45％増加している。最上位に次ぐ層では2万7,544ドルから3万6,710ドルへと約30％増加している。しかし最下位層はほとんど増加していない。[52]

ウィリアム・ジュリアス・ウィルソンによれば、公民権運動の成果が、専門職、技術職、経営職、管理職に就く黒人数の増加によって明らかになるのが1980年代初頭である。その一方で、恵まれない立場にいる黒人大衆が社会階層を上昇するために、アファーマティブ・アクションが、大きな門戸を開放することはなかった。[53] ウィルソンも『アメリカ大都市の貧困と差別―仕事がなくなるとき』(*When Work Disappears: The World of Urban Poor*) で触れているシカゴのゴートロー計画を、法学者の見解も交えて検討したい。

(2) シカゴの黒人救済計画

ゴートロー計画は、住宅に関し不利な条件に置かれてきた黒人たちに対する差別是正措置と捉えることができる。シカゴでは1950年から1960年代半ばに承認された33棟ある低所得者向けの高層公営住宅のうち、ほぼ26棟が黒人居住区と言ってよい地区に建設が決まった。これらの公営住宅は完成時には7つを除き、少なくとも95％が黒人によって占められる地区に建設された。部屋数で言うと、1950年以来建設された2万1,010戸のうち98％以上が、また1955年以降に建設された1万256戸のうち99％以上が、すべて黒人という地

区にあった。[54] この住宅事情に異を唱えて起きた裁判がヒルズ対ゴートロー事件 (Hills v. Gautreaux) である。この裁判の結果、黒人の救済としてゴートロー計画という住宅政策が生まれた。経緯は次のとおりである。

1966年8月9日、シカゴ住宅局 (CHA) の住宅に居住するドロシー・ゴートロー (Dorothy Gautreaux) 他3人が住宅局を差別で告訴し、連邦裁判所に集団訴訟を起こした。[55] 住宅局は、シカゴの公営住宅の建設・運営を担う機関である。住宅局が地元シカゴの市議会議員に、市議会議員が住む地区への公営住宅建設を阻止する権限を与えていたことから起きた裁判である。アメリカ合衆国最高裁判所は1976年に、住宅局の慣行を違法とした。その救済として、集中する貧しい黒人家庭の分散を支援するための資金提供を、連邦政府機関である住宅都市開発局 (HUD) に命じた下級裁判所の命令を最高裁は支持した。[56]

この判決によってのゴートロー計画が始まって以来、公営住宅の4,000人の住民が、大シカゴ都市圏に移転した。[57] ゴートロー計画による救済では、公営住宅住民の郊外移転を可能にするための補助金を、開発局が提供することになっていた。移転先は、圧倒的に白人の多い郊外で、黒人の集中を避ける必要があった。[58] ゴートロー計画を長年にわたり調査・研究しているジェイムズ・E・ローゼンバウム (James E. Rosenbaum) によれば、住民を移動させることは低所得家族の生活向上にめざましい成果をもたらしているという。この計画では、賃貸料補助によって、公営住宅に支払うのと同額の賃貸料で郊外のアパートでの生活が可能になる。低所得の黒人家族を、有益な影響を与える地区へ移転させるには、慎重さも要求される。そのため3つの選別基準がある。過密、賃料の支払い延滞、建物への損傷を避けるために、4人以上の子供のいる家庭、大きな借金のある家庭、許容範囲を超えた家事をする家庭は入居できないことになっている。このような選別があってこそ、住居移転による生活環境の改善が可能になるとローゼンバウムは主張する。[59]

(3) 雇用なき貧困

シカゴの公営住宅建設のように政治家を巻き込んだ問題はデトロイトでは起こらなかった。シカゴにあるような円滑に機能する政党組織がデトロイトに

はなかったからである。そのため、儲けの多い、公営住宅建設契約によって実業家集団、請負業者、建設労働者らに報いなければいけないという圧力がデトロイト市にはほとんどなかったのである。[60]

1950年代に影響力のある南部出身の連邦議会議員によって軍需産業をサンベルトに流出させられたデトロイトでは、自動車産業でも、1950年代以降1970年代と1980年代になっても、労働力削減が続いた。[61] 製造業部門においては1967年から1987年の20年間でデトロイトは51%（実数では10万8,000人）の雇用を、シカゴでは60%（実数では52万人）の雇用を失っている。必要とされているのは不熟練労働力ではなく、コンピュータを基にした技術などに熟達した高度な職業技術をもった教育のある働き手なのである。シカゴのブラックベルトでは1970年から1990年の間に貧困率はほぼ20%増加しているが、シカゴ全体では黒人の貧困率の上昇は7.5%である。[62] ゴートロー計画が実施されゲットーの環境から逃れることのできる住民がいる一方で、貧困の集中も同時に進行しているのである。しかし、今後の黒人問題は福祉政策を含む政策レベルでは、人種差別という観点からよりも、保守かリベラルかといった政治的立場から黒人ゲットーの問題が論じられる傾向が強くなると言われている。[63]

　おわりに

　南部黒人は2つの世界大戦を契機として生じた北部での雇用機会増大によって北部に流入した。流入を可能にしたのは、南部での害虫発生や洪水の被害による作付面積減少により、綿作に従事していた黒人が余剰労働力となっていたことと、農業の機械化や農薬の開発で労力節減が可能になった結果生じた余剰労働力があったからである。その結果、シカゴやデトロイトでは、大量の人口流入による住宅不足が深刻な問題になった。それは戦時の資材不足と労働力不足のため一層解決困難な問題になった。そして住宅問題はそのまま人種問題に発展した。

　黒人の数が少ない時期は両人種の共存が可能であったが、数が多くなると、白人は、脅しや暴力そして制限的不動産約款という手段で居住区における人種

の純粋さを守ろうとした。しかし、いくら黒人の居住区を限定しようとしてもあふれる黒人人口は、黒人居住地域への集中が限度に達すれば拡大していくほかなかった。黒人居住者が白人居住区へ拡大していく過程で、爆破事件や人種暴動が起きた。

両大戦中や直後の好景気のときは、住宅は不足しても雇用はあった。しかし企業の都心部撤退やオートメーション化、さらに教育・技術を備えた人材の需要が高まるにつれて、人種隔離によって劣悪な環境から容易に抜け出せなかった黒人は時代の変化に取り残されてアンダークラスと称される貧困層を生じさせた。

黒人ゲットー保持を政策的に推し進めてきたことに対する救済として開始されたシカゴのゴートロー計画は、制度を利用できる黒人家族数が限定されているとはいえ、今後のゲットー問題改善への期待を持たせる。しかしながら、第1次世界大戦の頃から約一世紀にわたり居住区をめぐって北部都市で生ずる人種の対立とその行方を思うと、アンダークラス論争のきっかけになった『タイム』誌の記事の結びで、解決には一世代かそれ以上かかるだろういという見通し[64]は残念ながら当たっていると言わざるを得ない。

黒人ゲットーという負の遺産は、奴隷制廃止のように、数年という数十年という単位ではなく、世紀レベルでしか解決が図られないのではなかろうか。

注

[1] Michael. B. Katz, "The Urban 'Underclass' as Metaphor of Social Transformation," Michael. B. Katz, ed, The "*Underclass*" *Debate* (Princeton, New Jersey: Princeton University Press, 1993), 4.

[2] "The American Underclass," *Time*, August 29, 1977, 12.

[3] Kenneth B. Clark, *Dark Ghetto: Dilemmas of Social Power*, second edition, (Hanover, New Hampshire: Wesleyan University Press, 1989), 11.

[4] William Julius Wilson, "Introduction of the Wesleyan Edition," to Kenneth B. Clark, *Dark Ghetto: Dilemmas of Social Power*, 1989), xxii.

[5] Allan H. Spear, *Black Chicago: The Making of a Negro Ghetto, 1890-1920* (Chicago: The University of Chicago Press, 1967), 54-55.

第 7 章　負の遺産の行方　*279*

6 Stanley Lieberman, *A Piece of Pie: Black and White Immigrants since 1880* (Berkley: University of California Press, 1980), 266, 288, in Douglass S. Massey and Nancy A. Denton, *American Apartheid: Segregation and the Making of the Underclass* (Cambridge, Massachusetts: Harvard University Press, 1998), 24.

7 Massey and Denton, 23.

8 St. Clair Drake and Horace R. Cayton, *Black Metropolis: A Study of Negro Life in a Northern City*, Revised and Enlarged Edition (Chicago: The University of Chicago Press, 1993), 61.

9 Spear, 138-139.

10 竹中興慈『シカゴ黒人ゲトー成立の社会史』(東京：明石書店, 1995 年) の第 1 章、第 2 章、および樋口映美『アメリカ黒人と北部産業―戦間期における人種意識の形成―』(彩流社、1997 年) の第 1 章を参照。

11 シカゴにおけるセンサス統計の黒人人口は次の URL から得た。以下本稿でのシカゴの黒人人口は同一の URL を利用している。http://condor.depaul.edu/~history/chicago/blacks.html

12 Spear, 209.

13 *Ibid.*, 209-210.

14 1919 年のシカゴの人種暴動に関する詳細は The Chicago Commission on Race Relations, *The Negro in Chicago: A Study of Race Relations and a Race Riot [in 1919]* (1922; New York: Arno and the New York Times, 1968)、1-52 を参照。

15 Spear, 201.

16 The Chicago Commission on Race Relations, 123.

17 サウスサイドを含む地図は Drake and Cayton, 63、384 などを参照。

18 The Chicago Commission on Race Relations, 107-109.

19 *Ibid.*, 115, 117.

20 第 1 次世界大戦によってヨーロッパからアメリカに渡る移民の激減に加えて、アメリカからヨーロッパへの帰国者増大、さらにアメリカのドイツへの宣戦布告に伴い兵役についたアメリカ生まれの白人男性が推定 400 万人いた。このような事情で北部では不熟練労働力の不足が高賃金をもたらした (樋口、76)。

21 The Chicago Commission on Race Relations, 117-118.

22 *Ibid.*, 118-126; Spear, 212.

23 Drake and Cayton, 179; Massey and Denton, 36.

24 注 6 参照。

25 Drake and Cayton, 176.

26 *Ibid.*, 184.

27 *Ibid.*
28 *Ibid.*, 185.
29 *Ibid.*, 185-186.
30 *Ibid.*, 186-187.
31 *Ibid.*, 187; Arnold R. Hirsch, *Making the Second Ghetto: Race and Housing in Chicago, 1940-1960* (Chicago: The University of Chicago Press, 1998), 4.
32 Hirsch, 4.
33 Nicholas Lemann, *The Promised Land: The Great Migration and How It Changed America* (New York: Vintage Books, 1992), 49-50.
34 Hirsch, 5.
35 *Ibid.*, 30.
36 Thomas J. Sugrue, *The Origins of the Urban Crisis: Race and Inequality in Postwar Detroit* (Princeton, New Jersey: Princeton University Press, 1998), 23-24.(川島正樹訳『アメリカの都市危機と「アンダークラス」―自動車都市デトロイトの戦後史』、[東京：明石書店, 2002年])。
37 Sugrue, 24.
38 樋口、170。
39 Sugrue, 24.
40 *Ibid.*, 26.
41 *Ibid.*
42 *Ibid.*
43 Hirsh, 42.
44 *Ibid.*, 50, 52, 245.
45 *Ibid.*, 53.
46 *Ibid.*, 54-55.
47 Sugrue, 42.
48 *Ibid.*, 195-196; Hirsh, 31-32.
49 The National Advisory Commission on Civil Disorders, *Report of the National Advisory Commission on Civil Disorders* (New York: Bantam Books, 1968), 35-40.
50 1967年のデトロイトの人種暴動の詳細は The National Advisory Commission on Civil Disorders, *Report of the National Advisory Commission on Civil Disorders* (New York: Bantam Books, 1968)、84-108 ならびに Sugrue, 259 を参照。
51 Sugrue, 260-261, 264.
52 Orlando Patterson, *The Ordeal of Integration: Progress and Resentment in America's*

"*Racial" Crisis* (New York: Basic Civitas Books, 1997), 22.
53 William Julius Wilson, *When Work Disappears: The World of Urban Poor* (New York: Vintage Books, 1997),193,197. （川島正樹・竹本友子訳『アメリカ大都市の貧困と差別――仕事がなくなるとき』[東京：明石書店,1999年]）。
54 Hirsh, 242-243.
55 *Ibid.*, 265.
56 Owen Fiss, "What Should Be Done for Those Who Have Been Left Behind," *A Way Out: America's Ghettos and the Legacy of Racism* (Princeton, New Jersey: Princeton University Press, 2003) 39、注4も参照。
57 Wilson, 38, 200.
58 Fiss, 40.
59 James E. Rosenbaum, "Relocation Works," *A Way Out: America's Ghettos and the Legacy of Racism* (Princeton, New Jersey: Princeton University Press, 2003)、79-84を参照。
60 Sugrue, 63.
61 *Ibid.*, 140, 266-267.
62 Wilson, 15-16, 29-30.
63 Paul M. Sniderman and Thomas Piazza, *The Scar of Race* (Cambridge, Massachusetts: The Belknap Press of Harvard University Press, 1993)、166-178参照。
64 "The American Underclass," *Time*, August 29, 1977, 19.

参考文献

Clark, Kenneth B. *Dark Ghetto: Dilemmas of Social Power*. Second edition. Hanover, New Hampshire: Wesleyan University Press, 1989.

Chicago Commission on Race Relations, *The Negro in Chicago: A Study of Race Relations and a Race Riot [in 1919]* New York: Arno and the New York Times, 1968.

Drake, St. Clair and Horace R. Cayton, *Black Metropolis: A Study of Negro Life in a Northern City*. Revised and Enlarged Edition. Chicago: The University of Chicago Press, 1993.

Fiss, Owen. *A Way Out: America's Ghettos and the Legacy of Racism*. Princeton, New Jersey: Princeton University Press, 2003.

樋口映美『アメリカ黒人と北部産業――戦間期における人種意識の形成――』彩流社、1997年。

Katz, Michael. B. Ed. *The "Underclass" Debate*. Princeton, New Jersey: Princeton

University Press, 1993.

Lemann, Nicholas. *The Promised Land: The Great Migration and How It Changed America*. New York: Vintage Books, 1992.

Massey, Douglass S. Massey and Nancy A. Denton. *American Apartheid: Segregation and the Making of the Underclass*. Cambridge, Massachusetts: Harvard University Press, 1998.

Patterson, Orlando. *The Ordeal of Integration: Progress and Resentment in America's "Racial" Crisis*. New York: Basic Civitas Books, 1997.

National Advisory Commission on Civil Disorders. *Report of the National Advisory Commission on Civil Disorders*. New York: Bantam Books, 1968.

Sniderman, Paul M. and Thomas Piazza. *The Scar of Race*. Cambridge, Massachusetts: The Belknap Press of Harvard University Press. 1993.

Spear, Allan H. Black Chicago: The Making of a Negro Ghetto, 1890-1920 (Chicago: The University of Chicago Press, 1967), 54-55.

Sugrue, Thomas J. *The Origins of the Urban Crisis: Race and Inequality in Postwar Detroit* (Princeton, New Jersey: Princeton University Press, 1998.（T・J・スグルー 川島正樹訳『アメリカの都市危機と「アンダークラス」——自動車都市デトロイトの戦後史』明石書店、2002年)。

竹中興慈『シカゴ黒人ゲトー成立の社会史』明石書店、1995年。

Wilson, William Julius. *When Work Disappears: The World of Urban Poor*. New York: Vintage Books, 1997.（W・J・ウィルソン　川島正樹・竹本友子訳『アメリカ大都市の貧困と差別―仕事がなくなるとき』明石書店、1999年)。

"The American Underclass." *Time*. August 29. 1977. 12-19.

第8章　見えざる手が正義と平等を実現できないとき
―強制バス通学とアファーマティブ・アクション―

はじめに

　1954年の第1次ブラウン判決で合衆国最高裁判所は、黒人と白人を別々の公立学校で教育する人種別教育を違憲としたが、人種別教育廃止(ディセグリゲーション)の実施方法には触れなかった。公民権運動初期には初等・中等教育において、また少し遅れて、高等教育においても、まず名目的な数の黒人児童・生徒・学生を白人校に入れるために運動が展開された。

　このブラウン判決以降のほぼ10年間は公民権運動が盛り上がり、その成果の1つとして1964年には画期的と言われる公民権法が成立した。この法律の第6編では、人種差別をしているプログラムへの財政支援打ち切りの権限を連邦政府に与えている。人種別教育廃止に従わない学校区への財政支援打ち切りの権限を持ち、強力に人種別教育廃止を進めたのがリンドン・B・ジョンソン(Lyndon B. Johnson)政権の健康教育福祉省(HEW)であった。が、その対象地域は、黒人数の多くない、南部の非都市部に限られていた。

　黒人数の多い北部の大都市に人種別教育廃止の動きが広がるきっかけとなったのは、ノースカロライナ州での強制バス通学による人種割合の均衡と人種割当てを認めた1971年のスワン判決を、1973年に最高裁判所が北部の学校区に適用してからである。第2次ブラウン判決以降、「きわめて慎重な速度で」進められた教育における人種統合を急速に推し進めようとしたのが、強制バス通学であった。しかし、人種統合を避けて郊外へ引っ越しする白人家族の増加により、黒人児童と統合されるべき白人児童の流出が続いた。

　公民権運動が1964年の公民権法で一区切りがつく頃からアファーマティ

ブ・アクションという特定の人種に対する優遇措置が練られるようになった。人を抽象化して同等と捉え、能力主義を重んじるアメリカ社会では、生まれながらに持つ属性によって、ある集団を優遇するというのは、規範に逆行する。その逆行を許容することになったのは、頻発する黒人暴動への対処が必要であったからであり、また差別解消を数値で判断しようとする行政の成果主義があったからである。

　低い年齢層が対象の強制バス通学と、強制的にバス通学をさせられる年齢層を超える層と就職をめざす層が対象となるアファーマティブ・アクションは、別々に研究されることが多い。しかし、いずれも、有権者の政治意識を反映する政権交代による影響を免れない。国家の行政府の長自身の打ち出す政策による影響のみならず、その長が任命権を持つ裁判官の構成が変わることによってもこれらは影響を受ける。公民権法第6編の適用と強制バス通学の問題、さらにアファーマティブ・アクションという3つの問題を時代の推移の中で併せて捉え直すことによって、公民権運動以降のアメリカ社会に変化を与えて動かしてきた要因を探るのが本章の目的である。

1　第6編の強制

　アメリカの法と政治における分水嶺になった1964年の公民権法は、人種の平等を法的に獲得するための黒人公民権運動の1つの到達点であり、公民権に関する最も行き届いた法律だと言われている。[1] その第6編は次のように定められている。「合衆国におけるいかなる人も、人種、皮膚の色、出身国を理由に、連邦政府の財政援助を受けているプログラムあるいは活動への参加を排除されたり、その利益に与ることを拒否されたり、差別されたりしてはならない」。[2] つまり連邦政府の財政援助を受けていながら人種差別をしているプログラムや活動に対してはその財政援助を停止することができるということである。この第6編によって、財政援助を停止する権限を有することになったのは連邦政府内の健康教育福祉省（HEW）である。[3]

　1965年8月23日は、南部および境界州の17の州のほぼ5,000の学校区の

うち約400の学校区で人種別教育(セグレゲーション)を廃止するよりは、政府からの財政援助なしで済ませる方を選択したという。それが8月29日までに、その数は減り170にまでなった。これは、1965年から1968年のジョンソン政権の間、南部の学校で人種別教育廃止が大きな躍進を遂げたことの一端を示すものであろう。ジョンソン政権は資金援助停止リストに634の学校区を挙げ、実際には、125の学校区への資金援助を停止した。ジョンソン政権時代は、教育機関における人種差別に関する法律の活用を、HEWと裁判所が協力して行った。[4]

1968年の大統領選でリチャード・ニクソン (Richard Nixon) は、南部の白人票を取り込むために「南部戦略」を打ち出した。その中でニクソンは、連邦裁判所とHEWが促す人種改革を批判した。1969年1月に誕生したニクソン政権は7月になると、第6編に関し、連邦政府からの資金打ち切りは強調せず、資金打ち切りを条件に人種別教育を救済する方法を最小限にする旨、声明で伝えた。ニクソン、それに続くフォード政権ではHEWと裁判所は対立するようになり、ジョンソン政権時代のようなHEWと裁判所の協力関係は損なわれた。[5] 政権が代わり、それまでの政策の見直しが行われても、裁判所の判事の入れ替えは政権交代と同時に行われるわけではない。したがって、前政権と同様の判断をした裁判所が、現政権ではその判断において裁判所と齟齬をきたすことがありうる。

1960年代末から1970年代初めにかけてのアメリカの主要な政治課題はベトナム戦争であり、公民権の問題は中心課題ではなくなっていた。そして70年代末には、ケネディ・ジョンソン政権時代に噴出した人種平等を求める闘争熱は失われ、それに代わって経済問題が台頭してきた。70年代後半は2桁のインフレや金利上昇、さらにガソリン不足などの問題が国内政治の中心に据えられていったのである。[6] しかし、これは人種に関わる問題が議論されなくなったということではない。

1969年、HEWは、ミシシッピ州に、高等教育における人種差別教育廃止を要求した。HEWによって人種別教育廃止を求められた州は10州あったが、そのうち5州は、それを無視した。その5州の中にはジェームズ・メレディスが1962年に入学するまで完全な人種別教育が維持されてきたミシシッピ州が

入っていた。ミシシッピ州立大学に HEW 内の公民権局 (OCR) が 1973 年に第 6 編違反を伝え、ミシシッピ州政府に人種別教育廃止計画を提出するように求めた。歴史的に黒人大学であった大学は、伝統的に白人大学であった大学と教育の質が異なるため、多くの白人学生を引きつけることができないということを、OCR は特筆した。しかし、ジョン・プラット (John Pratt) 判事がミシシッピ州に人種別教育廃止計画を提出するように命ずるまで、ミシシッピ州政府は OCR の求めに応じなかった。1974 年 9 月にミシシッピ州が提出した計画を HEW は拒否し、訴訟を起こすために HEW はその問題を司法省に委ねることになった。[7] この訴訟がアメリカ合衆国対フォーディス事件 (*United States v. Fordice*) である。

このフォーディス訴訟に司法省が 1976 年に、原告側に立って介入した。歴史的な人種差別を救済するために、歴史的に黒人大学である大学を向上させる必要があるという原告の主張を、司法省が支持したからである。フォーディス訴訟は 1992 年 6 月に 8 対 1 という最高裁判決で、ミシシッピ州政府の義務の不履行が指摘された。高等教育における人種別教育を打破するための積極的な義務をミシシッピ州が果たしていないという判決であった。単に差別のない入学方針では、従来の制度を打破するのに十分ではないという判断が下された。[8] このように第 6 編をめぐる訴訟が 90 年代まで尾を引いている。それは、1954 年に時代を画したブラウン判決の「分離すれば不平等」という法理を現実に実行する段になると、奴隷制の時代以来積み重ねられてきた人種間の関係が現代でも人種間の関係に影を落としているからである。そのような人種関係の負の遺産を超えようとする試みが、たとえば次に述べる強制バス通学という救済策である。

2 強制バス通学

(1) 救済方法

　人種別教育を廃止する目的で現在でも全米で裁判所命令により、何百もの学校区で強制バス通学が行われている。望ましい学校のある地区に住める中流階

級の親たちは子を地域の学校に行かせたいと思う一方で、低所得のマイノリティの親たちは、居住地区にある学校よりも、その親たちが経済的理由によって住めなかった地区にある学校に子を強制バス通学で送りたいと思っている。ブラウン判決は、人種別教育を定めた法律は認められないとしたが、人種別教育を廃止する具体的な方法について言及してはいない。1970年代の闘争・論争は、ブラウン判決の原則、つまり、人種別の教育を行うこと自体が修正第14条に違反する、ということに関してではなく、人種別教育に対する救済方法のあり方である。[9] 救済方法のあり方の1つが強制バス通学であった。

1968年のグリーン判決から、北部諸都市へ強制バス通学が適用される1973年の間に、強制バス通学によって積極的に人種統合を図り、人種割合の均衡を作り出すという規範がまとまっていった。[10]

(2) グリーン判決 (1968)：人種別教育廃止のための積極的義務を課す

1968年のグリーン対ニューケント郡事件 (*Green v. New Kent County*) はヴァージニア州での訴訟である。ニューケント郡では白人と黒人が郡内に散在していた。バス通学によって、白人は白人の学校へ通学し、同様に黒人は黒人の学校に通学していた。このようにしてニューケント郡では人種別教育を維持してきた。ブラウン判決後も10年間、それにはまったく変化がなかった。ブラウン判決後に制定されたヴァージニア州の法律では、通学する学校を代えるためには、州の委員会に請願に行かなければならなかった。1964年までは、白人の生徒は白人のみの学校へ通い、黒人の生徒は黒人のみの学校に通っていた。[11]

公民権法第6編に違反せずに連邦政府からの財政援助を受け続ける目的で教育委員会は、自由選択計画を採択したが、これら2つの学校で人種別教育廃止に至らせることになる居住地区による通学 (geographic attendance zone) を採択することはなかった。同一郡内に白人と黒人が散在しているので、居住区に基づき通学校を定めれば、白人と黒人の生徒が教室で机を並べるのは目に見えているからである。1967年には自由選択により15%の黒人生徒が白人校を選んだが、白人生徒で黒人校を選んだ生徒は1人もいなかった。[12]

1968年のグリーン判決で、教育委員会に要求されたのは、「白人」校と「黒

人」校を、人種別ではない単なる「学校」に変えるための計画を立案することであった。この判決は、人種別教育を廃止するための積極的な義務を最高裁判所が明言した最初の判決である。さらに、人種別教育廃止とは、強制的な分離を終わらせるというよりも、白人校と黒人校の廃止であると定義された。この判決以降、学校の人種構成に基づいて、人種別教育を廃止すべきかが判断されるようになった。[13] しかし、強制バス通学が始まるのは、次に述べるスワン判決以降である。

(3) スワン判決 (1971)：人種割合の均衡をめざした強制バス通学

スワン対シャーロット・メックレンバーグ教育委員会事件 (Swann v. Charlotte-Mecklenburg Board of Education)に対し最高裁判所は1971年に判決を下した。シャーロット・メックレンバーグとはノースカロライナ州の郡内の大きな学校区である。その学校区には8万人の生徒がいた。黒人生徒のほとんどがシャーロット市に住み、白人生徒の大半はメックレンバーグ郡の郊外に住んでいた。教育委員会が1965年に採択した地区指定計画と自由選択による転校条項は、第4控訴巡回裁判所で認められた。しかし居住区による人種隔離が行われていたため、大半が黒人、あるいは大半が白人という学校が多く残った。そのため、「白人」校と「黒人」校をなくすための積極的な行動を求めた1968年のグリーン判決に照らして、原告たちは、地区指定計画と自由選択による転校条項以上の救済を地方裁判所に求めた。そして地方裁判所は、人種割合の均衡を実現するために、郡を横断する大量強制バス通学を命じたのであった。各学校で黒人と白人の占める割合が同一になるように要求された。この判決を1971年に連邦最高裁判所が全員一致で支持したのである。[14]

スワン判決で認められたのは人種割合の均衡と強制バス通学である。しかしもし法律によって南部で行われている人種別教育にだけ、スワン判決が適用されるならば、法律ではなく居住区の人種隔離によって事実上の人種別教育が行われている北部諸都市では、人種別教育はなくならないことになる。[15] 北部諸都市で行われていた事実上の人種別教育廃止に影響を与えることになるのが次に述べるキーズ判決である。

(4) キーズ判決 (1973)：北部諸都市の訴訟を刺激

キーズ対コロラド州デンバー第1学校区事件 (*Keys v. School District No. 1, Denver, Colorado*) に対して1973年に連邦最高裁判所が下した判決では、人種による住宅隔離によって生じた人種別教育の責任を、教育委員会が負うこともありうるとした。が、判決に際して最高裁判事の意見は割れた。ブラウン判決からスワン判決までは、最高裁判所は全員一致の判決を出してきたが、キーズ判決とそれ以降は、最高裁から全員一致の判決は出ないようになった。[16] 全員一致の判決が出ないのは最高裁判事の交代があったからである。退任した2人の判事と代わったルイス・F・パウエル2世 (Lewis F. Powell, Jr.) 判事とウィリアム・H・レーンクイスト (William H. Rehnquist) 判事を任命したのはニクソン大統領である。[17] 最高裁判事を任命するのは大統領であるから、政権交代と同一時期ではないが、政権交代によって最高裁の判断が変わりうるのである。

キーズ判決では次のように考え方が分かれた。スワン判決に加わったウィリアム・O・ダグラス (William O. Douglass) 判事は、法的に定められた人種別教育も事実上の人種別教育も同じだとした。そして住宅分布は州の決定に影響を受けているので、地区の学校に通わせるということは、憲法修正第14条の、州が守るべき平等保護条項に違反するとした。[18]

1972年にニクソンによって任命されたパウエル判事は少数反対意見として、1971年のスワン判決に言及した。南部においてさえも、住宅分布を決定したのは州の行動とは限らないから、人種別教育は必ずしも州が原因とはいえない。そして、スワン判決は、実際の憲法違反から生じた結果に対して慎重に対処したものではないとした。またパウエル判事は、ダグラス判事と異なり、生徒が地区の学校に通うことによって白人校と黒人校ができても、他の点で、学区制度が人種統合されたものであり差別がなければ、それは憲法違反ではないと考えた。[19]

ニクソン大統領が任命したレーンクイスト判事も反対意見を書いた。レーンクイストは、法律による差別という基準もしくは意図的な差別行為の有無に厳格に従うべきだとした。デンバーのように州が定める白人校と黒人校という二重制度がない場合、人種別教育を引き起こしたのは、州なのかそれとも教育

委員会なのかを個別の学校で注意深く分析してみる必要があると主張した。[20]

このように、ニクソンが 1972 年に任命したパウエル、レーンクイスト両判事の主張は、「南部戦略」を選挙公約にした大統領の考えに近いと言えよう。

ただし、ニクソンが 1970 年に任命したハリー・A・ブラックマン (Harry A. Blackmun) 判事は多数意見側の 1 人であった。また 1969 年にニクソンが任命したウォレン・E・バーガー (Warren E. Burger) 首席判事は多数意見に賛成した。そして法廷の意見を述べたのは首席判事ではなく、陪席判事のウィリアム・J・ブレナン 2 世 (William J. Brennan, Jr.) であった。[21]

全員一致の判決ではなかったがキーズ判決は、北部都市における一連の訴訟を刺激し、カリフォルニア州のロサンゼルス、ストックトン、デラウェアー州ウィルミントン、インディアナ州インディアナポリス、マサチューセッツ州ボストン、スプリングフィールド、ミシガン州デトロイト、ミネソタ州ミネアポリス、ネブラスカ州オマハ、オハイオ州デイトン、コロンブス、クリーブランドで、包括的な強制バス通学が計画された。[22]

⑸ ミリケン判決 (1974)：人種別教育廃止の救済策を制限

大都市でも人種別教育廃止の訴訟が起こるようになった。ミリケン対ブラッドレー事件 (*Milliken v. Bradley*) に対し 1971 年に地方裁判所が下した判決では、デトロイトの教育委員会は、人種別教育制度を作って維持しており、修正第 14 条に違反しているとした。裁判時、デトロイトの学校区は 64% が黒人という学校区であった。人口統計は近い将来さらに黒人が増加する傾向を示していたので地方裁判所は、デトロイトの学校区だけでは効果的な救済策は得られないという結論を出した。デトロイトだけで人種別教育の廃止を行えば、多くの白人家族の引越しにより、デトロイトは圧倒的な黒人学校区になるだろう、という証言に基づき裁判所が下した結論であった。[23]

州が作った学校区は州の権限の下にあるとした上で、地方裁判所は大都市圏の大規模な救済命令を出した。つまり郊外にある 53 の学校区とデトロイトを統合し、すべての学校で人種割合の均衡が達せられるように生徒たちにバス通学をさせるというものであった。これが実行されれば 75 万人の生徒を擁する

学校区ができるはずだった。[24]

　控訴裁判所は、郊外地区の責任を訴訟手続きから除くということ以外は、地方裁判所の判決を支持した。しかし最高裁の審理では判事らの意見が分かれ、結局、両下級裁判所の判決は 1974 年に破棄された。理由は、50 以上の教育委員会の再編、税金、財政、カリキュラムの相違、大規模な輸送の問題があるからである。また州政府による居住地の人種隔離が都心部と郊外でそれぞれ行われる人種別教育の主要な原因であれば、学区間の人種別教育廃止が採択されることになるが、州の責任は証明されなかった。この第 1 次ミリケン判決が、人種別教育廃止による救済策を制限した最初の主要な判決になった。[25]

　1973 年のキーズ判決では少数反対意見を書いたパウエル、レーンクイスト両判事に、ニクソンが任命した残りの 2 人の判事、バーガー、ブラックマン、それにドワイト・D・アイゼンハワー (Dwight D. Eisenhower) 大統領に任命されていたポッター・スチュアート (Potter Stewart) が法廷の多数意見を形成した。[26] キーズ判決では、1974 年のミリケン判決の時と最高裁判事の構成は同じであったが、5 対 4 で、最高裁は人種統合による救済方法を制限する判決を出したことになる。

3　ボストンのバス通学

(1)　モーガン判決：強制バス通学を命令

　人種による住宅隔離によって生じた人種別教育の責任を、教育委員会が負うこともありうるとしたキーズ判決 (1973 年 6 月 21 日) が判例として影響力を持っていた一方で、人種別教育の救済を制限したミリケン判決 (1974 年 7 月 25 日) をほぼ 1 か月先に控えていた 1974 年 6 月 21 日、ボストンでは地方裁判所判事アーサー・W・ギャリティ (Arthur W. Garrity) が、モーガン対ヘニガン事件 (*Morgan v. Hennigan*) において強制バス通学を命ずる判決を下した。この判決で有罪となったのは、人種別教育制度を維持するボストン市教育委員会である。ここに至るまでの経緯は概ね次のとおりである。

　5 人の委員から成るボストン市教育委員会は 1963 年から 74 年の判決まで、

人種別教育を廃止するどんな試みにも抵抗してきた。1965年の人種不均衡是正法 (Racial Imbalance Act) の目的は州の学校、とりわけボストンにある学校の人種別教育の廃止であったが、アイルランド系の政治家が牛耳るボストン市教育委員会は改革に頑強に抵抗した。教育委員会が起こしていた人種不均衡是正法の憲法違反の訴えを、マサチューセッツ州最高裁判所は1967年、全員一致で退けた。ここには州政府とボストン市教育委員会との対立がある。歴史的に見ても、アイルランド系と黒人との敵対関係は南北戦争以前からあった。また北部の改革派は、黒人奴隷に対し同情的であったが、アイルランド系カトリック教徒に対しては敵対的であった。[27]

　ボストンの全米黒人向上協会 (NAACP) は1960年代の初めに、教育委員会に行き、苦情を述べた。黒人の通う学校が劣り、いい教育も行われておらず、住宅分布による事実上の人種別教育が行われていることを認めさせようとしたが、教育委員会は黒人の要求に応じなかった。そのため、教育委員会提訴に議論の余地がなくなっていった。

　1970年10月には、マサチューセッツ人種差別反対委員会 (Massachusetts Commission Against Discrimination, MCAD) は、ロズリンデール・ハイスクールに入学を拒まれた生徒の父親を代表して訴訟を起こした。1971年6月には、自由入学の運用に際して差別をしているとして、人種間の不均衡を是正するよう裁判所が命じた。それを教育委員会が無視したので、その命令が強制されるよう MCAD は訴訟を起こした。1971年12月、今度は、健康教育福祉省 (HEW) の公民権局 (Office of Civil Rights, OCR) の捜査官たちは、公民権法第6編に違反しているとした。何か月もの交渉と法的な審査を経て、HEWの審査委員会と行政法審判官は OCR の主張を支持した。決定的な訴訟は1972年3月15日に起こされた集団訴訟である。この訴訟は、15人の黒人の親たちと43人の子供たちを代表して起こされた。第1原告人に選ばれたのはタルラー・モーガン (Tallular Morgan) であった。またボストン教育委員会議長がジェームズ・ヘニガン (James Hennigan) であった。モーガン対ヘニガン事件 (*Morgan v. Hennigan*) と呼ばれているのはそのためである。[28]

(2) 実施された強制バス通学

　1974年6月21日に出た強制バス通学を命ずる判決は、同年の新学期から実行に移された。新学期が始まった9月12日には、サウスボストンを除いて、開始された強制バス通学に大きな混乱は起きなかった。しかしその日、黒人を乗せてサウスボストンから出た通学バスの何台かに、石やびんが投げつけられた。重傷には至らなかったが、飛び散るガラスで9人が負傷した。[29]

　翌日の9月13日（金）になると、市当局がサウスボストンで警戒にあたった。週末にはケヴィン・ホワイト (Kevin White) 市長がサウスボストンでのデモ行進を禁じた。9月16日（月）には、数百人の大人と若者の群集を警察が追い散らした。それに対する報復として300人の暴徒たちが、アンドルー・スクエアー駅に入り、黒人を襲い、電話を引きちぎり、ベンチを破壊した。逮捕者はその日、24人にのぼった。10日経ってもバスは依然、投石され、ハイドパーク・ハイスクールには警察が入った。サウスボストンではデモ行進が日常化していった。10月4日（金）には5,000人とも1万人とも言われるデモ隊が行進した。その日、サウスボストンでは日中、125人から成る機動部隊が投石者と衝突した。夜になると、ラビット・インというバーにいた25人から30人の客によって3人の警察官が、1人の投石者の逮捕を邪魔された。翌晩、機動部隊がラビット・インに突入し、バーを破壊し、バーにいた客を無差別に殴り、10人が病院に運ばれた。[30]

　10月7日（月）午後、道路や公共建築の補修員をしているハイチ出身の黒人が、サウスボストンのクリーニング店で働いている妻を車で迎えに行く途中、信号で止まった。そのとき通学バスを襲おうとして警察に止められていた暴徒が、車から逃げる黒人を追いかけ、蹴ったり、殴ったり、ホッケーのスティックで激しく殴打した。警察官の空中への威嚇射撃によってその黒人は難から逃れることができた。

　10月8日（火）、誤動作させた非常ベルによって1,500人の生徒たちがイングリッシュ・ハイスクールからなだれ出ると、ミッション・ヒル地区には暴徒が入り込み投石が始まった。夕方にはその付近を走るバスが運行停止になった。機動隊との衝突によって、その日、24人の白人と14人の黒人が負傷した。翌

9日、市長が要請した連邦法執行官の導入をギャリティ判事は却下した。しかし判事が連邦政府の介入を却下した日に、ニクソンの辞任によって8月に大統領に就任して2か月目のジェラルド・フォード（Gerald Ford）大統領が記者会見で質問を受けて、ボストンの強制バス通学は最善の解決法ではないとして、こう答えた。「人種割合を均衡させるために強制バス通学をさせることに、私は一貫して反対してきた。…そういうわけで、私は、［ギャリティ］判事に敬意を表しながらも、その命令には同意することはできない」。[31]

　強制バス通学が始まってからの26日間に、少なくとも140人が逮捕され、69人が治療を要するケガを負った。最初の深刻な事件はサウスボストン・ハイスクールで10月初めに起こった。カフェテリアでは殴り合いの応酬があり、トレイとスパゲティーが飛び交った。機動部隊と150人の州警察が導入された。5週目に入った10月15日、ハイドパーク・ハイスクールでは、黒人によって白人が刺され機動部隊が導入された。白人の抗議行動に対し、フランシス・サージャント（Francis Sargent）知事が、500人の州兵を導入し、ボストン市の兵器庫に待機させた。その直後、火炎瓶を持ってハイドパーク・ハイスクール付近を走行していた白人の若者4人を警察が逮捕した。10月の終わりから11月にかけては、大規模な強制バス通学反対の集会が行われた。[32]

　12月6日、校長の留守にサウスボストン・ハイスクールに入り込んだ大人たちが講堂で白人学生を扇動し集会を開いたが、警察は約300人の白人を追い出した。翌7日夜には、ウォールポール州刑務所で暴動が起こったため、サウスボストン・ハイスクールには州警察が突然1人もいなくなった。翌日ハイスクールでは午前中に暴動が起こり17歳の白人生徒が刺されて病院に搬送された。刺し傷によって肺と肝臓の治療が必要であった。強制バス通学反対の旗手ルイーズ・デイ・ヒックス（Louise Day Hicks）が暴徒に対し、125人の黒人をバスに乗せてロックスベリーまで帰すよう促しても、効果がなかった。サウスボストン・ハイスクールでは年度が終わる頃になっても80人から100人の警察官がその場にいるようになっていた。[33]

　ウェストロックスベリーの中流階級の白人は、自分たちの子供を脅かされる状況に置きたくない。しかも、引っ越しする余裕がある。とどまって戦うのが

サウスボストンのやり方であるが、サウスボストンの人々は他に選択の余地がなかったのである。1970年代、80年代のハイドパークでは、黒人家族が引っ越してくると白人家族が引っ越ししてハイドパークから出て行った。そこでは1982年には住民の85%が黒人になっていた。[34]

(3) METCO：もう1つのバス通学

大都市教育機会委員会 (Metropolitan Council for Education Opportunity, METCO) が発足したのは、ボストン郊外の7つの学校区が、黒人生徒のバス通学受け入れを決めた1966年である。METCOは、マサチューセッツ工科大学のリーオン・トリリング (Leon Trilling) が連邦政府とカーネギー・コーポレーションからの資金援助で始めたものである。METCOが30の郊外地区に黒人生徒をバス通学させた数は1966年には220人、71年から72年は1,580人である。待機リストには1,300人がいたという。74年から75年にかけてMETCOは2,500人近くの黒人生徒を郊外にバス通学させた。METCOの活動は強制バス通学とは異なり、黒人生徒の受け入れ側である郊外の7つの学校区の了解の下に行われているもので、ボストン市は直接、費用を負担してはいない。[35]

ボストンの強制バス通学反対は全米に報道され、人種統合の失敗を印象づけた。しかしMETCOは強制バス通学開始以前から、小規模ではあるが人種統合教育をめざして黒人の若者を郊外の学校に通わせていた。本章ではこれまで、人種を統合して教育を行うことが黒人にとってどのような意味を持つのかについては触れてこなかった。METCOに参加した黒人生徒65人にインタビューして『もうひとつのボストンバス通学物語』を著したスーザン・E・イートン (Susan E. Eaton) によれば、人種統合教育の意義は、将来の成功に不可欠な教育の場の提供にある。

簡単に言うと、白人の中流階級は、アメリカで歴史的に優位に立ってきたために、友人や知り合い、また名のある学校によって、特権を永続化している。人種別教育を受けてきた黒人は…アメリカ社会での成功や名声を強力

に促進するものから取り残されている。[36]

さらにイートンは、人種別教育によって閉ざされていた世界が、人種統合教育を経験した METCO 参加者の内面に展開される、と捉える。

　もし [METCO] プログラムが成功しているのなら、別のものだと思っていた世界が、実は、自分たちの世界とつながっていたということを知るようになる。METCO によって近づけられた白人の住む郊外と白人のアメリカは内在化され、広がる領域の一部、つまり身近な世界になるのである。[37]

そして、人種間の関係を METCO で学生時代に経験すれば、のちに経験することになる人種差別を克服する可能性を秘めているのではないか、とイートンは推し量る。

　もと METCO の生徒が郊外で経験したものは、より大きな社会に存在するものの反映だということを後の人生で分かるようになる。大人になって人種差別に直面し、人種に基づいた誤解に対処し続けるようになった。若いときに、白人のいる学校に通学したので、そういう領域を超えて行くのに、よく準備ができているのかもしれない。[38]

この METCO は現在（2005 年 1 月）、39 年目に入っている。
これまで見てきた初等・中等教育の先には、高等教育がある。高等教育を受けても受けなくとも、いずれ黒人は就職の問題に直面する。包括的と言われる 1964 年の公民権法が、雇用に触れているのは当然であろう。

4　アファーマティブ・アクション

(1)　規範を変えた現実
1)　公民権法の思想対アファーマティブ・アクションの思想

1964年の公民権法の第7編は、平等な雇用の機会について定めたものである。人種、皮膚の色、宗教、性、出身国を理由に雇用者は、雇用を拒んだり、解雇したりすることはできない。また、労働組合も、人種、皮膚の色、宗教、性、出身国を理由に、組合から追放したり、差別したり、雇用の機会を奪ったり、制限したりすることは禁じられている。つまり、雇用の条件は、能力や資格によるべきものだと定めている。公民権法は、その効力によって、アメリカが人種差別から脱却し、だれもが才能や望みを伸ばせる社会への変革をめざしたものであった。

アファーマティブ・アクションとは特定の集団を優遇する措置であるから、1960年代にあってアファーマティブ・アクションは思想的には、人種間の平等が運動原理となった公民権運動に逆行するものである。さらにアメリカの政治風土では、少なくとも思想的には、個々の人間が持つ相違には目を向けず、市民を抽象的に捉え、それぞれの市民が同等の権利を持つものと考えられてきた。[39] 機会均等の国アメリカは、実力主義社会であり、才能と勤勉によって得ることのできるものすべてを手にする権利があると見なされる社会である。1964年の公民権法第7編は、肌の色や出身国や性別による差別が行われないように、平等な雇用の機会を確保するために作られた。この法律には、集団間の相違は存在しないという思想がある。

以上から、1964年の公民権法は思想的にアメリカの政治風土になじむものであると言えるが、特定の集団を優遇するというアファーマティブ・アクションの思想は、従来のアメリカの政治風土からの逸脱と言えよう。

しかし、退役軍人への優遇措置法は、1964年の公民権成立の20年前に議会を通過しているばかりか、このような主張は南北戦争後からアメリカにはあった。[40]

2) 退役軍人への優遇措置と黒人への優遇措置へのためらい

アメリカでは、連邦政府とほとんどの州で、公務員試験を受ける退役軍人のうち、障害者になった退役軍人あるいはその妻には、10点加算し、障害者にならなかった退役軍人には5点を加算している。しかも、加えられた得点が、退

役軍人以外の受験者と同じ得点になった場合は、退役軍人の方に優先権が与えられることが多い。[41]

1900年には、7,138人の連邦政府職員に採用された出願者のうち、退役軍人ということで優先権を与えられたのは、わずか45人だけであった。しかし、退役軍人のために、1919年に優遇措置法(Preference Act)ができると、新規採用の連邦政府職員における退役軍人の占める割合は、1%以下から約25%に上昇した。[42]

障害者にならなかった兵士に対する優遇措置を制度化するかどうかについて、数十年にわたる議員への働きかけ以上に大きな役割を果たしたのが、第2次世界大戦であった。大戦開始前、1936年にフランクリン・ローズヴェルト(Franklin Roosevelt)大統領は、こう考えていた。国家への奉仕は、市民としての義務であり、税金の支払いと似ており、個人に特別な価値をもたらすものではない。ローズヴェルト大統領は体が不自由になった退役軍人への優遇措置は認めていたが、障害者にならなかった退役軍人への優遇措置は認めていなかった。しかし結局、世論の後押しもあって、1944年退役軍人優遇措置法(Veteran's Preference Act of 1944)は下院では312対1で、上院では議論なしで可決された。[43] その法律の内容は概ね次のようになっている。

① 障害者になった退役軍人、その妻、退役軍人の未亡人に、10点加算する。加算された結果の得点が、合格点であれば、名簿の最上位に載せられる。
② 障害者ではない退役軍人には5点加算され、同一得点の場合は、退役軍人でない人に対して優先権がある。
③ 警備員、エレベーター操作員、郵便配達員、用務員は、そういう職種があれば、退役軍人に限られる。ただし、このように仕事を確保されるのは、戦後5年以内とする。[44]

退役軍人へのような優遇措置は黒人には適用できないのだろうか。ジョン・デイヴィッド・スクレントニー(John David Skrentny)は次のように述べている。

たとえば、どの黒人にも、試験において 5 点優遇とか、ジム・クロー制度のもとで生きていた黒人に 10 点優遇するとか、あるいは無条件に優遇するような法律を議会が通過させ、それをアフリカ系アメリカ人優遇措置法と呼ぶようなことがあれば、国民の激しい抗議は想像にかたくない。…恐らく、黒人と退役軍人を比較することに反対が出るだろう。退役軍人は軍務に服した人で、苦難を経験した人かもしれないが、特定の人種に対する優遇措置は…実際は無差別である。徴兵された者と出願した者、また実際に戦った者とアメリカで楽なデスクワークをしていた者との区別には注意を向けなかった。さらに、退役軍人への優遇措置は、単に、法的な義務を果たしている人々への優遇措置でもある。とにかく、公正を欠いた人種差別に基づいた法律の下で苦しんできた何百万人というアフリカ系アメリカ人がまだ生きており、もし補償の論理で優遇措置が正当化されるのであれば、必要に応じて、そういう人々を選び出すことは可能であろう。[45]

3) アファーマティブ・アクションを可能にした要因

　補償の論理は確かにアファーマティブ・アクションを正当化できる。しかし、それはむしろ、実施にこぎつけてからの論理補強に過ぎず、アファーマティブ・アクションに行き着かざるをえなかったのは、黒人暴動という現実的な要因、それに数値で人種差別の是正を判断する行政機関の成果主義があった。

① 黒人暴動対策

　1960 年代の深刻な人種暴動という人種危機によってアファーマティブ・アクションなど、通常では実施の難しい、人種を対象にした措置が必要だという主張を可能にしていった。この人種暴動という危機によって、基本原則をめぐる争いが政治になり、危機を沈静化する新たな方法が求められた。[46]

　1964 年の公民権法、翌 65 年の投票権法の成立によって、公民権運動は勝利をおさめたかのように見えた。法的な平等を、黒人が勝ち取ったとしても、現実に、たとえば、失業率は、依然として、白人の 2 倍であったり、職に就いている黒人は、低賃金の職業に集中したりしていた。また、黒人の多くが、依然

として、十分な教育を受けておらず、熟練を要する職業に就くための経験を積んでいなかった。[47]

1964年の公民権法が7月2日に連邦議会で可決された16日後に、ハーレムで黒人暴動が起こった。事の発端は、警察が黒人を射殺したことであった。1963年に、20万人におよぶワシントンでの大行進を組織した、ベイヤード・ラスティン(Bayard Rustin)は、数百人の黒人を、道から解散させることができなかった。翌週、暴動は、ブルックリンとロチェスターで起こった。その年の夏、警察の暴力に端を発したと思われる暴動が、北部各地の都市で起こった。1965年8月11日、南ロサンゼルスのワッツ地区で大規模な暴動が起こった。黒人が、酔っ払い運転で、警察に逮捕されたことに端を発していた。車に乗っている白人、警察官、白人ジャーナリストを襲撃することから始まり、暴動は6日間に及び、放火と略奪が広範囲で起こった。死者34人、負傷者1,072人、破壊されたり損害を受けたりした建物は977件、逮捕者は4,000人以上、暴動に加わった者は推定3万人以上、暴動を支持していた見物人の推定人数は6万人以上、という破壊的な暴動であった。このような暴動に対し、公民権運動の指導者たちは、影響力を行使して秩序を維持することはできなかった。[48]

ワッツ地区における暴動で、アメリカでは黒人の不満が主要課題になった一方、その不安を抑圧し、暴動を起こした者に、何らかの報いを与えるべきではないという主張が、アメリカ国内では大半を占めていた。ジョンソン政権内では、特定の人種（黒人）に的を絞った対策が、正当な手段ということは明らかになっていたが、それを、表に出すことを避けたのはそのためである。たとえば「黒人のために」ではなく、「不利な状況にあるあらゆる人々」という表現にすることによって、直接、黒人を利するような政策であることを、あいまいにした。1967年、68年には、有力企業人の間には、人種に基づいた雇用を主張する声が次第に大きくなってきていた。[49]

② 行政機関の成果主義

公民権担当の行政官は、差別を計る尺度として、雇用されている黒人の比率を監視していた。行政官にとっては、数字に表れた値が人種差別の尺度であっ

た。そこで、特定の人種、黒人の雇用を増やすことによって、結果としての人種差別の改善を求めた。この傾向は、1950 年代からあった。[50] 人種を考慮することによって、人種差別をなくそうとしたのである。

平等な雇用の機会を定めた 1964 年公民権法第 7 編によって「雇用平等機会委員会」(Equal Employment Opportunity Commission, EEOC) が設置された。この委員会の任務は、「人種、皮膚の色、宗教、性あるいは出身国」に基づいて行われる差別を禁じた第 7 編にできるだけ従わせようとすることであった。雇用における人種比率を考慮すべきだということは、この法律にはない。第 7 編では、抽象的な個人（つまり、人種を考慮に入れない個人）を守るために人種考慮禁止が、経済的な平等をもたらすと考えられている。しかし EEOC を失敗だと考える人は多い。[51]

1965 年 9 月 24 日の、ジョンソン大統領の大統領命令によって、労働省内に「連邦契約法令遵守局」(the Office of Federal Contract Compliance, OFCC) が作られた。政府と契約を結んでいる企業が、人種差別をしていないかを監督する機能を持っていたが、契約が取り消しになった企業は 1 つもなかった。人員不足や企業に契約を与えている政権内の他の機関が、企業との友好的な関係をなくそうとはせず、抵抗を受けたのである。[52]

EEOC も OFCC も、人種差別の意図を証明することに問題を抱えていた。このような中、アファーマティブ・アクションは、公民権運動の従来の目標であり、またアメリカにおける平等の理想と見なされるようになっていった。そしてアファーマティブ・アクションを攻撃すれば、公民権を攻撃するものとして反論された。アファーマティブ・アクションは伝統的な価値と理想、また公民権運動の本来の目的に一致する、と主張されたのである。[53]

このようにして定着したと思われたアファーマティブ・アクションは、1970 年代後半になると、白人がそれによって、逆に差別されているとの主張を連邦最高裁判所が審理するようになった。

(2) 人種考慮：定着から逆差別へ

アファーマティブ・アクションをめぐる裁判のうち、連邦最高裁判所まで

いった裁判を取り上げ、その変遷の概要をたどってみる。初めに人種を考慮する雇用を一層正当化したグリッグズ対デューク電力会社事件(*Griggs v. Duke Power Company*)に触れる。次に、逆差別を訴えた裁判であるカリフォルニア大学理事会対バッキー事件(*Regents of the University of California v. Bakke*)をやや詳しく扱う。そして連邦最高裁が審理を拒否したテキサス州対ホップウッド事件(*Texas v. Hopwood*)に触れ、最後にバッキー訴訟から25年して連邦最高裁が審理を決定し、2003年に判決の出たグラター対ボリンジャー事件(*Grutter v. Bollinger*)を扱う。

1) グリッグズ対デューク電力会社事件(1971):アファーマティブ・アクション強化

ノースカロライナ州におけるこの訴訟において、連邦最高裁判所が出した判決は、アファーマティブ・アクションの正当性を明確にさせるものであった。ハーマン・ベルツ(Herman Belz)によれば、この訴訟は「雇用する際の目的、意図、あるいは動機よりも、雇用慣行によって社会に生じた結果が、その合法性の判断における決定的要因だとする、集団の権利と結果の平等を論理的根拠にする方向へ公民権のあり方を移行させたものである。その判決によって、人種を意識した優遇措置を広げる目標が事実上できただけでなく、優遇措置の理論的根拠もできた。雇用者は、人種の不均衡に基づく人種差別で訴えられるのを避けたいと思うようになったのである」。[54]

グリッグズ判決は、第4巡回控訴裁判所における判決を、連邦最高裁判所が覆したものである。この訴訟の争点になったのは、労働者の資格に関することであった。その資格に関して、デューク電力会社では、差別の意図はないと主張していた。会社が要求していたのは、雇用の条件として、あるいはプラントの仕事に移るための条件として、高校の卒業資格を得るか知能試験に合格する必要があったことである。黒人従業員が、その条件要求が差別だとして訴訟を起こしたのである。

95人の従業員のうち、その会社では、14人が黒人であった。問題なのは人数ではなかった。問題になったのは、会社にある5つの部門のうち、労働部と

いう部門に黒人が限定されていたことである。労働部を除き、新規採用者には高校卒業資格が 1955 年に導入された。会社が 1965 年に公民権法を遵守するようになると、労働部から別の部門に移動するときは、高校卒業資格を会社が要求し始めたのである。

最高裁判所への上訴に先立ち、第 4 巡回控訴裁判所は、公民権法第 7 編に違反してはいないという会社側の言い分を認めた。高校卒業資格は 1955 年に導入され、それは公民権法が 1964 年にできる 9 年前のことだから、それに関しては、人種差別に当たらないとしたのである。[55]

第 4 巡回控訴裁判所の判決を全米黒人向上協会 (NAACP) が上訴し、連邦最高裁判所が審理した。弁護士が法廷に提出した訴訟事件摘要書の一部ではデューク電力会社の悪意を示唆している。「人種差別に関し、別の文脈において最高裁判所が認識を示してきたように、形式において客観的で中立的な規則が、実質的に事実上、人種差別的であるということは、十分ありうる」。また、雇用の際行う試験において、差別の意図が示されなければいけないならば、「完全に公正な雇用を達成するにあたり、第 7 編の大半が骨抜きにされるであろう」。[56]

最高裁判所は、原告に有利な判決を全員一致で出した。ただし、9 人の最高裁判事のうち、ブレナン判事は判決に加わらなかった。判決文の一部は次のとおりである。「第 7 編は、雇用機会における平等を達成し、白人の従業員という証明されうる集団を過去において、他の従業員よりも優遇するために機能してきた障害を取り除くことであった」。また、判決文は続けて、「慣行、手続き、テストが、表面的には中立的であり、また意図でさえもが中立的であっても、以前の差別雇用慣行の現状『凍結』機能を果たすならば、公民権法の下では、それを維持することは許されない」。このように人種を考慮に入れて雇用することの正当性がさらに強められた点が重要である。[57]

グリッグズ判決を下した最高裁を構成した判事は、判決に加わらなかったブレナン判事を除き、人種割合の均衡をめざす強制バス通学を、スワン判決において全員一致で支持した判事たちである。しかし、1971 年にこれらの判決を下した判事の中には、ニクソン大統領によって任命された判事が 2 人いたので

ある。[58] 最高裁判事たちのほとんどは多分に政治的である。しかし「南部戦略」を打ち出した大統領に任命されたバーガー首席判事とブラックマン陪席判事が、黒人に有利になるアファーマティブ・アクションや強制バス通学を支持したのは、ロサンゼルス南部のワッツでの人種暴動(1964)、その後のデトロイトでの人種暴動(1967)、キング牧師暗殺をきっかけにして全米で起こった暴動(1968)などの影響によるものと思われる。つまり、1971年には2人の最高裁判事もそしてニクソン自身も公民権運動から続く大きな時代のうねりの中にいたと考えられよう。

　1961年から1981年の間、アファーマティブ・アクションは、雇用、契約、教育の分野で連邦および州の政策として実施された。その間に在任した大統領は、共和党からはニクソン(1969〜74年)、ジェラルド・フォード(1974〜77年)、民主党からはジョン・F・ケネディ(John F. Kennedy, 1961〜63年)、ジョンソン(1963〜69年)、ジミー・カーター(Jimmy Carter, 1977〜81年)であった。しかし、2人の共和党大統領が続いた1981年から1993年の間、ロナルド・レーガン(Ronald Reagan、1981〜89年)とジョージ・ブッシュ(George Bush, 1989〜93年)はアファーマティブ・アクションを停止させるためにあらゆる手段を尽くした。しかし、1993年から2001年の間に在職したビル・クリントン(Bill Clinton)は連邦のアファーマティブ・アクション政策を支持し続けた。[59]

　カーター政権時代の1978年に下されたカリフォルニア大学理事会対バッキー事件(*Regents of the University of California v. Bakke*)の判決で、白人が、黒人優遇策によって差別を受けている逆差別という主張が最高裁で認められたことは、政治的には、保守派の巻き返しと見ていいのだろうか。次に述べるように連邦最高裁では、判事たちの意見が分かれ、複雑な人種問題を踏まえた判断を示した。

3) カリフォルニア大学理事会対バッキー事件(1978)：逆差別を認める
①アラン・P・バッキーとは
　アラン・P・バッキー(Allan P. Bakke)は、ミネソタ州のミネアポリスで

1940年2月にノルウェイ系の両親のもとに生まれた。父は郵便配達員、母は教員であった。一時フロリダ州に住んでいたが、ミネソタ大学に入り、1962年に機械工学で学士になった。学業平均値(GPA)は、4.0満点で3.51をおさめた。そして全米機械工学学業成績認定委員会に選ばれた。学資が必要なため、海軍予備役将校訓練部隊に入り大学で学んだ。大学院で1年学んだあと、1963年から1967年の間、アメリカ海兵隊の将校としてベトナムで軍務を全うし、バッキーは大尉として1967年に除隊した。[60]

海兵隊を除隊するとバッキーはすぐに、サンフランシスコにあるアメリカ航空宇宙局(NASA)研究センターで、研究技術者として勤務し始めた。間もなく装備工学課の主任補佐になった。勉強を続け、バッキーは1970年6月に機械工学修士の学位を授与された。[61]

ベトナム戦争に参戦してバッキーは医学に関心を持つようになっていた。そのため1971年以降、カリフォルニア州にあるサンノゼ大学とスタンフォード大学の夜学に通い、医学部入学に必要な化学と生物学の学部の単位をすべて修得した。カリフォルニア州のマウンテンヴューにあるエルカミーノ病院の救急室でボランティア活動もした。[62]

4年間の軍務と6年間のNASAでの勤務が医学部入学の障壁になりうることを承知してはいたが、32歳のバッキーは1972年、カリフォルニア州立大学デイヴィス校(UCD)の医学部に出願した。しかしUCD医学部に2年連続で不合格になったバッキーは法的手段に訴えることにしたのである。[63]

② カリフォルニア州最高裁判所の判決

UCD医学部はバッキーが出願したときには100人の定員中、少数民族枠として16人分を取っていた。そのような枠を設けたのは、UCDにおいて学生の多様性を欠いていたことを懸念した大学当局が、1970年に医学部入学者の16%という特別優先入学枠を定めていたのである。[64]

当時57歳のレノルド・H・コルヴィン(Reynold H. Colvin)が、1974年にバッキーの弁護士を務めることになった。バッキー訴訟の主要な争点は修正第14条の平等保護条項か1964年公民権法第6編によって、少数民族のための入

学者人数枠の設定が公立大学に禁じられているかどうかであった。[65] それが禁じられていると主張するのがバッキーの弁護士である。

　コルヴィンは1974年6月20日、バッキーの代理としてヨーロー郡上位裁判所に提訴し、バッキーは人種ゆえに入学を許可されなかったと主張した。もし、それが認められれば、UCD医学部の特別入学制度は、合衆国憲法修正第14条と1964年公民権法第6編に違反しているということになる。[66]

　コルヴィンとバッキーが証明しなければいけないのは、少数民族のための特別入学制度がなければ、バッキーはUCD医学部に入学を認められていたかということである。特別入学制度が合憲であるかどうか、また、もし違憲だとするとバッキーは入学を許可されるかどうかを、裁判官が決めなければならない。1974年11月末、レズリー・F・マンカー (Leslie. F. Manker) 判事の判決は、特別入学制度を人種割当てのもとに運営されているとし、修正第14条、州憲法ならびに第6編に抵触するとした。どの人種や民族集団も、特権や免責を与えられてはいけないというものであった。しかしUCDに、バッキー入学の命令は出さなかった。もし16人の枠がなくともバッキーは入学を許可されなかったという判断を裁判所がしたのである。[67]

　しかし1975年3月、マンカーは判決を修正し、バッキーはどのような場合にも入学できなかったことをUCDが証明しなければいけなくなった。大学の弁護士ドナルド・リーダー (Donald Reidhaar) は、即刻1975年5月にカリフォルニア州最高裁判所に上訴し、1か月後に、州最高裁は審理に応ずることに同意した。1年半経過した1976年9月半ば、6対1という判事の割合で州最高裁は、特別入学制度は修正第14条に違反しているとしたマンカー判事の判決を認めた。UCDの特別入学制度という違法な人種割当てが、修正第14条に保障されたバッキーの権利を侵害しているとされたのである。さらに、州最高裁はUCD医学部に、特別入学制度がなくとも、バッキーが入学できなかったことを証明することを命じた。州最高裁の多数意見では、特別入学制度がなくともバッキーが入学できなかったかどうかの判断をマンカー判事に差し戻すというものであった。特別入学制度がなくともバッキーが不合格であったという大学側の証明が不十分であったので、州最高裁判所は先の判決を修正し、バッキー

のUCD即時入学を命じた。しかし、その命令は、合衆国最高裁のレーンクイスト陪席判事によって1976年11月に、手続きを一時停止させる命令が出た。カリフォルニア大学理事会が1976年12月に請願することになっている裁量上訴(サーシオレーライ)の結果が懸案になっているからであった。[68]

③ 合衆国最高裁判所の判決

　9人の合衆国最高裁判事のうち少なくとも4人の判事が同意すれば、最高裁は審理に応ずる。バッキー裁判では、1977年2月18日に5対4で裁量上訴が認められた。認めた5人はポッター・スチュアート、バイロン・R・ホワイト、ルイス・F・パウエル2世、ウィリアム・H・レーンクイスト、ジョン・P・スティーヴンズ (John P. Stevens) であった。認めなかった判事は、ウィリアム・J・ブレナン2世、サーグッド・マーシャル (Thurgood Marshall)、ウォレン・E・バーガー、ハリー・A・ブラックマンであった。[69]

　判決は1978年6月28日に下された。9人の判事のうち5人が完全に支持する意見はなかった。パウエル判事の判断の一部に4人が賛成するかあるいは反対するかということで、5人の意見という形になった。パウエルは次のように考えていた。カリフォルニア州最高裁の判決を支持するのは連邦最高裁では4票である。バッキーの入学と原告の制度の無効性を認める4票にパウエルは自らの票を投ずる。しかし原告の入学制度において人種を考慮することを禁ずるという部分に関してパウエル判事は違った考えを持っているので、それを破棄する。判決はこの線に沿って出た。[70]

　カリフォルニア州最高裁の判決は完全に破棄されるべきだったとする4人（ブレナン、ブラックマン、ホワイト、マーシャル）の意見は、ブレナンが書いた。この意見では第6編の観点からも、あるいは修正第14条の平等保護条項からも、UCDの計画は有効であるという結論であった。カリフォルニア州最高裁の判決は完全に認められるべきだとする4人（バーガー、レーンクイスト、スティーヴンズ、スチュアート）の意見は、スティーヴンズが書いた。この意見ではバッキーがUCDに不合格になったのは、UCD側に第6編違反があったからだとし、大学の入学選考過程において人種が用いられることに反対した。[71]

原告の特別入学制度は違法であるため被告バッキーの医学部入学は認められなければならないというカリフォルニア州最高裁の判決を、パウエルは支持する。これと意見を同じくするのはバーガー、レーンクイスト、スティーヴンズ、スチュアートの4人の判事たちであった。しかし、入学者選考にあたり原告が人種にどんな考慮もしてはいけないという、州最高裁の判決をパウエルは破棄する。これと意見を同じくするのがブレナン、ブラックマン、ホワイト、マーシャルの4人の判事たちであった。[72]

　パウエルの結論は次のとおりである。UCDの特別入学制度によってバッキーは平等の保護を否定されたゆえ、バッキーの医学部入学を認めたカリフォルニア州最高裁の命令は有効である。また、人数割当てに関しては、連邦政府から財政援助を受けている学校が、人種や肌の色に基づいて出願者の差別を実際にしているのであれば、正当化されうる。しかし、UCDは意図的に少数民族に対し差別をしたという記録がないので、人数割当ての方法を探る必要はない。と言いつつもパウエルは、出願者の人種を考慮に入れた入学者選抜方法を大学が工夫することもできると書いている。[73]

　このように連邦最高裁の判決は、アファーマティブ・アクションに逆差別という問題を認めながらも、人種を考慮する入学者選抜方法をまったく否定したわけではなかった。つまり大学が何らかの形でアファーマティブ・アクションを実施する可能性を残したのである。そのためバッキー判決後も引き続き、逆差別訴訟が起こることになった。次に扱うホップウッド対テキサス州事件 (*Hopwood v. Texas*) は連邦最高裁が最終的に審理を拒否した逆差別訴訟である。

3)　ホップウッド対テキサス州事件 (1996)
①　テキサス大学ロースクールの少数民族(マイノリティ)優遇入学制度

　テキサス大学ロースクール (the University of Texas School of Law, UTSL) では少数民族の入学者選考過程は別に設けられており、選考基準も異なっていた。UTSLが目標とした入学者の比率はヒスパニック系が10%、アフリカ系が5%であった。入学を拒まれた4人が、UTSLのアファーマティブ・アクションに挑んだのである。その中の1人チェリル・ホップウッド (Cheryl Hopwood)

は、重度の障害を持つ子供を抱えた中年の職業を持つ母親であり、またアメリカ空軍に所属する夫を持つ妻でもあった。残りの白人男性3人を含む4人の主張は、UTSLが修正第14条の平等保護条項に違反する差別をしているということであった。[74]

② 連邦地方裁判所と第5巡回控訴裁判所の判決

連邦地方裁判所は、UTSLの数値目標を支持したが、その目的に合わせて厳密にアファーマティブ・アクションが実施されてはいないとした。そして異なった選考過程で少数民族の出願者を選別するのは無効だとした。ホップウッドらによって要求された懲罰的損害賠償を与えられなかったのは、UTSLが誠実に行動していたということを裁判所が認めたからである。しかし、ホップウッドらは、バッキーのように入学を認められはしなかったので、ホップウッドは第5巡回控訴裁判所に上訴した。

第5巡回控訴裁判所で判決を下すことになる3人の裁判官は皆、共和党の大統領レーガンとブッシュ（父）に任命された保守的な判事たちであった。この判事たちは1996年に地方裁判所の判決を完全に覆し、UTSLの優遇入学制度に無効の判決を下した。[75]

判決を出すにあたり、3人の判事は、連邦最高裁のパウエル判事のバッキー判決を無効にするという極めて異例なことをした。そして、多様性を獲得するために人種を利用することは、修正第14条の目的を損なうと考えた。3人の判事のうち2人は、パウエル判事のバッキー裁判に関する意見の多くは他の裁判官の賛成を得たものではないから拘束力を持つ判例にはならないとした。9人の最高裁判事の中で5人という多数によって支持されたものではないから意味を持った判例にはならない、という結論を出した。そういう「行き過ぎ」にもう1人の判事は、もしバッキー判決に無効の宣言が必要ならば、それは巡回裁判所の3人の判事ではなく、合衆国最高裁判所がその決定をすべきだとした。[76]

テキサス大学は、第5巡回控訴裁判所に所属する16人の裁判官全員でホップウッド訴訟を審理するよう要求した。が、9対7で、裁判官たちはそれを拒否した。再審を拒んだ9人は共和党のレーガン、ブッシュ両大統領によって任命さ

れた判事であり、それに反対した7人は民主党のカーター、クリントン両大統領に任命された判事たちであった。[77]

テキサス大学の弁護士らは連邦最高裁判所に上訴裁量を求めたが、最高裁は1995年期の最終日にホップウッド訴訟の審理を拒んだ。[78] 最高裁が審理を拒んだので、1996年に下級裁判所に差し戻され、再び、最高裁まであがってきたが、2001年6月、最高裁はまたも審理を拒否した。

その時点で最高裁は、1978年のバッキー訴訟以来、アファーマティブ・アクションに関わる、訴訟を審理していない。ところが、2003年6月に、最高裁が、25年ぶりに、アファーマティブ・アクションに関わる訴訟に判決を出すことが、12月2日（月）に決まった。[79] それがグラター対ボリンジャー事件 (*Grutter v. Bollinger*) である。

4) グラター対ボリンジャー事件 (2003)

バーバラ・グラター (Barbara Grutter) がミシガン大学ロースクールに出願したのは1996年、43歳のときであった。1996年から2002年まで、ミシガン大学の学長を務めていたのがリー・ボリンジャー (Lee Bollinger) である。[80]

ミシガン大学のロースクールは全米でトップ・グループのロースクールの1つである。原告の白人グラターは学業平均値が4.0満点の3.8、ロースクール入学テスト (LSAT) が161であったが、ロースクールへ入学ができなかったので訴訟を起こした。被告が人種に基づいて、修正第14条と1964年公民権法の第6編と法の下での平等を定めた『合衆国法律集』第42編、第21章、第1981項[81] に違反し、グラターを差別していると主張した。またミシガン大学ロースクールは、人種を主要な要因として使い、冷遇されている人種集団の学生よりも、ある少数民族集団に属する似た成績の志願者に、極めて大きな入学の機会を与えている、と主張した。[82]

地方裁判所の判決では、人種を、入学させる要因とするのは違法とした。しかし第6巡回控訴裁判所は、それを覆し、バッキー判決におけるパウエル判事の意見が、極めて強い公の利益として多様性を確立する拘束力のある判例であることを認めた。[83] 入学者選抜でロースクールが人種を使用することが認めら

れたのである。

　2003年6月23日の最高裁の判決では、5対4で、多様性のある学生集団から生じる教育的な利益を得るという極めて強い公の利益を促進するために、入学者決定において、ミシガン大学ロースクールが人種を厳密に調整して利用することは、修正第14条、1964年公民権法の第6編、ならびに『合衆国法律集』第42編、第21章、第1981項によって禁じられてはいないとした。[84] アファーマティブ・アクションが支持されたのである。[85]

　裁判所の意見を書いたのは1981年にレーガン大統領に任命されたサンドラ・デイ・オコーナー (Sandra Day O'Connor) 判事である。保守とリベラルの間で割れる最高裁判事の中で、オコーナーは判決を決定する浮動票を握っていた。2000年の大統領選でフロリダ州の票の再計算を止めさせる命令を出す保守的な判事たちの側に立ち、その結果、ジョージ・W・ブッシュ (George W. Bush) が大統領になった。しかしグラター判決では、リベラルな判事たちの側に立ち、アファーマティブ・アクションを支持したのである。[86]

　最高裁が審理を決定してからブッシュ大統領は意見書を最高裁に提出し、ミシガン大学のアファーマティブ・アクション優遇入学制度は人種割当てに相当し違憲であるとの立場を表明した。[87] 一方、アファーマティブ・アクション支持の意見書は軍と民間の指導者から提出された。その中にはレーガン大統領の下で統合参謀本部議長を務めたウィリアム・クロウ2世 (William Crowe, Jr.)や湾岸戦争のときに連合軍の総司令官を務めたノーマン・シュワルツコフ (Norman Shwarzkopf)、また主要な企業からも意見書が最高裁に提出された。[88]

　オコーナーは判決要旨の中で、バッキー訴訟で裁判所の意見を書いたパウエル判事が強調したこととして、「この国と同じだけの多様性を持った学生の思想と道徳観に『広く触れることによって訓練された指導者に、国の未来はかかっている』」[89] と引用している。

　「最高裁は、本日認められた［公の］利益を促進するために、今から25年後には人種優遇に頼らなくてももはやよくなっているのではないか、と裁判所は予測している」[90] とオコーナー判事は判決要旨の最後の部分で述べている。が、ヒスパニック系をはじめとする移民が増加し、多様化が絶えず進行するアメリ

カで果たして、人種を考慮に入れずにアメリカ社会で公の利益が促進されるのだろうか。

おわりに

　公民権運動に先駆けて1954年に下された合衆国最高裁のブラウン判決は、人種隔離そのものが違憲であることを示した。ブラウン判決は、南部で行われてきた人種隔離の法的根拠を無効にしたが、人種別教育の廃止方法については触れなかった。そのため、人種別教育廃止の方法については課題を残した。

　1964年公民権法第6編が健康教育福祉省に与えた権限は、連邦政府の財政支援打ち切りであった。人種別教育を続ければ連邦政府から財政援助がなくなるという一見効果的な方策は、ジョンソン政権以降、共和党に政権が交代するとその強制力を欠いていった。ジョンソン政権でさえも、適用地域は南部の黒人の非密集地であった。

　1960年代末になると公民権運動は全米の関心の的ではなくなった。今度は、人種統合と人種の多様性をめざす動きが地域を舞台に展開した。強制バス通学をめぐる訴訟が各地の教育委員会を訴訟の当事者にし、合衆国最高裁判所で争われるようになった。学校における人種割合を均衡させるために強制バス通学を命じたのが、1971年に下されたスワン判決である。法的に人種別教育が行われている南部から、法律に定められていなくとも事実上の人種別教育も廃止されるべきであると裁判所が判断したのは、1973年のキーズ判決である。この判決は北部諸都市における訴訟に影響を与え、包括的な強制バス通学の計画が北部各都市で行われるようになった。しかし、デトロイトの人種別教育を救済するために、広く郊外を含む学校区を作り、強制バス通学を実施する命令が下級裁判所から出たが、最高裁が1974年下級裁判所の判決を破棄したため実施には至らなかった。このミリケン判決によって、人種別教育廃止の救済策が初めて制限されたのである。

　1970年代には少数民族を優遇するアファーマティブ・アクションを逆差別だとする白人の側からの訴えを最高裁が審理することになっていた。アメリカ社

会が容認する能力主義とは逆行するアファーマティブ・アクションが実施されるようになったのは、60年代の人種暴動と人種差別解消を数値で判断しようとする行政の成果主義によって、結果の平等に重きを置くようになっていたからである。

南北戦争後、共和党急進派が中心になって進めた再建時代に、憲法に加えられた修正第14条は、歴史的には黒人の権利を保障するためのものであった。また1964年公民権法第6編や7編も当初は黒人の権利を保障するものであった。確かに、1971年のグリッグズ対デューク電力会社事件では、人種を考慮に入れて雇用することの正当性が強められた。しかし、逆差別訴訟では白人が修正第14条や公民権法第6編を法的根拠に自らの権利を主張する訴えを起こしたのである。

1976年のバッキー判決では、最高裁判事の意見は分かれたとはいえ、当初入学を認めらなかったカリフォルニア大学デイヴィス校医学部に、バッキー入学の命令を出した。また、人種割当ては違憲としたものの、出願者の人種を考慮に入れた入学者選抜が否定されたわけではなかったので、引き続き、訴訟が起きる原因にもなった。ホップウッド対テキサス州事件の判決で、1996年に第5巡回控訴裁判所は、その法域内にあるミシシッピ、ルイジアナ、テキサスの各州でのアファーマティブ・アクションを無効にした。最高裁はこの訴訟の審理を2度拒否した。しかし2002年に最高裁はグラター対ボリンジャー事件の審議を決定し、翌年バッキー判決から25年ぶりにアファーマティブ・アクション訴訟に判決を下した。そのとき裁判所の意見として尊重されたのは、バッキー判決のときと同様に人種の多様性を認めることが公の利益だということである。多様性を持った集団にするためにアファーマティブ・アクションを持続させる必要があるという判断である。しかし、移民による多様化が進行する中で、オコーナー判事の述べるように、25年後のアメリカ国民にはアファーマティブ・アクションが不要であろうか。見えざる手が正義と平等を実現させているであろうか。

アメリカに流入する大量の移民は最初、社会の底辺から生活を始めてきたという歴史がある。移民は、法的保護がなければ、たやすく搾取され、社会階層

をのぼる機会を奪われる。アメリカ社会がそのようなガラスの天井を築くことを妨げるためにはアファーマティブ・アクションか、それに準ずる措置の必要性は、25年経っても変わらないのでないだろうか。万人に平等の権利と機会を約束するアメリカは、人種間の平等を実現するために、人種という呪縛からは逃れられないであろう。

注

1 Stephen C. Halpern, *On the Limits of Law: The Ironic Legacy of Title VI of the 1964 Civil Rights Act* (The Johns Hopkins University Press: Baltimore, 1995), 1.

2 大下尚一・有賀貞・志邨晃佑・平野孝編、『史料が語るアメリカ』（有斐閣、2001年）、228頁。

3 Halpern, 24.

4 *Ibid.*, 51-52, 84, 128.

5 *Ibid.*, 86, 128.

6 *Ibid.*, 183.

7 *Ibid.*, 239-240.

8 *Ibid.*, 244-245, 257-258.

9 David J. Armor, *Forced Justice: School Desegregation and the Law* (Oxford University Press: New York, 1995), 3, 6, 15, 17.

10 *Ibid.*, 27.

11 *Ibid.*, 27-28.

12 *Ibid.*, 28.

13 *Ibid.*, 28.

14 *Ibid.*, 29-32.

15 *Ibid.*, 34.

16 *Ibid.*, 34, 37.

17 1971年の最高裁判事の構成は次のとおりである。首席判事はWarren E. Burger、陪席判事はHugo L. Black、William O. Douglass、John M. Harlan、William J. Brennan、Potter Stewart、Byron R. White、Thurgood Marshall、Harry A. Blackmunとなっている。1973年の最高裁判事は次のとおりである。首席判事はWarren E. Burger、陪席判事はWilliam O. Douglass、William J. Brennan、Potter Stewart、Byron R. White、Thurgood Marshall、Harry A. Blackmun、Lewis F. Powell, Jr.、William H. Rehnquistとなっている。つまり、1971年にいたBlack、Harlanの両判事が、1973年には、Powell、

Rehnquist 両判事に代わっているということである（田中英夫編『英米法辞典』996-969頁参照）。

18 Armor, 37.
19 *Ibid.*
20 *Ibid.*
21 *Keys v. School District No. 1, Denver, Colorado*, 413 U.S. 189 (1973) に関しては <http://supct.law.cornell.edu/supct/html/historics/USSC_CR_0413_0189_ZS. html> を参照。
22 Armor, 38.
23 *Ibid.*, 39.
24 *Ibid.*, 39-41.
25 *Ibid.*, 40-41.
26 Milliken v. Bradley, 418 U.S.717(1974)に関しては <http://supct.law.cornell.edu/supct/html/historics/USSC_CR_0418_0717_ZS. html> を参照。
27 Ronald Formisano, *Boston Against Busing: Race, Class, and Ethnicity if the 1960s and 1970s* (The University of North Caroline Press: Chapel Hill, 1991), 8, 10, 47.
28 *Ibid.*, 53-54.
29 *Ibid.*, 77.
30 *Ibid.*, 77-79.
31 *Ibid.*, 79-80.
32 *Ibid.*, 80.
33 *Ibid.*, 81-82.
34 *Ibid.*, 130, 137. 1973年のアトランタでは、白人の引っ越しにより学校から白人がいなくなると、地元のNAACPは人種的割合の均衡を捨て、教育委員会の教育長を含む運営管理における黒人の大幅な役割の増大させる代わりに、ほとんどの学校の人種別教育をそのままにしておいた (Formisano, 223)。
35 *Ibid.*, 38.
36 Susan E. Eaton, *The Other Boston Busing Story: What's Won and Lost Across the Boundary Line* (New Haven: Yale University Press, 2001), 228.
37 *Ibid.*, 221-222.
38 *Ibid.*, 251.
39 John David Skrentny, *The Irony of Affirmative Action: Politics, Culture, and Justice in America* (The University of Chicago Press: Chicago, 1996), 19.
40 *Ibid.*, 38.
41 *Ibid.*, 37.

42 *Ibid.*, 39.
43 *Ibid.*, 42-43.
44 *Ibid.*, 43.
45 *Ibid.*, 58-59.
46 *Ibid.*, 67.
47 *Ibid.*, 69.
48 *Ibid.*, 71-72.
49 *Ibid.*, 82-83, 84, 89.
50 *Ibid.*, 115.
51 *Ibid.*, 120, 121, 125.
52 *Ibid.*, 133-134.
53 *Ibid.*, 141, 146.
54 Herman Belz, *Equality Transformed* (New Brunzwick: Transaction Publishers, 1991), 51, quoted in Skrentny, *The Irony of Affirmative Action*, 166.
55 Skrentny, 167.
56 *Ibid.*, 167-168.
57 *Ibid.*, 168-170.
58 田中英夫編『英米法辞典』996-969 頁参照。
59 Howard Ball, *The Bakke Case: Race, Education, and Affirmative Action* (Lawrence, Kansas: University Press of Kansas, 2000), 8.
60 *Ibid.*, 46.
61 *Ibid*.
62 *Ibid.*, 46-47.
63 *Ibid.*, 47.
64 *Ibid.*, 49-50.
65 *Ibid.*, 48.
66 *Ibid.*, 56-57.
67 *Ibid.*, 56-58.
68 *Ibid.*, 58-61.
69 *Ibid.*, 67.
70 *Ibid.*, 127-128, 135.
71 *Ibid.*, 135-136.
72 *Ibid.*, 138.
73 *Ibid.*, 138-139.

第 8 章　見えざる手が正義と平等を実現できないとき　*317*

74 *Ibid*., 190.
75 *Ibid*.
76 *Ibid*., 191.
77 *Ibid*., 191-192.
78 *Ibid*., 192.
79 Linda Greenhouse, "Affirmative action is back in front of the Supreme Court," *International Herald Tribune*, 5 December 2002, 3.
80 *Ibid*.
81 『合衆国法律集』第 42 編、第 21 章、第 1981 項の (a) は次のようになっている。「どの州や領土においても合衆国の法関にいるあらゆる人は、契約を結び強制し、訴訟を起こし、訴訟当事者になり、証拠を述べる同等の権利を有し、また白人市民によって享受されている身体と財産の安全のためにあらゆる法律と手続きによる利益を十分にかつ平等に受ける権利を持ち、同じ罰則、苦痛、罰、税金、免許、およびあらゆる種類の強制に服すが、他のことには服さない」。<http://assembler.law.cornell.edu/uscode/html/uscode42/usc_sec_42_00001981----000-.html> を参照。
82 *Grutter v. Bollinger* 539 U.S.__ (2003)に関しては<http://a257.g.akamaitech.net/7/257/2422/23jun20030800/www.supremecourtus.gov/opinions/02pdf/02-241.pdf>を参照。
83 *Ibid*.
84 *Ibid*.
85 しかし、この判決と同日に出たミシガン大学の学部のアファーマティブ・アクションは違憲の判決を受けた。学部のアファーマティブ・アクションは、黒人、ヒスパニック系、アメリカ・インディアンに 150 点満点の 20 点を自動的に与えるものであった（*Gratz v. Bollinger* に関しては<http://a257.g.akamaitech.net/7/257/2422/23jun20031600/www.supremecourtus.gov/opinions/02pdf/02-516.pdf>および Linda Greenhouse, "Supreme Court seek nuance," *International Herald Tribune*, 4 April 2003, 4 を参照）。
86 Rupert Cornwell, "Affirmative action in US survives close Supreme Court vote," *The Independent* in *Daily Yomiuri*, 29 June 2003, 15.
87 Neil A. Lewis, "Bush to challenge minority 'quotas'," *International Herald Tribune*, 18-19 January 2003；三浦俊章「黒人ら優先入学『違憲』」『朝日新聞』2003 年 1 月 17 日、7 頁。なお、ブッシュ政権の安全保障担当補佐官である黒人女性コンドリーザ・ライス (Condoleezza Rice) は、大統領と意見を異にし、「学生集団を多様性のあるものするために、人種に中立的な手段はより好ましいが、要素の 1 つとして人種を加味するのは適切だと思う」と述べた ("Rice differs on affirmative action decision," *Daily Yomiuri*, 19 January 2003)。

[88] Editorial, "Friends of affirmative action," *International Herald Tribune*, 3 April 2003.
[89] *Grutter v. Bollinger* 539 U.S.__ (2003)、注82を参照。
[90] *Ibid*.

参考文献

本・論文

Armor J. David. *Forced Justice: School Desegregation and the Law*. Oxford University Press: New York, 1995.

Ball, Howard. *The Bakke Case: Race, Education, and Affirmative Action*. Lawrence, Kansas: University Press of Kansas, 2000.

Eaton, Susan E. *The Other Boston Busing Story: What's Won and Lost Across the Boundary Line*. New Haven: Yale University Press, 2001.

Formisano, Ronald. *Boston Against Busing: Race, Class, and Ethnicity if the 1960s and 1970s*. The University of North Caroline Press: Chapel Hill, 1991.

Halpern, Stephen C. *On the Limits of Law: The Ironic Legacy of Title VI of the 1964 Civil Rights Act*. The Johns Hopkins University Press: Baltimore, 1995.

川島正樹「ボストン・スクール・バスィング論争再訪―『失敗』神話の検証に向けて」『アメリカ研究』31、1997、59-81。

Skrentny, John David. *The Irony of Affirmative Action: Politics, Culture, and Justice in America*. The University of Chicago Press: Chicago, 1996.

新聞

Cornwell, Rupert. "Affirmative action in US survives close Supreme Court vote." *The Independent in Daily Yomiuri*. 29 June 2003, 15.

Editorial. "Friends of affirmative action." *International Herald Tribune*.3 April 2003, 12.

Greenhouse, Linda. "Affirmative action is back in front of the Supreme Court." *International Herald Tribune*. 5 December 2002, 3.

――. "Supreme Court seek nuance." *International Herald Tribune*. 4 April 2003, 4.

Lewis, Neil A. "Bush to challenge minority 'quotas'. " *International Herald Tribune*. 18-19 January 2003.

三浦俊章「黒人ら優先入学『違憲』」『朝日新聞』、2003年1月17日、7頁。

"Rice differs on affirmative action decision." *Daily Yomiuri*.19 January 2003.

終章　アフリカ系はアメリカ人か

はじめに

　終章の目的は第1章から第8章までの考察を基に本著の総括をすることにある。16世紀から21世紀初頭までのアメリカ史における黒人の位置づけをしながら「アフリカ系はアメリカ人か」という自問に自ら答えていきたい。

1　奪われた自由

　イギリスの北米植民地における労働力不足解消にアフリカの黒人が利用された。しかし植民当初から奴隷制社会の確立が目標として掲げられていた訳ではない。植民開始から奴隷制社会に至る過程は概ね次のとおりである。
　16世紀のイギリスの植民政策は、国内の人口増加に伴う雇用不足とスペインとの覇権争いに端を発していた。最初の永続的な植民地ジェームズ・タウンのあるヴァージニアのタバコ栽培に当初従事させられたのは年季奉公人であった。年季奉公人は契約年限を果たすと自由になる。自由になると年季奉公人は自らの土地を求めて自営農をめざそうとした。
　一方、年季奉公人の自営農民化阻止を狙うのが、年季奉公人の労働力を利用していた階級である。この階級を形成する大地主にとっては、年季奉公人の自営農民化は労働力喪失になる。大地主は、移民1人当たり50エーカーの土地を与えられるという人頭権制という土地付与法を利用して、土地投機に走った。その結果、人為的な土地不足により、土地の価格上昇を招いた。そのため土地の入手が困難になり年季奉公人の自営農民化が妨げられた。
　このようにして他人の土地で働くことを余儀なくされる元年季奉公人たち

には不満が蓄積した。その不満を反乱にまで導いたのがナサニエル・ベーコンであった。この反乱は、持てる者と持たざる者との階級対立にその原因があった。黒人・白人という人種間の対立がもたらした反乱ではなかった。しかし、反乱で同罪を犯した場合、黒人は処罰され、白人は免罪された。ここで明らかになるのは、植民地社会の指導者たちは貧富の差による階級対立を避け、白人という帰属意識(アイデンティティ)で結束するために、あえて肌の色による人種差別に基づいた社会を確立していこうとしたことである。これには経済的な裏づけがあった。植民地が人種差別社会に移行していったのは経済的理由が大きい。

17世紀の中頃まで高かった奴隷の死亡率が低下し、17世紀末になると奴隷労働への依存が経済的に見合うようになっていったのである。しかも、この頃イギリスからの年季奉公人が植民地にはやって来なくなっていた。そして黒人を奴隷として利用するための法制度が整えられていった。1705年のヴァージニアでは「いかなる奴隷でも、主人に反抗する奴隷を矯正しようとして、奴隷が死ぬようなことがあっても主人は罪を免れる」というように、奴隷に対する絶対的な法的権限が所有者に与えられるようになっていったのである。

アメリカ人という意識がまだ定着していない植民地時代に、「アフリカ系はアメリカ人か」という問いは不適切であるかもしれない。しかし自由を奪われた集団として黒人が生きていかざるをえないという社会体制は、17世紀末にその基礎が確立されたのである。その基礎は、とりわけ南部で、本国から自由になるという大義で戦った独立戦争によっても崩れなかった。

2 だれのための自由か

イギリスから自由を勝ち取った13のアメリカ諸邦のうち、サウスカロライナとジョージアは独立戦争により、奴隷の数が激減していた。そのため終戦時に両邦では米栽培に従事させる奴隷不足により経済が立ち行かない状況であった。この事情は次のように合衆国憲法に反映されている。

「すべての人間は平等に造られ、創造主によって譲り渡すことのできない権利を与えられている。その権利の中には、生命、自由、幸福の追求が含まれて

いる」と1776年に独立宣言で、高らかに理想を謳いながら、1788年に批准された合衆国憲法には、奴隷貿易を禁止する法律を連邦議会が20年間制定できないということが盛り込まれた。これはサウスカロライナとジョージアの事情が考慮された結果である。

アメリカの奴隷需要を反映し、1780年代には大西洋奴隷貿易の最盛期を迎えた。この時期には年間、約8万人ものアフリカ人が奴隷としてアメリカに輸送された。

アメリカ独立戦争は確かに北部における奴隷制廃止に一役買ったが、所有者の財産保護を考慮したため、緩慢なものであった。また自らの意思とはまったく無関係に、そして独立宣言の理想とは裏腹に自由を奪われたアフリカ人のアメリカの港への陸揚げは、1808年に奴隷の国際貿易が禁じられるまで合法的に続けられた。

独立革命期には、本国イギリスによる植民地人の自由侵害を小冊子(パンフレット)で訴え、独立への世論を導いていった。しかし奴隷労働に頼っていた南部では、独立達成後も奴隷の自由は不問にされたのである。その結果、アフリカ系の人々の大半は、奴隷として南部経済を支えはしたが、自由を抑圧され、アメリカ国民としての基本的な権利を享受できない集団として歴史の傍流を歩まされるのである。

3 国家を二分した奴隷制

連邦議会が1808年に奴隷貿易を禁ずる法律を制定したときには、アメリカはすでにフランスからルイジアナ地方を購入していた。1845年にはテキサスを併合した。メキシコとの戦争のあとに結ばれたグアルダルーペ・イダルゴ条約による国境線確定により領土が拡大し、北米南西部がアメリカに割譲されアメリカの領土はさらに西方に拡張し、19世紀半ばには太平洋岸に達した。

準州が州に昇格する際には、奴隷制を認めない自由州になるか奴隷制を認める奴隷州になるかを決めなければならない。連邦上院議員は各州から2名ずつ選出される。したがって、新たに昇格する州が奴隷州か自由州かで、連邦上院

における、奴隷州選出議員数と自由州選出議員数に影響を与える。そういう問題が1819年に起こった。当時アメリカでは自由州の数と奴隷州の数はいずれも11であったが、ミズーリ準州が奴隷州として州に昇格する申請を連邦議会にしたのである。翌年にはその申請を認めるために妥協が成立した。つまりマサチューセッツ州の一部を自由州としたのである。それがメイン州である。それと同時に北緯36度30分以北は奴隷州にしないことが連邦議会で決まった。

それから30年後、金を求めて人々が殺到し、人口が急増したカリフォルニアの州昇格の際にも南北の妥協が図られた。カリフォルニア準州を自由州にする条件として、より厳しい逃亡奴隷法を制定することが決められたのである。この1850年の逃亡奴隷法によって、北部に逃亡してきた奴隷は南部に連れ戻される可能性が出てきたのである。しかし、北部で見つかった奴隷の引き渡しは必ずしもうまくはいかず、北部民衆の抵抗にあうことがあった。

カリフォルニア準州の州昇格をめぐる1850年妥協のすぐあと、1854年に、カンザス・ネブラスカ法が成立した。カンザス・ネブラスカ準州においては、州昇格の際に自由州になるか奴隷州になるかは住民が決めるべきだとされた。これは、事実上、1820年のミズーリ妥協を無効にしたことになる。北緯36度30分以北において奴隷州になる可能性が出てきたのである。

奴隷州にするか自由州にするかでカンザス準州では、奴隷州政府を作ろうとする集団と自由州政府を作ろうとする集団が対立した。奴隷州であるミズーリ州と境界を接しているカンザス準州は、奴隷制を支持するミズーリ州民が、カンザス準州で違法に、奴隷制支持者たちに投票することがあった。このカンザス準州を舞台に、奴隷制廃止論者でありかつテロリストと言ってよいジョン・ブラウンが、奴隷制を支持する移住者を残虐な方法で殺害した。殺人者ブラウンは奴隷解放という大義を奉じているため、北部では英雄扱いされる。奴隷の蜂起を期して、ヴァージニア州ハーパーズ・フェリーの兵器庫襲撃で無謀な殺人を犯した上、襲撃は鎮圧され、自らは絞首刑に処せられるが、北部ではブラウンの暴力は重要視されず、北部のイデオロギーを体現する人物に祭り上げられていった。

ブラウン処刑からほぼ1年経った1860年11月の選挙で、共和党のエイブラ

はない。共和党急進派が主導する連邦議会は、解放黒人の法の下での平等を実現させるために再建法を通し、南部10州に連邦軍を駐留させ軍政を敷いた。この再建時代には、法律の平等な保護を州は拒むことができないということを定めた条項を含む憲法修正第14条が批准され、連邦議会が州に対して強い権限を持つようになった。この時期アメリカに誕生した600人を超える黒人議員の大半が元奴隷であった。

軍政下、黒人の社会進出は進むが、その一方で共和党急進派による連邦議会主導の再建時代が始まった1867年以降、白人優越主義者の団体クー・クラックス・クラン(KKK)などが活発に暗躍するようになり、修正第15条で保障された黒人の投票権を脅かすようになっていった。黒人の権利を保障しようとする連邦の権限に対しては、それに反対・抵抗する州内の勢力が常に抑制力になっていたと言えよう。連邦の力が共和党の知事や議員などを通して州内の反対・抵抗勢力を抑え込めなくなれば、奴隷制時代のような階級社会を出現させるという可能性をはらみつつ、再建時代、黒人の社会進出があったのである。

再建時代前半は、鉄道敷設やそれに伴う経済発展はあったが、一方で、それは共和党州政府や共和党連邦政府内に汚職を引き起こした。さらに、不況が追い討ちをかけ、政権政党の共和党から、州においても連邦においても、民心が離れていった。しかも共和党を支持する黒人の投票は、暴力や威嚇で阻止されることもあったのである。そして、不正のあった大統領選で、共和党の大統領を当選させる代わりに、連邦軍の南部からの撤退という妥協が民主・共和両党の間で図られた。

このようにして連邦政府の権限が南部諸州に及ばなくなり、州政府が黒人の運命を握ることになったのである。

独立戦争後の北部で行われた奴隷制の廃止は、即時廃止ではなく漸次廃止になったのは、奴隷所有者の財産保護という理由があった。それと同様に、南北戦争後、共和党急進派の影響力が低下すると、当時生じていた政治的・経済的状況が解放黒人の運命を決めていった。

再建時代前半に連邦議会主導で解放黒人の権利獲得が国家の優先課題になったが、不況などの経済問題や汚職に伴う政権政党からの民心離反を契機に、奴隷

ハム・リンカーンが大統領に当選した。準州への奴隷制拡大に反対して〔い〕〔る〕党から連邦の大統領が出ると、南部では連邦から離脱する州が現れた。〔サウス〕カロライナ州の連邦離脱後に10州が続き、1861年に南北戦争が勃発した。〔60〕万人を超える死者という代価を払ってアメリカは初めて、建国以来、妥協〔を重〕ねてきた奴隷制の問題に一応、終止符を打ち、奴隷制のない国家として再〔編〕されるのである。

奴隷制が制度として効力を持っていた時代に生きていた黒人が自由を求〔め〕ていたことは間違いない。ゲーブリエルの反乱計画、デンマーク・ヴィージ〔ー〕の反乱計画、ナット・ターナーの反乱は、いずれも奴隷制が人間性を奪う制度であることを証するものである。反乱という形でしか自由が手に入らない状況に縛りつけられていた黒人は、どう見てもアメリカにおいてアメリカ人としては見なされていないとしか言いようがない。事実、連邦最高裁所のロジャー・トーニー首席判事は、ドレッド・スコット裁判において、奴隷のスコットは合衆国憲法でいう市民にはあたらないという判断を1857年に示しているのである。

それでは奴隷制が制度としてなくなるということは、アフリカ系がアメリカ人になることを保障するのであろうか。

4 再建時代の危うさ

南北戦争後に解放された黒人奴隷とプランテーションの経営者の関係は、植民地時代に年季契約を果たした年季奉公人と年季奉公人に作物栽培をさせていた大地主との関係に似ている。つまり、自由になった元奴隷も自由になった元年季奉公人も、自らの土地を持つ自営農民として生活していこうとした。それに対し、労働力確保をめざした南北戦争後の奴隷を失ったプランテーションの経営者も、自由になる年季奉公人が増えてきた植民地時代の大地主も、労働力となっていた階層が自営農民化するのを阻止しようとしたからである。しかしこの両時代で決定的に違うのは、連邦の州に対する影響力の有無である。

南北戦争後には合衆国憲法修正第13条によって奴隷制が廃止されただけで

制時代の再来といってもよい社会に南部が逆戻りしていくのは、黒人は人間として白人と平等だという南部白人大衆の意識改革がまったくないままに進められた一連の政策の帰着点とも言えよう。黒人と白人が平等であるという意識改革を白人大衆に生じさせるのは、公民権運動の時代まで待たねばならない。それまで黒人は、2級市民としてアメリカ社会の底辺に位置づけられるのであるが、そのことに不満を持たず、白人との連携・協力を主張して白人の信頼を得て、黒人指導者になったのがブッカー・T・ワシントンであった。

5 語られない真実

　ブッカー・T・ワシントンの自伝『奴隷から身を起こして』は人生論として、面白いし、感銘を与える。しかし、19世紀後半から20世紀初めにかけての南部黒人の世界を正確には映し出してはいない。むしろ、南部黒人の苦境を意図的に隠蔽している節がある。白人実業家との親交があったからである。したがって当時、南部で黒人が置かれていた状況は、ワシントンの著作からは十分に知ることはできない。次第に影響力を持ち、強めていく黒人指導者ワシントンは、黒人大衆が公的権利を剥奪されていくことを語りはしない。

　V・C・ウッドワードが指摘するように、南部からの連邦軍撤退とともにジム・クロー制度が南部に定着し始めた訳ではなかった。それは再建時代を治めた共和党から政権を奪った民主党の復権政府が、第3政党と対抗するために黒人の協力が不可欠であったからである。つまり、黒人票の必要から黒人の懐柔策がとられたのである。平等の理念という道徳的観点から黒人の投票権が維持されたのではなく、復権政府の権力維持が目的であった。

　民主党が得票数確保のために行った不正の責任は黒人に転嫁された。また第3党の人民党は、利用しようと思っていた黒人票が利用できず、黒人が、両者にとって都合のよい攻撃対象になった。しかも、北部は南部と和解する必要から南部の人種主義への攻撃を抑えるようになった。それに共和党から政権を奪取した復権政府は、財政汚職で威信低下を招いたことに加えて、黒人と同盟を結ぶという穏健な人種政策は民主党内での批判を免れない。

このような状況の中で、黒人からの投票権剥奪や人種隔離が行われるようになった。黒人大衆を犠牲にすることによって南北の白人間の連帯が可能になったのである。似たような状況は歴史を遡るとベーコンの反乱後のヴァージニア植民地にあった。大土地所有者と自由になった年季奉公人との階級対立、つまり持てる者と持たざる者との階級対立を緩和させたのは、白人という帰属意識の下での結束が可能であったからである。その一方で、奴隷として疎外された黒人は、白人の持つ権利をすべて奪われ、奴隷制社会が形成されていったのである。

　1890年代以降アメリカ南部でのジム・クロー制度の定着は、南北の白人同士の和解・結束による南部の安定を促進する一方で、17世紀後半のヴァージニア植民地のように、黒人が疎外される社会を形成していったのである。アフリカ系の人々は、再建時代には、連邦権力が州権力を抑制に成功し、アメリカ国民として他のアメリカ人と同等の権利を得るかと思われた。しかし、州内と全米の政治状況の変化で、それは叶わなかった。アメリカ国民であれば与えられる当然の権利を強く主張することができるようになるのは、20世紀半ばの公民権運動の時代である。公民権運動の引き金となったのは1954年のブラウン判決であった。

6　人間として

　ブラウン判決は、南部の人種隔離の法的根拠となった58年前の合衆国最高裁判所の判決を覆した。それによって「分離すれども平等」という法理が無効とされ、「分離すれば不平等」という法理が確立された。このような司法の判断を強制するにあたり、南部の抵抗・反発は、これまで見てきたように、南部の歴史、たとえば、再建時代における南部諸州の抵抗・反発を思い起こせば、予期される事態である。

　連邦の権力による州の権力抑制という観点からすれば、ブラウン判決が強制される南部諸州と連邦との関係は、再建時代と状況は非常によく似ている。いずれの時代においても州の権力に連邦が介入しない限り黒人の権利は回復され

る可能性はなかったのである。州自体に黒人の権利を回復させるという自浄作用は、公民権運動の時代にはなかった。

したがって、ブラウン判決で方向性を与えられた黒人運動の成功は、連邦の権力をいかにして州の権力に対峙させ、前者が後者を抑えることができるかにかかっていた。連邦政府を動かすには世論の支持が必要である。それはイギリス統治のインドで塩の行進に続き、塩法を破ることで「力に対する正義のこの戦いに、世界からの共感が欲しい」と言ったマハトマ・ガンジーの意図とも通ずる。ガンジーの非暴力・不服従運動をアメリカ南部で実践し成功を収めたのがマーティン・ルーサー・キング牧師であった。キング牧師の運動理念はガンジーに影響を受けている。黒人の自由と平等を求め権威に対抗するキング牧師の思想は、暴力を用いずに目的を達しようとした点にその卓抜さがある。

奴隷制時代に奴隷の自由獲得のために暴力を肯定したり、あるいは暴力を実際に行使したりする黒人たちがいた。デイヴィッド・ウォーカーは、暴力を用いても抑圧から逃れる必要性を説いた。ナット・ターナーは反乱を起こした。その中で多数の白人が殺害された。また、白人のジョン・ブラウンは黒人奴隷の蜂起を期待してハーパーズ・フェリーにある連邦の兵器庫を襲撃し無益な殺人を犯した。これら3人のめざしたものは、キング牧師の場合とそれほど違わない。しかし、目的を達する手段の相違は、やはり、キング牧師の卓越性を認めながらも、それぞれの時代の制約を考えざるをえないように思う。

公民権運動の時代は米ソの冷戦が激化をたどった時期でもある。アメリカは、人種差別を非難するソ連に応ずる必要もあった。ある意味では、キング牧師という指導者を迎える体制が整い、キング牧師はそういう時代精神(ツァイトガイスト)と一体になったのである。

公民権運動の時代に黒人の大衆運動が組織され、アフリカ系はアメリカ人としての平等と権利を求めた。この時代になって初めて、数々の抵抗を乗り越えて、こういう主張が全米で認められて、法的には1964年公民権法として形が整っていった。しかし独立宣言に盛られた圧制からの自由という思想を建国に際して持った国に生きる黒人が、独立宣言から200年近く経って、法的にアメリカ人であるという主張が広く認められるというのは、歴史の複雑さを思わざ

るをえない。この複雑さは黒人自身が作り上げるというよりも、黒人以外が生じさせた状況に、黒人が応じていく過程ででき上がったものである。黒人の北部諸都市への流入もそうであった。

7　取り残された者たち

　2つの世界大戦で軍需品を生産する労働力として黒人は南部から北部諸都市に移住した。最初の大戦では、それまで農業以外に就くことができなかった黒人が、食肉加工業や鉄鋼業に就いた。害虫の発生と洪水による綿花作付面積減少によって生じた余剰黒人農業労働者を北部産業が吸収したのである。
　しかし、黒人の大量流入は北部諸都市において住宅問題を引き起こした。黒人地区に押し込められる黒人数が増えると住宅環境は悪化する。よりよい環境を求めて引っ越しするとなると、白人地区に行かざるをえなかったが、白人はそれを阻止しようとして、不動産の売却拒否や暴力・脅迫という手段に訴えた。
　北部でも南部と同様、人種偏見は免れない。しかし、職のない所から職のある所に人は流れる。2度目の大戦時、南部では農業の機械化による余剰黒人労働者が、北部の軍需産業に流れた。
　2つの大戦を機に、南部黒人の北部移住が引き起こされたが、住宅問題から生ずる人種問題は避けられなかった。さらに戦争景気が終わると失業問題が出てくる。しかも第2次大戦後は、企業の都心部撤退やオートメーション化が黒人の失業問題に拍車をかけた。加えて、劣悪な環境の中で教育・技術を身につけることのできない黒人は、さらに不利な立場に立たされている。そのような人々が時代の変化に取り残されて、現在、都市部の貧困層を形成しているのである。
　黒人は単なる労働力として捉えられてきたために、一時的な労働力不足を補うことができても、のちに問題を残してきた。その意味でアフリカ系がアメリカ人としての将来の成功を実現するために教育は重要な問題である。しかも教育環境も無視できない。その点、強制バス通学による人種統合は、黒人児童にとっては、黒人児童からのみ成るゲットーの劣悪な学校で教育を受けるよりも、

大きな意味がある。

8　平等の強制

　1970年代に始まる強制バス通学は、もとをたどれば、黒人と白人を別々の公立学校で教育する人種別教育が合衆国憲法修正第14条の平等条項に違反しているとした1954年の第1次ブラウン判決に至る。人種別教育を違憲としたブラウン判決が、公教育において児童・生徒数の人種割合を均衡させるために児童・生徒をバスで通学させるという強制措置に至ったということは、ブラウン判決がアフリカ系アメリカ人にとっていかに重要な意味をもっているかを示すものである。既述のように、ブラウン判決は、公民権運動のさきがけになったことも考え合わせると、アフリカ系にとって連邦最高裁判所のアール・ウォーレン首席判事の歴史的意義は、強調し過ぎることはないように思われる。

　しかし強制バス通学という救済措置が無制限に適用されていったわけではない。下級裁判所が命じた大規模な強制バス通学を連邦最高裁が破棄することもあった。また、ボストンでは市教育委員会が強制バス通学に頑強に抵抗した。またサウスボストンでは強制バス通学をめぐって暴動が起こり人種統合へ反対する地域があることを示した。裕福な人々が学校の人種統合を避けるために郊外へ引っ越しする事態が各地で起こり、人種統合されるべき白人児童・生徒の減少を招いた。このことは同時に黒人貧民層の都心部への集中を助長した。

　それでもボストンでは市から独立して、大都市教育機会委員会（METCO）が、受入れ学校区の了解の下に、黒人の若者を郊外の学校に通わせる計画を地道に行っている。この人種統合教育の実践は2005年1月の時点で39年目に入っている。多様な人種から成る社会を反映するような教育の場は、将来社会に出ていったときのためにも必要なことである。

　人種の多様性を実現するために1964年公民権法では平等な雇用の機会が定められた。が、機会の平等は結果の平等を約束するものではなかった。人種差別の基準が、その意図よりも結果が重要視されるようになっていった。

　多様性の確保を目的とし、職場や学校で黒人を含む少数民族を確保する

積極的是正措置(アファーマティブ・アクション)がとられるようになった。しかし黒人らを優先させた結果、除外される白人が出ると、逆に白人が差別されているという訴えが起こってきた。黒人を保護しようとして作られた憲法修正第14条や1964年公民権法第6編を逆差別の根拠としたのは歴史の皮肉としか言いようがない。これまで差別されてきたアフリカ系が他のアメリカ人を差別する原因になっていると見なされるようになったのである。

おわりに

　17世紀末から整えられていった奴隷制による社会階層は、奴隷制廃止後もなくならなかった。新たな社会階層化の手段は、黒人法や投票権剥奪や公共施設・居住区での人種隔離であった。そうすることで黒人は白人より一段劣るアメリカ人として社会に位置づけられてきた。奴隷から解放された黒人は、教育や資力などの問題だけでなく、解放黒人を取り巻く政治状況によって、市民の一員としてアメリカ社会に迎え入れられることはなかった。アフリカ系アメリカ人の祖先が当初アメリカ社会に奴隷として組み込まれることによって、その後のアフリカ系の子孫が、奴隷の祖先を持っていない白人アメリカ人とは、埋めることのできない不利益を生まれながらに背負わされてきたのは否定できない。

　アフリカ系が人種全体として被っている不利益を克服し、他のアメリカ人と同等の権利を獲得するための実効性のある動きが20世紀半ばにようやく起こった。抑圧されてきた者自らが立ち上がり、奴隷制時代から、肌の色ゆえに拒まれてきた自由や権利を堂々と主張したのが公民権運動であった。公民権運動の意義は、アフリカ系がアメリカ人つまり本当の意味でのアメリカ市民になるために、自由・平等・社会的権利というアメリカ的価値を獲得しようとしたことにある。公民権運動は、アフリカ系がアメリカ史の中で、いわば主人公として登場した恐らく唯一の機会である。また圧制からの解放という意味では、公民権運動は、アフリカ系アメリカ人の歴史やアメリカの歴史を超えた、人類共通の遺産である。

公民権運動の成果は、たとえば1964年公民権法に確かに結実はしたが、それによってアフリカ系の問題が解決されたわけではなかった。そうは言うものの、強制バス通学やアファーマティブ・アクションという措置が講じられるなど、公民権運動以降、アフリカ系は常にアメリカ人の一員として生きているような印象を私は持つ。とりわけ、奴隷制という階級社会が成立する時期からアフリカ系のアメリカにおける位置をたどってみると、その感を一層強く持つ。

　しかし都心部の貧困層を形成しているアフリカ系アメリカ人という問題は未解決である。これもまた、歴史をたどれば、奴隷制の時代に背負わされた不利益が現代にまでその痕跡を残していると言ってよいかと思う。そのような状況はあるが、たとえば都心部のゲットーの黒人住民を郊外に住まわせるシカゴのゴートロー計画や、黒人の若者を郊外の学校に通学させているボストンのMETCOの計画などは、規模は小さいとはいえ、日本の黒人研究者にとっては希望の灯火として瞼に映ずるのである。

あとがき

　筆者は2004年の2月末から3月初めにかけて、アトランタ、モントゴメリー、バーミングハム、セルマ、メンフィスというキング牧師ゆかりの地を駆け足で回った。いずれの都市にも公民権運動関連の施設や史跡があるが、来訪者は圧倒的に黒人が多かった。

　スクールバスでアトランタのキング・センターにやって来る黒人児童たちは、キングの生家などを訪ねていた。

　モントゴメリーでは、ジェファソン・デイヴィスが3か月住んだ南部連合国大統領官邸の中にあるお土産店で、"Days of Glory"（「栄光の日々」）と題された版画を買った。壊れた大砲の上に南軍旗がはためいている版画である。

　バーミングハムのケリー・イングラム公園に設置されているキング牧師像の眼差しは、道を隔てて斜向かいにある第16番通りバプテスト教会の地下に注がれている。キング牧師らがバーミングハム闘争で勝利を収めたのち、クー・クラックス・クランによる爆破で4人の黒人少女が命を落としたところが、その教会の地下である。そこには、爆破事件直後の教会の写真を引き伸ばして展示されている。

　今、この教会に礼拝に訪れる人々は郊外からの人が多いという。都心部の貧しい黒人ではなく、経済的に恵まれた黒人がこの教会員になっているということである。ここを訪れたときは日曜日であったので、礼拝に参加させてもらった。手続きは不要で、教会の中に入って席に着けばよいだけである。黒人男性だけの聖歌隊の歌が素晴らしかった。また説教する牧師への教会員からのかけ声は南部の教会らしさであろう。壇上の後ろに控えている聖歌隊員や他の教会員からのYes, sir! などという声による感情の表出が、何とも南部らしい。

セルマは田舎町という感じだが、通りを歩いていると黒人が、"How are you doing?" と声をかけてくることがある。そして泥のようなアラバマ川は、1965年の投票権を求めてのデモ行進があったあの日と変わらず、河口のモビルに向かってゆったりと流れていた。

　キング牧師終焉の地メンフィスは、訪れる人を歴史の瞬間に立ち合わせる。暗殺犯アール・レイがライフルの狙いを定めたすぐ脇のガラス戸から、道を隔ててキング牧師が立っていたローレイン・モーテル306号室をのぞいた。こんなにもよく見えるところから、暗殺犯が、キング牧師の顔にライフルの照準を合わせて引き金を引いたのだ。非常に重苦しい気分になった。

　このような経験が、本書の第6章の背後にある。本書のタイトルは『アフリカ系はアメリカ人か』であるが、その割には他民族との比較が十分されていない。多民族国家アメリカの中で少数民族を位置づけるには、他民族との比較が有効であると思うが、それは今後の課題になった。筆者は、今後、アジア系アメリカ人に関する研究を、アジア・太平洋の歴史の中で捉えることを自分に強いて勉めるつもりである。その過程で、アフリカ系アメリカ人を新たな視点で見てみたいと考えている。

　本書出版にあたり、大学教育出版の佐藤守氏には、大変お世話になった。まず、出版をお引き受け下さったこと自体、今般の出版事情を考えると、私には僥倖と言うほかはない。しかも、編集部の方々には表記統一や索引作成という労力を費やす作業に携わって頂き、これまた感謝に耐えない。

2005年6月12日

　　　　　　　　　　　　　　　　　　　　　　　　　　杉渕忠基

索　引

〈あ〉

アーチャー, ウィリアム　*171*
アイゼンハワー, ドワイト　*184*
アタックス, クリスパス　*49*
アトランタの演説　*165*
アバナシー, ラルフ　*190*
アファーマティブ・アクション　*262, 283, 296, 297, 301, 311*
アムリッツァの虐殺　*210*
アメリカ合衆国対フォーディス事件　*286*
アメリカ植民協会　*74*
アラバマ・キリスト教人権運動 (ACMHR)　*224*
アラバマ大学　*203*
アレン, リチャード　*75*
『アンクル・トムの小屋』　*93, 94*
アンティータムの戦い　*123*
イーストランド, ジェームズ　*185, 237*
印紙法　*47*
ヴァージニア会社　*24*
ヴァーダマン, ジェームズ・キンブル　*155*
ヴィージー, デンマーク　*82*
ウィリアムズ, ユージーン　*265*
ウィルソン, ウィリアム・ジュリアス　*262, 275*
ヴィンソン, フレッド　*183*
ウォーカー, デイヴィッド　*72~74, 76~77*
ウォーレス, ジョージ・C　*203~209*
ウォーレン・アール　*179, 180, 184*
ウッドワード, V・C　*162*
エイムズ, アデルバード　*139*
エヴァーズ, メッジャー　*202*
オコーナー, サンドラ・デイ　*311*
オシンスキー, デイヴィッド・M　*7, 160*
オペチャンカノー　*26*
オルムステッド, フレデリック・ロー　*94, 112*

〈か〉

カーター, ダン・T　*223*
カーネギー, アンドルー　*154, 172*
カーペット・バッガー　*131, 143, 164*
カーマイケル, ストークリー　*14, 244~245*
街区破壊業者　*273*
学生非暴力調整委員会 (SNCC)　*235, 239~240*
カフィー, ポール　*74~75*
カリフォルニア大学理事会対バッキー事件　*304*
カンザス・ネブラスカ法　*98*
ガンジー, マハトマ　*180, 209~214*
キーズ対コロラド州デンバー第1学校区事件　*289*
逆差別　*308*
ギャリソン, ウィリアム・ロイド　*137*
ギャリティ, アーサー・W　*291*
強制バス通学　*286*
共和党急進派　*122, 130*
キング, マーティン・ルーサー　*180, 187, 190*
グアダルーペ・イダルゴ条約　*92*
クー・クラックス・クラン (KKK)　*136~137, 170*
クー・クラックス・クラン法　*137*
グッドマン, アンドルー　*12, 234, 236*
クラーク, ケネス　*9*
グラター対ボリンジャー事件　*310*
『クランズマン』　*169~170*

グリーヴス, ロバート　*142*
グリーン対ニューケント郡事件　*287*
グリッグズデューク電力会社事件　*302*
クレー, ヘンリー　*75*
クレディ・モビリエ社　*135*
ゲーブリエル　*80*
ケネディ, ランダル　*4, 158*
ケリー・イングラム・パーク　*233*
健康教育福祉省 (HEW)　*284〜285*
公民権法第6編　*284*
ゴーサッチ, エドワード　*96*
ゴートロー, ドロシー　*276*
ゴートロー計画　*275〜277*
コールマン, ジェームズ　*187*
コーンウォリス, チャールズ　*3, 54*
黒人法　*126*
国民創生　*170*
コナー, ユージーン　*207*
コルヴィン, レノルド・H　*305〜306*
コンコード　*50*

〈さ〉
再建法　*130, 143*
サティヤグラハ　*209*
サンタ・アンナ　*91*
サンドマング　*78, 80*
サントメ島　*41*
シェアクロッパー（物納小作人）　*132*
ジェームズタウン　*23〜25*
ジェファソン, トーマス　*3, 51〜52, 54,*
　73〜74
塩の行進　*211*
シカゴの人種暴動　*264*
市民評議会　*185〜186*
ジャクソン, ジミー・リー　*239, 242*

シャトルズワース, フレッド　*224〜225*
修正第13条　*124*
修正第14条　*122, 128〜130, 163, 179, 193*
　〜194, 306, 309, 324, 329
修正第15条　*130, 136〜137, 324*
シュレンジャー2世, アーサー・M　*204*
シュワーナー, マイケル　*12, 234, 236*
ジョンソン, アンソニー　*27〜28*
ジョンソン, アンドルー　*125, 128, 129*
ジョンソン, ポール・P　*236*
ジョンソン, リンドン・B　*283, 285*
人種平等会議 (CORE)　*214〜215, 218*
人頭権　*30*
人民党　*153, 164〜165*
スウィート, オシアン　*271*
スグルー, トーマス・J　*273*
スコット, エメット　*171*
スコット, ドレッド　*98〜103*
スティーヴンズ, アレクサンダー　*126*
ストウ, ハリエット・ビーチャー　*93*
スミス, ホーク　*168*
スモールズ, ロバート　*142*
座り込み運動　*214*
スワン対シャーロット・メックレンバーグ
　教育委員会事件　*288*
制限的不動産約款　*268*
セントラル高校　*197*
全米黒人向上委員会 (NAACP)　*158*

〈た〉
ターナー, ナット　*78, 83〜85, 88〜89*
第2次ブラウン判決　*186〜187*
退役軍人優遇措置法　*298*
大都市教育機会委員会 (METCO)　*295〜*
　296

大陸会議　　50〜51
ダグラス, ウィリアム・O　　289
ダグラス, スティーヴン・A　　111
ダグラス, フレデリック　　109
タスキーギ学校　　155
ダンモア　　3, 51, 54
チェイニー, ジェームズ　　12, 234, 237
チェンバレン, ダニエル・H　　141〜143
懲罰諸法　　49
徴兵法　　124〜125
デイヴィス, ジェファソン　　112, 188
ディクソン, トーマス　　169
ティルデン, サミュエル・J　　143
デニス, ディヴィッド　　235
デュボイス, W・E・B　　155, 166
ドアー, ジョン　　199〜200
投票権剥奪　　167
トーニー, ロジャー　　100, 102〜104
独立宣言　　51〜52
土地投機　　29〜30
『奴隷から身を起こして』　　154〜156, 158
『どん底の人々』　　171〜172

〈な〉
ナッチズ・インディアン　　43〜44, 58
南部キリスト教指導者会議(SCLC)　　223, 240
南部連合国　　124, 188
ニクソン, E.D.　　189
ニクソン, リチャード　　285
年季奉公人　　2, 20, 25, 29〜30

〈は〉
パーク, ロバート・E　　172
パークス, ローザ　　188〜190

バークレー, ウィリアム　　31, 32
バーネット, ロス　　199〜201
ハーパーズ・フェリー　　108〜110
ハーラン, ジョン　　182
ハーラン, ルイス・R　　153
バーリン, アイラ　　53
バーンズ, アンソニー　　96, 108
ハイチ　　80
パウエル2世, ルイス・F　　290, 307〜309
パターソン, オーランドー　　275
パターソン, ジョン　　219
バッキー, アラン・P　　304〜306, 308
ハックルート, リチャード　　21
ハッチンソン, トーマス　　48
ハミルトン, チャールズ・M　　14
ハリングトン, マイケル　　9, 262
ハンプトン, ウェイド　　144, 162
ビンガ, ジェシー　　267
ファーマー, ジェームズ　　214, 218
ファノン, フランツ　　14
フォード, ジェラルド　　294
フォーバス, オーヴァル　　197〜198
フォナー, エリック　　126
ブラウン, ジョン　　106〜108, 110
ブラウン対教育委員会事件　　179, 183
ブラウン判決　　283
ブラック・パワー　　14, 245
フランクリン, ジョン・ホープ　　49
フリーダム・サマー計画　　234
フリーダム・ライド　　218
プリチェット, コーリー　　224
プレッシー対ファーガソン事件　　179, 181, 205
浮浪罪　　126
ヘイズ, ラザフォード　　143〜145

ペイトン, フィリップ・A　　9
ベイリー, アロンゾー　　173
ベイリン, バーナード　　20, 29, 33, 48
ベーカー, レイ・スタナード　　155
ベーコン, ナサニエル　　31〜33
ベッカー, カール　　52
ベルフラージ, サリー　　12
ホイットニー, イーライ　　71
ボストン虐殺事件　　48〜49
ボストン茶会事件　　49
ポスナー, ジェラルド　　250
ホップウッド対テキサス州事件　　308
ホリデー, ビリー　　6

〈ま〉

マーシャル, バーク　　200
マクレラン, ジョージ・B　　123
マックシェーン, ジェームズ・P　　199〜200
マルーン　　43
マロ, ファン　　57
マンカー, レズリー・F　　306
ミシシッピ州主権委員会　　234〜235
ミシシッピ大学　　199, 202
ミズーリ妥協　　71, 103
ミリケン対ブラッドレー事件　　290
ミルホランド, ジョン・エルマー　　171
メレディス　　199〜203
メレディス, ジェームズ　　199, 285
メレディス, ジェームズ・H　　199
『綿花王国』　　94
モーガン, エドマンド　　24, 33
モーガン対ヘニガン事件　　291〜292
モーゼス, ロバート　　235
モントゴメリー向上協会　　191, 194

モンロー, ジェームズ　　81

〈ら〉

ライト, リチャード　　10
リー, ロバート・E　　109, 123
リーダー, ドナルド　　306
リーバーマン, スタンレー　　268
リーブ, ジェームズ　　242
リウゾー, ヴァイオラ　　243
リンカーン, エイブラハム　　111〜112, 123
リンゴ, アル　　205, 207
ルイジアナ　　42〜43, 69〜70
ルイス, ジョン　　218
ルヴェルチュール, トゥサン　　80
ルーシー, オーサリン　　203
レイ, ジェームズ・アール　　249
レイン, ラルフ　　21
レーンクイスト, ウィリアム・H　　289, 290
レキシントン　　50
連合組織協議会 (COFO)　　235〜236
ロアノーク島　　21
ローゼンバウム, ジェームズ・E　　276
ローソン, ジェームズ　　216
ロルフ, ジョン　　25

〈わ〉

わたくりき　　58, 71
ワシントン, ジョージ　　3
ワシントン, ブッカー・T　　153
ワッツ地区　　244
ワトキンズ, トーマス・H　　200〜201

■著者紹介

杉渕　忠基　（すぎぶち　ただき）

1956年秋田県生まれ

青山学院大学大学院博士後期課程単位取得満期退学

現在、亜細亜大学経済学部助教授

アフリカ系はアメリカ人か
――植民地時代から現代まで――

2005年9月10日　初版第1刷発行

- ■著　者──杉渕忠基
- ■発行者──佐藤守
- ■発行所──株式会社　大学教育出版
  - 〒700-0953　岡山市西市855-4
  - 電話（086）244-1268　FAX（086）246-0294
- ■印刷製本──モリモト印刷㈱
- ■装　丁──ティー・ボーンデザイン事務所

© Tadaki SUGIBUCHI 2005 Printed in Japan

検印省略　　落丁・乱丁本はお取り替えいたします。

無断で本書の一部または全部の複写・複製を禁じられています。

ISBN4-88730-631-8

好評既刊本

アメリカ社会への多面的アプローチ

編著―杉田米作

●A5判 346頁
●定価 2,520円

アメリカ社会は見方を変えることによっていろいろな様相を示す。本書では，各分野の最先端の研究動向を熟知している執筆者による17通りのアプローチによって，アメリカ社会を分かりやすく解説するアメリカ社会理解の入門書。

ISBN4-88730-635-0

アメリカン・ポップ・カルチャー
―60年代を彩る偉人たち音楽・美術・文学そして映画―

編著―君塚淳一

●A5判 142頁
●定価 1,680円

60年代に大きな影響を及ぼしたマディ・ウォーターズ，アンディ・ウォーホル，ボブ・ウィルス，デニス・ホッパーらの5人を取り挙げる。本書では彼らの生き様，そしてポップ・カルチャーへの影響と，今日的な意義を探るものである。

SBN4-88730-336-X

アメリカ人の老後と生きがい形成
―高齢者の文化人類学的研究―

著―佐野(藤田)真理子

●A5判 198頁
●定価 2,310円

シンボルの分析をもとに文化を理解しようとする象徴人類学の立場から，アメリカ人高齢者のかかえるジレンマと，それを解決しようとする老後観について，地域生活の脈絡のなかで明らかにする。異文化理解により私たちの生活へ新しい視座を提供。

SBN4-88730-339-4

アメリカの中の日本

著―ジェイムズ R. モリタ

●四六判 204頁
●定価 1,365円

アメリカの中の日本と日本的なもの，アメリカ人の意識にある日本に注目し，アメリカが日本の文物から何を学び，受け入れてきたか，アメリカ生まれの著者による異文化受容についてのケース・スタディーである。

SBN4-88730-539-7

(新版)アメリカ社会保障の光と陰
―マネジドケアから介護とNPOまで―

著―アンドル・アッカンバウム
編訳―住居広士

●A5判 396頁
●定価 3,570円

米国においても公的医療制度や公的年金制度について，数多くの改革が行われてきた。本書では，こうした米国の社会保障，特にマネジドケアと介護に焦点を当て，その光と陰の両面について，これまでの歴史とその最新事情を解説。

SBN4-88730-553-2